43년의 지배자들

이승만 초대 정권과 군사 정권

// 들어가며 //

우리 시대의 정점들과 함께한 모두에게…

필자는 우리 대한민국의 역사에 큰 자부심을 가지고 있다. 흔히 말하길 일제 침략기 식민지로 수탈되고 수많은 굴욕을 겪었던 35년의 기간을 치욕스러운 역사로 생각하고 말하지만, 그 시대는 우리보다 앞선 세대들이 겪었던 분명한 우리의 '역사'이며 마냥 부끄러운 시대가 아니라 왕조 국가인 조선과 대한제국에서 자유민주주의 국가인 우리 '대한민국'의 기본 틀이 만들어졌던 시기였고 또한 침략자에게 맞서 수많은 투쟁이 일어났던 시기이기도 하다. 해방된 이후에도 스스로 독립을 쟁취한 것이 아니었기에 수많은 아픔과 분열을 겪었으며 또한 당시의 이념과 강대국들의 다툼 사이에서 같은 동포가 서로 싸우고 증오하며 수많은 인명과 국토가 훼손되었고 결국에는 반으로 갈라지는 참상을 겪기도 했다.

6.25 전쟁의 참혹함을 직접 본 UN군 사령관 맥아더 장군은 이렇게 말했다.

"이 나라를 복구하는 데는 최소 100년이 걸릴 것이다."

그러나 동족상잔의 비극이 일어난 1950년에서 70년이 조금 넘게 지난 지금 우리 대한민국은 전쟁의 상처를 복구하고 일어선 정도가 아니라 세계에서도 알아주는 첨단산업 국가이며 막강한 경제 대국 중 하나가 되었다.

필자가 대한민국이 걸어온 길에 자부심을 느끼는 것은 결코 우리가 식민지였던 아픔과 전쟁의 상처를 회복하고 다시 일어섰기 때문만이 아니다. 우리 대한민국은 단순히 가진 게 많아진 국가가 된 것뿐 아니라 일제강점기 35년간에 보여줬던 '투쟁의 역사'를 대한민국의 현대사 전반에 걸쳐 전 세계에 보여주었다고 생각하기 때문이다. 경제 대국으로서의 대한민국뿐만이 아니라 보다 성숙한 민주주의 사회의 대한민국을 이뤄냈고 그 과정에서 국민이 진정한 국가의 주인이 되기 위하여 수많은 투쟁을 통해 권력자와 싸워온 우리의 역사가 어찌 자랑스럽지 않겠는가? 어떤 국가가 진정한 의미의 선진국이 되기 위해선 그 구성원들의 삶의 수준과 국가의 경제력이 물론 중요하다.

그러나 물질적으로 풍요로운 것만이 그 국가의 위대함을 증명해 주는 것은 아니다. 필자가 생각하는 대한민국이 위대한 이유는 국가의 힘과 경제력이 성장함과 동시에 국민의 의식과 민주주의의 가치관, 또한 오늘날 세계를 관통하는 수많은 문화적 힘이 함께 성장했기 때문이다.

대한민국은 이 성장 과정에서 수많은 진통을 겪었다. 자랑스러운 대한민국의 많은 인재가 이 과정에서 활약했지만 우리는 가장 먼저 그들에게 길을 제시했던, 또한 그들을 이끌었던 인물들에게서 대한민국 현대사의 위대함을 찾을 수 있으리라 생각한다.

제국주의 국가에 철저하게 수탈당한 식민지였고 자국에서 대규모의 전쟁을 겪었던 국가가 불과 몇십 년 만에 이렇게 세계적인 강국으로, 또 민주주의가 살아 숨 쉬는 국가로 우뚝 선 경우는 아마 어디에서도 찾을 수 없을 것이다.

이런 자랑스러운 우리 대한민국이 있기까지 12명의 지도자가 있었다. 이 중에는 힘으로 정점에 오른 지도자도 있었고 아주 잠깐 정점에 오른 자도 있었고 국민이 끌어내린 지도자도 있었으며 진정한 의미에서 국민의 선택을 받은 지도자도 있었다.

분명한 것은 이 모든 것이 바로 대한민국의 '역사'라는 것이다. 정점에 오른 자들은 단순히 말로는 설명할 수 없는 무엇인가가 필요했다. 역사는 그들의 도덕성과 정당성을 냉혹하게 평가하며 어떤 이들은 특정 시대를 비난하거나 부정하는 경우를 흔히 볼 수 있다. 하지만 그 시대가 정당하든 정당하지 않든 우리는 우리의 앞선 시대를 마냥 부정해서는 안 된다.

그런 집권자가 왜 등장했고 어떻게 모든 것을 쥐고 갈 수 있었는지를, 또 그 사람이 이끌었던 시대에 어떠한 일들이 있었는지를 다음 세대에게 전해 주어야 한다고 생각한다.
 독재정권, 과도기 정권, 군사정권, 전환기 정권, 민주화 정권
 모두가 우리 대한민국의 역사이며 모든 시대상과 지도자의 영향력은 나름의 의미가 있다.

우리는 어느 시대를 아예 부정해서는 안 되며 부정적인 영향력의 시대에서도 어떠한 일이 있었는지, 또 그것이 끼친 영향은 무엇인지에 대해 고개를 돌리지 말아야 한다. 부정적인 평가를 받는 역사에서도 우리가 깨우쳐야 할 교훈을 끄집어내야 한다고 생각한다. 역사란 과거에서 배우고 미래를 준비해야 하는 학문이기 때문이다.

필자가 존경하는 민족의 성웅 이순신 장군이 진정으로 위대한 이유는 국가의 위기와 자신의 위기를 동시에 극복했기 때문이다.

대한민국은 지독한 가난과 전쟁의 폐허를 딛고 일어나 산업화를 달성했고 또한 우리 스스로가 민주주의적 가치관이 성장한 국가를 만들어냈다. 국가의 성장과 국민의 의식적 성장을 동시에 이뤄낸 것이다. 이 과정에서 수없이 많은 사람이 공동체의 번영을 위해 피땀을 흘렸고 타국의 전쟁에 나가 싸우기도 했으며 국민의 권리를 인정받기 위해 이를 억압하는 이들과 맞서 싸우며 피, 땀을 흘렸다. 무

엇하나 쉽게 이뤄낸 것이 없었지만 우리는 결국 해낸 것이다. 필자는 그것이 바로 우리 역사의 위대함이라고 생각한다.

전 세계 최고 빈곤 국가가 어떻게 세계적인 경제 대국으로 성장했는지, 우리가 마시는 자유의 공기와 국민의 권리를 인정받기 위해 얼마나 많은 희생과 투쟁이 있었는지를 이 책을 통해 여러분들과 함께하고자 한다. 그것을 가장 쉽고 명확하고 흥미롭게 접할 방법은 그 시대를 이끌었던 지도자를 파악하는 것으로 생각한다. 그 시대를 이끌었던 가장 핵심적인 인물을 파악하게 되면 다른 주요 인물들과 사건들이 별개의 것이 아니라 흡사 거미줄처럼 서로 이어져 있다는 것을 알 수가 있다.

모든 시대, 모든 정권에는 공과 과, 명과 암이 존재한다.
필자는 어떠한 시대나 세력을 부정하거나 비난만 할 생각이 없다. 물론 무조건적인 찬양을 할 생각도 없다. 정치적인 이념이나 사상, 그밖에 모든 갈등과 서로 간에 감정을 모두 내려놓고 역사를 마주하자.
그렇게 할 수 있을 때 우리가 걸어온 자랑스러운 대한민국의 역사를 객관적으로 이해할 수 있을 것이다.
역사는 '인간'이 걸어온 길이다.
인간은 신이 아니기에 언제나 불완전한 존재이며 때문에 인간이 걸어온 길은 영광과 슬픔, 상처가 공존한다.
대한민국은 10년이 넘는 세월을 이승만 독재정권이 이어지다가 30년이 넘는 세월을 군부정권이 장악했고 이후 민주화 정권이 들어섰다. 무려 40년이 넘어가는 것이다. 즉 앞서 이승만 정권과 군사정권을 부정하는 것은 대한민국이 걸어온 길 절반을 부정하는 것이다.

나는 자라나는 아이들과 청년들, 그리고 우리의 앞선 세대 모두가 우리가 걸어온 길 중 어느 것 하나도 내려놓지 않고 그 길에서 역사적 교훈과 앞으로의 우리 대한민국이 나아가야 할 방향을 찾을 수 있기를 바란다.

우리 대한민국 모든 국민이 우리의 지난 역사와 현재의 역사에서 자부심을 느끼길 바라며 서로 다른 역사 인식으로 충돌과 반목만 할 것이 아니라 진정한 의미에서 서로를 이해하고 우리 대한민국이 달성한 업적들을 뛰어넘는 미래를 준비했으면 하는 바람이다.

필자의 책은 독자에게 감히 가르침을 주고자 하는 책이 아니다. 어디까지나 여러분의 역사적 판단에 도움을 드리고자 한다. 우리가 걸어온 길과 우리를 이끌었던 사람들을 기억하고 배우는 것이 더 나은 대한민국과 우리를 위한 길이라고 믿으며 이 책을 여러분께 바친다.

2021년 8월
역사 유튜버 Dr. J

차례

들어가며 … 5

제1장

문제적 남자, 이승만

청년 이승만의 성장	16
이승만의 기반, 미국으로!	23
임시정부의 초대 대통령	27
준비되지 않은 조국의 해방	32
혼돈의 해방정국	36
해방정국의 심각한 문제점 - 여운형	42
좌우합작의 실패와 한반도의 분단	54
농지개혁	64
제주 4.3사건과 여순사건의 본질	65
반민특위 - 친일파는 독립운동가들이 살려주었다	75
동족상잔의 비극 한국전쟁, 이승만의 업적과 죄악	85
이승만 라인과 독도 수호	107
민주주의의 파괴	108
핵심 포인트 공&과	119

제2장

독재와 산업화의 양면성, 박정희

파란만장한 박정희의 성장	124
아무것도 하지 못한 2공화국	136
5.16의 배경과 사전작업	138
5.16 군사 쿠데타	142
정치군인에서 대한민국의 대표자로	148
5.16은 왜 반발이 없었을까?	153
초기 경제개발계획	155
첫 번째 위기, 한일회담	157
60년대 경제발전과 베트남전	161
반복되는 역사 3선 개헌	169
반공정신이 지배하는 시대	173
한강의 기적	177
유신쿠데타. 단 한 사람을 위한 시대	183
박정희의 칼. 남산의 부장들	189
김재규. 유신의 심장을 쏘다	197
아직도 살아 숨 쉬는 인물 박정희	204
핵심 포인트 공&과	208

제3장

천운이 함께 하는 사나이, 전두환

엘리트 육사 11기와 첫 번째 터닝 포인트	212
두 번째 터닝 포인트, 12.12쿠데타	216
12.12쿠데타에 저항한 자들	224
신군부의 권력 장악과 5.18	227
5.16과 12.12는 형제다	234
경제 대통령 김재익과 안정화 시책	239
단군 이래 최대의 사기극 '장영자 사건'	246
5공화국의 실세 장세동	249
군사 정권에 대한 저항	251
6월 항쟁과 5공화국의 항복	256
실패한 민주화 정권의 꿈	263
그들에겐 역사에 대한 반성이 필요하다	269
핵심 포인트 공&과	273

제4장

군사 정권과 민주화 정권 그 사이에서…, 노태우

유일한 반성, 화합의 길	278
군인의 길	282
이인자의 삶, 그리고 정점으로	285
집권, 물태우의 역습!	290
언론의 자유, 기본권 보장	293
민생과 복지, 민주주의	295
범죄와의 전쟁	297
대북정책, 북방정책	301
3당 합당, 여소야대 정국의 타개	310
경제개발과 노동계급의 성장	314
군사 정권의 요소들	319
김영삼이라는 거물, 그리고 역사의 뒤안길로	324
발목을 잡은 비자금	333
진보적인 성향과 정권의 인식	338
핵심 포인트 공&과	346
맺는말	348

제1장

이승만

문제적 남자

청년 이승만의 성장

우남(雩南) 이승만은 1875년 황해도 평산군에서 태어났다.

1875년은 일본의 조선 침략 전초전이라 할 수 있는 운요호° 사건이 일어난 해로 조선은 서서히 그 끝이 다가오던 시점이었다.

그는 얼마 지나지 않아 서울로 가게 되었고 유년 시절을 서울에서 성장했다. 이승만의 집안은 가난했지만 거슬러 올라가 보면 조선왕조 가문의 뼈대 있는 집안이었다. 그의 부모는 그가 과거시험에 합격하기를 원했지만, 당시 조선의 과거제도는 일반 평민이 합격하기가 굉장히 어려웠고 흔히 말하는 '연줄'이 없다면 사실상 힘들었다.

이승만은 과거시험에 번번이 낙방했고 게다가 1894년 갑오개혁°으로 인해 이마저도 폐지됐다. 후에 미국의 조지 워싱턴 대학, 하버드 대학, 프린스턴 대학 같은 세계 최고의 명문대에서 연달아 학사, 석사, 박사 학위를 받는 그 이승만도 결국 합격하지 못했던 전설의 시험이 바로 조선의 과거시험이었다. 갈피를 잡지 못

° 일본 군함 운요호가 측량을 핑계로 강화도에 들어와 조선 수비대와 전투를 벌인 사건. 조선침략의 전초전격인 사건으로 꼽힌다.
° 근대적인 제도 개혁으로 신분제의 폐지, 은본위제, 과부의 재가 허용 등이 담겨있다. 이 개혁으로 조선의 뿌리 깊은 신분제도, 반상(班常)의 구별이 없어짐으로써 표면적으로 평등이 자리 잡게 되었다.

운요호 사건

하고 있던 청년 이승만은 '배재학당'에 들어가게 되는데 이는 미국의 북 감리교 출신 선교사 아펜젤러가 세운 서방식 신식학교였고 이 '배재학당'의 이름은 고종이 직접 하사한 것으로 알려져 있으며 이승만 외에도 시인 김소월, 학자 주시경 등 유명한 인사들이 거쳐 간 곳이다. 배재학당은 단순히 그가 다닌 학교가 아니라 그의 인생 전반에 굉장히 중요한 곳이라고 할 수 있다. 그는 이곳에서 영어를 배웠고 자연스럽게 서양문명에 관해 관심을 가지게 되었다. 이는 '조선'이라는 나라의 틀 안에 갇혀 과거에 합격하여 입신양명° 하는 것이 양반의 길이라 믿고 살아온 그에게는 큰 충격이었을 것이다. 당시의 선교사들은 말하자면 서양문물을 전파하는 역할을 하는 사람이 많았고 높은 수준의 지식과 교육을 받은 사람들이 매우 많았다.

갑오개혁 이전 철저한 신분제와 군주제 국가인 조선에서 태어나고 자란 이승만에게 서양의 기독교, 자유주의, 민주주의적 사상은 우리가 상상할 수 있는 것보다

° 사회적으로 실력을 인정받아 출세하여 세상에 이름을 드날린다는 뜻이다.

더 놀라운 일이었을 것이다. 극단적인 예일 수도 있지만 김일성, 김정일의 백두혈통을 사실상 신으로 모시며 통제된 생활을 하던 북한 주민이 탈북하여 강남 클럽에 놀러 가고 자유롭게 인터넷을 하며 전 세계 사람들과 자유주의, 민주주의, 선진 문명, 자본주의의 달콤함을 맛본다면 아마 비슷한 충격을 받지 않을까? 배재학당에서 배운 정치적 사상과 영어는 이후 이승만의 인생에서 가장 중요한 재산이 되었다.

이 1800년대 후반은 점차 조선이 강대국들 사이에서 주권을 유지하기 어려웠던 시기로 1895년, 일본이 조선에서 자국의 입지를 강화하기 위해 명성황후를 살해하고 고종을 감금하는 '을미사변'° 이 일어났다.

조선이 완전히 국권을 상실하는 것은 1910년 '경술국치'° 시기라고 볼 수 있지만 이미 그전부터 조선(대한제국)은 정상적인 주권을 행사하는 '국가'라고 볼 수 없는 상황이었다. 한 나라의 왕비가 궁궐 안에서 살해되는 참극이 대놓고 일어나는 혼란의 시기였다.

이런 시기에 이승만은 배재학당을 졸업하고 독립협회에서 활동했다. 독립협회는 독립신문을 발간하고 여러 집회를 통해 조선의 무능을 비판했으며 기본적으로 민중의 권리와 참정권, 국가의 자주성 등을 부르짖으며 사회 개혁과 계몽운동을 전개하던 단체였다.

서재필, 윤치호, 이승만 등이 주축이었으며 그 유명한 이완용도 독립협회에 참가한 멤버였다. 당시로써는 급진적이고 강력한 개혁을 주장했던 독립협회는 역사에서 필연적이라 할 수 있는 조선 왕실 보수파의 공격을 받게 되는데 독립협회가 군주제를 폐지하고 공화제를 추진할 것이라는 거짓을 유포한 일명 '익명서 사

° 1895년 경복궁에서 명성황후 민 씨가 일본 공사 미우라 고로의 지휘를 받는 낭인들에게 암살된 사건이다.
° '한일병합조약'이라고도 하며 1910년 8월 22일에 이루어진 대한제국과 일본제국 간의 합병조약이다. 을사조약으로 외교권을 상실했다면 이 조약으로 대한제국이라는 국가는 사라지게 되었다.

건'으로 다수의 독립협회 간부들이 체포되었고 이승만은 이를 피해 숨었다가 다시 군중을 이끌어 체포된 간부들의 석방을 요구하는 시위를 주도했다. 우리는 이 부분에서 깊은 생각을 해볼 필요가 있다. 조선이 아직 국권을 완전히 상실한 것은 아니었지만 독립협회라는 단체가 만들어지고 조국의 자주성을 강조하며 강대국의 이권침탈에 저항하는 운동이 일어나는 것을 볼 수 있다. 이런 사건이 일어나는 근본적 원인은 이미 강대국들 사이에서 점차 국가의 주권을 잃어가고 있는 상황인데도 조선은 왕실을 유지하기 위해 근대적인 개혁을 일부만 추진하는 상황이었기 때문이다.

조선의 지도층과 보수파들은 자신들의 이익과 왕실의 권위, 기존의 기득권을 상실하지 않을까 두려워하는 모습만을 보였다. 독립협회의 활동이 1880년대 후반에 이미 이루어졌고 그 세력을 왕실과 귀족들이 견제했던 것만 봐도 이미 조선, 대한제국이라는 국가는 정상적인 주권을 행사하는 자주국이라고 볼 수가 없는 상황이었음을 알 수 있다. 독립협회의 기본지향점인 자주성을 가진 독립 국가, 민중의 권리와 민권이 우선되는 국가관은 구시대의 보수층 귀족들과 군주제를 지켜야만 했던 고종에게는 커다란 압력과 부담일 수밖에 없었다.

그러나 독립협회는 이미 왕실도 무시할 수 없는 거대한 세력으로 성장했고 군중의 시위는 점차 확산하였다.

이승만을 비롯한 강경파 독립협회 인사들은 일본으로 피신한 개화파들의 등용을 요구했지만, 이 중에는 과거 '갑신정변'°에 참여한, 말하자면 고종 입장에서는 역적들이 포함되어 있었기에 그의 분노를 사게 됐다. 고종은 강경하게 독립협회를 탄압했고 이승만은 피신했지만 결국 1899년에 체포되어 옥살이를 하였다.

° 1884년(갑신년)에 김옥균을 중심으로 한 급진 개화파가 서구식 근대화를 목표로 일으킨 정변. 고종의 입장에서는 반역이었다.

이승만의 한성감옥 수감시절(좌측 첫 번째)

이승만은 이때 종교에 의지하며 지냈다는 이야기가 많고 옥중에서 『독립정신』이라는 책을 집필하기도 했다.

이 책은 훗날 1910년 미국에서 출간됐다.

물론 이 책은 일제강점기 내내 금서로 지정됐다. 독립정신은 조선이 처한 국제적 정세와 민주주의, 백성이 갖는 권리의 중요성을 기록하고 있으며 청년 이승만의 기본적인 사상이 축약된 책으로 급진주의적이며 젊은 청년 특유의 패기를 볼 수 있는 책이다. 독립협회는 수많은 현대적 개혁과 구시대적 가치관을 계몽하는 운동을 하며 나아간 단체였지만 목표를 완수하지 못하고 결국 고종의 칙령으로 끝나게 되었다.

이승만은 1904년 8월에 사면, 석방됐다. 약 5년을 복역한 셈이다. 그는 출소하고 얼마 지나지 않아 미국으로 떠났다. 그는 당시 대한제국의 대신이었던 민영환과 한규설의 부탁으로 밀서를 가지고 조국을 위한 외교활동을 했다. 이는 이승만이 뛰어난 청년이기도 하지만 영어를 할 수 있다는 점도 크게 작용했을 것이다.

그는 미국으로 건너가 〈워싱턴 포스트〉 인터뷰에서 조국의 상황과 일제의 침략에 대해 알렸고 존 헤이 국무부 장관과 루스벨트 대통령을 만나기도 했다. 미국 내에서 교민들을 격려하고 기독교 관련 인맥을 움직이며 외교활동에 힘썼지만 큰 소득은 없었다.

결국, 1905년 대한민국이 외교권을 상실하는 '을사늑약'이 체결되고 이승만을 지원하던 민영환은 자결했다.

말이 외교권을 상실하는 것이지 사실상, 이 을사늑약으로 인해 조선은 일본의 지배를 받는 식민지가 된 것과 마찬가지였다. 국가 간의 교류를 남에게 허락받아야 하는 국가를 국가라고 할 수 있겠는가? 조선은 말 그대로 간판뿐인 국가가 된 것이다. 이승만은 미국에 남아 조지 워싱턴 대학교를 졸업하고 하버드 대학교 석사과정에 입학했다. 이때 교포 장인환이 친일발언을 일삼던 미국인 더럼 스티븐슨을 권총으로 살해하는 사건이 일어났는데 이로 인해 한인사회는 직접적인 타격을 받고 테러리스트 집단으로 지목됐다. 이승만은 그의 재판과정에서 통역을 부탁받기도 했는데 "기독교인이 어떻게 살인자를 도울 수 있냐"며 이를 거절했다. 이것은 사실 좀 아이러니한 부분이기도 한데 그의 독립투쟁 방법이 평화적 노선이라서 그런 건지, 아니면 그의 말 그대로 종교적 신념에 의한 것인지는 정확히 알 수 없다.

이승만은 이런 상황에서 하버드 석사학위를 취득하지 못하고 떠났다가 1910년 추가과정 이수를 통해 석사학위를 취득했다. 그는 일단 하버드를 떠나 프린스턴 대학원에 진학했고 1910년 6월에 박사학위를 취득한다.

그의 대표적인 호칭인 '이승만 박사'가 이때 생기게 되었다. 이승만은 이후 고국으로 돌아왔다. 그가 귀국한 1910년 10월, 이미 고국은 '경술국치'로 과거 을사늑약 때 있었던 텅 빈 국가의 간판마저도 사라진 일본의 식민지였다. 이승만은 서울 YMCA에서 청년들과 만나 미국의 선진 자유주의와 민주주의, 기독교 강연 등을 펼쳤다. 당시에는 수많은 청년이 이승만의 강연을 듣기 위해 찾아왔고 전국 순회 강연을 할 정도로 그의 영향력과 명성은 커졌다. 젊은 청년들이 선진 사상과 이승만의 개신교 사상에 매료되었다. 지금 우리가 정확하게 체감할 수는 없겠지만 문맹도 수두룩하고 국가의 상황도 절망적이던 이 시기, 미국 유학에 하버드, 프린스턴 등 최고의 명문대학에서 석박사 학위를 취득한 이승만의 경력은 당시 사람들에겐 이것만으로도 굉장한 추앙을 받았을 것이다. 필자가 어릴 때 대한민국 첫 메이저리거 박찬호가 나왔을 때도 많은 사람이 열광적인 박수를 보냈었는데 1910년대의 어려운 상황에서 이승만같이 청년에게 희망을 주는 인물은 어떠한 박수를 받았겠는가? 당시 미국 선교사들의 보호를 받고 있던 이승만은 개신교 강연을 하면서도 민족주의 사상을 섞어서 강연을 이어 나갔다. 그러나 일제의 감시가 심해지자 미국의 지인들도 이승만에게 조선을 떠날 것을 권했고 지인들은 미국에서 열리는 '세계감리교 평신도대회'에 그를 조선 대표로 참석하게 하여 피신시켰다. 이때 1912년, 이승만의 나이 37세였고 그가 다시 조국으로 돌아오는 것은 1945년이다. 정말로 기나긴 타향 생활이 시작된 것이다.

여기서 잠깐 정리해보자면 과거제도가 폐지되고 그가 배재학당을 만나 서양의 문물을 접하게 된 것은 그의 인생에서 가장 중요한 전환점이라고 할 수 있다. 과거에 합격해 망해가는 국가의 평범한 말단관리가 되었다면 인간 이승만은 누구에게도 기억되지 않는 남자가 됐을 수도 있다. 배재학당에서 서방의 신식 교육을 받을 수 있었고 이승만의 인생에서 가장 중요한 기독교 인맥을 만들기도 했으며 그곳에서 배운 학문과 영어를 바탕으로 미국으로 건너가 조국을 위한 여러 외교적 활동과 학업을 병행할 수 있었다.

필자가 생각하는 가장 중요한 점은 이승만이 구시대적, 전통적 세계관에서 벗어난 당시 몇 안 되는 인물 중 하나였다는 것이다.

또한, 중국으로 건너간 무장독립 세력이나 임시정부 요인들과는 또 다르게 당시 세계최강의 국가 중 하나인 미국에서 조선을 대표할 만한 인물이었다는 점도 중요한 부분이다. 상대적으로 일본제국과 먼 곳에 있었고 1940년대로 오기 전까지 일본은 미국과 직접 대립하던 국가가 아니었기에 이러한 현실을 잘 아는 그는 일제에 대한 물리적 투쟁이 아니라 외교적 활동을 통한 '외교독립론'을 밀고 나가게 된다. 이는 일제강점기의 과정이나 해방 후의 상황에서도 일선에서 일본과 직접 총, 칼을 들고 싸운 무장독립투사들에게 공격을 당하는 부분이지만 과정과 방식이 다를 뿐, 궁극적인 목적은 서로가 같다는 것을 잊어서는 안 된다. 가장 중요한 것은 조국의 해방과 주권을 되찾는 '목적'에 있는 것이다.

이승만의 기반, 미국으로!

이승만은 세계감리교 평신도대회가 끝나고 딱히 활동할 근거지를 찾지 못했다. 그러던 중 수감생활에서 연을 맺은 바 있고 하와이 교민사회를 위해 일하고 있던 독립운동가 박용만의 권유를 수락해 1913년 하와이로 향했다.

박용만은 이승만보다 조금 일찍 하와이에 와 있었고 하와이 교민사회에서 입지를 다진 상태였다.

실제로 그는 한인들의 자치를 위해 일하면서 하와이 당국에 대한 교섭에 나서 성과를 올리고 그곳에 앞서 최초의 해외독립군 사관학교인 '한인 소년병학교'를 계승한 '대조선 국민군단'과 '대조선 국민군단 사관학교'를 설립했다.

하와이는 대표적으로 이주 한인사회가 성장한 지역이었고 많은 이들이 얼마 안 되는 재산과 빠듯한 월급을 털어 박용만과 독립운동을 후원하고 있었다. 그러나 이승만은 하와이에서 박용만과는 또 다른 자신의 입지를 만들고자 했다.

미국에서 가장 핵심적인 한인들의 독립운동단체는 '대한인국민회'였는데 이들은 미국본토와 하와이, 멕시코에까지 총회가 조직됐고 특히 하와이 지부는 미국 진체 한인의 중심인물들이 밀집해 있는 중요한 지역이라 할 수 있었다. 대한

이승만(좌)과 박용만(우) 둘은 형제 같은 사이였지만 하와이에서 파국을 맞는다.

인국민회는 기관지 〈신한국보〉를 통해 항일의식을 고취하고 한인사회를 홍보하며 활동을 이어 나갔고 박용만은 바로 이 신한국보의 주필이었다. 이승만은 시사나 일제의 식민통치, 여러 기독교적 이야기를 담은 〈태평양 잡지〉를 발간했고 박용만은 이를 후원하였으며 신한국보를 통해 홍보했다.

이후 이승만은 '한인기독교여학원'을 설립했고 이곳에서 여학생들을 가르쳤다. 이는 향후 기숙사를 갖춘 '한인기독학원'으로 발전하는 데 이런 노력은 단순한 학업만이 아니라 민족의식을 교육하는 수단으로 활용됐다.

문제는 하와이 활동에서 이승만에게 가장 중요한 인물이었던 박용만이 철저한 무장투쟁 독립운동노선을 가지고 있던 사람이었다는데 있었다.

이승만은 박용만과 전혀 달랐다. 그는 철저하게 외교독립론을 기본가치로 삼고 있던 사람이었으며 조국의 독립은 이 먼 타지에서 아주 약간의 병력을 양성한다고 이루어지는 것이 아니라 강대국들의 이해관계 안에서 그들의 힘을 빌려야만 가능하다고 생각했다. 이 때문에 그에겐 현시점 미국에서의 활동으로 한인에 대한 미국 사회의 긍정적 여론을 만드는 것과 미국 정부의 지지를 얻어내는 것은 무엇보다 중요한 일이었다. 미주 한인사회의 가장 핵심인 하와이에 있는 두 명의 거물이 서로 다른 독립노선을 가지고 있는 부분은 필연적으로 갈등과 대립을 유발했다. 하지만 박용만은 이미 하와이 한인사회와 대한인국민회의 중심부에 있는 사람이었다.

박용만이 크게 앞서 활동했다고 할 수는 없지만, 엄연히 이승만은 후발주자였다.

이승만은 무력이 아니라 지성과 실력이 있는 인재를 양성하고자 했다. 이승만은 러시아까지 꺾은 일본의 힘을 인정했던 것으로 보인다. 즉 분명한 힘의 차이를 인식하고 실력을 키워 국제정세를 살피면서 강대국끼리의 외교적인 부분에서 조국의 독립을 실현하고자 했다. 무력을 키우고 전쟁을 준비하는 박용만과 개인의 실력, 미국과의 관계, 외교 부분에 중점을 둔 이승만의 전혀 다른 노선은 누가 옳다고 할 수 없는 문제지만 이승만은 생각이 다른 세력과 공존하거나 이인자가 될 생각이 전혀 없었다. 이승만은 우선 가장 중요한 단체인 대한인국민회를 반드시 장악해야만 했다. 그는 하와이 각 지역을 돌며 단체의 개혁을 설파했고 서서히 지지 세력을 확보해 나갔다.

이승만의 세력은 멋대로 대한인국민회 임시 대의회를 소집하였으나 일부만 참석한 이 임시대의회는 본디 정원수 미달로 의결을 할 수 없는 상황임에도 그대로 강행하여 주요 안건을 통과시킴으로써 대한인국민회 하와이 지방총회는 이승만파가 장악하게 되었다. 이승만을 가장 강력하게 지원한 사람은 사실 박용만인데 굴러온 돌이 점차 박힌 돌을 빼내고 있었던 것이다.

그 후 이승만은 점차 대한인국민회에 속한 교민들이 낸 금액을 자신에게 직접 전달하게 하고 학생 기숙사와 땅을 자신의 명의로 하는 등 박용만도 대응하지 않을 수 없는 상황을 만들었다. 감옥에서 맺은 인연으로 형제 같았던 두 사람이 본격적으로 대립하게 된 것이다.

결정적인 사건은 1918년 1월 대 의회 회계감사에서 장부상 여러 가지 부정이 발각됐고 이승만 측은 이에 대해 명확히 해명하지 않았다. 결국, 쌓인 감정의 골이 폭발하여 조사원들과 이승만 세력 간의 유혈 사태로까지 번지게 됐다.

문제는 이승만 본인이 이들을 하와이 경무청에 살인미수와 폭행죄 등으로 직접 고발한 것이다.

이승만은 이들을 '박용만패당'이라고 지칭했고 미국영토에서 한인 군대를 양성하여 미국과 일본 사이의 평화를 해치려는 자들이라고 증언함으로써 하와이 한인사회를 돌이킬 수 없는 파국으로 몰고 갔다. 이 사건은 안 그래도 분열의 조짐이 있던 한인사회에서 결정타로 작용했고 이역만리 타국에서 항일 활동을 하는 인물들을 같은 한인 지도자급 인물이 공개적으로 비난함으로써 큰 파장을 불러일으켰다. 박용만과 그 지지 세력은 새로운 단체, '하와이 국민회'를 결성하고 활동하게 되므로 하와이 교민사회는 완전히 분열됐다.

이승만은 비록 하와이 교민사회 전체를 통합하는 지도자로 성장하지는 못했지만, 이때 대한인국민회 소속 하와이 지방총회를 이승만이 완전히 장악하며 이승만 단일체제의 사조직이 됐다. 이는 절대 바람직하다고는 할 수 없지만, 하와이 지방총회를 장악한 것은 이승만 본인에게 있어 분명한 자신만의 세력 기반을 손에 넣은 사건이었다.

미국에서 활동을 이어가던 이승만은 1919년 3월 10일에 조국에서 3.1운동이 일어났다는 소식을 들었다.

이후 이승만은 4월 14일에 미국 필라델피아 한인대회에 참석하는데 이 행사는 미국 전역의 한인들과 이들을 지지하는 미국인들이 모인 큰 행사였다. 이보다 조금 앞서 4월 11일에는 대한민국에 있어 역사적인 조직이 창설됐다.

바로 우리 대한민국의 근간이 되는 '대한민국임시정부' 즉 '상해 임시정부'라 불리는 망명정부가 상하이에서 탄생한 것이다.

임시정부의 초대 대통령

상해 임시정부 수립에는 여운형, 조소앙, 신익희, 신채호, 조동호 등 굵직한 거물 인사들이 참여했다.

이승만은 미국에서 자신이 임시정부의 수반으로 선출됐다는 소식을 듣게 되는데 이때는 아직 대통령의 직함을 받지 못하고 임시 국무총리의 직함이었으나 1919년 9월 상해에서 한성, 상해, 러시아의 임시정부를 통합하여 대한민국 임시정부가 정식으로 출범하자 이승만은 초대 임시 대통령직에 오르게 됐다.

이승만은 상해 임시정부가 수립되기 바로 직전, 1919년 4월 23일에 한반도 본토의 임시정부, 일명 '한성 정부'가 선포문을 발표했는데 이 정부조직의 직책도 이승만을 일인자, '집정관 총재'로 삼고 있다. 이승만은 본토에 있지도 않은 사람이었다는 걸 생각하면 당시 이승만의 위상이 어느 정도였는지 알 수 있는 부분이다. 이승만은 한성 정부에선 집정관의 직함이었고 상해 임시정부에서는 국무총리의 직함이었으나 곧장 대통령의 직함을 사용하기 시작했고 구한국의 조약국에 대통령으로서 대한공화국이 출범했음을 선언하는 서한을 보냈다. 상해 임시정부에도 대통령의 이름으로 자신의 활동에 대한 전문을 보냈으며 이 전문에는 외교 사무를 워싱턴에서 주관하겠다는 일방적인 통보도 포함됐다. 이에 상해 임시정부 측은 이승만의 고압적인 태도에 불만을 가진 이들이 나타났고 결국 안창호가 나서서 전보를 보냈다.

이승만이 정식 대통령의 직함을 받기 이전, 안창호는 임시정부는 국무총리 제도이며 한성 정부는 집정관 제도이니 당신은 대통령 직함을 사용해서는 안 되며 이는 헌법 위반이니 대통령 직함을 사용하지 말라는 전문이었다. 그러나 이승만은 대통령이라는 직함에 집착하는 모습을 보였고 이미 미국 언론에 그렇게 공표가 되었고 활동했음을 말하며 오히려 이 일을 언급하지 말 것을 임시정부에 당부했다. 이후 이승만은 임시정부와 정식 협의를 거치지 않고 '구미위원부'를 설립했다. 이는 이승만이 사실상 독단으로 운영하고 미주지역에서 받는 재정까지도 귀속된 부처라 임시정부와의 갈등이 본격화하는 하나의 이유가 되기도 했다.

이승만은 미주 한인사회 전체로 보자면 박용만이나 안창호와 기본적으로 동급이지만 전혀 더 앞선다고는 할 수 없는 위치였다. 하지만 당시 미국 윌슨 대통령의 민족자결주의가("각 민족은 스스로 자신들의 정치적 운명을 결정할 권리가 있으며 이를 간섭받지 않는다.") 침략당한 식민지 신세였던 국가들에 큰 영향을 미친 시기라 상대적으로 미국을 기본으로 한 외교독립론은 힘을 얻었고 미국과 같은 강대국과의 대화와 정세를 파악하는 일이 굉장히 중요해졌다. 그렇기에 미국과 충분한 대화가 가능한 인물로는 단연 이승만이 적격이었다.

이승만은 워싱턴에 대한공화국 공사관을 설치하였으며 상해 임시정부와는 전문으로 소통했지만 아무래도 이런 방식은 문제가 있었다. 사이버 대통령도 아니고 대통령 본인이 지구 반대편에서 전문으로 각료들과 소통하는 집권자라는 것은 애당초 말이 되질 않았다. 이렇듯 상해에서는 정작 대통령이 현지에 없다는 것에 대한 불만이 터졌고 이승만은 이를 의식해 상해로 떠나 1919년 12월에 도착한다. 그러나 상해 임시정부는 수많은 계파, 서로 다른 사상을 가진 사람들이 두루 모인 집단이기에 시작부터 큰 갈등을 겪고 있었다.

우선 박용만과 같은 직접적인 무장투쟁론자들이 매우 많았으며 사회주의를 기반으로 하는 사상을 가진 이들도 많았고 임시정부의 재정 문제와 대통령인 본인이 실제 행사할 수 있는 권한 부분에서 이승만은 낙담하게 되었다. 이는 그의 기본 노선인 외교독립론과 미국의 민주주의적 체제를 우선시하고 항상 중심이 되어

1921년 상해임시정부에 도착한 이승만 환영식(가운데 이승만, 좌측 이동휘, 우측 안창호)

야만 하는 그의 성격상 필연적인 여러 충돌을 만들었다. 국무총리 이동휘는 공산혁명을 주장한 사람으로 자유주의와 미국식 민주주의를 기반으로 하는 이승만과 대립했고 얼마 지나지 않아 임시정부를 탈퇴했다. 사회주의 계열 인사들은 모든 사상의 기본을 기독교와 미국식 민주주의로 확립한 이승만과는 물과 기름이며 이승만 본인도 이런 부분을 타협하고 화합하는 체질이라 할 수 없었기에 감정의 골은 깊어갔다. 이동휘가 이승만에게 대통령직에서 대놓고 물러나라는 말을 했다는 일화까지 있었다.

이렇듯 임시정부가 대의를 위해 모인 집단이지만 다양한 사상과 이념을 가진 이들이 서로 화합하지 못해 임시 대통령으로 선출된 이승만조차도 허울 좋은 대통령 직함만을 가지고 있을 뿐, 이들을 통합하고 이끄는 데는 실패했고 대통령이라는 직함에 어울리는 권위나 실권이 없었다.

이는 어려운 상황에서 시작하는 국가적 집단이 필수적으로 겪는 시련이라 할 수 있다. 애당초 무언가를 통합해 이끌어 나갈만한 명분과 명성을 가진 세력이 주도한 집단이 아니었기 때문이다. 서로 다른 지역, 사상, 이념 안에서 다른 방법으로 명성과 실력, 경력을 쌓은 이들이 모였기 때문에 대부분의 경력을 미국 안에서만 이룬 이승만이 이들을 통합하여 이끌어 나가기엔 어려웠을 것이다. 이에 이승만은 본인이 전혀 주도할 수 없는 상해 활동에 대해 염증을 느꼈다.

상해에서의 활동에 답답함을 느낀 이승만은 1921년에 임시정부의 대표로 워싱턴 군축회의에 참석했다.

각국의 대표들이 모인 자리에서 그는 '독립청원서'를 제출했으나 임시정부는 국제적 승인을 받은 정부가 아니었기에 본회의에 참석할 수가 없었다. 이런 활동은 그의 외교독립론을 충실히 수행한 것이라 볼 수 있지만, 눈앞에서 어떠한 성과를 거두지 못하는 상황이었기에 그의 입지는 점점 좁아졌다. 안 그래도 반복되는 반목에 지쳐 미국으로 건너가 상해로 돌아오지 않았던 이승만은 1925년 3월 18일에 임시정부에서 탄핵당했다.

이승만은 임시정부에 속해 있었지만, 미주지역의 항일단체나 한인사회의 관리는 임시정부와 별개로 보았다. 그는 철저한 지도자 기질을 가진 사람이었고 때문에 본인이 모든 것을 주도해야 하는 사람이었다. 미주지역의 권한과 자금관리는 임시정부와 무관하게 자신이 스스로 관리하며 집행했다. 이것은 결정적으로 이승만과 많은 임시정부 인사들이 서로 등을 돌리는 요소였다. 게다가 앞서 박용만계는 이승만과 원수가 되어 있었고 이들의 힘과 입김이 임시정부에 작용한 점도 있었다.

이승만은 탄핵에 강력히 반발하였으나 이후 임시정부에 대한 재미 한인사회의 지원을 끊고 임시정부와 완전히 돌아서게 됐다. 임시정부와 돌아선 이승만은 미국을 중심으로 활동하게 되는데 임시정부를 김구가 주도하게 되면서 어느 정도 관계를 회복했다. 그는 1933년 임시정부의 요청을 받고 스위스 제네바에서 열린 '국제연맹 총회'에 전권대사로 참석하며 이곳에서 한인 독립 문제를 정식으로 회의 의제로 채택해 달라고 요청하며 독립청원서를 다시 제출했다.

이승만과 프란체스카. 그는 아직 조국의 해방을 맞이하지는 못했지만 평생의 반려자 프란체스카를 얻었다.

    그는 한인들의 국가가 건국되어 일본을 견제해야 함을 역설했지만, 일본의 방해로 인해 정식 의제에 올리지 못했다.
    당시 영국, 프랑스, 미국 등의 강대국은 극동에서 소련의 입지를 견제하기 위해 일본의 힘이 필요했고 일본은 강력하게 이 안건이 의제로 올라가지 못하게 압력을 넣었기 때문에 별다른 성과를 올리지 못했다. 이승만은 소련에 직접 도움을 청해볼 생각으로 소련으로 떠나기도 했지만, 이 역시 일본의 방해로 소련에 도착하자마자 추방당했다. 이승만은 유럽에서 원하는 바를 이루지는 못했지만, 아무것도 얻은 게 없는 것은 아니었다.

그는 스위스 제네바에서 평생의 반려자인 아내 프란체스카를 만나게 되고 1년 뒤 1934년 10월 뉴욕에서 결혼식을 올렸다. 이승만의 나이 59세, 거의 환갑을 바라보는 나이였다.

준비되지 않은 조국의 해방

1941년 2차 세계대전이 터질 무렵 이승만은 거점을 하와이에서 워싱턴으로 옮긴 상태였는데 이때 그는 『일본내막기』라는 저서를 뉴욕에서 출간했다.

이 책은 일본의 제국주의적 야망은 필연적으로 미국과의 충돌을 피할 수 없을 것이며 일본이 미국을 공격하는 것은 지극히 어리석은 짓임을 본문에서 말하고 있다. 실제로 이 책이 나오고 얼마 지나지 않아 일본의 진주만 공습이 일어나 『일본내막기』는 막상 출간되었을 때는 주목을 받지 못하다가 일본의 기습 공격이 일어난 후 주목을 받게 되었다.

미국과 일본이 전쟁에 돌입하게 된 것은 어떻게 보면 이승만에게는 기회였다. 어차피 전쟁이 터진 이상 한인으로서는 미국이 무조건 전쟁에서 승리해야만 했다. 외교독립론을 주장하던 그 이승만조차도 무장투쟁을 준비했는데 이승만은 미국 내 한인들을 훈련해 첩보 수집부대 창설을 건의하기도 했고 일본인 2세들로 구성된 부대와 같이 미군 소속이면서 한인들로 이루어진 부대 창설을 건의하기도 했다. 또 미 국무부를 상대로 임시정부의 승인과 임시정부에 대한 무기를 지원해 달라고 끈질기게 요구했다. 임시정부가 국제사회의 정식 승인을 받지 못한 것은 두고두고 아쉬운 일이다. 대한민국이라는 국가의 완벽한 적통성과 전후 새로운 국가를 이끌어 나갈 수 있는 명분을 가진 집단이 반드시 필요했기에 이승만도 임시정부의 승인을 내내 요청했지만, 미국은 이를 받아들이지 않았다.

1943년 11월 카이로 회담에서는 드디어 "적절한 시기에 적법한 절차를 거쳐 한국의 자유와 독립을 허용할 것"이라는 발표가 있었다.

물론 적절한 시기라는 것은 매우 불확실한 말이지만 이 발표는 조국의 독립을 위해 싸우고 있는 모두에게 큰 성과라 할 수 있었다. 카이로 회담은 전후 아시아와 세계의 정세를 어떻게 할 것인가를 논의한 역사적 사건이었다.

전쟁이 진행되고 독일과 일본이 무너지면서 연합국은 승리를 목전에 두게 되었다. 독일의 패망이 눈앞의 현실로 다가온 1945년 4월, 연합국은 샌프란시스코에서 유엔(United Nations) 창립총회를 열었다. 전쟁이 끝나가는 시점이 오자 이승만은 어떻게든 이 행사에 참여해 조국의 독립에 대한 국제적 호소를 피력하고자 했으나 제대로 된 활동을 하지 못하고 참여를 거부당했다.

이 당시에는 연합국의 동맹이었던 소련을 배려하는 기조가 분명했고, 일본이 패망한 후 곧장 미국이 한반도를 점령해야 한다는 논리를 직접 설파하는 것은 기피되던 시기였다.

이전부터 전쟁이 끝나가는 시점까지도 미국은 임시정부를 승인하거나 국제연합(UN) 창립총회에 참가시키지 않았고 이에 분노한 이승만은 1945년 5월 14일, 기자회견을 열어 앞선 2월의 '얄타 회담'°에서 미 대통령 루스벨트와 영국의 수상 처칠이 스탈린에게 전쟁이 끝난 후에 한반도 지배권을 소련이 행사할 것을 인정했다는 내용의 '얄타밀약설'을 제기했다.

미 국무부는 직접 성명서를 내어 이를 부인했고 처칠 역시 이를 부인했다. 그러

° 1945년 2월 4일부터 2월 11일까지 소련 크림반도의 얄타에서 승전을 앞둔 미국, 영국, 소련의 정상들이 모여 제2차 세계대전 이후 그 관리에 대하여 의견을 나눈 회담.

나 1945년 8월 8일 소련은 일본에 선전포고 후에 한반도 이북을 점령하고 일본 관동군을 제거하기 시작함으로써 이 얄타밀약설은 어느 정도 힘을 받게 되었으나 얄타회담에서 실제로 이 부분이 협의가 되었는지는 역사적 사실로서 확인된 바가 없으며 이 회견 자체가 공산주의의 팽창정책을 막기 위한 이승만의 정치적 활동이라는 의견도 있다. 일단 소련을 필두로 연합군은 이미 독일을 완전히 패망시키고 점령한 상태였다. 하지만 일본은 이미 전쟁 자체에서는 패배했다고 볼 수 있지만, 아직 본토는 건재했으며 일본육군은 병력을 유지하고 있었고 특히 일본육군은 사실상 괴멸된 일본해군과는 다르게 끝까지 미국에 맞서 결사 항전할 것을 강력하게 주장하고 있었다. 이런 상황에서 미국이 일본 본토로 상륙해 들어가는 것은 엄청난 피해를 감수해야 하는 일이었기에 만주와 한반도 일대에 걸친 일본의 관동군까지 신경쓰기는 어려웠으리라 생각한다. 따라서 미국의 입장에서는 소련군이 나서 일본을 상대하는 것이 꼭 필요한 시점이었다.

실제로 소련군은 부대를 움직이자마자 일본 관동군을 순식간에 제압하고 관동군이 장악하고 있던 지역 대부분을 점령했다. 미국은 1945년 8월 6일 히로시마, 8월 9일 나가사키에 각각 원자폭탄을 투하했다. 이것은 인류 역사상 최초로 특정 국가 본토에 떨어진 핵 공격이었으며 아직도 핵 공격을 맞은 나라는 이 지구상에서 일본이 유일하다. 나가사키 원폭투하 6일 후 일본은 무조건 항복을 선언했다. 사실 이 핵 공격은 미국이 결사 항전을 밝힌 일본에 대한 마지막 경고였다. 미국은 일본이 끝까지 항복하지 않으면 추가적인 핵 공격을 포함해 일본 각 지역에 대규모의 육상전력과 해상전력을 동원하여 말 그대로 일본 본토를 쓸어버리려 한 작전명, '몰락'을 계획했다. 이는 어디까지나 일본이 끝까지 항전할 경우 실행하려고 한 작전으로 8월 15일 일본이 무조건 항복을 선언함으로써 중단됐다.

이 시점에서 조국을 떠나 독립운동을 하던 모든 이들은 일본의 갑작스러운 항복에 큰 충격과 조국의 해방이라는 감격을 음미할 시간도 없이 바빠지기 시작했다. 일본제국이 패망하면서 조국은 준비되지 않은 해방을 맞이했으며 전후 조국의 운명과 방향을 생각하는 모든 이들은 빠르게 고국으로 들어와 한민족의 국가를 세우려 했고 자신들이 새로운 국가를 주도하고자 했다.

이승만은 해방 전 분명히 조국의 주권과 자주성을 회복하기 위해 활동한 독립운동가였던 것만은 틀림없는 사실이다. 그러나 그는 자신이 가는 곳마다 갈등과 문제를 일으켰고 독선적인 모습을 보이며 독립운동 세력 간의 분열을 일으켰다. 외교독립론은 일리가 있는 하나의 계파였고 나름의 활동을 했지만 사실 큰 효과를 볼 수는 없었다.

물론 무장독립론이나 다른 계파들의 활동도 조국 해방에 결정적인 역할을 했다고 할 수 있는 것은 없었다.

우리 대한민국의 비극은 이렇게 찾아오는데 우선 해방 후 스스로 자립하고 이끌어 갈 만한 명분과 확실한 세력을 갖춘 집단이 없었다. 이 모든 것이 스스로 독립을 쟁취하지 못했기 때문이다. 프랑스는 나치독일에 점령당하고도 자유 프랑스 망명정부가 연합국의 분명한 하나의 세력이었다. 자국 내에도 거대한 세력의 저항 조직, 레지스탕스가 있었으며 사실 이들도 미국과 영국, 소련의 도움이 아니었다면 해방을 맞이할 수가 없었지만, 자유 프랑스는 연합국 내에서 독자 세력으로 분명한 인정을 받았고 실제로 미국의 배려로 가장 먼저 자유 프랑스군이 파리 해방군으로 입성했다. 이것은 일종의 낭만과 상징성을 위해 일부러 연합국이 들어가지 않고 만들어준 그림이었고 프랑스의 대표적인 감격의 순간으로 손꼽힌다. 프랑스는 전후 문제를 해결하고 주도할 분명한 명분을 가진 세력(자유 프랑스, 레지스탕스)이 있었으며 승전국의 입장으로 국제사회에 영국과 미국만큼은 아니더라도 하나의 주체적 세력으로 남을 수 있었다. 하지만 우리 한반도는 이미 이 시점 해방을 스스로 쟁취하지 못했고 해방을 가져온 국제사회의 세력에게 인정받은 '정부'가 없었다는 것, 이것은 해방 후 엄청나게 많은 세력의 이념, 계파적 갈등, 싸움을 만들었다.

즉 기쁨과 감격은 아주 잠시였고 우리는 진정한 의미에서 '해방'을 맞이한 것이 아니었다는 것이다.

혼돈의 해방정국

해방정국에서 가장 먼저 나선 사람은 여운형이었다.

여운형은 '조선건국준비위원회', 일명 '건준'이라 불리는 단체의 위원장이었다. 건준은 해방 후에 한반도 안에서 주체적으로 새로운 국가의 건국을 준비하고 있다는 것을 알렸고 많은 이들이 자주적인 우리의 국가가 탄생할 것이라 믿었다.

무려 35년을 지배당한 국가에서 찾아온 해방은 엄청난 변혁을 맞이했다. 일제에 협력한 친일파나 공직자들은 이러한 변화에 몸을 사리게 되었고 사방에서 희망의 노래가 흘러나왔지만, 이는 오래가지 못했다. 미국과 소련 양국이 38선을 경계로 들어오면서 분단의 시작을 알렸기 때문이다.

미군과 소련군이 들어오면서 내세운 명분은 일본군의 무장 해제였다.

1943년 카이로 회담에서 이미 적절한 시기, 적절한 방법으로 한국을 독립시킨다는 발언이 나왔었지만, 미·소 양국은 한반도를 당장 독립시킬 생각이 없었다.

이런 상황이 전개되기 전 건준은 이미 1945년 8월 15일, 해방부터 빠르게 활동에 들어갔다. 사실 이것은 앞서 필자가 말한 문제가 되는 부분인데 오늘날 대한민국은 임시정부를 그 근간으로 하고 있으며 임시정부를 계승한 국가임을 헌법에 명시하고 있다. 그러나 이 시점 임시정부는 한반도 밖에 있었고 그 적통을 인정하지 않는 또 다른 새로운 국가 건국을 위한 집단이 있었음을 알 수 있다. 여운형은 임시정부를 독립운동 단체의 하나로만 보았고 그 적통성을 인정하지 않았다. 그런데도 여운형은 당시 한반도 내에서 가장 인기 있는 지도자였다. 즉 해방 후 새로운 국가를 주도하는 것은 명확한 명분을 가진 세력이 따로 없었다는 것이다.

당연히 이는 임시정부 요인들이 귀국했을 때 마찰을 일으키게 된다. 그리고 강대국 간의 이권 다툼이 벌어지고 있는 한반도에서 건준이 혼자 밀어붙인다 한들 새로운 국가가 탄생하고 그것이 국제사회의 인정을 받게 될 수는 없는 일이었다. 건준은 좌·우가 모두 속해 있는 집단이었지만 엄연히 좌파가 중심인 집단이었으며 건준의 '조선공산당'이 일선에 나서 1945년 9월, '조선인민공화국'을 멋대로 선포한 것은 역사에 남을 그들의 실수이며 비난받아 마땅한 행위였다.

이는 다른 임시정부나 이승만 등 우익, 민족진영이 참여하지 않고 멋대로 새로운 국가설립을 선포한 만행이었으며 발 빠르게 자신들의 정치적 주도권을 먼저 만들어 놓으려는 계략이었고 또 매우 많은 인사가 공산주의자들로 구성된 집단이었다.

미군은 이 사건들이 있었던 바로 직후 9월 8일부터 한반도에 들어왔고 조선 총독과 항복조인식을 체결했다.

미국은 미군정을 실시하여 직접 통치했고 당연히 조선인민공화국을 인정하지 않았다. 미군정은 자신들의 기준으로 한반도의 안정을 가져오려고 했으나 당시 한반도의 실상에 대해서 제대로 이해하지 못했다. 오랫동안 억압받아 온 많은 사람들이 일본에 가지고 있는 적대감과 친일파에 대한 감정을 제대로 이해하지 못하고 맥아더 포고문을 발표하여 해방 전부터 있던 친일 관리들과 경찰 등을 어느 정도 그대로 기용하는 '현상 유지 정책'을 씀으로써 크고 작은 문제들이 발생했다. 하지만 미국의 입장에서는 당장 실무를 보던 이들을 기용하는 것은 세세한 부분을 뜯어고치고 인력들을 처음부터 다시 교육할 여력이 없는 상황에서 어쩔 수 없는 부분도 있었다.

정확히 말하자면 악의를 가지고 한 것이 아니라 무언가의 급격한 변혁이나 그로 인해 따를 반발, 다툼을 피하고자 한 것이다. 당장 프랑스의 경우 해방 후 엄청나게 많은 사람이 대독 협력자로 몰려 법에 의거하지 않은 개인적인 복수나 재판 없이 즉결처형을 당하는 경우가 빈번하여 프랑스 정부도 곤욕을 치른 바가 있다.

김구, 김규식, 조소앙 등의 중경 임시정부 인사들은 해방이 되었음에도 아직 고국으로 돌아오지 못했다.

이승만은 10월 16일에 맥아더의 도움으로 해외에서 독립운동을 하던 인사 중에서는 가장 빠르게 고국으로 돌아왔다. 철저한 반공, 반소련 인사인 이승만의 귀국을 미 국무부는 달가워하지 않았지만, 미군정 입장에서는 이승만은 좌익이 주도해가고 있는 남한의 정황상 꼭 필요한 인물이기도 했다.

이승만은 미군정의 지원으로 '독립촉성중앙협의회'를 결성했다. 11월 말이 돼서야 중경 임시정부 요인들이 귀국했고 활동하는데 앞서 세력을 만든 조선인민공화국을 당연히 임시정부는 인정하지 않았고 좌우의 합작을 꾀하는 사람들조차도 어디까지나 임시정부 아래로 조선인민공화국을 넣으려고 했지 임시정부가 조선인민공화국 아래로 들어가거나 대등한 합작을 생각하지 않았다.

이렇게 되니 좌와 우의 대립과 갈등은 점점 깊어졌고 막상 해방이 되었어도 혼란한 상황은 계속됐다.

이런 상황에서 1945년 12월 16일 모스크바에서는 미, 영, 소 3국 외상 회담이(모스크바 삼상회의) 열리는데 여기서 "독립국가로 재건설하기 위해 임시정부를 수립할 것", "그것을 위해 미소 공동위원회를 열 것", "미, 영, 소, 중의 4국 신탁통치를(5년) 실시하며 이 방안을 임시정부와 상의할 것" 회의를 통해 이러한 조항들이 나왔고 각국이 이에 합의했다.

임시정부 인사들은 이에 반발하여 12월 말부터 신탁통치를 반대하는 '신탁통치 반대 국민 총동원위원회'를 설치하고 대대적인 반탁 투쟁에 돌입하게 된다.

이들은 모스크바 회담의 핵심은 바로 신탁통치라고 생각했다.

언론은 신탁통치를 소련이 주장한 것처럼 오보를 내어 반탁운동은 반소적 성향까지 갖게 됐다. 하지만 실제로 신탁 통치를 제안한 측은 미국이었다. 이승만은 김구의 임시정부와 함께했지만 그는 단순한 신탁통치 반대를 넘어 신탁통치가 시작되어 소련이 개입하게 될 시엔 한반도가 공산화될 것이라 말했고 그 부당성을 주장했다. 흥미로운 것은 이 신탁통치를 반대하며 반탁을 부르짖는 우익, 임시정부 진영과 찬성하는 견해의 찬탁 좌익 진영은 서로 극심한 대립을 하게 되지만 좌익도 처음엔 신탁통치를 반대했었다는 것이다.

좌익은 발표 직후에는 신탁통치를 반대했으나 다음 해 1월 2일 모스크바 삼상회의 결정을 지지한다고 의견을 바꿔 발표했다.

이는 조선인민공화국 내의 일부 인사들도 반발하는 사건이었으며 반탁 투쟁은 독립과 자주성을 열망하는 민중에게 명분과 호소력을 가졌고 좌익세력은 많은 비난을 받았다. 이것은 한순간에 전세를 역전시키는데 찬탁을 주장하는 사람들은 해방 전 독립운동을 하고 조국을 위해 나름의 헌신을 한 사람들도 순식간에 매국노로 몰리게 되었으며 처음부터 민중을 향한 대의명분 부분에서는 이길 수가 없는 싸움이었다. 당연히 대다수의 민심은 해방 후 잠시일지라도 또다시 외세의 지배를 받는다는 말을 이해할 수가 없었다.

1946년 김구와 이승만은 '비상 국민회의'를 조직하고 28명의 최고 정무위원을 선출했으며 이를 바탕으로 미군정에 자신들의 의사를 전달하고 소통하고자 했다. 미군정은 이들을 인정했고 28명 전원을 '대한민국 대표 민주의원'(통칭:민주의원)에 임명했다. 이들은 임시정부와 이승만을 비롯한 우익, 민족 세력의 대표기구가 되었다. 비슷한 시기에 좌익 집단은 '민주주의 민족전선'(통칭:민전)으로 좌파들의 연합단체를 꾸렸다.

민전은 조선공산당, 인민당 등이 주력이었고 임시정부에서 별다른 입지가 없어

탈퇴한 유명한 무장독립투사, 김원봉도 이곳에 합류했다.

결국, 모스크바에서 있었던 협약에 따라 미소 공동위원회가 1946년 3월 20일, 서울 덕수궁에서 열렸다.
한반도 내에 통합된 임시정부를 수립하기 위한 합의가 첫 번째였는데 시작부터 미국과 소련의 입장은 서로 맞서게 되었다.

미국은 통합 임시정부를 구성하는 데에 있어 모든 정치 세력을 참여시켜야 한다고 말하면서 은근히 앞선 미군정의 자문기관은 대한국민 대표 민주의원을 중심으로 임시정부를 구성할 것을 요구했지만 소련은 반탁 투쟁을 한 정당과 인사들을 임시정부 구성에서 제외할 것을 요구했다.
반탁 투쟁은 그 과정에서 반소운동적 성향까지 있었기 때문에 소련에게 굉장히 껄끄러운 부분이었다.
문제는 이 당시 북한지역은 이미 김일성이 1946년 2월에 '북조선 임시위원회'를 만들고 공산화가 진행되었다는 것이다. 이는 사실상 정부 형태의 기구로 소련은 애당초 남과 북, 좌·우가 통합된 정부를 만들 생각이 없었다. 이들에겐 자신들의 입김이 작용할 수 있는 정부가 만들어지는 것이 우선이었다. 소련이 생각하는 통합정부란 엄연히 공산화 정부였다.

또한, 통합된 임시정부가 만들어지고 총선을 실시하여 정부가 작동하면 상대적으로 인구가 적은 북측은 이미 진행 중이었던 정부가 와해할 수 있었다.
물론 미군정은 모스크바 삼상회의의 안건에 관한 결정이 진행되길 원했지만, 그들도 모든 정치 세력을 참여시키자고 말하면서 그들 나름대로 자국의 입김이 닿는 사람들이 통합된 임시정부의 주력이 되기를 바랐다.
소련이 한 말도 이것과 같다. 미국으로선 반탁운동을 한 사람들을 배제한다면 소련에 친화적인 인사들과 사회주의, 공산 세력밖에는 남지 않는다.

상황이 진전을 보이지 못하자 이승만이 움직이기 시작했다. 당시는 북한의 상황을 파악하고 남한 단독정부의 필요성이 분명있다고 생각해도 대놓고 그렇게 말할 수 있는 사람은 사실 없었다. 이미 통합된 임시정부를 세운다는 게 강대국들 사이의 협의였고 대부분의 민족 지도자들이 민족의 분단을 막고자 하는 상황에서 남한만의 단독정부를 말한다는 건 명분상 민족반역자로 몰릴 수도 있는 상황이었다.

이런 상황에서 이승만은 각지를 돌아다니며 연설을 하던 중 전북 정읍에서 "남측만이라도 임시정부, 혹은 위원회 같은 것을 조직할 필요성이 있다."라는 충격적인 발언을 했다.

이것이 바로 '정읍 발언'이다.

북한은 이미 미소 공동위원회 이전 1946년 김일성의 주도로 토지개혁이 일어난 바가 있어서 지주들은 강제로 땅을 빼앗기고 몇 년 후 집단 농장화한다.

북은 김일성과 공산 세력이 이미 정부나 마찬가지인 조직을 만들어 활동했고 남, 북 통합 정부가 만들어지지 않은 시점에서 이미 독자적인 정책을 편 것은 애당초 그들이 과연 남, 북 통합 임시정부가 합의된다 한들 그것이 그들이 원하는 방향의 정부가 아니어도 따를 생각이 있었는지에 대해 의문을 가질 수밖에 없다.

즉 어떤 의미에서는 미소 공동위원회는 처음부터 성공 가능성이 없는 사건이었다고 생각해 볼 수 있다. 미·소 모두가 결국은 자신들의 입장을 양보하기 어려운 상황이었기 때문이다. 이승만은 이런 상황에서 남한도 단독 임시정부를 수립하고 소련과 협상을 통해 통일 정부를 세워야 한다고 말했다.

이승만이 한 이 발언은 그 당시에는 절대 금기였던 발언으로 지도자급 거물 인사 중에서 처음으로 분단을 이야기했던 그야말로 대사건이라고 할 수 있다.

당시는 모두가 통일 정부를 세워야 한다고 말했고 미군정 역시 이를 위해 노력하는 입장이었는데 이런 발언을 했으니 엄청난 비난을 받을 수밖에 없었으며 김구나 김규식, 미군정마저도 이승만을 비난했다.

이승만이라는 사람은 기본적으로 절대 사회주의, 공산 세력과는 어떠한 합의나 대화할 수 없는 사람이다. 잘 생각해보자. 1946년에는 북에서 이미 무상몰수, 무상분배 원칙에 따른 토지개혁이 이루어졌고 김일성 대학이 세워지기도 했다. 지주들의 땅을 몰수해 분배하는 토지개혁은 이미 단순한 하나의 집단이 할 수 있는 일이 아니다. 이것은 이미 국가적인 정책이라고 봐야 한다. 또한 김일성 대학은 순수하게 학문을 교육하는 기관이 아니다. 그들이 말하는 엘리트 '붉은 혁명 전사'를 양성하기 위한 기관이었다. 국가라는 간판이 없을 뿐 이미 공산국가가 세워진 것과 마찬가지였는데 남한은 내부적으로 좌, 우의 대립만이 심화하며 아무것도 하지 못하고 있는 상황이 아니었던가? 한반도의 현실을 정확히 파악하고 있던 사람은 당시로써는 이승만이 유일했지만, 정읍 발언은 그의 지지기반이나 함께하던 동료들에게 큰 비난을 받게 된 사건이었다.

해방정국의 심각한 문제점 - 여운형

한반도는 1945년 8월 15일 아무런 준비되지 않은 해방을 맞이하면서 중경 임시정부와 이승만은 한반도 본토 밖에 있었고 귀국을 서둘렀지만 실제로 귀국하기까지는 상당한 시간이 걸렸다. 이런 상황에서 몽양(夢陽) 여운형은 일본이 항복하기 바로 직전 1945년 8월 15일 아침 조선총독부의 이인자 엔도 류사쿠 정무 총감을 만났고 그곳에서 일본의 항복으로 조선이 독립될 것이라는 충격적인 이야기를 들었다.

엔도는 일본의 항복이 발표되면 일어날 혼란과 행정치안의 공백 상태를 우려해 여운형에게 도움을 요청했다.

여운형은 확실하게 해방정국의 주도권을 잡았다. 일본의 항복을 미리 알고 있었고 일본이 패배한 사실을 미리 알았기 때문에 앞으로의 정국을 예상 할 수 있었다.

박헌영(좌)과 여운형(우). 좌익의 지도자 격이었던 두 사람은 '조선인민공화국'을 선포하여 김구와 임시정부를 원수로 만들었다.

여운형은 각지에서 폭동이나 소요사태가 일어날 것을 우려하여 각 지역에 치안대를 조직했다. 그러면서 전국적으로 인민위원회를 만들고 이 민간자치기구를 통해 치안대를 통제하고 행정을 주도했다.

즉 여운형은 해방 직후의 정국을 주도해 갈 수 있는 굉장히 유리한 위치에 있었다. 여운형은 빠르게 움직여 '건국준비위원회'를 조직했다. 건국준비위원회란 말 그대로 새로운 국가의 건국을 위한 준비 단체라는 뜻이다. 여운형은 당시 거물급 인사인 송진우에게 도움을 요청했지만, 그는 "경거망동하지 말고 중경임시정부를 지지하여야 한다"라며 여운형의 요청을 거부했다. 이것은 "이봐 여운형 당신, 중경임시정부 인사들이 귀국할 때까지는 쓸데없는 짓 하지 말라" 바로 이 뜻이다.

여운형은 명분상 임시정부를 의식하지 않을 수 없었다. 당장 그가 직접 도움을 요청한 송진우만 해도 대놓고 퇴짜를 놓지 않았는가? 여운형은 충격적인 행보를 이어가는데 바로 임시정부의 적통성을 인정하지 않는 발언을 했다.

> "임정이 해외에 30년간 머물러 있었기 때문에 이렇다 할 업적이 없고, 국내에 인민적 토대를 갖지 못했기 때문에 정부로 군림할 수 없으며, 임정은 많은 해외독립단체가 만든 정부 가운데 하나일 뿐이다."

이 발언으로 해방정국에서 무엇이 문제인지를 정확하게 알 수 있다. 첫 번째로 해방 직후 가장 강력하고 대중적 지지가 있었던 지도자인 여운형이 임시정부의 적통성을 인정하지 않는다는 점, 두 번째로 여운형은 기본적으로 임시정부를 인정하지 않기 때문에 새로운 기구를 중심으로 국가를 건국하려 했다는 점이다. 대한민국의 헌법은 임시정부의 적통성을 계승한다는 문구가 분명하게 적시되어 있다. 지금의 헌법정신과 법률상으로 한번 생각해보자.

여운형은 건국준비위원회, 즉 새로운 나라를 만들기 위해 움직였다. 그렇다는 것은 임시정부를 대한민국이라는 '국가' 그 자체로 보는 지금의 많은 사학자의 해석과 정면으로 맞서게 되는 것이다. 그렇지 않은가? 그들의 해석대로라면 대한민국이라는 국가는 이미 임시정부의 시작과 함께 1919년 건국이 되었다고 봐야 한다. 예를 들면 문재인 대통령은 2019년 광복절 경축사에서 대한민국은 건국 100주년을 맞이했다고 말했다. 이 발언은 바로 임시정부를 대한민국의 시작으로 해석하기에 할 수 있는 말이다. 물론 실제 정부가 세워진 1948년을 건국일로 봐야 한다는 주장도 큰 파를 이루고 있다.

일단 여운형은 임시정부가 별다른 공로도 없는 집단이고 명분과 적통성이 없고 본토의 민의가 반영되지 않은 수많은 일개 독립운동 단체일 뿐이라 말했다.

여운형은 헌법에 명시된 대한민국의 근간을 철저하게 무시한 것이다. 이 말을 들은 김구의 기분은 어떠했을까?

그리고 이어진 여운형이 선포한 '조선인민공화국(인공)'은 불이 붙은 김구에게 그야말로 휘발유를 부은 격이었다.

인공은 미군정이 들어오기 전에 여운형의 건준이 주도하여 멋대로 국가를 선포했다. 결론부터 말하자면 인공은 공산당의 장난질이며 이후 김구와 여운형이 원수가 되는 결정적인 사건이었다. 인공은 대체 무엇이 문제였을까? 우선은 인공을 선포한 뒤 발표된 내각 인사들을 보면 이것이 왜 장난질인지 확연하게 알 수 있다.

인공의 내각 구성을 보면 대한민국 헌법상 적통성을 가졌고 수많은 지지세력을 가진 임시정부의 수반, 일인자인 주석 김구를 고작 장관급인 내무부장에 임용한 것을 볼 수 있다. 그리고 여운형 본인은 이인자인 부주석에 올라간 것을 확인할 수 있다. 그리고 내각의 중심 요직을 보면 김구의 입김이 닿을 만한 인물은 임시정부 부주석을 역임하는 외무부장 김규식, 그리고 마찬가지로 임시정부 인사인 체신부장 신익희 이 2명밖에 없다는 걸 알 수가 있다.

직책	이름	대리
주석	이승만	
부주석	여운형	
국무총리	허헌	
내무부장	김구	조동혁, 김계림
외무부장	김규식	최근우, 강진
재무부장	조만식	박문규, 강병도
군사부장	김원봉	김세용, 장기욱
경제부장	하필원	김형선, 정태식
농림부장	강기덕	유축운, 이광
보건부장	이만규	이정윤, 김점권
교통부장	홍남표	이순근, 정종근
보안부장	최용달	무정, 이기석
사법부장	김병로	이승엽, 정진태
문교부장	김성수	김태준, 김기전
선전부장	이관술	이민준, 서중석
체신부장	신익희	김철수, 조두원
노동부장	이위상	김상혁, 이순금
서기장	이강국	최성환
법제국장	최익한	김용암
기획부장	정백	안기성

그럼 내각의 인물들을 전체적으로 보면, 재무부장 조만식은 북쪽에 기반을 가진 인물로 이 사람은 공산당이라거나 박헌영, 여운형파라고 볼 수는 없지만 일단 정치적으로 김구와 관련이 없는 인물이다.

군사부장 김원봉은 분명 임시정부 소속이라 볼 수 있지만, 기본적으로 임시정부 내에서 왕따같은 존재였다. 김원봉은 임시정부에서 내내 김구와 반목했고 그는 해방 후 임시정부를 탈퇴하더니 임시정부의 적통성을 부정하는 여운형의 밑으로, 즉 민전으로 들어갔다. 김원봉은 기본적으로 김구의 입김이 씨알도 안 먹히는 인물이다. 게다가 그런 그가 임시정부에서는 주석, 김구의 밑이었지만 인공에서는 동등한 장관급 인사가 된 것을 알 수 있다.

경제부장 하필원은 후에 여운형의 민전 소속이 되고 아예 남로당원이다. 농림부장 강기덕은 3.1운동에 참여했고 독립운동가지만 이 사람도 정치적으로는 임시정부의 사람이 아니었다.

보건부장 이만규는 여운형파의 인물로 후에 북한 최고인민회의 제1기 대의원이 되는 사람이며, 교통부장 홍남표는 공산주의자이며 후에 남로당원이 된다.

보안부장 최용달 역시 건준의 일원이며 북한 토지개혁을 주도하고 조선민주주의인민공화국 즉 북한의 헌법을 기초한 인물이다. 사법부장 김병로는 항일법조인이며 초대 대법원장, 이 사람도 임시정부와는 별다른 연이 없었다. 문교부장 김성수는 한민당, 교육인, 친일파로 일단 임시정부와는 다른 계파였다.

선전부장 이관술은 박헌영의 심복이며, 후에 남로당원이 된다.

서기장 이강국은 건준의 일원이고 공산주의자였다.

법제국장 최익환은 조선공산당 활동에 참여했고 나중에 월북해 북한 최고인민회의 1기 대의원을 지내는 사람이다.

기획부장 정백은 고려 공산 동맹 중앙위원, 민전 중앙위원을 역임한다. 이 내각표만 봐도 공산당이 해놓은 장난질이 명확하지 않은가? 그 속셈이 뻔히 들여다보이는 장난질이다.

임정법통론을 내세우며 임시정부야말로 새로운 국가의 주체이고 중심이라는 생각이 박혀있는 김구를 일개 장관으로 두고 임시정부의 주요 인사들은 제대로 넣지 않았으며 실제로는 저들이 직책을 거부할 경우를 대비해 고른 대리인사들은 모두 공산당, 사회주의자들이다. 그리고 여운형은 이인자고 삼인자인 국무총리 허헌은 또 누군가 하면 이 사람도 여운형파의 인물로 남로당이며 후에 김일성대학 총장까지 역임하는 인물이다. 그러니까 모두 한패라는 얘기다.

그런데 좌익은 또 장난을 쳤다. 일인자인 주석 자리에 이승만을 올려놓은 것이다. 좌익으로서는 명분과 세력을 가진 김구가 가장 위험한 인물이었다. 김구를 절대 일인자로 앉히면 안 되는 것이다. 그러나 이승만은 국내적으로는 내내 본토와 멀리 떨어진 미국에서 활동했기 때문에 국내적인 기반과 세력, 집단이 없었다. 이승만은 이 시점 분명한 요즘 용어로 '독고다이' 세력이었다. 즉 건준의 입장에서는 이승만은 일인자로 앉혀도 되는 것이다. 어차피 다른 내각 인사들을 거의 다 공산주의자로 채워 넣었고 만약의 경우를 대비해서 이인자 삼인자를 여운형, 허헌으로 정하였다. 그러니 임정 세력만 잡아 두면 이승만을 일인자로 놓으면서 공평한 것 같은 명분으로 삼고 또 이승만이 주석이면 미국이 들어왔을 때 대화가 될 만한 인물이기에 인공을 그대로 인정해주지 않을까 하는 간사한 계략이었다. 인공은 조직의 이름을 조선인민공화국으로 결정하고 중앙의결기관으로, 55명으로 구성된 중앙인민위원과 20여 명의 후보위원, 12명의 고문을 선출했다. 이 55명의 중앙인민위원의 인적 구성은 민족주의자 9명, 여운형계의 중도좌파가 10명 내외였고 나머지는 대부분이 공산주의자였으며 그들의 대부분은 박헌영계의 재건파 공산당 계열이었다. 만약 여러분이 김구의 입장이라면 어떤 생각이 들었을까?

김구가 귀국하고 가장 강력하게 주장했던 게 '임정법통론'이다. 임시정부가 바로 한반도의 정통성을 가진 정부이고 새로운 통합정부를 주도해나가야 하는 기구라는 말인데 이게 정말로 중요하다. 상식적으로 생각해보면 김구가 왜 이런 걸 주장할까? 간단하다. 임시정부의 정통성을 부정하는 사람들이 많았기 때문이다. 그럼 그 대표적인 인물이 누군가 하면 바로 여운형이라는 것이다. 그 때문에 김구는 임시정부의 정통성을 강력하게 주장했고 여운형과는 사이가 굉장히 안 좋을 수밖에 없었다. 이런 과정에서 안재홍 같은 사람은 건준이 완전 좌익과 공산당이 주류가 된 것을 보고 여운형을 떠나기도 했다.

이승만도 당연히 인공의 주석직을 거절했다. 이승만은 이 좌익 세력과는 죽으면 죽었지 섞일 수가 없는 사람이다.

김구가 얼마나 여운형을 싫어했냐면 "김구는 여운형과의 대화를 거절했고 몸수색을 지시하였으며, 임정에서 정해진 사안이라면서 문 밖에 글을 붙여 놓는데 다름 아닌 '여운형 사형'이었다고 회고했다"라는 기록°이 있다. 실제로 김구는 귀국 후 찾아온 여운형을 당신과 대화할 것이 없다며 만나주지도 않았다. 김구가 격분하여 여운형에게 입국 전 사형을 확정했다는 기록이 사실일 것 같지 않은가? 김구의 입장에서는 이것은 명백한 장난질이다. 이게 간단하게 말해서 무슨 뜻이냐면 새로운 국가를 세우는데 임시정부 너희는 엄연히 우리의 밑으로 들어와야 한다. 대신 3~4자리는 주겠다. 바로 이 뜻이다. 건준과 인공은 많은 좌경향 역사 강사들이 강의하듯 민족의 자주성이니 뭐니 이런 정의로운 목적이 아니다. 어디까지나 해방정국에서 국내에 있었기에 유리한 좌익, 공산당 세력이 정치적 우선권을 선점하려고 하는 목적이 있는 김구 입장에서 '반역행위'다. 국가의 선포도, 내각의 구성도 우리 대한민국의 근간인 임시정부나 우익인사들과는 아무런 협의를 거치지 않은 정말 코미디 같은 장난질이라는 것이다.

김구와 임정 인사들은 여운형의 건준이 멋대로 국가를 선포한 일을 용납하지 않았고 심지어 임시정부를 부정하는 그의 발언 때문에 이미 국내로 들어오기 전에 여운형에게 사형을 확정했다는 증언이 있는가 하면 훗날 여운형이 암살되었을 때 여운형의 외조카인 철학박사 박찬기 교수는 배후로 김구를 지목했을 정도였다. 사실 여운형을 죽인 것으로 알려진 '백의사'라는 극우 반공 테러 단체는 김구와 굉장히 밀접한 관련이 있다. 김일성 암살계획에 참여했던 백의사 단원 이성렬은 "광복 후 좌익들이 이승만의 테러조직은 삼우회, 김구의 테러조직은 백의사라

° 강원룡 저, 『역사의 언덕에』 1권 p264.

고 할 정도로 백의사는 백범 선생과 밀접한 관계에 있었습니다"라고 증언했다. 김구와 백의사의 관계에는 여러 가지 증언이 있다. 물론 김구가 확실히 여운형을 죽였다는 건 아니다. 그런 말이 나올 정도로 둘 사이의 불화는 굉장했고 백의사라는 단체는 김구와 밀접한 관련이 있었다는 것이다.

이것이 바로 대한민국의 비극이다. 대한민국은 해방 후 국가를 주도해 갈 만한 세력과 명분이 확실한 집단이 없었다는 것이다. 예를 들어 프랑스는 영국으로 건너간 망명정부 '자유 프랑스'가 사실 2차대전의 승리에 별다른 기여를 안 했어도 엄연히 이들은 연합 국내의 일원이었고 국제사회의 승인을 받은 '정부'였다. 파리가 해방되고 가장 먼저 해방군으로 들어간 것이 이 자유 프랑스군인 상황에서 미군의 용장 패튼도 독일과 싸운 건 우리인데 왜 드골이 무게를 잡냐고 했을 정도였지만 연합국이 일부러 그럴듯한 그림을 만들기 위해 자유 프랑스군을 먼저 들어가게 해주었다. 해방정국을 보면 해방 후 가장 강력한 지도자급 인사인 여운형, 박헌영, 김일성 이 사람들이 임시정부를 인정하지 않았다. 그리고 여운형은 남쪽 좌익들의 지도자급 인물이었다. 물론 여운형은 박헌영 같은 골수 공산주의자는 아니었다. 좌, 우의 대립이 심화하는 신탁통치의 찬탁, 반탁의 다툼도 어떤 사람은 반탁운동을 전개한 것이 김구의 큰 잘못이라 말한다. 그러나 이건 정치적인 입장을 제대로 보지 못하는 사람들이 하는 말이다. 사회주의자나 공산당의 좌익세력은 처음에 반탁을 지지하다가 곧 찬탁으로 돌아섰고 그 세력이 여운형과 박헌영을 필두로 한 '민전'이다. 김구와 이승만은 그들의 생애를 보면 알 수 있지만, 공산주의자를 아주 싫어했다. 좌익세력은 임시정부를 부정하고 사회주의 국가를 세우려고 하는 사람들인데 이러한 상황에서 김구가 그들과 뜻을 함께할 수 있을까? 그렇다면 김구가 연대하고 함께할 수 있는 유일한 세력은 어디일까? 그렇다. 이승만뿐이었다.

1946년에 북쪽은 이미 정부와 다름없는 기구가 생기고 김일성대학이 만들어지고 토지개혁도 시행했다. 토지개혁 같은 경우는 이게 어떤 일개 단체가 할 수 있는 일일까? 아니다. 이것은 이미 국가적인 정책이라고 봐야 한다. 그런데 남쪽은 좌, 우가 서로 싸우느라 1947년까지도 아무것도 못 하고 있었다.

여운형이라는 사람이 가지는 애매한 위치를 잘 생각해봐야 한다. 그의 정말 중요한 점은 좌익이기에 사회주의, 공산 세력과 연대해 활동했지만 통합정부를 위해서는 자신과 뜻이 다른 우익이나 민족진영과도 연합하고자 했다는 것이다. 이게 말로 들으면 굉장히 좋은 것 같지 않은가? 어쨌든 뜻이 다를지언정 통합을 위한 노력의 끈을 놓지 않았다는 것. 이게 아주 좋은 위치라고 착각할 수 있다.

그러나 전혀 그렇지가 않았다는 것이다. 앞서 말했듯 그러고 있을 때가 아니었다. 북한이 하나의 집단으로 통합되어 있을 때 이 여운형 같은 회색분자 때문에 남쪽은 아무것도 못 하고 있었다는 것이다. 실제로 여운형은 시간이 지나면서 박헌영 같은 골수 공산당에게도 외면당하고 김구나 이승만을 비롯한 우익에게도 완전히 외면당했다. 여운형은 이쪽도 저쪽도 제대로 아닌 포지션에서 계속 있었기 때문에 공산 세력에게도 회색분자로 찍히고 우익에게도 반드시 제거해야만 하는 인물로 찍혔다. 즉 좌익과 우익 어느 쪽에도 환영받을 수 없는 인물이었다.

여운형이 암살되었을 때 엄청나게 많은 배후설이 나왔던 게 그런 이유다. 김구가 그 배후다. 장택상이나 이승만파가 그 배후다. 박헌영이나 김일성의 공산당파가 그 배후다. 그가 죽고 난 후 엄청나게 많은 배후설이 쏟아져 나왔다. 이게 바로 여운형이 가진 위치 때문에 일어나는 일이다.

이 해방정국에서 여운형의 문제점은 바로 이것이다. 여운형이 대표로 있던 집단, 건준과 민전은 간판만 여운형이 지도자일 뿐 실제로는 공산당 세력이 대부분의 실권을 장악해 나갔다. 인공을 선포한 것은 여운형이지만 인공을 주도해 나가는 사람은 박헌영이고 세력은 공산당이었다.

여운형은 공산당과의 끈을 놓지 않은 상황에서 좌우 합작이라든지 통합을 위한 노력을 하지만 실제로 그는 자신의 기반에서 가장 강력한 세력인 박헌영에게도 회색분자로 찍혔다.

또 비밀리에 김일성과 회담을 가지기도 하지만 그는 공산당의 지지를 얻어내지 못했다. 박헌영은 여운형을 뭐라 비난했는지 보면

"김일성 동지는 여운형을 잘 모른다. 여운형은 대중선동을 좋아하는 야심가이고 철저한 친미주의자며 부르주아 민주주의자다. 여운형이 좌우합작 운동을 끄집어내면서 3대 원칙을 제시했는데 첫 번째로 부르주아 민주주의 공화국을 세운다고 하지 않았느냐. 또 그는 출신 자체가 양반·지주 출신이다."

또 다른 증언을 보자면 MBC 다큐멘터리 <이제는 말할 수 있다-비밀결사 백의사 편>에서 백의사 부사령 박경구는 여운형을 암살하기 전 그를 찾아가 의중을 떠본 적이 있었는데

"과거 임시정부 시절은 이미 쓰레기다. 지나갔다. 이제부터 우리나라는 사회주의 정부를 세워야 한다."

여운형의 이 말을 듣고 백의사 보스 염동진에게 보고한 뒤 "염동진은 여운형을 죽여야 한다고 말했다"라고 증언했다. 실제로 여운형을 죽인 사람은 백의사 단원이었다. 개인적으로는 여운형이 과연 임시정부와 연대와 통합을 할 생각이 있었는지도 의심스럽다.

여운형의 동생 여운홍은 이러한 평을 냈다.

"여운홍은 건국준비위원회의 조선인민공화국으로의 개편 과정을 '이것은 순전히 소아병적인 극렬 공산당원들이 꾸며낸 하나의 연극이었으며, 형님(여운형)에게는 박헌영 등 극렬 공산주의자와 손을 끊지 못하고 연계하였던 것이 정치 생활 중 가장 큰 실책이었다'고 평하였다."

◦ 강준만 저, 『한국현대사산책』 1940년대편 1권, p62.

진심으로 정확한 평이라고 생각한다. 여운형을 누구보다 잘 아는 여운홍은 인공이 공산당의 장난질이라는 것을 명확하게 인지하고 있다. 그리고 여운형의 결정적인 실책을 정확하게 판단하고 있다. 이런 것이 바로 회색분자다. '이것'도 '저것'도 아닌데 '이것'과 '저것'을 둘 다 휘저어 놓고 두 가지를 또 통합해서 '우리'로 만들려고 하는 것, 이게 회색분자이고 이게 바로 여운형이다.

김구의 입장에서 또 여운홍의 평을 가지고 잘 생각해보자. 극렬 공산주의자와 연대하고 임시정부를 부정하며 자기들 멋대로 임시정부를 배제하고 공산주의, 사회주의자들로 구성된 국가를 세우고자 하는 여운형이 나는 중간이니까 둘 다 조율해서 하나가 되자고 하면 김구든 이승만이든 여운형이 중간에 있는 사람이라고 생각할 수 있을까? 그리고 그런 애매한 위치를 취하면 박헌영이나 김일성은 또 좋아할 수 있을까? 이런 게 회색분자라는 것이다.

우익에게는 빨갱이라고 욕을 먹고 좌익에게는 친미주의자며 부르주아 민주주의자라고 욕을 먹지 않는가? 빨갱이가 친미주의자고 부르주아 민주주의자일 수가 있단 말인가? 드라마 〈야인시대〉 2부를 보면 배우 이효정 씨가 맡은 독립운동가 유진산이 극 중 이런 대사를 했다.

"공산주의자보다 회색분자가 더 위험해! 그들은 발톱을 숨기고 있다고."

이말 그대로다. 그런데 대한민국 해방정국에서 이러한 공산주의자들과 시대의 본질을 유일하게 파악하고 있는 사람은 지도자급 인물 중에서 이승만이 유일했다는 것이다. 이승만은 생애 전반을 보면 수많은 죄악이 있는 사람이다. 그러나 최소한, 이 시점에서는 단 한 명뿐인 이 시대의 본질을 알고 있는 유일한 지도자였다는 것이다. 지금 대화를 할 때가 아니라는 것, 공산주의자들은 절대 연대를 하지 않는다는 것, 그 궁극적 목적은 무조건 공산혁명으로 사회주의 국가를 만드는 점이라는 것, 김구와 김규식도 빨리 이것을 깨달았어야만 했는데 그렇지가 못했다. 여운홍도 저러한 평가를 시간이 많이 지난 다음에 한 말이지 그 시대에서는 그것을 깨닫지 못했다. 그러나 이승만은 유일하게 이것을 알고 있었다.

다른 시점에서 만약 여운형이 해방 후 국가의 집권자가 됐다고 가정을 해보자면 조선인민공화국에서 보듯 일단 이름 자체가 아마 대한민국이라는 국가는 없었을 것이다. 그리고 여운형은 임시정부의 법통과 정통성을 인정하지 않고 이미 건국준비위원회에서 볼 수 있듯 새로운 국가의 건국일은 1919년이냐 1948년이냐는 논란이 없이 1945년 혹은 그 이후가 됐을 것이다. 김구가 격분하여 여운형과 원수가 되는 상황은 완전히 코미디라고밖에 할 수 없다. 임시정부는 공로도 없고 민의도 반영이 안 되어있는 일개 단체라고 했는데 그렇다면 자신이 멋대로 선포한 인공은 정의롭고 정당하고 민의가 완벽하게 반영되었고 수많은 공로가 있는 한반도의 유일 정통정부라는 말이 아니겠는가? 도대체 인공의 인사들이 무엇을 근거로 임시정부보다 독립운동사에 큰 공로가 있고 정당성을 가진 정부라는 것인가? 인공을 선포할 어느 때에 국민투표라도 했다는 말인가? 여운형과 박헌영, 인공이 얼마나 웃기는 장난질이었는지 김구가 왜 여운형과 원수가 되는지를 잘 생각해 봐야 한다. 수많은 좌경화 강사들이 여운형이 좌, 우의 통합을 위한 노력을 했다고만 말하지 실제 여운형으로 인해 좌, 우의 대립이 극심해지는 진실을 설명하지 않는다.

여운형의 임시정부를 무시하시는 발언과 인공의 선포는 그야말로 임시정부의 자존심, 김구와 임시정부 인사들의 인내심을 뿌리째 뽑아버리는 비열한 행위였다.

'통합된 정부를 만들기 위해 노력했다는 것' 많은 사람이 이 말 한마디만 듣고 여운형을 위대한 인물로 평가하지만 필자는 그것이 절대 그 시대에 필요한 것이 아니었다고 생각한다. 통합을 위한 노력이 오직 남쪽에서만 있었다는 것도 잘 생각해봐야 한다. 남쪽이라도 따로 정부를 구성해야 한다는 이승만을 많은 사람이 분단의 원인으로 지목하지만 이 사람들은 북쪽에서 이미 무슨 일이 있었는지, 또한 김구가 치한 상황이 어떠했느지를 제대로 설명하지 않는다.

왜냐하면 그들에겐 여운형과 김원봉이 이 대한민국 최고의 영웅이어야만 하는 '목적'이 있기 때문이다. 우리 대한민국의 근간을 부정한 사람은 여운형과 좌익이고 그것을 지켜내려 한 사람은 김구였다. 모든 것은 스스로 독립을 쟁취하지 못했기 때문에 일어난 비극이었다. 대한민국의 법통과 정통성은 분명 임시정부를 그 근간으로 하고 있다. 그러나 중요한 점은 해방 후 정통성을 주장하는 세력은 김일성, 여운형, 박헌영을 비롯해 여러 가지 세력이 존재했다는 것이다. 이 혼란한 해방정국을 제대로 이해하지 못하면 여운형이라는 인물의 포지션을 제대로 이해할 수 없고 김구가 왜 내내 그와 반목했는지를 이해할 수 없다. 역사적 충돌을 이해하고자 한다면 중심인물의 대립과 인과관계를 보면 쉽게 접근할 수 있다.

여운형은 극렬 공산 분자는 절대 아니었고 필자 역시 박헌영이나 김일성 같은 악의가 있는 사람이라고는 생각하지 않는다. 그러나 그 시대에 가장 위험한 사람이었다고 생각한다. 정확히는 그 시대에 필요한 사람이 아니었다고 생각한다.

이승만이 왜 인공에 참여하지 않았는지, 그 인공을 실제로 이끌고 설계한 세력은 누군지, 이것은 인물들의 갈등을 봐야만 확연히 알 수 있다는 것이다.

우리가 모두 한 번쯤은 조국의 시작과 그 근간에 어떠한 중점을 두어야 할지 생각해 볼 필요가 있다.

좌우합작의 실패와 한반도의 분단

미군정은 이런 상황에서도 통일 정부를 원했고 우익에서도 중도 우익이라 할 수 있는 거물 김규식과 중도좌파에 가까운 여운형을 중심으로 좌우합작 정책을 지지하고 밀어주려 했다.

미국은 소련과의 대화와 협력으로 한반도 문제를 해결하고자 했고 그런 측면에서 철저한 반소, 반공주의자인 김구와 이승만은 적합하지 않았다. 여운형은 좌우합작을 환영했고 김규식은 망설이다가 이를 받아들였다.

하지만 좌우합작은 서로의 이해관계를 좁히는 데 애를 먹었다.

좌우합작 바로 이전 '조선정판사 위조지폐' 사건이 터지게 되는데 경찰은 공산당원들이 정판사에서 위조지폐를 찍어 유포한 사실을 파악했고 관련자들을 체포했다고 발표했다. 조선공산당은 당연히 이를 자신들을 향한 모략과 조작이라며 부인하였다. 이는 미군정이 조선공산당을 탄압하는 계기가 되었고 조선공산당은 강력한 반미성향을 나타내며 싸우게 되었다.

이 사건으로 남한 공산당의 신적인 존재인 박헌영은 월북을 선택하게 된다. 좌우합작 위원회는 대표를 선출하고 회담을 진행하며 활동에 들어갔지만, 공산당이 주 세력이었던 민전은 모스크바 삼상회의 결정의 지지와 무상몰수, 무상분배의 토지개혁 등 우익과 미군정이 받아들이기 어려운 민전 5원칙을 제시했다.

당연히 우익 측은 이를 그대로 받아들일 수 없었고 서로 간의 합의와 조율을 통해 좌우합작 7원칙을 좌·우 대표들이 발표했다.

좌우합작 7원칙

1. 조선의 민주독립을 보장한 모스크바 3국 외상 회의 결정에 의하여 남북을 통한 좌·우 합작으로 민주주의 임시정부를 만든다.
2. 미국·소련 공동위원회(미소공위) 속개를 요청하는 공동성명을 발표한다.
3. 토지개혁에 있어 몰수, 유조건 몰수, 체감매상 등으로 토지를 농민에게 무상으로 나누어 주며(유상몰수, 무상분배) 시가지의 기지와 큰 건물을 적정처리하며 주요 산업을 국유화하여 사회 노동법령과 정치적 자유를 기본으로 지방자치제의 확립을 속히 실시하며, 통화 및 민생문제 등을 급속히 처리하여 민주주의 건국 과업 완수에 매진한다.
4. 친일파 및 민족반역자를 처리할 조례를 본 합작위원회의 입법기구에 제안하여 입법기구로 하여금 심리 결정하여 실시한다.
5. 남북을 통하여 현 정권하에서 검거된 정치 운동자의 석방에 노력하고, 아울러 남북 좌·우익 테러직 행동을 일체 즉시로 제지토록 노력한다.

6. 입법기구에 있어서는 일체 그 권능과 구성 방법, 운영 등에 관한 대안을 본 합작위원회에서 작성하여 적극적으로 실행한다.
7. 전국적으로 언론·집회·출판·교통·투표 등의 자유가 보장되도록 노력한다.

이 발표는 해방 후 좌·우 대립이 극심해지고 혼란을 거듭하며 통일된 정부 수립을 전혀 진행하지 못하고 있던 현실에서 그래도 좌·우의 중심인물들이 조율과 양보를 통해 나온 결실이었기에 큰 의미가 있다. 그러나 한계가 극명한 역사적 사건이라 볼 수 있는데 누구보다 대화와 화합을 해야 할 인물들은 정작 이 좌우합작에 참여하지 않았다는 게 가장 핵심이다. 양극단을 달리고 있던 이승만, 김구, 박헌영, 김일성이 참여하지 않는 좌·우의 화합과 대화가 어떤 의미가 있을까? 민전의 대표적인 인물은 분명히 여운형이라 할 수 있지만, 이 좌파연합단체의 가장 큰 세력을 가지고 있는 사람은 박헌영과 남로당(조선공산당, 남조선 신민당, 조선인민당이 합당하여 남조선로동당이 되었다.)이라는 것을 부정할 수 없으며 민전의 가장 핵심 세력들은 사회주의, 공산 사상을 가진 인물들이라는 것도 분명한 사실이다.

반대로 우익 측은 미군정의 반대로 가장 극단을 달리고 있는 반공, 반소련의 핵심 인물인 이승만이 참여하지 못했고 김구조차도 참여할 수 없었다. 애당초 우익과 좌익에서도 대화가 통할만 한 중도적 성향이 있었던 김규식과 여운형을 중심으로 모인 이 좌우합작은 그 한계성이 시작부터 명백했다.

진짜 합작을 해야만 하는 핵심인물, 각 진영의 가장 큰 세력을 가진 인물들이 직접 참여하지 못한 반쪽합작이었던 것이다. 당연히 여운형이 앞장서서 참여했다고 한들 박헌영과 남로당은 좌우합작을 지지하지 않았다. 가장 큰 세력인 민전 내 공산당과 사회주의 세력이 이를 지지하지 않았다는 것은 곧 민전이 이를 지지하지 않았다는 뜻과 같다. 이승만 역시 대놓고 반대하지는 않았지만, 그는 자신을 배제하고 좌우 합작을 밀어주었던 미군정의 하지 중장과 대립했고 미군정을 무시하고 워싱턴으로 날아가 미국 정부와 직접적인 대화를 시도했다. 이승만은 여기서도 우선 남한만의 과도정부를 세울 것을 주장했다.

이렇듯 좌우합작은 역사적 의미가 있는 사건이었지만 그 결실을 보기는 매우 어려운 결과물을 낳았다. 또한 국가가 무슨 자선단체도 아니고 유상으로 땅을 사들여 무상으로 분배한다는 게 가능한 일인가? 이것은 좌우 합작에 참여한 인물들이 합의했을 뿐 좌와 우가 진정으로 화합한 것이 아니라는 것을 분명히 알아야 한다.

실제로 이 좌우합작 7원칙은 신탁통치를 일단 찬성한 것이기에 중경 임시정부 인사들과 한민당˚ 보수 인사들까지 들고일어났고 남로당파들도 이를 인정하지 않아 아무런 의미 없는 합의가 되고 말았다.

가장 중요한 사건은 이후 터지는데 1947년 3월 12일 미국의 트루먼 선언(Truman Doctrine)이 발표되었다.

이는 공산주의의 팽창에 위협을 느끼던 그리스와 터키를 미국이 원조하기 위한 선언이었다.

트루먼 선언은 소련과 직접적으로 부딪힐 수 있는 미국 대외정책의 전환점이었고 그 유명한 '냉전'의 시작이라 할 수 있었다.

트루먼 선언의 핵심은 공산주의 확대를 저지하기 위하여 자유와 독립의 유지에 노력하며, 소수의 정부 지배를 거부하는 의사를 가진 세계 여러 나라에 대하여 군사적·경제적 원조를 제공한다는 것이었고 우리 남한을 포함한 비슷한 처지에 있

˚ 미 군정기 우익저 성격을 띈 정치 정당으로 1945년 9월 16일에 조선민족당, 한국국민당 등이 합당하여 조직된 정당이었다. 이들은 남한만의 정부를 세우는 이승만의 단정 수립론을 찬성했다.

는 모든 국가에 적용될 수 있는 선언이었다는 것이다.

갑작스럽게 국제정세가 혼란에 빠지게 되고 미국이 소련과 대립하게 되자 미군정의 입장에서도 더는 좌우합작을 밀어줄 이유를 상실하게 되었다. 이런 와중에 1947년 5월에 2차 미소 공동위원회가 열렸다. 그래도 미국은 대화의 끈을 놓지 않으려 1차와는 달리 협의 대상이 되면 그 인물은 반탁운동을 하지 못하게 하겠다고 제시했다. 그러나 소련은 그 정도가 아니라 앞으로 반탁운동을 하지 않겠다고 약속했더라도 제외해야 함을 말했고 이는 우익뿐 아니라 중도적 성향이 있는 인물들까지도 많은 인물을 제외해야 하는 문제였기에 결렬되었다. 냉전의 시작으로 어차피 미소 공동위원회는 서로의 견해 차이를 확인하는 자리였을 뿐 완전히 깨지고 말았다.

결국, 미·소 간에 협력을 통해 남, 북 간의 통일 임시정부를 수립하고 총선을 치른다는 모든 계획은 전부 수포로 돌아갔다.

다시 모든 것이 원점으로 돌아온 셈이다.

따라서 미 국무장관 조지 마셜은 한국 문제를 UN이 다루도록 제의했고 유엔총회는 소련이 불참한 가운데 1947년 11월 14일 UN 감시 하의 남북한 총선거를 통해 정부를 수립하기로 결의했다. 좌익 세력들은 이 총선거가 남북분단의 영구화가 될 것을 우려하여 반대했고 김구와 한독당 역시 반대하여 미소 양군의 철수와 남북회담을 요구했다. 그러나 이승만은 이 결의를 환영했다. 이런 혼란 속에 1947년 7월 19일, 여운형이 우파 청년에게 암살당하는 사건이 일어난다. 그나마 좌의 인물 중 통일 정부와 좌우합작을 위해 적극적으로 움직였던 거물이 세상을 떠나게 된 것이다. 이 사건은 사실상 좌우의 협력이 완전히 실패로 끝났음을 보여주는 대사건이었다.

결국, UN은 남북 총선거를 감시할 'UN 한국 임시위원단'을 구성했고 미·소 양

군이 철수할 것을 요구했다.

여기서 중요한 것은 정치적 입장이 다시 작용했다는 것인데 UN이 결의한 것은 남북의 인구비례에 따른 총선거였다.

앞서 말했듯 당시 남한의 인구는 북한보다 많았고 또한 이미 정부의 성격을 가지고 있는 세력이 권한을 행사하고 있었던 북측과 이를 지지하는 소련은 이 상황이 마음에 들 리가 없었다.

당시 한반도 인구는 남한이 3분의 2 가까이 차지하고 있었다.

1948년 1월 UN 한국 임시위원단이 서울로 파견되었고 많은 환영을 받았지만 김일성은 UN 한국 임시위원단이 북한에 들어올 수 없게 막았다. 소련 역시 반대의 입장을 UN에 전달했다. 막상 도착은 했지만 총선을 진행할 수가 없었고 논란이 지속하자 UN 소총회는 1948년 2월 26일 표결하여 남한 지역에서만 총선거를 할 것을 승인했다. 결국 이승만이 원했던 결과가 이루어진 것이다.

3월 12일에는 소총회의 표결을 UN 한국 임시위원단도 받아들였고 마침내 남한의 단독 선거 안이 완전히 통과되었는데 우익 진영에서는 이를 환호하고 구체적으로 진행했다. 이런 과정 이전에 김구는 2월 10일 '삼천만 동포에 읍고함'이라는 제목의 성명을 발표했다.

"나는 통일된 조국을 건설하려다 38선을 베고 쓰러질지언정 일신의
구차한 안일을 취하여 단독정부를 세우는 데는 협력하지 아니하겠다."

가슴을 울리는 명문장은 분단이 눈앞으로 다가온 참담한 현실을 받아들일 수 없는 그의 가슴 아픈 심정이 나타나 있다.

이승만은 빠르게 총선거 운동을 시작했고 일단 남한만이라도 총선거를 하여 정

부 수립을 완료하고 그다음 남, 북 전체를 생각할 것을 말했지만 김구와 김규식의 생각은 달랐다.

이 두 사람은 끝까지 분단을 막아보려고 했으며 2월 16일 북측의 지도자 김일성과 김두봉에게 통일 정부 수립을 위한 남북회담을 제의했다. 북한은 한참 답변을 하지 않다가 갑자기 3월이 돼서야 '전조선제 정당 사회단체 대표자 연석회의'를 평양에서 함께 하자고 제의했다. 남한만의 단독선거를 반대하는 입장인 김구와 김규식은 이를 수락했고 분단을 막기 위한 마지막 협상에 참석했다. 박헌영은 앞서 정판사 위조지폐 사건 이후 북으로 와있었다.

북한이 이미 남한의 단독선거 계획이 다 결정된 뒤에 대화의 장을 연 것은 고도의 정치적 계산이었다. 남한의 선거를 방해하고 분단의 책임을 회피하며 국가적 명분을 챙기려는 속셈이었다. 연석회의는 사실 모양새만 남북의 지도자급들이 참여해 대화하는 것이지 김구와 김규식은 들러리와 다름없었다. 북한은 이미 1948년 2월에 조선인민군이 창설되었고 헌법 초안까지 만들어 놨으며 북한 정권 수립에 필요한 모든 준비를 끝내놓고 김구와 김규식을 불러들였다. 이것은 우리 역사의 가슴 아픈 한 페이지라 할 수 있는데 사실 김구와 김규식은 어느 정도 이런 부분을 미리 알고 있었을 가능성이 크다. 그러나 딱히 방법이 없었다. 필자는 이 두 사람이 다른 수단이 없으니 정말 마지막 방법으로 그래도 분단을 막기 위해 대화를 시도했을 것으로 생각한다.

실제로 연석회의가 개최되고 모든 것이 북한이 미리 준비한 순서로 진행되었다. 김구는 아무것도 한 게 없었고 인사말을 한번 했을 뿐이며 김규식은 참석하지도 않았다.

김구와 김규식은 따로 4월 말 김구, 김규식, 김일성, 김두봉의 일명 '4김 회담'을 갖게 되는데 이로 인해 외국군의 철수와 헌법 제정, 통일 정부 수립과 남한 단독

선거 반대 등이 담긴 4개 조항의 공동성명서를 발표했다. 하지만 이는 전형적인 기만이다. 북한은 이미 한참 전부터 정부의 성격을 가진 기구를 운용하며 실제로 모든 실권을 다 행사하고 있었고 북한 정권 수립을 위한 모든 준비를 완료하고 있었다. 심지어 독자적인 군대도 가지고 있었다. 이는 처음부터 남, 북 통합 임시정부 수립에 대한 의지가 없었음을 알 수 있고 아무런 협조도 하지 않고 있다가 남한의 단독선거가 다 진행이 되고 나서야 대화를 시도하는 움직임을 보인 것은 말 그대로 기만 작전이다.

물론 이런 상황에서도 어떻게든 분단을 막아보려 한 김규식과 김구 같은 인물의 행보를 비난할 수는 없다. 남북협상은 그래도 처음으로 남측의 지도자급 인물과 북의 김일성이 대화를 하고 남, 북 통일 정부를 위한 어떠한 노력을 했었음을 보여주는 성과라고 할 수 있다. 그러나 좌우합작과 마찬가지로 단지 상징적인 의미만이 있을 뿐 아무것도 달라지는 것은 없었다. 남한과 북한 모두가 이제는 독자노선을 걸어가고 있었다.

결국 1948년, 유엔 소총회 결의에 따라 남한의 5.10선거가 실시되었다. 총 198명이 당선되었고 5월 말 제헌국회가 소집되어 국호를 '대한민국'으로 정했으며 대통령중심제를 정치체제로 채택했다. 7월 17일에는 민주주의 헌법이 공포되었으며 7월 24일에 대통령 이승만, 부통령 이시영이 취임하게 되었다. 우리 대한민국의 기본정신인 민주공화국, 삼권분립, 보통 선거제도, 주권재민까지 대한민국의 모든 권력과 주권이 국민에게 있고 기본권을 보장받는다는 정신이 깃든 헌법과 함께 이승만의 초대 내각이 출범하게 된 것이다.

북한은 남한보다 약간 늦게 남한의 선거를 부정하고 최고인민회의를 구성하여 9월 8일 헌법을 채택하고 9월 9일 김일성을 수상으로 한 내각을 구성함으로 '조선민주주의인민공화국'을 정식으로 탄생시켰다. 우리 한반도, 같은 동포의 터전에서 다른 2개의 정부로 진정한 의미에서 '분단'이 시작된 것이다.

'대한민국'이라는 국가가 정식으로 성립되기까지 많은 시련이 있었다. 미국은 분명히 소련과 협력해 남, 북 간의 통일 정부를 수립할 수 있도록 노력했다. 하지만 좌우 합작과 미소 공동위원회 등 많은 노력에도 불구하고 결국 남과 북은 통일 정부를 수립할 수 없었다. 이를 많은 사람들이 김일성과 이승만의 탓이라 말하기도 한다. 그러나 분명히 알고 기억해야 한다. 북과 소련은 통일된 임시정부를 수립할 생각 자체가 없었다. 정확히 말하자면 자신의 세력이 주도하는 통합 임시정부 말고는 수립할 생각도 지지할 생각도 없었다.

좌우합작 역시 남한에서 일부의 양측 세력이 통일 정부를 위해 노력한 것일 뿐 정작 그 시점에서 북한은 군대를 준비했고 이미 정부나 다름없는 기구가 모든 실권을 다 장악하고 있었는데 이런 상황에서 여운형이 살아있었다면? 좌우 합작이 제대로 진행되었다면? 이런 가정은 아무런 의미도 없다.

한반도는 이미 강대국들의 이권 다툼에 말려 있었고 이승만은 다른 어떤 상황보다 한반도가 공산화될 것을 우려했다. 좌우 합작과 미소 공동위원회가 어찌어찌 잘 진행되어 통일 정부에 대한 협상이 되었다 해도 공산 세력과 우익세력, 민족진영이 함께 공존한다는 게 가능할 것인가? 이것은 역사가 말해준다. 필자는 절대 불가능하다고 생각한다.

이 당시의 공산주의, 사회주의 사상은 현대의 사회주의나 공산당 활동을 하는 사람들과는 다르다.

공산 세력은 절대로 '다름'을 인정하지 않는다. 이 모든 통합의 노력이 남한의 인사들을 중심으로 일어난 것만 봐도 알 수 있다. 또 민전에서 이를 방해하고 사회주의 혁명에 기반한 새로운 국가를 만들고자 했던 인물은 바로 박헌영이다.

일제강점기 매우 많은 독립운동가가 사회주의 사상가였다. 이들은 죽으면 죽었지 일본의 제국주의와는 섞일 수 없는 사람들이다. 우리가 모두 인정할 건 인정해야 한다.

대한민국 정부 수립. 1948년 8월 15일 대한민국 정부가 정식 공포되었고 초대 대통령으로 이승만, 부통령에 이시영이 선출되었다.

사회주의 사상가들은 독립운동의 주축이라 봐도 무방할 정도로 그 숫자가 엄청나게 많았다.

하지만 임시정부 국무총리였던 이동휘의 말처럼 이 땅에서 공산혁명으로 국가가 세워지면 어떻게 되겠는가? 대한민국이라는 국가가 존재할 수 있을까?

공산주의자들은 절대 '다름'을 인정하지 않는다.

공산혁명으로 국가를 이룬 중국, 쿠바, 북한에서 다른 정당 활동이나 사상으로 국가를 바꿀 수가 있을까? 그곳에 자유, 평등, 인권이 존재하는가? 글로만 평등하고 글로만 자유와 인권이 보장된다. 남한만의 정권을 빨리 수립해야 한다고 했던 이승만을 다들 비난했지만, 결과는 어떻게 됐는가?

결국, 그의 말이 맞았고 실제로 그의 말처럼 됐다.

만약 박헌영, 김일성 등의 공산주의자들도 모두가 통합된 정권을 수립하기 위해 열성인데 이승만만이 이를 반대하고 단독정부를 이야기했다면 그건 이승만이 잘못되었다 할 수도 있다. 그러나 북이 이미 모든 실권을 행사하고 무력집단을 만들고 공산화의 준비를 하고 있었으며 미국에서 활동하며 공산주의 세력의 본질을 누구보다 잘 알고 있는 이승만이 이러한 자세를 취한 것은 비난받을 일이 아니라고 생각한다.

오히려 굉장한 그의 공이라 봐야 한다 생각한다. 유일하게 그 시대의 본질을 파악하고 있는 단 한 사람이었다는 것이다.

농지개혁

좌우합작에서도 논의되었지만, 이승만 정권에 들어와 큰 업적이라 할 수 있는 농지개혁이 시행되었다. 앞서 북에서는 무상몰수 무상분배로 농지개혁이 시행되었지만 대한민국에서는 유상매입 유상분배의 원칙에 따라 농지개혁이 시행되었다. 당시 대한민국은 70% 이상을 농업에 의존하는 국가였으며 대부분이 땅 한 뼘 없는 소작농들이었다. 1949년 농지개혁을 계획하였고 1950년부터는 농지개혁법이 단행되었다. 농민들은 줄을 섰고 정부는 지주들에게 지가증권을 지급하여 대가를 지불하고 농민들은 이를 갚아나가는 방식이었다. 이 개혁은 대한민국 사회를 바꾸는 변화를 가져왔다. 일제강점기부터 최고의 부층이던 지주계급이 사라지고 평등의식이 자리 잡기 시작한 것이다. 농민들은 자기 땅을 가지고 농업에 열중하면서 생산성이 높아지고 2세들을 위한 교육열이 높아졌으며 국가는 학교를 세우고 교육을 적극적으로 장려했다. 농지개혁은 학자에 따라 이승만 정권의 가장 긍정적인 성과로 꼽히기도 한다.

많은 농민이 안정감을 가지게 되므로 이후의 많은 개혁에도 큰 영향을 주었다.

제주 4.3사건과 여순사건의 본질

제주 4.3사건은 대한민국 정부 수립 과정에 있었던 가장 아픈 사건이라 할 수 있다. 그만큼 조심스럽고 복잡한 사건인데 우선 제주도가 어떠한 상황이었는지를 먼저 파악해야만 한다.

제주도는 남로당과 사회주의자들이 매우 많은 곳이었다. 미군정의 현상 유지 정책은 대부분 친일행적이 있었던 경찰들을 그대로 유지시켰고 실제 당시 경찰력의 80% 이상이 친일 경찰들이었다. 이는 복잡한 부분인데 경찰 같은 인력은 어쩔 수 없는 부분도 있다. 우리는 왜 그 사람들을 그대로 썼는지 생각해 볼 필요가 있다. 미군정이 일부러 사람들의 반발을 일으키고 화나게 하려고 그들을 그대로 쓴 것은 아니다.

경찰 같은 부분은 아무런 경력이 없는 사람을 갑자기 뽑아서 치안을 맡길 수 없는 분야다. 일제강점기 경찰은 필연적으로 일제에 친화적인 사람들일 수밖에 없으며 또한 일제에 반항하고 반대하는 인물을 잡는 것이 중요한 임무일 수밖에 없는 분야다. 미군정은 혼란한 상황에서 따로 경찰력을 뽑고 다시 교육하고 배치할 여유가 없었다. 또 제주도는 당시 도(道)로 승격되었는데 이는 제주도가 전라남도에서 분리되어 지원이 끊기는 상황이 일어났기에 긍정적인 상황이 아니었다. 그리고 제주도는 해방 전 일본군이 다수 주둔하고 있던 요충지로 미군에 폭격을 당해 민간인 사망자가 발생한 적도 있어 미국에 대한 시선이 곱지 않았다.

해방 이후 일본에서 일하던 노동자들도 제주도로 돌아와 인구가 급증했고 전국적인 기근까지 겹쳐 사회·경제적으로 어려운 시기이기도 했고 남로당은 이런 시기에 불만이 많은 도민 사이에서 손쉽게 세력을 확장시켜 나갔다.

1947년 3월 1일 제주도에서는 3.1운동 기념 제주도 대회가 열리게 되는데 대규모의 집회 행렬이 집결했다.

여기서 중요한 점은 좌익 남로당이나 민전이 동원한 사람들이 매우 많았다는 것이다. 미군정은 사전에 이들이 집회를 여는 것은 허가했지만 이들이 행진하는 것은 허가하지 않았다. 기념식을 마친 군중은 가두시위에 들어가고 이때 기마 경찰이 탄 말에 어린아이가 차이는 사건이 발생했는데 기마 경찰은 이를 몰랐는지 그냥 가려고 하자 사건이 터졌다. 화가 난 군중들이 돌을 던지고 분노하며 경찰서까지 달려드는 상황이 발생했고 경찰은 이를 습격으로 오인하여 발포했다.

이 사건으로 6명이 사망하고 부상자가 발생했다.

제주의 민심은 당연히 좋지 않았다. 제주도를 좌익 단체들이 장악했다는 것은 분명한 사실이다. 실제로 제주도 내 남로당 세력들은 이러한 민심을 이용해 군사집단을 양성하고 단원들을 확충하며 점점 세를 불려 나갔다. 사회가 혼란하면 이러한 갈등을 오히려 기회로 이용하는 세력이 있기 마련이다. 제주도 내 사회주의자들은 미군정이나 친일파 경찰 등을 인정하지 않았고 미군정의 탄압과 경찰, 서청과 도민들의 갈등을 이용했다. 이런 갈등 속에서 1947년 3월 9일 제주도 총파업이 일어난다. 학교, 회사, 통신 기관 등 4만여 명이 참여한 이 파업으로 제주도는 대부분의 기능이 마비되었다.

미군정과 경찰은 지속적인 탄압을 전개하였고 제주도의 민심은 완전히 돌아서게 된다. 남로당은 1948년 3월에 이미 무장조직을 결성, 훈련하였고 결국 1948년 4월 3일 새벽, 남로당 제주도당의 주도로 무장봉기를 일으켰다. 이것이 제주 4.3 사건이다. 이들은 경찰 탄압과 남한만의 단독선거, 단독정부를 반대하고 통일 정부 수립을 촉구하는 강령을 내세웠다. 이 무장봉기로 제주도 내 12개 경찰지서가 공격당하고 경찰과 우익인사 중에서 사망자가 발생했다. 당시 9연대장 김익렬 중령은 토벌 명령을 받았지만, 평화적으로 사태를 해결하고자 했다. 그는 4월 28일 남로당 무장대의 대장 김달삼과 협상을 진행했고 즉각 전투를 중지할 것과 무장대가 안전하게 귀순할 수 있도록 조치하겠다고 약속했다. 더 사태가 확산하는 것을 막으려 한 김익렬의 노력으로 양측은 평화적인 합의를 마치게 되는데 안타깝게도 5월 1일 우익 청년단체에 의해 '오라리 방화사건'이 일어나게 된다.

이 사건으로 양측의 평화협상은 깨지게 되었고 김익렬은 끝까지 평화적으로 해결을 보고자 했지만, 그는 해임되었으며 박진경 중령이 9연대장으로 임명되었다. 박진경은 김익렬과는 달리 무장세력을 폭동으로 단정짓고 강경하게 진압 작전을 폈지만 6월 1일 대령으로 승진하고 얼마 지나지 않아 이를 반대하는 부하들에게 살해되었다. 이는 군부와 미군정을 발칵 뒤집어 놓는 사건이었고 제주도 사태의 심각성을 모두가 깨닫게 되는 계기가 되었다. 이 과정에서 응원 경찰이라는 내륙의 경찰들이 증원되었고 심상치 않은 분위기에 당시 경무부장 조병옥은 분노하여 강경 대응을 예고하였고 후에 서북청년회(서청)까지 들어오게 되는데 이들은 이북출신의 반공 우익 청년단으로 경찰의 요청에 따라 제주도의 치안을 지키기 위해 온 청년들이었다. 안 그래도 친일 경찰들에 대한 민심이 좋지 않았는데 외지에서 친일출신 경찰들은 더 증원되어 들어오기 시작했고 말이 애국 반공 청년단이지 주먹을 쓰는 서청의 청년들이 마치 경찰처럼 실권을 행사하기 시작했으니 좋게 생각할 수 없는 상황이었다.

사실 이 4.3 사건은 3.1절 집회부터 이미 예견된 사건이라 할 수 있는데 미군정 측은 앞서 말했듯 현상 유지 정책을 쓰면서 당시 한반도의 상황이나 국민 감정을 제대로 이해하지 못했다. 미군정에 많은 반감을 품은 제주도의 혼란을 틈타 사회주의자들이 강성하게 뿌리 내린 지역이었고 이들이 가장 거품을 무는 대상이 바로 친일파라고 할 수 있다. 그런데 말을 타고 다니며 위세를 뽐내는 친일 경찰들을 보는 제주도민들의 감정은 어떠했을까? 더군다나 3.1 집회에 나온 다수는 사회주의 단체 남로당, 인민위원회 등에서 동원한 사람들이다. 이 사건의 도화선이 되는 아이가 말에 챈 사건이 고의인지 아닌지는 정확히 알 수 없다. 하지만 이 상황을 직접 본 사람들은 그동안의 감정이 폭발했을 것이다.

물론, 이후 경찰서로 온 행렬에 총격을 가해 인명피해가 발생한 것은 부정할 수 없는 사실이며 경찰은 이를 폭동으로 오인한 것이라는 해명을 내놓았다. 그러나 이 사건은 아주 극 초기부터 제주도의 불안한 상황과 악화한 경제 사정, 친일 경찰에 대한 감정과 사회주의자들이 다수 포진해 있었다는 점 등을 미군정과 경찰이 적절하게 파악하지 못한 부분이 있다.

문제는 4.3사건은 분명하게 단순한 도민들의 분노로 일어난 것이 아니라 남로당이 계획적으로 일으켰고 경찰과 우익인사는 물론, 아무런 죄도 없는 그들의 가족들까지 사망자가 발생했기 때문에 앞으로 일어나는 비극에 대해 분명히 책임을 피할 수 없다는 것이다. 무장봉기 자체는 남로당 공산주의자들에 의해 일어났다는 건 부정할 수 없는 명백한 사실이다.

이제 제주도는 말하자면 빨갱이들의 본거지이고 반드시 찍어 눌러야 할 대상이 되었다. 그들은 남한의 단독선거를 부정했고 유일하게 선거구에서 의원 선출을 완료하지 못한 지역이었으며 공산주의자들에 의한 폭동이 일어난 곳으로 이는 사실상 이제 시작하려고 하는 대한민국을 부정하는 행위로 간주되었다. 이승만과 미군정으로서는 반드시 이들을 진압해 본보기를 보여야만 했다. 당시 제주도의 인구는 30만 정도 되는 것으로 파악되는데 남로당에 가입한 숫자는 6만에서 7만까지 추산되고 있다. 실로 엄청난 숫자라고 할 수 있는데 물론 이를 지금 우리의 기준으로 소위 말하는 '빨갱이'라고 몰아붙여서는 안 된다.

제주도는 경제적으로 굉장히 어려운 상황이었고 당시엔 공산주의, 사회주의 사상이 정확히 뭔지도 모르는 사람들이 많았을 것이다. 후에 6.25에서도 단지 쌀을 준다기에 서명했다가 죽임을 당했던 사람들이 나왔던 것처럼 당시의 이념과 사상은 꼭 머리로 완벽히 이해해야만 파고드는 것은 아니었다. 미군정이 실시되고 더 살기 힘들어졌다. 친일파는 나쁘다. 이런 간단한 선동으로도 사람들을 매혹할 수 있는 시대였다. 또한, 초기대응이 부실했던 것도 아쉬운 부분이다. 친일파 경찰에 대한 도민들의 감정을 헤아리지 못했던 부분도, 평화적인 방법으로 사태를 수습하고자 했던 김익렬 중령이 오히려 사상 불순자로 몰려 해임되었던 일도 얼마나 당시의 이념 대립이 극심했는지를 말해준다.

남로당 무장봉기 세력들은 진압 작전을 피해 제주도의 산속이나 깊은 동굴로 들어가게 되는데 정부는 이들을 진압하기 위해 여수 14연대에서 병력을 보내 이들을 진압하려고 했다.
그러나 14연대의 군인들은 부당한 명령이라며 명령을 이행하지 않는다. 즉 항명이 일어난 것이다. 지창수와 김지회를 중심으로 우리는 동족상잔을 일으킬 수 없다는 명분을 내세워 이들 역시 무장봉기를 일으켰다. 그러나 이 두 사람 역시 남로당 산하의 구성원으로 실상은 제주도의 봉기와 같았다. 이들도 사회주의 혁명을 꿈꾸며 남한의 단독정부를 인정하지 않고 이를 와해시키려 한 '반란' 사건이었다.

어떤 사람들은 여순사건과 제주 4.3사건을 '민중항쟁'이라 칭한다. 그러나 이 사건들은 훗날 일어나는 5.18 같은 민중항쟁과는 그 결이 다르다. 직접적인 유혈사태의 배후에 분명히 남로당의 무장봉기가 있었기 때문이다.
우선 명령을 거부한 '제주토벌 출동 거부 병사위원회'의 호소문을 한번 확인해 볼 필요가 있다.

> **애국 인민에게 호소함**
>
> 우리들은 조선 인민의 아들, 노동자, 농민의 아들이다. 우리는 우리들의 사명이 국토를 방위하고 인민의 권리와 복리를 위해서 생명을 바쳐야 한다는 것을 잘 안다. 우리는 제주도 애국 인민을 무차별 학살하기 위하여 우리를 출동시키려는 작전에 조선 사람의 아들로서 조선 동포를 학살하는 것을 거부하고 조선 인민의 복지를 위하여 총궐기하였다.
>
> 1. 동족상잔 결사반대.
> 2. 미군 즉시 철퇴.

언뜻 보기에는 애절한 호소문이며 실제로 군인의 정신과 부합하는 대의명분이라고 착각할 수도 있다. 왜냐면 죄 없는 국민을 탄압하길 거부하고 국민의 생명과 재산을 지켜야 하는 군인들이 자신들의 사명에 부합하지 않는 부적절한 명령을 거부한 것처럼 호소문을 발표했기 때문이다.

봉기 군은 순식간에 여수와 순천을 점령하고 군중들을 선동해 경찰서와 행정기관 등을 장악했는데 이때 좌익 인사들에 의한 '인민위원회'가 구성되었다. 여순사건에서 진압군에 의해서 일어난 피해를 부각하는 사람들이 많은데 반란군의 짧은 점령 기간에 경찰이나 우익인사를 비롯해 그 가족과 일반 민중 등 점령군과 군중들에 의해 일어난 학살이 선행적으로 있었다는 것을 잊어서는 안 된다. 10월 20일 인민대회를 거쳐 인민위원회가 만든 6개 항의 결정서를 확인해보자.

2번과 3번, 4번 조항에서 필자는 할 말을 잃었다. 앞서 반군이 발표한 호소문은 분명히 명령을 거부하는 이유와 명분을 말하고 있었다. 그러나 군이 지역을 장악하고 등장한 여수 인민위원회의 결정서는 국가를 부정하는 정도가 아니라 자신들이 멋대로 행정을 총괄하겠다 말하고 있으며 조선민주주의인민공화국(북한)에 충성을 다하고 대한민국은 한반도의 정통 정부가 아님을 말하고 있다. 토지의 무

인민위원회 결정서

1. 인민위원회의 여수 행정기구 접수를 인정한다.
2. 조선민주주의인민공화국에 대한 수호와 충성을 맹세한다.
3. 대한민국 분쇄를 맹세한다.
4. 남한 정부의 모든 법령은 무효로 선언한다.
5. 친일파 민족반역자, 경찰관 등을 철저히 소탕한다.
6. 무상몰수, 무상분배의 토지개혁을 한다.

(출처: 여수지역사회연구소)

상몰수, 무상분배 역시 북한에서 이미 시행했던 일이며 대한민국의 법령까지 아무것도 인정하지 않는 어마어마한 조항이다. 이후 정부의 대대적인 토벌 작전이 이루어지고 반란군의 주력은 산속으로 숨어들었다.

이런 와중 앞서 1948년 10월 20일, 인민대회에 참가한 사람들이 토벌군에게 좌익색출 과정에서 학살되었다. 골수 좌익 인사들 말고도 이 대회에 참가한 일반 민중까지 죽임을 당하는 참사가 일어났다. 이 밖에도 토벌의 과정에서 여순사건의 민간인 피해자는 정확하진 않지만, 공식 발표로 1만 명이 조금 넘는 것으로 추산하고 있다(그러나 당연히 정부의 발표를 그대로 믿어서는 안 된다.). 산으로 들어간 반란군과 추종자들 역시 엄청난 숫자가 죽임을 당하는데 일부는 한국전쟁까지 남아 흔히 말하는 '빨치산' 활동을 전개했다.

제주도와 여수의 상황은 당시 대한민국의 공통된 현상을 말해주는데 자유민주주의 정부를 수립하려는 우익과 이를 반대하고 사회주의 통합정부를 수립하려는 좌익세력이 함께 공존했다는 것이다. 북에서는 이런 일이 발생하지 않았다. 1946

년부터 이미 깔끔하게 사회주의 세력이 모든 것을 정리하고 장악했기 때문이다. 그러나 남한은 1947년 좌우합작과 이후 남북협상 등 모든 것이 실패하고 1948년 8월 남한의 단독정부가 들어섰으며 좌익세력은 설 자리를 잃었다. 남로당은 더욱 설 곳이 없었다. 그들의 정신적 지주이고 신과 같은 존재였던 박헌영 역시 이미 '정판사 위조지폐 사건'으로 북으로 갔지 않았던가. 즉 갈 곳이 없었던 남쪽에 남은 좌익 남로당 세력들은 이런 식으로 들고 일어나 저항했다.

제주도와 여순사건은 그 주체가 남로당이며 남로당은 어디까지나 '남조선 민주주의 인민공화국'을 수립하여 북한과 통일을 이루는 것이 그 목적이었음을 잊어서는 안 된다.

또 이 두 사건이 남한 내 치안을 유지하는 진압 작전이라고 생각하면 큰 오산이다. 저들의 목적이 남한 정권의 타도와 사회주의 국가의 수립인 이상 이것은 국가의 존망이 걸린 중대한 문제였다.

1948년 11월 17일 제주 계엄령이 선포되며 무자비한 초토화 토벌 작전이 개시되었다. 이 작전으로 대부분의 무장대가 궤멸되었으나 엄청난 수의 일반인 희생자가 발생했다. 1949년 7월에는 대부분의 무장대 토벌에 성공했지만, 한국전쟁이 끝나고도 한참 후인 1957년 9월에서야 완전히 진압됐다. 신생 정부의 수립을 발표한 날은 1948년 8월 15일이다. 만약 정부가 반란 세력들을 강경 진압하지 않아 제주도와 여수가 남로당의 지배하에 들어갔다면 어떻게 되었을까? 정부 수립 이후로 지하로 들어간 각지의 남로당 세력들이 자신감을 얻고 전국적으로 봉기했을 것이다. 이런 사건 이후 얼마 지나지 않아 1950년 한국전쟁이 발발했다는 점도 중요하다. 심지어 박헌영은 훗날 공개된 옐친 문서에서 전쟁이 시작되면 남한 내 20만 남로당원들이 일제히 봉기할 것이라고 말한 발언이 공개됐다.

이런 사건들을 보면 그의 발언이 마냥 헛소리라고 생각할 수가 없다. 필자는 오히려 한국전쟁이 발발하기 이전 이러한 사건들이 연달아 터진 것이 다행이라고 생각한다.

일련의 사건들이 만약 전쟁 중 터졌다면 어떤 일이 일어났겠는가? 한국전쟁 당시 남로당의 무장봉기가 일어나지 않은 것은 1950년 초까지 대부분의 좌익세력에 대한 토벌을 끝냈기 때문이다. 또한, 군 내부에도 얼마나 많은 좌익인사가 침투해 있었는지를 확연하게 보여주는 사건이며 그 박정희 전 대통령조차도 군대 대대적인 좌익 색출작업에 걸려 죽을 뻔했다.

그러나 이런 숙청의 과정이 없었더라면 한국전쟁 때 무슨 일이 일어났을지 장담할 수 없다. 우리는 이 사건들의 진실을 봐야 한다. 그들을 토벌하는 과정에서 수없이 많은 인권유린과 피해자가 나왔지만 그렇다고 해서 대한민국을 부정하고 전복하려는 반란이 정당화될 수는 없다. 물론 국가도 잘못을 인정할 부분은 인정해야 한다. 실제로 2000년대 들어와서 노무현 대통령은 4.3사건에 대한 정부 차원의 공식 사과를 했고 문재인 대통령은 4.3사건 희생자 추념 행사에 참여하여 희생자들의 보상에 대한 입법과 명예회복을 위해 최선을 다할 것을 약속했다.

역사란 이처럼 복잡하고 한쪽으로만 판단을 내리기 어렵다. 제주 4.3사건이 아직도 그냥 '사건'인 이유에 대해서 독자분들도 한번 잘 생각해보셨으면 좋겠다. 이 사건은 이승만 정권에서 한국전쟁이 일어나기 직전 먼저 일어났던 동족상잔의 비극이며 이 사건들이 이후 대한민국에 어떠한 영향을 주었는지 또 아직도 논란과 아픔이 그대로 전해지고 있는 우리의 안타까운 역사라는 것을 모두가 한 번씩 생각해 봐야 할 것이다.

국가를 부정하고 전복하려 했던 세력이 주도한 것도 사실이고 이를 막는 과정에서 반인륜적인 학살과 피해가 있었던 것도 틀림없는 사실이다.

여러분들이 만약 필자 개인의 생각을 묻는다면 나는 제주 4.3과 여순사건을 민중항쟁이라거나 의로운 저항이라고 도무지 생각할 수 없다. 두 사건의 배경에는

제주 4.3사건 중 귀순한 제주도민들이 수용소에 모여 있다.

    대한민국 정부 수립을 방해하고 무너뜨리려는 남로당의 무장봉기가 분명 있었기 때문이다. 제주 4.3사건과 여순사건은 반드시 제압해야만 하는 사건이었다. 다만 그 제압하는 방법이 문제였다. 물론 이것은 필자 개인의 생각이며 역사적 판단은 여러분께 맡긴다. 그리고 4.3사건의 비극을 만든 주동자 김달삼은 친일파 출신이며 정작 본인은 이런 엄청난 사건을 일으켜 놓고도 제주도를 탈출해 빠져나가기도 했다.

    제주 4.3사건과 여순사건 이후 이승만 정권은 이를 계기로 '국가보안법'을 통과시켰다. 또한, 남과 북은 1948년 각각 정부가 수립되었지만, 이승만은 유엔총회의 승인을 받은 남한 정부만이 유일한 한반도 내 정식정부임을 선언하고 정부의 정통성을 강조하고 있었다. 정치적으로는 1949년 6월 이승만의 가장 큰 정적이라 할 수 있는 김구가 암살되었다.

    김구는 정치적으로도, 그가 가진 상징성으로도 이승만에게는 가장 부담되는 존재였다. 그런 그가 세상을 떠난 것은 이승만에게는 오히려 정치적 안정을 찾을 기

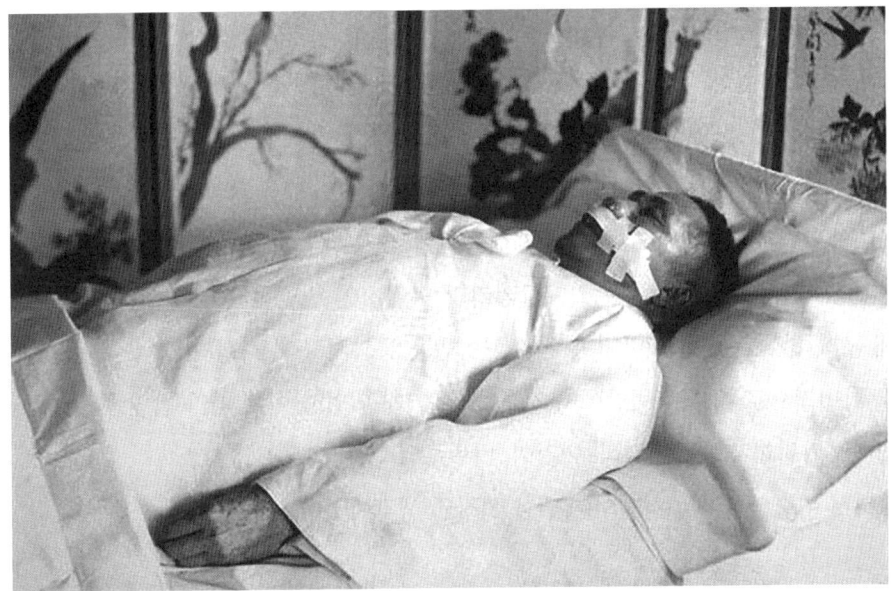

백범 김구의 최후. 해방 전 임시정부의 지도자이며 조국을 위해 수많은 공헌을 한 그였지만 안타깝게도 그가 꿈꿨던 통일된 조국을 보지 못하고 눈을 감았다.

회였다.

김구는 해방 전 가장 중요한 민족지도자 중 한 명으로 대한민국에 수많은 공헌을 한 인물이었지만 육군 장교인 안두희의 총탄에 암살당했다. 그 배후는 정확하게 밝혀진 바가 없지만 안두희는 이승만의 아들이라는 소리를 들었던 김창룡이 시켰다고 주장하기도 했고 미국이 배후에 있다는 오락가락하는 진술을 하면서 끝까지 배후를 정확하게 밝히지 않고 1996년까지 생존했다가 박기서라는 인물에게 정의봉이라 쓰인 몽둥이를 맞고 세상을 떠났다.

반민특위 - 친일파는 독립운동가들이 살려주었다

미군정 이후 대한민국 정부가 들어서면서 친일파 청산에 대한 민중의 요구는 엄청나게 컸다. 1947년 아직 이승만 정권이 들어서기 전에 미군정하 남조선 과도입법의원에서는 이미 친일파 처벌에 관한 규정을 만들어 놓았다. 이때 미군정은 이 법안의 입법을 거부했다.

　미 군정의 현상 유지 정책으로 많은 친일파가 공직에 들어와 있었고 개인적인 원한이나 복수로 인한 혼란을 우려했기 때문이다.

　결국, 정부가 수립되고 나서야 제헌국회에서 친일파 처벌에 대한 법안을 마련했는데 〈제 101조의 부칙〉 '일제강점기의 악질적인 반민족 행위자를 처벌한다.'에 근거를 두고 국회는 반민족 행위 처벌법을 통과시켰다. 사형과 징역, 재산몰수를 합법적으로 이 특별법안에서 진행할 수 있게 되었고 이에 따라 반민족행위 특별조사위원회가 만들어졌다. 이것이 '반민특위'다.

　당시 이승만은 대통령의 거부권을 행사할 생각이었다.

　　　1. 특별재판부에 국회의원을 포함하는 것은 3권분립 정신에 어긋난다.
　　　2. 법관을 마음대로 선정하는 것은 법관의 자격을 법률로 정한다는 헌법에 어긋난다.

　이러한 이유로 국회에 대한 이의서를 작성하고자 했지만 당시 이승만 정부가 제출한 '양곡매입법' 안건이 국회에서 반드시 통과돼야만 했으므로 국회와 껄끄러워지는 것을 최대한 피하고자 했다. 게다가 일반적인 여론도 친일파를 반드시 처단해야 한다는 분위기였기에 마지 못해 거부권을 행사하지 않았다.

　1948년 반민법은 통과되어 특별재판부와 특별 검찰부도 구성되었고 조사관들도 독립운동가 위주로 완성했다.

　또 반민특위는 실제로 수사와 체포권을 행사할 특경대를 조직했는데 인원은 대략 40명 정도로 알려져 있다.

　반민특위가 활동을 시작하고 대통신문 사장 이종형, 민족대표 33인 중에 하나였던 최린, 문학자 최남선, 이광수 등이 줄줄이 체포됐다.

반민특위 체포자 이송장면. 반민특위는 민중의 지지를 받고 1949년부터 본격적으로 검거 활동을 시작했다.

이승만은 반민특위의 활동을 철저하게 방해하는데 그는 처음부터 이러한 과거의 일로 민심을 이산시켜서는 안 된다고 1948년에 대통령 담화를 발표했다.

이승만은 1949년 초 반민법이 본격적으로 시행되자 다시 담화를 발표했는데

"증거가 불충분한 경우에는 관대한 편이 가혹한 처벌보다 동족을 애호하는 도리가 될 것이다."

라고 발표했고 이에 반민특위 부위원장 김상돈은

"누구든지 특별조사위원회의 처사에 간섭할 수는 없습니다."

라고 반박 성명을 냈다. 반민법이 논의되자 앞서 1948년 10월에서 11월에는 반민특위 조사위원회 구성원들을 암살하려 한 음모가 있었다. 친일경찰 노덕술°과

수도청 수사과장 최난수, 중부서장 박경림 등이 우익 청년 백민태를 매수하여 반민법을 논의하고 있던 의원들을 감금하고 살해할 것을 공모한 사건이었는데 친일파 경찰들이 얼마나 몸이 달아있었는지를 알 수가 있는 대목이다.

그러나 백민태가 양심의 가책을 느껴 이를 폭로함으로 드러나게 된 사건이었다.

적당히 돌려가면서 반민특위를 압박하던 이승만이 폭발하게 되는 사건이 일어났다. 바로 친일경찰 노덕술이 1949년 1월 체포된 일이었다. 이승만은 아예 반민특위 위원들을 따로 불러 노덕술을 석방할 것을 직접 요구했다.

당시 경찰이라는 집단은 이승만의 권력 유지에 반드시 필요한 존재들이고 국가의 치안 유지에도 가장 중요한 핵심이었다. 군대는 일반적으로 내부적인 치안과 권력 유지에 쓰기에는 위험도 크고 절차도 복잡하며 당시 정국은 여순사건과 군내 좌익색출 작업 등으로 어수선한 상황이었다.

그러나 경찰은 합법적으로 치안 유지와 수사, 체포의 권한을 가진 집단이다. 즉 경찰은 이승만에게 가장 필요한 조직이고 가장 절대적 충성을 바쳐야 하는 집단이었다.

이승만은 다시 담화문을 발표했다. 일부 내용을 보면

"조사위원들은 조사에 그치고 검속하거나 재판하고 집행하는 것은 사법과 행정부에 맡겨서 헌법 범위 내에서 진행해 반민법안을 단기간 내에 완료하도록 하여야 할 것이다."

"지금 반란분자와 파괴분자가 처처에서 살인 방화 등을 일삼고 지하공작이 긴밀한 이때 경관의 기술과 전력이 아니면 사태가 어려울 것인

◦ 일제강점기, 대한민국의 경찰 간부로 일제강점기 시절 독립운동가를 탄압하고 고문한 대표적인 반민족행위자.

> 데 경찰의 기술자들을 아직 포용하는 것이 필요하며 반공 투쟁이 격렬할 때에 경찰의 기술자들이 직책을 다하여 치안에 공효가 많을 때는 속죄한다는 성명이 여러 번 있었으므로 정부의 위신상으로나 인심 수습책으로 보나 조사위원들은 이에 대하여 신중히 조처하기를 바란다."

해석해보자면 현재 반민특위의 활동은 삼권분립 정신에 어긋난다. 반민특위는 조사해야지 수사나 재판을 해서는 안 된다. 게다가 상황이 시급하고 안 좋은데 경험 있는 경찰 인력을 잡아들이는 것은 국익을 위한 것이 아니다.

즉 대통령이 대놓고 반민특위가 하는 일에 대한 부정을 표한 것이다. 특별재판 부장 김병로는

> "우리는 헌법에 의거하여 국회가 의결한 정식 기구이며 반민특위의 활동이 헌법정신에 어긋난다는 것은 헌법위원회에서 이것이 위법이라고 판정하기 전에는 엄연히 합법적이다."

라며 대통령 담화를 정면으로 반박했다.

사실 김병로의 발언은 지극히 이치에 맞고 상식적이다. 반민특위의 설치와 활동은 엄연히 헌법에 근거하여 국회의 의결을 거쳤고 심지어 이승만 본인도 이를 정식으로 공포했었다. 그러나 이는 정면으로 대통령과 맞서는 것으로 앞으로 벌어질 일의 전초전이었다. 이승만은 반민특위 법 자체를 개정하거나 헌법위원회에서 이를 위법으로 규정 받아야만 했는데 때문에 이승만은 즉각 반민법을 개정하기 위해 개정안을 발의했다.

이승만은 조사위원, 특별재판관, 특별검찰관 등을 대통령이 직접 임명케 하는 식으로 개정해 반민특위 자체를 본인이 장악하고자 했지만 2월 24일 국회에서 부

결되었다. 이승만이 말 그대로 개망신을 당한 것이다.

심지어 무장 독립투쟁의 영웅 이범석° 국무총리까지 국회로 출석하여 경찰력의 필요성을 언급하고 반민법을 개정해 줄 것을 호소했지만 어림없었다.

친일 경찰들과 이승만은 다급해졌고 1949년 5월부터 1950년 3월까지 국회 내에 남로당 프락치 활동을 하는 의원이 있다는 혐의로 반민법에 적극적으로 나선 소장파 국회의원들이 검거되고 1950년 3월에 이들에게 모두 유죄가 선고되었다.

이것이 '국회 프락치 사건'이고 이는 반민특위에 처음으로 제동을 거는 사건이었다. 또 이승만과 경찰, 국회의 힘겨루기가 본격적으로 시작되었다.

이런 와중에 친일 경찰의 상징인 최운하까지 체포되었고 결국 1949년 6월 6일, 경찰은 반민특위의 본부를 습격하여 반민특위 위원들을 연행하고 특경대를 해체해 버렸다. 이승만은 며칠 후 이것이 자신의 명령이었다는 걸 AP통신 기자와의 인터뷰에서 인정했다.

이 사건으로 반민특위는 치명타를 입게 되었다. 또한 반민특위의 공소시효를 8월 말까지로 단축한다는 개정안이 통과되면서 사실상 반민특위의 활동은 마비되었고 명목상 이어가다가 흐지부지 해체되었다. 공소시효가 끝난 1949년 8월 말까지 41명이 재판을 받았으며 실형 선고를 받은 사람은 15명이지만 애당초 목표로 했던 거물급들은 무죄나 집행유예, 병보석 등으로 다 석방되었고 잔챙이 일반 형사들도 나중에 금방 풀려나게 되었다.

반민특위의 전개 과정을 이해하려면 정치적 상황을 이해해야 한다. 해방 후 정부 수립 이전부터 경찰력을 통솔해 온 사람이 바로 조병옥과 장택상이다. 이 두

° 광복군, 북로군정서, 청산리전투 참전 등 일제강점기 대표적인 무장 독립투쟁가이며 대한민국 초대 국무총리를 지내기도 하였다.

사람은 미군정 때부터 경찰의 일인자, 이인자 격으로 친일 경찰들을 그대로 임용하여 경찰력을 유지한 사람들이다.

장택상은 알아주는 독립운동가였고 조병옥은 좀 애매한 부분이 있긴 하지만 엄연히 독립운동가였다.

친일인명 사전을 발간한 민족문제연구소에서도 조병옥을 친일파로 규정하지는 않는다. 이승만은 그렇다 치고 이범석 같은 경우는 당시 행정부의 이인자인 국무총리로 이 사람은 무장독립운동사의 영웅이다. 광복군, 북로군정서, 청산리전투 참전 등 살아남은 무장 독립투쟁운동가 중에서 거의 최고 수준의 공로자라 할 수 있다. 이런 이범석도 어떻게든 반민특위 활동을 축소해 적당히 끝내고자 했다. 정작 독립운동가로 미군정의 선택을 받은 장택상, 조병옥은 악명 높은 노덕술을 비롯해 친일 경찰들을 그대로 경찰 수뇌부에 앉혔고 친일 출신 경찰들뿐만 아니라 다른 친일파 세력에게도 굉장히 관대했다는 것이다.

중요한 건 이승만만 그런 게 아니라 행정부나 권력기관에 들어가 있는 인물들이 대부분이 이승만의 견해와 같았다는 거고 그 중심인물들은 이범석이나 장택상, 조병옥 같이 존경받는 독립운동가들이 수두룩하게 있었다는 것이다. 이건 어떻게 보면 굉장히 이상한 일이다. 일본과 맞서 싸운 사람들이 친일파를 처단하는 걸 반대하는 데 앞장섰다는 것이기 때문이다.

행정부나 권력기관에 들어가 있는 인물에겐 일단 정권의 유지와 안정이 무엇보다 중요했다.

이게 바로 역사의 아이러니인데 실제로 국가를 이끌어가는 권력을 쥐게 된 사람들은 지난 과거 때문에 현시점에 혼란을 주는 것을 극도로 경계하는 것이고 또한 자신들의 정권과 권력 유지에 가장 중요한 경찰력과 경찰의 지휘부가 바뀌는 것은 절대 불가하며 친일 경찰들은 실제로 해방 전, 명분상 불리한 부분이 있기 때문에 반공 세력을 때려잡는 데에 목숨을 걸고 있다는 것도 이승만은 알고 있었다. 그러나 민심을 반영해야 하고 이승만과 반대되는 계파의 독립운동가들이 많이 있었던 국회 측은 이치에 맞고 이상적인 친일청산을 밀어붙였다. 하지만 정부 측은 어떻게든 반민특위의 활동을 막고자 했다.

존경받는 독립운동가들조차도 현실을 위해서라면 타협을 하는 모습을 이승만, 조병옥, 이범석, 장택상 등에게서 분명히 볼 수가 있다.

대한민국은 35년을 제국주의 국가에 지배당했던 국가다.
친일파가 어디든지 들어가 있었다. 마찬가지로 일본이라면 이를 가는 그 박헌영의 심복 심영, 이승엽, 이재복 이런 인물들은 친일행적이 있는 사람들이다. 그러나 박헌영은 이런 사람들을 적극적으로 기용해서 썼다. 이재복은 박정희를 남로당으로 끌어들이기도 하는데 박정희도 반민족행위자의 기준으로는 얼마든지 죽었을 수도 있는 사람이지 않은가?

김일성도 자신의 가족 중 친일행적이 있던 동생 김영주 같은 인물들을 감싸줬고 자신에게 충성을 맹세한 친일인사들은 북한 지도층으로 받아줬다.
김구와 친밀한 사이였고 이 반민특위에 잡혀 들어갔던 이광수 같은 자는 그의 후원자 격인 사람이 다름 아닌 김구였다. 김구의 백범일지가 출간될 때 편집에 참여한 사람이 이 친일파인 이광수다. 김구가 직접 부탁했다는 이야기도 있다.

심지어 지금 대한민국의 국가인 애국가 역시 친일파인 안익태가 작곡한 곡이라며 바꿔야 한다고 주장하는 사람들이 상당히 나오고 있다. 속된 말로 완전히 개판이라는 얘기다.

원론적으로 또 이상적으로 친일파 청산을 하는 게 맞지만, 현실적으로 친일파는 사회 어디든 존재했다는 것이다.

독립운동가 출신 대한민국 지휘부는 친일파 청산을 방해하고 또 친일파가 가장 득세한 경찰이라는 집단은 당시 대한민국 최고의 실 권력기관이었고 대통령마저도 반민특위를 방해하고 인정하지 않는 현실이었다. 반민특위는 대한민국에서 가장 강력한 인물인 대통령과 가장 강력한 집단인 경찰을 상대로 싸워야만 했다는 것이다.

반민특위와 반대 견해인 사람들에게 친일파 출신은 정계든 재계든 돈이나 힘을 갖춘 사람이 많았기 때문에 정부나 이승만에게 꼭 필요한 사람들이 많았으며 권력 유지와 치안 유지에 꼭 필요한 경찰은 대부분이 친일파 출신이었고 우리는 예컨대 프랑스 같은 국가와 다르다.

연속적으로 제주 4.3사건이나 여순사건 등이 터지고 군 내부에서도 좌익들이 침투해 있다는 게 밝혀져 색출작업을 하고 잡아들이고 죽이고 하는 판인데 프랑스는 위협이 되는 다른 요소가 크게 없으니 일단 내부를 정리하고 앞으로 나갈 수 있는 상황이었지만 우리는 국가가 분단된 상황이었고 때문에 북한에 대한 위협을 항상 신경써야 하는 상황이었다. 대한민국 정부가 수립되었어도 여기저기서 좌익들에 의한 사건, 사고가 터지고 있던 혼돈의 시기였다.

그렇다고 군대가 그렇게 정비가 된 상황도 아니고 미국도 필요 이상의 지원을 하는 상황이 아니었으며 1949년 6월 말에는 미군까지 극히 일부만 남기고 철수한 상황이었다.

우리는 가장 중요한 걸 잊어서는 안 된다. 민중의 요구를 받아들여 출범한 반민특위를 방해하고 친일파를 청산하는 것을 가장 강력하게 막은 인물들은 바로 일본과 맞서 싸우던 당시 권력 기관들의 독립운동가들이었다는 것을 말이다. 꼭 이승만뿐 아니라 권력에 앉은 독립운동가들 대부분이 같은 입장이었다.

반민특위가 해체된 것은 정치적인 입장과 다툼이 가장 주된 원인이며 이상과 현실이 부딪힌 싸움이다. 이 싸움이 친일파와 독립운동가의 싸움이 아니라 본질적으로 반공주의와 정권 유지를 중요하게 생각하는 현실파와 친일청산과 민족정기를 중시하는 정론파의 싸움이었다는 것이다.

필자 역시 아무리 현실적인 부분이 있다 해도 친일파를 단 한 명도 제대로 처벌을 하지 못했다는 사실이 기가 막히는 부분이다.

결정타로 반민특위를 해체시킨 사람은 존경받는 독립운동가 애산 이인°이다. 당시 법무부 장관을 역임했던 이인 역시 애당초 친일 청산에 반대했던 인물이었다.

이인이 위원장에 오르고 나서 이미 손발이 잘린 반민특위를 해체해 버린다. 결국 이승만 정권의 주요 인사들이 반민특위를 막는데 완전히 총출동했다고 할 수 있는데 이들은 대부분 독립투사였다.

독자분들도 잘 생각해볼 필요가 있다. 현실적으로 경찰과 사회 각층의 친일파들을 다 처벌한다는 게 가능했을까? 또한, 오히려 독립운동가들이 앞장서서 친일파들을 비호하고 지켜주려 했던 이유는 뭘까? 그렇다고 친일파들을 그대로 이렇게 한 명도 청산하지 않고 어물쩍 넘어가는 것이 정말로 정당한 것인가?

6.25전쟁이 금방 발발하면서 안 그래도 강조하던 반공은 대한민국을 지배하는 가치관이 되었으며 친일파를 국가적으로 처벌할 기회는 영영 없어졌다. 그러나 그 시대를 이용한 사람들은 당연히 법으로 안된다 해도 역사로라도 단죄를 해야 한다. 일제강점기 어려운 상황에서도 동포를 배신하고 정치깡패의 원조로 불리는 박춘금°은 일본으로 도망갔고 악덕 친일 경찰 노덕술은 단죄를 피했다. 비록 실패했지만, 반민특위는 커다란 역사적 의미가 있다.

◦ 일제강점기의 대표적인 항일, 민족 인권 변호사로 정부 수립 이후 법무부 장관을 역임하였다.
◦ 일제강점기 대표적 친일파로 정치깡패의 원조로 불린다. 해방 후 귀국했지만 반민특위가 활동을 시작하자 일본으로 도망했다.

반민특위가 왜 실패했는지 어떠한 방해와 압박을 받았는지, 어떠한 정치적 배경이 있었는지, 또 반민특위를 막으려 한 사람들은 뭘 두려워했는지 모두가 진지하게 생각해 봐야 할 문제다.

동족상잔의 비극 한국전쟁, 이승만의 업적과 죄악

이승만은 북진통일을 매일같이 말하고 북한 같은 경우는 한술 더 떠 소련과 스탈린에게 구체적인 남침계획을 설명하고 추진했다. 북한은 1948년 초반 조선인민군을 창설하고 1948년 10월 철수한 소련군에게 장비를 넘겨받아 4개 사단으로 증편되었으며 1948년 12월 모스크바에서 열린 소련, 북한, 중국의 3국 군사대표 회의에서 남침을 위한 북한군의 전략적 군사 증강계획을 논의했다. 그러나 1948~1949년 사이 스탈린은 신중론을 펼쳤다. 남한보다 확실한 우위에 서지 못한다면 전면전쟁을 허락할 수 없다는 태도를 내놓았다.

1947년 트루먼 선언이 발표되고 미·소 양국은 미묘한 긴장 관계를 유지했는데 당시엔 미국도 소련도 앞장서서 상대를 자극하지 않으려 하는 상황이었다.

다음은 90년대 옐친 문서가 공개되면서 밝혀진 1949년 3월 5일, 소련 크렘린 궁전에서 있었던 김일성, 스탈린의 모스크바 회담 대화 내용이다.

스탈린: 남한의 미군은 어느 정도로 파악됩니까?
김일성: 2만 명 정도로 파악됩니다.
스탈린: 남한에 국군병력도 있습니까?
김일성: 약 6만 명 정도 배치되어 있습니다.
스탈린: 북측과 남측 어느 쪽이 더 강합니까?
박헌영: 물론 우리가 더 강합니다.
스탈린: 하지만 남한의 전력보다 확실히 우세하지 않는 한 선제공격은 안 됩니다.

이 회담에서 김일성은 남침계획을 말하며 소련의 협력을 요구했지만, 스탈린은 1949년 초만 해도 확실히 마음을 잡지 못했다. 그는 미군이 아직 주둔하고 있고 38선 분할협정이 유효하기 때문에 아직은 때가 아니라 만류했다. 이는 빠르게 한반도를 공산화하고자 했던 북한 지휘부 측에게는 좋지 않은 상황이었다.

북한의 계획이 진전을 보인 것은 1950년대 초였다. 1949년 10월에는 중국이 공산화되었고 국민당은 대만으로 쫓겨났다. 우선은 이것이 한국전쟁 발발에 큰 영향을 끼친 첫 번째 이유였다. 이때 중국 공산당과 함께 항일 운동을 전개했던 '조선의용군'이 북한 인민군으로 합류하게 되는데 이들은 무장 독립투쟁의 영웅이었던 김원봉이 조직한 '조선 의용대'에서 갈라져 나온 조직으로 북한으로 돌아와 한국전쟁의 인민군 주력부대가 되었다. 아이러니한 일이 아닌가? 항일 운동을 위해 만들어지고 일선에서 활약하며 싸운 부대가 일제가 패망하고는 동족상잔의 비극에 가장 앞장선 부대가 되었다는 점은 참으로 황당한 일이다.

어쨌든 중국 공산당은 혼란한 내전을 끝내고 중국본토를 통일하면서 1949년 말에는 북한의 든든한 우방 국가가 탄생했다는 점, 미국의 지원을 받던 국민당을 몰아내고 공산혁명을 완수한 국가가 시작되었다는 점은 공산주의 세력 전체의 승리라 볼 수도 있었기에 신중론을 고수하던 스탈린의 마음에 변화를 주는 첫 번째 계기가 되었고 북한에도 한반도를 공산화할 수 있다는 자신감을 심어주게 되는 사건이었다.

중국의 공산화와 비슷한 시기 1949년 9월 소련의 원자탄 실험 성공 역시 중요한 사건이다. 소련이 핵실험을 성공하게 되므로 미국은 국제정세를 다시 한번 생각할 수밖에 없었다.

1950년 1월에는 북한의 침략계획에 힘을 실어주는 사건이 있었다. 바로 미국의 '애치슨 선언'이다. 미국의 국무장관 딘 애치슨은 미국의 동북아시아에 대한 극동

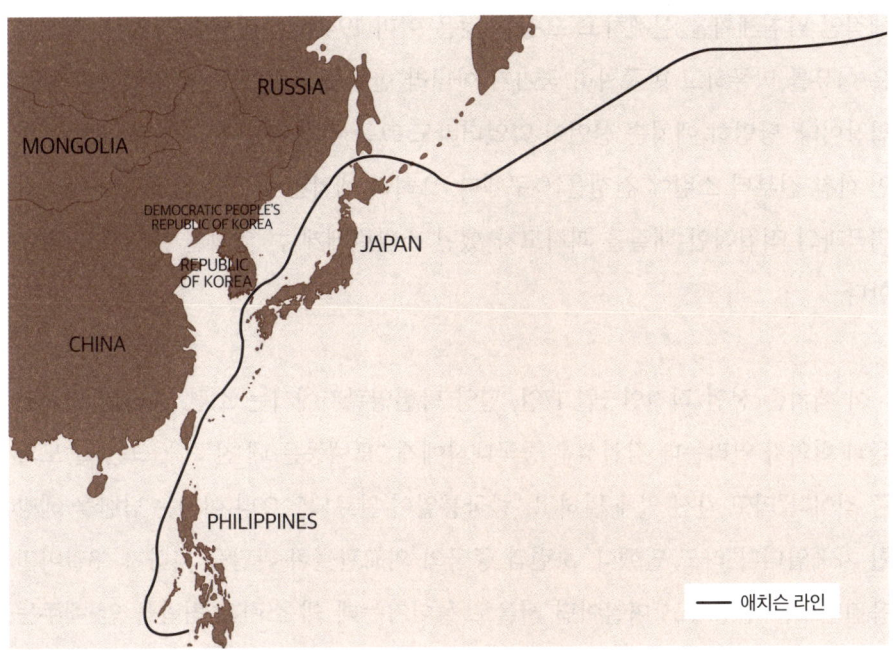

미국의 극동방위선 애치슨 라인(Acheson line). 대한민국과 중화민국, 인도차이나반도가 제외된 방위선은 이후 유명한 '남침 유도설'을 만들어 냈다.

방위선을 발표하는데 알류샨열도와 일본본토, 오키나와, 필리핀을 연결하는 라인을 방위선에 넣으며 한반도와 대만이 제외되었다.

이 애치슨 선언은 1949년 6월 말 미군 철수 이후 미국이 한반도에서 손을 떼겠다는 의미로 비칠 수 있기에 이를 근거로 지금까지도 널리 퍼져있는 미국이 한반도에서 전쟁이 일어나도록 유도했다는 '남침 유도설'을 만들어 내기도 했다. 그러나 애치슨 선언은 미국이 절대로 포기할 수 없는 지역에 대한 발표를 한 것이지 절대 이로 인해 한반도에서 무슨 일이 일어나든 관여하지 않겠다? 이런 의미가 아니다. 단적으로 애치슨 선언 바로 직후 있었던 1950년 1월 26일에 발표된 '한미상호방위원조협정'을 들 수 있다. 미국이 한반도를 포기할 생각이었다면 이런 협정을 할 필요가 있을까? 이 협정은 대한민국과 미국 간의 경제와 군사원조에 대한 조약으로 구체적인 군사원조 품목에 대한 내용이 들어 있다. 또한 김일성이 구체적인 남침계획을 설계하고 요청한 것은 이미 1948년부터 진행되었다. 김일성은 이유를 막론하고 반쪽짜리 국가가 아니라 한반도 전체를 손에 넣어야만 하는 입장이다. 당연히 애치슨 선언이 없었더라도 그는 전쟁을 원했고 이미 애치슨 선언 한참 전부터 소련에 전쟁을 요구했다. 오히려 애치슨 선언은 김일성이 아니라 미국과의 직접적인 대결을 피하고자 했던 스탈린에게 큰 영향을 주었다고 봐야 한다.

이 애치슨 선언 직전인 1월 17일, 평양 박헌영관저에서는 소련, 중국의 외교관들과 회의가 열리는데 김일성은 중국대사에게 "모택동은 내 친구다. 그는 날 도와줄 것이다"라고 자신 있게 말하고 "중국통일이 완료되었으니 이제는 남한을 해방할 차례입니다"라고 말했다. 소련과 중국의 외교관들이 확답을 피하자 "3일이면 옹진반도를 점령하고 며칠이면 서울로 들어가는데 왜 소련은 허락을 안 해주는지…"라고 말한 기록이 남아있다. 소련 대사 스티코프는 본국에 이를 보고하며 김일성은 강력하게 남한을 공격해야 한다는 주장만을 반복한다고 적시했다. 김일성은 끈질기게 남침계획을 승인해 줄 것을 스탈린에게 매달렸고 결국 1950년 3월 말부터 4월에 걸쳐 다시 모스크바로 가게 되는데 이때는 1949년과는 많은 것이 달라져 있었다.

중국이 완전히 공산화되었고 애치슨 선언은 표면적으로 미국이 한반도 문제에 모든 것을 걸고 적극적으로 개입하지 않을 수 있다는 해석이 가능했으며 인민군의 군사력은 강대해졌고 미·소의 냉전은 깊어지고 있었다. 김일성은 재차 남침계획에 대한 승인을 요청했고 마침내 스탈린은 전쟁을 구두로 승인하면서 한 가지 조건을 달았다. 중국의 동의를 받을 것을 요구했다.

김일성은 바로 다음 달 북경으로 가서 모택동과 회담을 갖는다. 모택동은 미국의 참전 가능성을 경계해야 한다고 말하지만, 김일성은 거의 그렇지 않다며 장담한다.

김일성은 남한을 점령하는 데에는 채 한 달이 걸리지 않을 것이기에 미국은 원군을 보낼 틈이 없을 것이라 말했다.

모택동은 미국이 참전했을 때를 대비해 북·중 경계지역에 병력을 배치하겠다고 약속했다. 이는 한참 후 기밀이 해제되어 공개된 소련의 문서들에서 볼 수 있는 기록들인데 북한과 중국조차도 전쟁이 일어나면 미군이 반드시 참전한다는 것을 전제로 하고 있음을 알 수 있다. 한 사람은 원군이 도착하기 전에 모든 상황을 끝낸다는 것이고 한 사람은 미국이 참전하면 그때 움직일 것을 말하고 있다. 이 문서의 내용은 훗날 '남침 유도설'이 단순한 설로 굳어지는 결정적 증거가 되었다. 북한은 1948년부터 이미 모든 준비와 계획을 완성해 놓았고 스탈린의 신중론 때문에 기회만 보고 있었지만 1950년 5월에는 최종적 승인과 함께 소련의 지원을 받아 급속도로 남침 전쟁 작전 계획이 현실화하였다.

소련은 1950년 5월 246명의 군사고문단을 파견해 남침 작전계획을 작성했고 전쟁 발발 후 이들을 인민군에 배속시켜 그대로 남게 했다. 소련군은 직접 참전하지는 않지만, 이들로 하여금 전쟁을 감시하고 북한과의 긴밀한 연락과 지속적인 공조를 준비한 것이다. 이미 4월부터 다수의 장비와 군수물자가 반입되었고 모든 준비를 끝낸 북한은 1950년 6월 25일 오전 4시에 기습 남침을 개시했다. 김일성은 6월 25일 오후 평양방송을 통해 남한이 모든 평화통일 제의를 거절하고 옹진반도를 통해 남한이 북한을 먼저 기습하였다고 발표했고 북한은 이에 반격하여 전쟁이 시작되었다고 주장했다.

국군은 압도적 전력 차이에 속수무책으로 밀렸다. 개전 초 북한의 군사력은 보병 20만, 전차 242대, 포 2,492문에 항공전력도 226대로 증강되어 있었지만, 국군은 10만이 약간 넘는 병력에 전차는 한 대도 없었고 포는 1,501문, 항공기는 22대로 북한군과는 처음부터 상대가 될 수 없었다.

폭파된 한강다리. 한강다리가 폭파됨으로 수많은 난민들이 제때 빠져나갈 길을 잃게 되었다.

특히 전차를 막을 방법이 없었다는 것은 국군에게 치명적이었다. 소련의 상징과도 같은 T-34 전차를 앞세운 동부전선의 인민군은 순식간에 개성, 동두천, 포천을 점령했고 서부전선은 파주 문산이 순식간에 점령되어 서울은 풍전등화와 같은 상황이었다. 북한은 인민군을 나누어 주력군이 서울로 진격하고 중부 전선의 부대들이 한쪽은 원주로, 한쪽은 춘천을 지나 수원으로 진격해 서울을 장악한 부대와 함께 후퇴한 국군을 함께 포위하여 섬멸하는 속전속결의 작전을 계획했고 각 방향의 부대들에는 정해진 기간 내에 빠르게 목표 지점까지 도달할 것을 명령하였다. 즉 남한의 주력군을 빠르게 섬멸하여 미군이 개입하기 전 최단 시간 내로 남한의 군사력을 무력화시켜 점령한다는 계획이었다. 이 계획은 파죽지세로 순탄하게 진행되는 듯했다.

실제로 북한의 주력군은 3일 만에 서울을 점령했다.

1950년 6월 28일 서울을 점령한 인민군

결국 이승만과 군 지휘부는 후퇴하게 되고 이 과정에서 한강 다리를 폭파한다. 북한군의 계획대로 서울의 주력 방어군을 한강 이남으로 밀어내면 춘천을 거친 인민군 부대가 수원으로 진격해 들어갔어야 했는데 이 작전은 춘천 방향의 인민군 부대가 주력군이 서울에서 방어군을 몰아내는 타이밍에 딱 적절하게 들어가야만 우리 국군의 주력을 포위, 섬멸할 수 있는 계획이었다. 여기서 개전 초 압도적인 승리만을 거듭하던 북한은 첫 번째 실패를 맛보게 된다.

중부 전선군이 춘천을 하루 만에 점령하여 돌파한다는 계획이 완전히 무산된 것인데 춘천에 투입된 부대는 인민군의 정예였던 2사단이었다. 이 중부 전선 진격부대는 하루 만에 춘천을 점령하고 가평, 가천을 거쳐 빠르게 수원으로 진격해야만 했기에 북한군의 정예 사단과 화력을 집중시켰다.

2사단은 춘천의 초입인 모진교까지는 순식간에 돌파하지만 옥산포에서 막히게 되는데 6사단 7연대는 옥산포와 우두산에 진지를 구축하고 강력하게 맞섰다.

인민군은 모든 전력을 투입해 공격을 개시하지만 하루가 지나도 이곳을 돌파하는 데 실패한다. 6사단은 이틀 동안 공격을 막아내는데 양구 쪽에서 들어오는 적 증원군의 움직임을 포착하였고 포위당할 위험을 느낀 6사단은 소양교 쪽으로 부대를 이동해 방어진지를 구축한다. 작전계획에 차질이 생긴 인민군은 증원 병력까지 동원해 소양교로 총공세를 감행하지만 6사단의 필사적인 반격으로 또다시 점령에 실패한다. 기록에 따르면 인민군 2사단은 춘천전투 내내 부대원 절반가량의 전력손실을 입은 것으로 알려져 있고 주로 방어진지의 포격에 큰 피해를 본 것으로 파악되고 있다. 2사단이 춘천에서 엄청난 피해를 보고 진격하지 못하니 2사단이 속한 인민군 2군단 수뇌부는 다급해졌다. 자칫 잘못하면 국군의 주력이 후방으로 물러날 때 뒤로 돌아가 포위, 섬멸한다는 계획이 틀어질 수 있었기 때문이다. 결국 다른 곳으로 진격하던 북한군 12사단에서 2개 연대를 떼어 2사단으로 보내는데 이는 춘천의 싸움이 얼마나 치열하고 다급한 상황이었는지를 알려 주는 예라 할 수 있다.

6사단의 화력은 인민군보다 절대 열세였고 병력 역시 4분의 1수준이었으며 여러 가지로 열악한 상황이었지만 미리 방어진지 구축과 철저한 훈련을 해왔던 6사단은 효과적인 방어전을 전개할 수 있었다. 하지만 서부전선이 와르르 무너진 상황에서 계속해서 진지를 사수할 수는 없었다.

인민군 12사단은 홍천으로 진격해 점령을 시도하는데 만약 홍천이 점령되었다면 살짝 위쪽에 있던 춘천 6사단 방어 병력은 후방을 공격받아 괴멸될 위기였다. 그러나 그들의 진격으로 말고개에 국군 6사단 2연대가 방어선을 치고 있었다.

6사단 2연대의 필사적인 전투로 인해 28일까지 12사단은 홍천을 점령하지 못했다. 이 6사단의 활약으로 인해 북한군 2군단은 완전히 임무에 실패하고 2군단장과 2사단장, 12사단장이 모두 교체되는 굴욕을 당했다.

춘천과 홍천의 실패로 북한의 남침계획작전은 큰 차질이 생기게 되고 국군 6사단은 국군과 정부가 전열을 정비할 시간을 벌어주었다. 국군 6사단은 한국전쟁 개전 초 유일하게 효과적인 방어작전을 전개한 영웅적인 부대였다.

6사단은 홍천 아래쪽으로 전부 철수했고 적의 남하를 무려 6일 동안 지연시키는 데 성공했다. 이 6사단의 지휘관이 바로 이후에도 큰 무공을 세우는 한국전쟁의 영웅, 김종오 장군°이었다(당시 6사단장 대령).

6사단은 포의 화력과 지형을 이용하여 춘천, 홍천에서 적을 막아냈고 전차를 방어하는 데 어려움을 느끼자 이가 없으면 잇몸으로 때운다는 전설의 육탄 11용사들이 활약하기도 했다.

이들은 전차에 화력을 집중하고 있을 때 맨몸으로 돌격하여 전차 내부로 수류탄을 집어넣거나 승무원들을 사살해 적의 진격을 막았으며 아직도 한국전쟁 국군 용사 중에서 가장 추앙받는 영웅 중 영웅들이다. 오죽했으면 이런 일들이 발생했을까? 국군이 가진 중화기만으로는 적의 전차를 도무지 상대할 수 없었기 때문이다.

6사단의 활약은 한국전쟁의 양상을 바꿔 놓음과 동시에 국군과 대한민국의 자존심을 지켜준 위대한 업적이라 할 수 있다.

또한, 인민군 12사단장이 전사했고 2군단 전체가 막대한 손해를 입어 많은 설들이 있으나 국군이 후퇴하고 북한이 재정비를 위해 3일을 서울에 머물러 있던 것도 이 춘천, 홍천 전투 때문이라는 의견이 지배적이다. 이로 인해 한강 방어선이

° 6.25의 대표적인 국군 지휘관. 훗날 합동참모본부의장을 역임하고 육군 대장으로 전역했다.

형성되었고 맥아더 원수가 한강 방어선 시찰을 오는가 하며 빠르게 미군과 UN군이 투입되는 결과를 만들기도 했다. 북한의 계획대로 대다수의 방어군이 포위되어 전멸했다면 이후 펼쳐질 낙동강 방어선을 지켜내기도 어려웠을 것이고 UN군의 참전 명분 역시 약해졌을 것이다.

이승만은 전쟁 초기 대응 부분에서 씻을 수 없는 잘못을 범했다. 그는 1950년 6월 25일과 26일 북한이 남침을 시도하였지만 우리 국군이 잘 막아내고 있다고만 방송을 통해 알렸다. 실상은 일방적으로 적에게 당하고 있었지만, 오히려 일부 부대는 반격해서 해주로 진격하고 있다는 거짓방송을 내보냈다.

이승만 정부는 처음부터 아무런 대비를 하지 못했는데 6월에는 군 지휘관 인사가 있었고 전쟁이 일어났을 당시 장병의 3분의 1이 휴가 상태였다. 전쟁 하루 전, 6월 24일 0시부터 육본이 비상 경계 조치를 해제하여 3분의 2가 휴가 중이었다는 주장도 나오는 판이다. 또 전쟁 발발 하루 전 24일, 육군장교회관에서 있었던 낙성 파티로 주요 지휘관이 술에 취해 있었다는 점도 많은 의혹을 낳았다. 이런 의혹들로 인해 군과 행정부 내에 간첩이 있었던 게 아니냐는 주장도 제기되고 있다.

또한, 27일까지 국민에게 아무런 걱정하지 말라며 방송을 내보내곤 이승만 자신은 특별열차로 피신하여 28일 서울이 점령된 것은 대대손손 비난을 피할 수 없는 이승만의 잘못이다. 이를 조롱하면서 그를 '런(Run)승만'이라 부르는 사람들도 적지 않다.

군의 책임자인 총참모장 채병덕과 국방부 장관 신성모 역시 단순한 이승만의 예스맨이었다는 평이 많다. 신성모 장관은 군 관련 경력이 없었던 사람이었고 채병덕 역시 초기 전황 보고를 엉터리로 전하며 한강 이남으로 주력군이 후퇴한 후 이승만과 맥아더가 만나게 되는데 맥아더는 채병덕의 무능을 지적하며 이승만에게 그를 보직 해임시킬 것을 요구했다.

군과 국방부는 아무런 대비가 되어있지 않았고 적에게 무자비하게 유린되면서도 낙관론만을 펼쳤으며 정작 이승만은 국민과 군 수뇌부에 알리지도 않고 서울을 빠져나갔다.

한국전쟁 초기의 대패는 이미 예견돼 있었던 결과라 하겠다.
모든 것을 철저하게 준비한 북한에 비해서 대한민국은 인사도, 군의 체제와 방비도 전부 다 엉터리였다.
그나마 미군의 참전과 UN의 대응이 굉장히 빨랐던 것은 우리에게 다행스러운 일이었다. 신성모 장관과 채병덕 총참모장이 우리 군이 승리하고 있다며 엉터리 보고를 하는 동안 26일 이미 유엔 안전보장이사회는 북한의 공격을 침략으로 규정하고 27일 유엔총회에서 대한민국에 군사 원조를 지원하기로 했다.

탈출한 이승만은 대구까지 내려갔지만, 눈치가 보였는지 다시 대전으로 올라왔다. 문제는 한강 다리가 폭파되는 28일 이전, 27일 저녁까지도 이승만의 우리가 이기고 있으니 안심하라는 거짓 방송을 듣고 많은 사람들이 피난을 가지 못했다는 것이다. 필자가 당시 국민의 심정을 정확히 알 순 없지만 아무 걱정하지 말라는 방송을 듣고 있던 국민이 28일 새벽에 끊어진 한강 다리를 보고 무슨 생각을 했을까? 참담하다는 말로는 설명할 수 없을 것이다. 이들은 말하자면 국가로부터 버림받았다고 할 수 있기 때문이다.
7월 초 이미 미군의 선발대가 한반도로 들어왔으며 미 해군 7함대가 이동해 제해권을 장악하기 시작했다. 7월 3일 미군의 선발대인 스미스 대대가 경기도 오산 죽미령 고개로 배치되어 5일 첫 실전을 치르게 되는데 인민군을 우습게 본 미군은 이곳에서 패배를 기록한다. 500명이 넘는 부대원 중 200명이 전사하거나 포로로 잡히는 굴욕을 당했다.
미 24사단이 투입되어 국군과 함께 싸웠지만, 국군과 미군은 전선을 회복하지 못하고 7월 20일 대전까지 빼앗기게 되는데 미군은 이 과정에서 24사단장 딘 소장이 포로가 되는 미군 역사에 남을 치욕을 당하기도 했다. 이렇듯 미군조차도 처

1950년 6월 29일 수원비행장으로 들어온 맥아더와 그를 맞이하는 이승만. UN군의 개입이 굉장히 빨랐던 것은 대한민국에게 다행스런 일이었다.

음에는 적의 전력을 제대로 파악하지 못했고 급하게 보내느라 탱크 한 대도 없는 일반 보병 부대들을 파병해 시행착오를 겪는 것을 볼 수 있는데도 일부 음모론자들은 한국전쟁을 미국이 철저하게 계획하고 유도한 것이라 주장한다. 이미 전쟁을 유도하고 이미 준비한 미국이 이렇게 다급하게 아무런 준비가 안 된 군대를 보냈다가 굴욕을 당하겠는가?

8월에 이르러 국군과 UN군은 낙동강까지 밀렸고 마지막 방어선을 형성하여 처절한 싸움이 벌어졌다. 낙동강 전선에서는 약 한 달 반 동안 다부동, 영천지구 전투에서 버텨 냄으로써 대구를 간신히 사수했다. 이 낙동강 전선은 밀리는 순간 대구와 부산이 점령될 수 있기에 국군과 UN군, 인민군이 서로 사력을 다한 전투가 벌어졌지만, 다행히 필사적으로 사수하던 중 인천상륙작전°이 성공함으로 전세는 한순간에 바뀌었다.

1950년 9월 15일 상륙 지휘함에서 직접 인천상륙작전 상황을 지켜보는 맥아더

1950년 9월 15일 인천상륙작전으로 인민군의 주력부대가 낙동강 전선에서 발이 묶인 틈에 후방이 뚫렸고 보급이 차단되어 혼란에 빠진 사이에 드디어 국군과 미군의 대반격이 시작되었다.

총공세를 감행한 국군과 UN군은 9월 28일 서울을 수복했다. 미군은 우선 38선에서 멈추고 앞으로 나아가지 않지만, 이승만은 적이 전열을 재정비할 시간을 주지 않았다. 국군은 단독으로 10월 1일 38선을 돌파했고 이날을 '국군의 날'로 기념하고 있다. 주력군이 괴멸된 인민군을 뚫고 10월 19일에는 평양까지 점령하는 데 성공했다.

이승만은 10월 말 평양을 방문하여 장병들을 격려했고 서부전선에서는 적을 돌파하여 압록강에 도달했다. 동부전선에서는 혜산진과 장진호까지 점령해 이제 통일은 시간문제인 것처럼 보였다.

◦ 코드네임 크로마이트 작전(Operation Chromite)으로 맥아더의 지휘 아래 인천에서 유엔군과 국군이 펼친 상륙작전이다. 이 작전의 성공으로 전황은 완전히 뒤바뀌게 된다.

그러나 통일의 희망은 아주 잠시였다. 중공군이 한반도로 밀려들어 와 국군과 미군은 큰 피해를 보았고 12월 4일에는 평양을 다시 빼앗겼다. 중공군의 선발부대는 30만 이상의 대병력으로 그 유명한 인해전술(人海戰術)이었다.

미 대통령 트루먼은 확전을 원하지 않았지만, 사령관 맥아더는 달랐다. 그는 만주 폭격과 중국 해안의 봉쇄 및 타격을 주장했지만, 트루먼은 폭격을 막았고 맥아더는 공공연하게 불만을 터트렸다.

후에 미국은 1951년 4월 11일 맥아더를 유엔군 사령관에서 해임하고 리지웨이 장군을 부임시켰다. 사실 필자는 이때 맥아더의 말처럼 중국의 해안을 봉쇄하고 만주의 보급로에 집중 타격을 가했다면 이 전쟁을 승리로 끝내고 우리의 염원인 통일을 달성할 수 있지 않았을까 하는 생각을 가끔 했었다. 정말로 코앞까지 통일이 다가온 순간이었기 때문이다.

트루먼은 이 전쟁이 중국과 미국의 전면전으로 확대되는 것을 두려워했던 것으로 보인다. 하지만 평양과 압록강까지 오는 데에 이미 얼마나 많은 희생을 치렀던가?

맥아더는 독선적이고 권위적이라는 평가를 많이 받는 사람이었지만 그렇기에 오히려 그에게 가장 중요한 것은 '승리'였다. 당시 미국의 수장이 맥아더의 생각을 지지해주지 않았던 것은 우리에게는 역사적 불행이라고 생각한다. 실제로 이후 국군과 UN군은 압록강은커녕 평양에도 다시 들어가지 못했다.

중공군과 인민군의 공세로 전선은 점점 더 뒤로 물러났고 1951년 1월 4일에는 서울마저도 내주었다.

이승만은 서울 이남으로 후퇴한 후 리지웨이를 찾아가 전쟁의 의지를 확인하려 했다. 리지웨이는 "나는 이곳에 머물기 위해 왔습니다"라며 이승만을 안심시켰. 국군과 UN군은 다시 반격하여 1951년 3월 15일에 서울을 탈환하고 3월 말에는

38선까지 다시 진격했다. 그러나 전쟁은 1951년 6월부터 1953년 7월까지 고착상태에 들어갔고 한 뼘의 땅이라도 빼앗기 위해 치열한 고지전들이 벌어졌다.

그 사이에서 수많은 군인이 남, 북을 가리지 않고 목숨을 잃었다. 전쟁이 장기화하면서 미국 시민들과 워싱턴 수뇌부들은 불안을 느꼈고 평화회담을 희망하게 되었다. 낙동강 전선까지 인민군이 들이닥치고 다시 반격하여 평양과 압록강까지 전선이 움직인 기간은 전쟁 시작부터 겨우 9개월 남짓한 사이였다. 그러나 38선의 고착상태는 무려 2년이 넘게 이어졌다.

더 이상 총력전을 펼치고 싶지 않은 것은 중국과 소련도 마찬가지였다. 그러나 이승만은 달랐다. 어차피 일이 벌어진 이상 반드시 전쟁을 통해서 통일된 대한민국을 이루어야만 한다고 생각했다.

이런 상황에서 미국이 손을 떼려 하는 것은 이승만에게 있을 수 없는 일이었다. 그러나 미국은 유엔주재 소련대사였던 말리크를 만나 휴전을 제안했다. 중국과 북한 역시 반대하지 않았다. 공식적인 첫 휴전 제안은 1951년 6월 23일에 이루어졌다. 실제 논의가 들어가는 시점은 1951년 7월이다.
이상하지 않은가? 서로가 지치고 평화를 위한 회담을 하면서 실제로 그 결과물이 작동하는 데에는 2년이 더 필요했다.
포로 교환과 휴전선 등의 문제가 해결되질 않았다. 양측이 전쟁을 끝내자는 이해관계만 일치할 뿐 세부적인 내용에 대한 생각은 일치하지 않았다.
중국은 실제로 휴전을 원했다. 중국은 내부적인 혁명이 성공한 지 채 1년도 되지 않은 시점에서 한국전쟁에 대대적인 병력으로 참전했기 때문에 큰 문제를 겪고 있었다.

전쟁이 멈추지 않은 시점에서 싸우면서도 평화를 위한 회담은 계속되는 이상한 그림이 지속하였던 것이다.

이런 와중 1952년 2차대전의 영웅 아이젠하워가 미국의 대통령으로 당선되는가 하면 1953년 3월에는 소련의 스탈린이 사망하기도 했다. 아이젠하워의 미국 정부는 한국전쟁을 빨리 종결짓길 원했다. 이승만은 정전협정에 반대하는 태도를 보였지만 현실을 잘 파악하는 인물답게 이를 더 이상 막기 어렵다는 것을 알고 정전협정이 체결되기 전에 한미 상호방위조약을 먼저 체결할 것을 요구해서 미국과 갈등을 겪었다. 사실 이는 흔히 말하는 '땡깡'이다. 미국 행정부와 군부는 그럴 생각이 전혀 없었다. 그러나 이승만은 고도의 정치적 감각이 있는 사람이었다. 전쟁에서 손을 떼려거든 이후 우리의 안전을 보장하라는 것이었다.

북한도 중국도 소련도 정전협정 그 자체를 반대하는 국가는 없었지만 대한민국 정부는 정전협정 체결을 반대하였다.

그러나 앞서 말했듯 이는 고도의 정치적 전략이다. 이승만은 정전협정 그 자체를 막을 수 있다고 생각하지는 않았을 것이다. 그러니 어떻게든 정전협정 이후 대한민국의 안전을 보장받기 위해 정치적 싸움을 했다.

이승만은 정전협정이 구체적으로 체결되기 직전인 6월 18일 반공포로들을 자기 마음대로 석방했다.

정전협정에 영향을 줄 수 있는 행동이었고 한국군의 작전지휘권이 UN군에 있는 이상 이는 묵과할 수 없는 돌발행동이었다.

당연히 아이젠하워 대통령은 강력하게 항의했다.

하지만 미국은 정전협정의 성사를 위해 이승만을 달랬고 로버트슨 국무차관보를 특사로 파견해 협상했다.

이승만은 끝까지 한미동맹을 체결하면 휴전에 동의하겠다며 나섰고 미국은 이 회담에서 이를 수락하지 않아 결렬되었지만 얼마 지나지 않아 결국 이승만의

1953년 '한미상조방위조약'을 가조인 하는 이승만

요구를 받아들이게 된다.

이승만을 설득하지 않고서는 정전 협상을 밀고 나갈 수가 없다는 것을 알게 되었다.

1953년 7월 27일 드디어 판문점에서 정전협정이 이루어졌고 얼마 지나지 않아 10월 1일 한미 상호방위조약을 체결했다.

이로 인해 미군 2개 사단이 한반도에 주둔하게 되었다.

필자는 이것이야말로 이승만의 진정한 업적이며 대한민국을 구한 위대한 '생떼의 승리'라 생각한다.

미군 2개 사단은 싸우지 않고 가만히만 있어도 그 자체가 전쟁을 억제하는 효과를 발휘한다. 누구든지 앞으로 대한민국을 공격하려면 미국을 상대해야 한다는 경고를 할 수 있는 것이다. 이승만은 이 조약을 체결한 후 이렇게 말했다.

"한미방위조약이 체결되었으므로 우리의 후손들은 여러 대에 걸쳐 갖
가지 혜택을 누릴 것이다."

이승만의 말 그대로다. 전쟁을 억제하는 효과는 이후 한강의 기적으로 불리는 산업화와 경제개발에도 커다란 영향을 주었으며 미국이 보호해주기에 안보적으로 분명 여러 가지 불안 요소를 가진 국가임에도 해외의 자본이 들어오고 투자가 이루어질 수 있었다. 이러한 안정감은 오늘날 대한민국의 정치적인 자유와 경제적 번영, 모두에 지대한 영향을 끼쳤다고 봐야 한다. 지금과 비교를 해서는 안 된다. 현재의 대한민국은 작은 국가라도 세계 10위권의 군사전력을 가지고 있다. 하지만 50~80년대에는 우리가 북보다 확실하게 앞선다고 할 수 없었으며 70년대까지만 하더라도 북이 단독전력으로는 대한민국보다 강했다는 의견이 많다.

70년대 지켜줄 우방이 모두 떠난 남베트남이 평화협정을 일방적으로 무시하고 쳐들어온 북베트남 월맹군에게 무력하게 멸망되었던 예를 보면 오늘날 우리 대한민국이 자주국방을 외치게 되는 부강한 국가가 된 것에 이 한미 상호방위조약이 얼마나 중요한 요인인지를 알 수 있다. 미국은 월남전에서 손을 뗐지만 그냥 손을 뗀 건 아니었다. 파리협정으로 남베트남과 북베트남 사이에 평화협정을 맺어주었다.

하지만 이 평화협정 하나 믿고 미군과 우방국들을 떠나보낸 남베트남이 어떻게 되었는가? 곧 밀고 들어온 월맹에 허무하게 멸망되지 않았던가? 혜안이 있는 이승만에겐 협정이나 문서 따위는 아무런 의미가 없었다. 확실한 보험만이 필요했다. 사실 미국이 대한민국을 반드시 지켜줘야 할 어떠한 '의무' 같은 것은 없다. 물론 한반도는 당시 냉전이 시작되면서 공산 진영의 확산을 막을 수 있는 최전선 같은 지역이었고 태평양과 미 본토 방위를 위해 가장 중요한 거점인 일본의 방파제 같은 역할을 할 수 있는 곳으로 미국에도 중요한 의미가 있는 군사·안보적 거점이었다.

이승만은 이를 항상 상기시키며 대한민국의 중요성을 강조했고 미국은 당장 그럴 생각이 없었지만 결국 미국을 협상테이블에 앉혀 놓는 데 성공했다.

생떼나 다름없이 이루어진 조약이었지만 미국과의 혈맹관계는 이후 70년 가까이 굳건하게 이어지고 있다.

이것이 이승만의 업적이 아니라면 무엇이라 할 것인가? 이 조약이 아니었다면 정말로 여러분과 제가 지금도 위대하신 어버이 수령 김일성 장군님 만세를 외치고 있을지도 모르는 일이다.

이제 한국전쟁의 흐름뿐 아니라 그 과정에서 대한민국의 내부적인 사건들과 문제들을 살펴볼 필요가 있다.

전쟁이 시작되기 바로 전 5.30선거로 2대 국회가 시작되었는데 국회는 앞서 5.10선거에 참여하지 않았던 중도파와 김규식파 등이 참여하여 무소속만 126명이 당선되었다. 민족주의 진영의 인물들이 대거 당선됨으로 이들은 이승만 본인에게는 정치적으로 큰 부담이었다. 2대 국회가 문을 열고 불과 1주일 만에 한국전쟁이 터졌기 때문에 안 그래도 비상시국인 판에 국회는 행정부와 이승만의 무능을 비난하고 있는 형편이었다.

이승만은 전쟁 초반 일방적으로 밀린 책임에서 절대 자유로울 수 없었지만 이승만의 성격상 그런 질타를 받아들일 사람도 아니고 타협을 하는 인물도 아님을 우리는 앞서 사례들에서 이미 보았다.

이승만은 국가가 위험한 상황인데도 국가의 안위에는 관심이 없고 분란만을 만든다며 오히려 국회를 비난했다. 1950년에는 이승만을 찬양하는 사람들도 감싸줄 수 없는 최악의 사건 '국민 보도연맹 사건'이 일어났다.

국민 보도연맹은 과거 좌익단체나 공산당에 소속되었다가 전향한 자들을 따로 모아 가입시킨 단체인데 표면적으론 그렇지만 실제로는 아무 상관도 없는 사람들도 가입시켰다는 여러 증언이 나오고 있다. 물론 당시 남한의 여러 사건에서 보듯 일반 민중에서도 남로당을 비롯해 좌익활동을 하거나 단체에 소속된 사람들이 매우 많았다. 하지만 아무것도 모르는 일반 국민이 단순히 할당을 채우기 위해 강제로 가입되거나 반공교육을 받고 그 과정에서 체벌이나 폭력에 피해를 보는 등 명백히 국가권력에 의한 인권유린이 자행되었다.

이들은 반공교육이 끝난 후 완벽히 전향한 것이 확인되면 모든 권리를 보장받을 것을 약속받았지만 그 약속은 대부분 지켜지지 않았다. 한국전쟁이 바로 터졌기 때문이다. 이승만 정권은 전쟁이 발발하고 6월부터 내내 후퇴하면서 전국적으로 이 보도연맹원들을 학살했다. 이유는 "혹시 모를 위험을 없애는 것"이었다. 이 얼마나 잔인한 일인가? 또한 한국전쟁의 이상한 전개 방식을 잘 봐야 한다. 전쟁이 시작되고 얼마 되지도 않아 대한민국은 남한의 끝자락인 낙동강 전선까지 밀렸다. 당연히 경상도를 제외하고 미처 피난 가지 못했던 우익 인사들이나 일반 민중이 소위 말하는 인민재판에 휘말려 수없이 많은 이들이 죽었다. 그런데 인천상륙작전이 성공하고는 반대로 국군과 UN군이 파죽지세로 밀고 들어가 압록강까지 진출했다. 그리고 다시 중공군의 참전으로 전황이 뒤바뀌어 서울을 빼앗기고 속절없이 밀렸다가 다시 수복하고 38선까지 진출했다.

불과 1년도 안 되는 기간 양쪽의 거의 끝과 끝까지 한 번씩 밀렸고 다시 가운데 지점으로 전선이 이동해 고착화 되었던 굉장히 이상한 전쟁이었다. 이렇게 단기간에 밀고 밀리는 동안 서로에 대한 증오와 이념에 의한 살인, 학살이 얼마나 많이 일어났겠는가?
그런데 보도연맹학살은 전혀 다른 의미를 가진다. 정권이 자국민을 '정리' 차원에서 학살하는 엄청난 사건이었다는 것이다. 정권의 수뇌부는 후퇴하는 상황에서도 그 수많은 보도연맹원들이 그대로 북한에 흡수될 것을 우려했고 때문에 이들을 학살한 것이다. 보도연맹은 지역별 할당제에 따라 가입된 사람도 있었고 월북자가 있을 시 아무 죄도 없는 그 가족들이 강제 가입 당하기도 했다.

보도 연맹의 보(保)는 지킬 보 자이고 도(導)는 인도할 도 자를 쓴다. 즉 국가가 지켜주고 이끌어 준다는 뜻인데 국가의 잘못된 판단과 권력의 횡포로 얼마나 많은 사람이 죽었는지 너무나도 많기에 정확히 파악할 수 없다. 천, 만 단위가 아닌 몇십만 단위의 학살이었기 때문이다. 보도연맹 학살사건은 전국적으로 일어났고 분명하게 국가권력의 주도로 일어난 불법행위였다.

보도연맹학살사건의 비극은 피해자의 가족들에게도 그대로 이어졌다. 국가는 이를 철저하게 은폐했으며 1980년대로 와서야 어느 정도 알려지게 되고 2000년대로 들어와 노무현 대통령이 직접 이에 대한 사과를 발표한 바 있다.

〈태극기 휘날리며〉 영화에서 극 중 주인공 장동건의 약혼녀가 쌀을 준다기에 이름을 적고 가입했다가 반공청년대에 죽는 장면이 있었다. 이는 그 시대에 분명히 있었던 일이며 어떤 이유로든 빨갱이로 몰릴 수 있었던 상황을 표현한 가슴 아픈 장면이다.

보도연맹학살은 몇십만 이상으로 추정되며 유족들이 이에 대한 이의를 제기했을 때 다시 빨갱이로 몰릴 수 있어 굉장히 오랜 시간 동안 조용하게 묻혔다.
1951년 2월에는 11사단이 거창군 일대의 민간인을 무자비하게 학살한 '거창 양민 학살사건'도 있었다.
인천상륙작전이 성공하고 퇴로를 잃은 인민군과 좌익들이 산으로 들어가 빨치산으로 활동했는데 국군 11사단은 거창군 신원면 인근에 이들이 주둔하고 있음을 확인하였고 작전지역 내 모든 것을 초토화하라는 명령을 하달받게 된다.

이 작전에 휘말려 주민 700명 이상이 학살되었고 작전은 신원면뿐 아니라 다른 지역까지 퍼지며 빨치산들을 토벌하는 과정에서 국민을 지켜야 할 국군에 의해 민간인 피해가 발생했다. 물론 대부분이 빨갱이들과 내통했다는 죄목으로 목숨을 잃었다.

1951년 3월에는 '국민방위군 사건'의 책임을 두고 국회와 이승만이 대놓고 대립했다. 국민방위군은 1950년 12월에 적이 내려오기 시작하자 또다시 서울과 적에게 점령된 지역에 장정들을 두고 빠질 수 없어서 급하게 청장년들을 동원하여 만든 조직이었다.

이들은 다시 북한에 끌려가거나 인민군에 동원될 수도 있었기에 자발적으로 국민방위군으로 들어가고자 하는 청년들이 많았다. 그러나 마땅한 수송수단도 없었고 보급도 제대로 이루어지지 않았으며 고위층의 횡령과 뇌물 등의 범죄로 아무런 지원 없이 스스로 이동해야 했기 때문에 엄청나게 많은 인원이 추위와 굶주림, 질병으로 목숨을 잃었다.

아무리 적에게 점령될 위기에서 급하게 청장년들을 소집해 이동시켜야 했다지만 한겨울에 식량도, 피복도 제대로 지급하지 않고 동원해 죽게 만든 것은 용서받을 수 없는 이승만 정권의 죄악으로 손꼽힌다.

당시 소집에 응한 청년들은 최소한 국민방위군으로 들어가면 식사나 안전이 보장될 것으로 생각하고 들어간 이들도 많았을 것이다. 그러나 국가는 철저하게 이 청년들을 배신했다.
40~50만에 가까운 이 청년들이 겪은 참상을 무엇으로 보상할 수 있을까? 이 사건 역시 정확한 사망자의 숫자는 집계되지 않았다. 이승만 정권은 2,000명 안팎의 사망자가 발생했다고 발표했지만, 노무현 정부의 과거사정리위원회는 5~8만

이상이 사망했을 것이라 추산했다.

국회와 언론은 이승만 정부를 맹렬하게 비난했고 이승만은 5월에 국방장관 신성모를 경질하고 이기붕을 국방장관으로 부임시켰다. 어떠한 상황에서도 굽히는 경우가 거의 없었던 이승만도 이 사건의 처리에서는 김윤근 등 5명의 관련 간부를 사형시킨 것만 봐도 국민방위군사건이 당시 이승만 정권에 얼마나 큰 영향을 주었는지를 알 수 있다.

이승만 라인과 독도 수호

한국전쟁 중 이승만은 1952년 1월 18일 '대한민국 인접 해양의 주권에 대한 대통령의 선언'을 공표했는데 이것은 수역 구분과 주권 보호를 위한 해상 경계선으로 사실상 국가 간의 영해로서 선포된 라인이었다. 해외에서는 이를 이승만 라인이라고 부르는데 일본은 당시 독도를 자국의 영토로 인식하고 있었다. 그 때문에 많은 일본 어민들이 독도 인근에서 어업에 종사하고 있었고 한국 어민들과 잦은 충돌을 빚었다.

이런 상황에서 '이승만 평화선'이 발표된 것이다. 이는 일본과 어떠한 협의도 거치지 않은 일방적 선언으로 일반적인 경계보다 몇십 배를 확장한 60해리를 영해로 선포했다.

이승만 라인은 독도를 지키기 위해 선언한 것이 아니었다. 물론 그것도 하나의 이유였지만 크게는 대한민국 어민들의 어업권을 확보하기 위함이었다. 해양 지배권을 위한 전력이 사실상 없었던 대한민국은 일본이 동해에서 큰 영향력을 행사할 것을 우려했고 때문에 선수를 친 것이었다.

그런데 이 이승만 라인이 중요한 이유는 이후 대한민국이 독도의 영유권을 실효 지배하게 되는 결정적인 계기가 되었기 때문이다.

일본은 분노했고 이승만 라인을 넘어 들어온 순시선이 독도로 상륙해 이곳은 일본의 영토라는 표시를 한 말뚝을 박기도 했다. 당시 울릉도 경찰은 즉각 출동해 이를 뽑아 제거하고 영해를 침범한 일본의 순시선에 기관총을 발포했다는 기록과 증언이 나오기도 했다.

이승만 라인이 있었기에 가능한 일이었다. 한일 양국은 이 라인으로 인해 서로 수없이 많은 어민을 체포했고 어선 역시 나포되었다. 체포된 일본인은 4,000여 명에 달했다고 하며 일본에 체포된 한국인도 500명에 달했다고 한다.

후에 협상을 통해 구금된 사람들이 석방되었지만 우리는 나포 한배를 돌려주지 않고 국가재산으로 활용했다. 그 숫자가 300척에 달한다. 박정희 정권 때 한일국교가 정상화됨에 따라 이승만 라인의 영해는 서로 양보해 줄어들었지만, 독도의 실효 지배는 여전히 이어졌다. 영해로서 평화선을 선언한 일은 독도를 확실하게 대한민국 영토로 지켜냈고 1965년 국교 정상화에 따른 한일어업협정이 이루어지기 전에는 많은 어민이 광활한 영역에서 큰 혜택을 보았다.

이 부분은 이승만의 거대한 업적이라 할 수 있을 것이다.

민주주의의 파괴

이렇게 수많은 사건이 있었고 국회와 여론이 정부와 끊임없이 다투고 책임을 논하는 상황에서도 1952년 대통령 선거를 치렀는데 당시 대통령 선거는 국회에 의한 간접선거였지만 국민 직접선거로의 개헌안이 상정되었다.

앞서 2대 국회에서 다수가 무소속의원들이 당선되었기에 이승만은 국회에 의한 간선제보다는 직선제가 필요했다.

그러나 1952년 1월 국회는 이 개헌안을 부결시켰다. 국회는 당시 내각책임제를 원하고 있었다. 대통령이었던 이승만과 자유당은 이를 인정하지 않았고 정부와 국회의 싸움은 또다시 일어났다. 이 당시 전쟁 통에 임시수도는 부산이었는데 직선제를 통과시키기 위해 1952년 5월 경상남도와 전라도에 계엄령을 선포하고 야당 의원들을 헌병대가 연행하는 사건이 일어났다.

이것이 대한민국의 민주주의를 짓밟은 '부산 정치 파동' 사건이다.

이 사건으로 김성수는 부통령직을 사퇴하고 이승만에 대한 비난을 퍼부었다.

국내외 언론으로부터 비난 여론이 쇄도했고 정부는 국회해산을 보류했지만 6월 20일 부산 국제 구락부에서 정부에 대한 투쟁에 나선 야당과 재야인사를 괴한이 습격하여 피습되었던 국제 구락부 사건이 일어났으며 6월 30일에는 깡패집단들이 국회의사당을 포위하여 국회의원들을 연금하는 일이 벌어지기도 했다.

결국 7월 4일 정부의 입장이 반영된 대통령 직선제와 국회 측의 개헌안 중 국무위원 불신임권을 골라 〈발췌개헌〉이 발의되었고 군경이 국회를 포위한 상황에서 압도적인 표로 개헌안이 통과되었다.

1952년은 아직 한국전쟁이 진행 중이었고 때문에 국가의 통치권자가 바뀌는 것은 사실 긍정적으로만 볼 수는 없을 것이다. 그러나 이승만의 부산 정치 파동은 어떠한 이유로도 합리화할 수 없는 민주주의를 파괴한 행동이었으며 필자가 내내 말했듯 정권의 유지와 권력의 연장을 위해서라면 이승만은 무엇이든 하는 인물임을 우리는 확인할 수 있다.

우리 대한민국의 1차 개헌이 이런 식의 강압으로 이루어졌다는 것은 진심으로 안타까운 일이다.

이승만은 대통령을 선출할 권리를 국회에서 국민에게 돌려주겠다 말했지만, 사실은 본인의 야욕도 분명하게 포함되어 있었다. 1952년 8월 2일 직선제에 의한 대통령 선거가 실시되었고 이승만은 74.6%의 지지를 받아 재집권에 성공한다.

중요한 것은 당시 대한민국의 법으로 대통령은 미국과 같은 4년 중임제였다.

48년에 초대 대통령이 된 이승만은 52년에 당선되면서 헌법상 다시 출마할 수 없게 되었다. 이런 와중 1954년 다시 국회의원 선거가 실시되어 이승만의 자유당은 압승을 거둔다.

이승만은 1956년에 다시 대선에 나오기 위해 1954년 11월에 개헌을 시도했다. 초대 대통령인 자신에게는 예외를 적용해 3선 개헌안을 발의한 것이다. 자유당 의원들이 앞서 많은 의석을 확보했으니 자신감이 있었다. 가결에 필요한 표는 136표였다. 그러나 역사가 재미있게 흘러가기 위해서였는지 1표 부족한 135표가 나오게 된다. 단 1표로 인해 개헌안이 부결되는 사태가 일어났지만, 이승만과 자유당은 다시 이것이 가결되었음을 발표하게 되는데 소수점 이하를 무시하고 찬성률을 반올림하여 136표로 해석해 가결을 선포하는 기적의 논리를 폈다.

이것이 '사사오입 개헌'이다.
이렇게 이승만은 1956년 대선에 나올 수 있게 되었다.
1956년 대선에서 대통령 후보에 자유당 이승만, 민주당 신익희, 무소속 조봉암이 출마했고 부통령에 자유당 이기붕, 민주당에 장면이 각각 출마했다. 이때 민주당의 구호가 그 유명한 "못 살겠다. 갈아보자!"였다.

그런데 민주당의 신익희가 대선 레이스 도중 심장마비로 사망하는 일이 일어났다. 강력한 라이벌이 없어진 상황에서 선거를 통해 대통령은 다시 이승만이 당선되었지만, 신익희에게도 많은 추모 표가 몰렸고 무소속인 조봉암이 의외로 200만 표 이상을 득표했다. 문제는 부통령 선거에서 민주당 장면 후보가 자유당 이기붕을 누르고 당선되었다는 것이다. 이는 국민의 지지가 이승만의 자유당에서 서서히 멀어지고 있다는 증거였다. 선거에서는 졌지만, 조봉암은 이름을 널리 알리게 되었고 진보당을 창당하여 활동했는데 1958년 진보당은 북한의 지령을 받는 간첩집단이라는 누명을 쓰게 되어 조봉암은 1959년에 사형되었다.

이 사건은 분명 견제 차원에서의 사법 살인이었고 조봉암이 사회주의자였던 것은 맞으나 사법부가 헌법상 책무를 다하지 못한 중대한 과실이었다. 2011년 대법원은 조봉암에 대한 무죄를 선고하고 유족들에게 배상 판결을 내렸다.

이승만은 3선 개헌에 따라 다시 1960년 대선에 출마했다.
당시의 경쟁자는 민주당의 대통령 후보 조병옥과 부통령 후보 장면이었다. 자유당은 다시 이승만을 대통령 후보로 내세웠고 부통령에 이기붕을 출마시켰는데 56년 대선에서는 부통령을 내줬지만 60년 대선은 상황이 달라졌다.
이승만의 나이가 80세를 넘겼고 앞서 신익희가 대선을 진행하던 중 세상을 떠나지 않았던가? 만약 고령인 이승만이 사망하거나 대통령직을 정상적으로 수행할 수 없는 상황이 오게 된다면 큰일이기에 유사시 대통령직을 대신하게 되는 부통령도 이기붕으로 확보해야 하는 상황이었다.

60년 대선도 56년 대선과 비슷한 상황이 벌어지는데 민주당 후보 조병옥이 병으로 인해 미국으로 수술을 하러 떠났다가 별세하였다. 이렇게 되니 부통령 선거는 더더욱 중요해졌다. 대통령은 이승만으로 이미 굳혀졌기 때문이다.

그러나 이기붕은 4년 전 부통령 선거에서 장면 후보에게 패배한 바가 있었다. 1960년 3월 15일 대통령 선거가 실시되기 직전 2월 28일 일요일 대구에서 장면 부통령 후보의 연설회가 계획되어 있었다. 유권자를 모으기 위해 일요일에 실시하기로 한 연설회인데 뜬금없이 대구의 고등학교에 등교령을 내렸다.
목적은 명백하게 학생들이 장면 후보의 연설회에 참여하지 못하게 하려는 것이었다. 투표권이 없는 학생들이라도 가족들과 무리를 이룰 수 있었으며 사람들이 모이는 것을 막고자 함이었다. 등교시킨 표면적 이유도 황당하기 그지없다. 토끼사냥, 영화관람, 시험 등을 이유로 등교령을 내렸다. 그러자 대구고, 경북고, 대구공고 등 시내의 고등학교 학생들이 독재 정부와 부정선거를 규탄하며 거리로 뛰쳐나왔다. 이것이 '2.28 대구 학생의거'다. 선거가 시작되기도 전부터 이미 자유당과 이승만에 대해 반기를 든 사건이 터진 것이다.

이렇게 시작된 3.15선거는 대한민국 역사에 남을 부정선거였다. 깡패들을 동원해 야당 참관인들을 내쫓는가 하면 3인조, 5인조로 투표해 누굴 찍는지 감시를 하는 경우도 있었고 투표용지 자체를 바꿔치기하는 경우도 있었다.

득표율 자체가 이기붕이 100%에 육박하는 지역도 있었고 말이 안 되는 수준까지 높아져 부정선거 의혹이 나올 것을 두려워한 내무부 장관 최인규와 경찰 이강학은 명령을 내려 이기붕의 득표율을 79%로 조정했다. 장면의 득표율은 말이 안 되는 수준으로 떨어졌고(17.5%) 이기붕은 80%에(79.2%) 가까운 득표율이 이어졌으며 선거 당일 자유당의 만행을 경험한 이들은 누가 봐도 이 선거가 부정선거임을 알아차렸다.

당연히 민주당은 3.15선거를 부정선거로 규정하고 무효를 선언하면서 여기저기서 부정선거를 규탄하는 시위가 일어났다.
특히 마산에서 고등학생들의 주도로 시위가 일어나는데 시위에 참여했던 김주열 학생이 행방불명되었다가 한참 후인 4월 11일 마산 앞바다에서 시체로 발견되었다. 최루탄에 머리를 관통된 상태로 바다에 시신이 떠오른 것이다.

이 사건으로 시민들은 분노했으며 부정선거와 정부의 만행을 규탄하는 시위가 서울을 비롯해 전국으로 확산하였다. 마산에서는 7명이 진압과정에서 사망했는데 이 사건에 대한 이기붕의 발언이 걸작이다. "총은 쏘라고 준 거 아닙니까?" 도

1960년 4월 19일 대학생들이 국회 앞에서 시위를 하고 있다.

대체 어떤 국가가 자국민을 향해 그것도 어린 학생들이 포함된 집단에 총을 쏘라고 지급한단 말인가?

4월 18일에는 고려대학교 학생 3,000여 명이 국회의사당 앞에서 시위를 벌였다. 정부는 급하게 손을 써야 했고 결국 자유당의 휘하의 정치깡패들이 학교로 돌아가는 고려대 학생들을 습격하여 다수의 부상자가 나왔다.

이 사건은 곧장 4.19혁명으로 이어지며 중고등학생과 국민학생(초등학생)까지 포함해 수만 명의 시민이 대통령 관저 경무대로 몰렸다. 여기서도 경찰은 총을 발포했으며 이기붕의 집 앞에서도 똑같은 상황이 발생했는데 21명의 사망자와 172명의 부상자가 나왔다.

이제 더 이상 부정선거는 문제가 아니었다. 이승만 독재정권을 타도하는 것이

대의적인 명분이 된 것이다.

시위대와 경찰은 격렬하게 부딪혔고 사방에서 총격전이 일어났다. 다행히 계엄사령관 송요찬은 계엄군에게 시민들을 선제공격하지 말 것을 명령했고 군이 시민의 편으로 돌아서자 시위는 탄력을 받아 며칠간 더 지속하였다.

25일에는 대학교수들까지 거리로 나와 이승만의 하야를 요구했고 미 대사까지 찾아와 하야를 권유했다.

이승만은 결국 4월 26일 오후 하야 성명을 발표했다.

대한민국 역사에서 처음 국민의 힘으로 독재자를 끌어내린 위대한 승리였다. 도망 다니던 이기붕은 소식을 듣고 급하게 서울로 돌아왔지만, 아들 이강석이 이기붕과 아내 박마리아, 동생 이강욱을 권총으로 살해하고 자살했다.

국민을 향해 총을 쏜 비극에 대한 해명으로 총은 쏘라고 준 것 아니냐고 말했던 그가 아들의 총탄에 의해 죽음을 맞이한 것은 어떠한 동정의 여지도 없을 것이다.

이승만은 결국 미국의 도움으로 1960년 5월 29일 하와이로 건너갔고 허정 외무부 장관이 대통령 권한 대행이 되었다.

4.19혁명은 놀라운 부분이 있는데 발단이 되는 사건부터 후기까지 중학생, 고등학생들이 주축으로 참여했던 민중항쟁이었다는 것이다. 앞서 말한 농지개혁으로 농민 대부분이 소작농이었다가 갑자기 땅을 얻어 농사를 짓기 시작했고 각 집안에서는 최소한 한 명 이상에 기대를 걸고 체계화된 교육을 했다. 이승만 정권의 또 다른 업적은 바로 이 교육 분야다. 1949년부터 6년제 의무교육화제도를 도입하였고 문맹 퇴치 운동을 벌였으며 실제로 1945년 해방 당시에는 문맹률이 80%에 육박했지만 1959년에는 22%로 줄었다.

이승만의 말년의 사진. 독립 운동가이며 초대 대통령인 그였지만 결국 죽을 때까지 고국으로 돌아오지 못했다.

중학생은 10배, 고등학생은 3배 이상 늘었고 해방 직후 20개교가 채 안 되던 대학도 60개교가 넘게 늘어났다.

또 정부를 수립한 직후 국비로 가능성 있는 젊은이 35명을 뽑아 유학을 보냈다.

이승만은 해외에서 공부했던 사람이고 때문에 선진문물을 누구보다 가까이서 접한 사람으로 교육의 중요성을 잘 알고 있었다. 그러나 많은 노력으로 의식이 깨인 학생들이 다수 양성되었고 결국 그들에 의해 권력을 내려놓게 되었으니 이게 역사의 아이러니가 아니면 무엇이라 하겠는가?

이승만의 업적이 그의 독재정권을 무너뜨리게 되었으니 말이다. 이때는 중학생, 고등학생만 해도 배운 사람들이었다. 당시 이 어린 학생들조차도 의식이 깨어 이 나라가 분명히 잘못되어 가고 있다는데 분노하여 들고 일어선 것이다.

이러한 교육개혁의 여파로 70~80년대의 항쟁에는 시간이 지나 대학생들이 주축이 되니 이승만이 힘쓴 교육적 부분은 분명한 그의 업적이라 하겠다.

이승만은 미국으로 도망치듯 건너가서도 사실 귀국을 간절히 원했지만 거부되고 죽을 때까지 다시 조국의 땅을 밟지 못한 채 1965년 7월 19일 90세의 나이로 숨을 거두었다. 이후 출범한 2공화국은 채 1년을 넘기지 못했고 5.16으로 정권을 잡은 박정희에겐 이승만 같은 거물의 귀국은 아무래도 달갑지 않았을 것이다.

독립운동가였으며 대한민국 정부를 수립한 그였지만 조국과 한참 떨어진 타지에서 쓸쓸하게 죽음을 맞이한 셈이다.

필자는 이승만의 최후가 우리 역사에서 굉장히 가슴 아픈 부분이라 생각한다. 해방 전, 해방 후 대한민국을 이끌었던 대표적 지도자 4인방 이승만, 김구, 김규식, 여운형 모두가 비참한 최후를 맞았다는 것을 주목할 필요가 있다. 김구와 여운형은 암살되었고 이승만은 쫓겨나듯 타국으로 건너가 귀국도 거부되고 죽음을 맞이했다. 그러나 가장 가슴 아픈 최후를 맞은 사람은 바로 김규식이 아닐까?

여운형과 김구는 그들이 어떻게든 막아보고자 했던 민족 간의 비극을 보지 않은 채 세상을 떠났다. 하지만 좌우합작과 남북회담 등에서 평화 통일된 조국을 꿈꿨던 김규식은 결국 동포끼리 서로 죽고 죽이는 이 전쟁의 참상을 직접 보았고 그것도 북한군에 의해 납북되어 그곳에서 병으로 세상을 떠난다. 김규식은 이 비극이 어떻게 끝나는지 보지 못하고 떠났지만, 우리 대한민국이 오늘날 경제적, 문화적, 정치적 강국으로 우뚝 선 것이 그의 노력과 공로에 대한 최고의 보상이 되지 않을까 생각한다. 물론 그가 꿈꾸던 통일된 조국은 아직 실현되지 않았지만, 조국과 국민은 김규식이라는 거인이 있었음을 기억해야 할 것이다.

이승만이라는 사람은 대한민국 근현대사에서 박정희와 함께 가장 핵심적인 인물이다. 그럴 수밖에 없는 것이 한 사람은 똑같은 독재자였던 박정희는 한국갤럽 2019년 역대 대통령 선호도에서 2위를 차지했고 과거에 1위를 차지한 적도 있었다. 그러나 이승만의 선호도는 항상 1% 안팎에 머물고 있다.

어찌 보면 당연한 결과라고 할 수 있다. 그는 특유의 스타일 때문에 독립운동가로 활약하던 당시에도 수많은 분열과 다툼을 유발했고 정권을 잡고 유지하기 위해 무슨 짓이든 했으며 자유민주주의 대한민국 정부를 수립한 인물이지만 정작 민주주의를 철저하게 파괴한 인물이다.

그러나 이승만은 틀림없이 조국의 독립을 위해 싸운 독립투사이며 자유 대한민국 정권을 수립하고 공산 세력으로부터 조국을 지켰으며 대한민국의 교육개혁에 공로가 있고 이후 대한민국을 구한 업적인 한미상호방위조약과 농지개혁, 충주 비료공장과 문경 시멘트공장 등을 준공하여 중화학공업 발전의 토대를 만들었다. 필자는 역사를 대하는 사람으로서 또한 양심과 지성을 중시하는 사람으로서 이승만이 너무나 위대하고 훌륭하고 우리가 본받고 영웅화해야 할 사람이라곤 도저히 말할 수 없다.

하지만 누군가 내게

"이승만이라는 사람이 그 시대에 꼭 필요했던 사람이라고 생각하는가?"

라고 묻는다면 나는 무조건 그렇다고 대답할 것이다.
이승만이 개인의 탐욕과 커다란 잘못이 있는 사람인 것은 부정할 수 없다. 하지만 시대의 본질을 파악하고 있던 유일한 지도자였고 그 시대에 반드시 필요한 인물이었다고 생각한다.
전쟁이 끝나고 그의 폭주를 막을 만한 사람이 없었다는 것은 안타까운 일이지만 대한민국 정부 수립 후 아직 백 년도 안 된 현시점에서 받는 최악의 평가가 과연 오랜 세월이 지나 어떠한 역사의 심판을 받게 될까? 흥미로운 일이다.

누군가에게는 국부, 자유민주주의의 수호자.
누군가에게는 최악의 지도자이며 학살자, 독재자로 기억되는 문제적 남자.
그 사람이 바로 우리 대한민국 초대 대통령 이승만이다.

핵심 포인트 | 이승만의 공로

- 이승만은 '외교 독립론'을 밀고 나간 독립투사였다.
- '한미상호방위조약'은 그의 말처럼 후손들에게 많은 혜택을 주었다.
- 성공적인 농지개혁을 이루어 냈다.
- 이승만 라인은 대한민국의 독도 실효지배에 결정적 영향을 주었다.
- 교육혁명이라 불러야 할 정도로 교육분야에서 국가적 기초를 닦았다.
  (초등교육 의무화를 실시하고 교육개혁을 실시했다.)
- 자유시장경제 체제를 도입하였다.
- 자유민주주의 체제를 도입하였다.
- 대한민국 정부 수립에 기여하였다.
- 경제개발의 초석을 닦았다.(충주 비료 공장, 문경 시멘트 공장의 설립 및 외교적 노력으로 미국의 지원 확보)

| 공&과 | 이승만의 과실 |

- 독립운동의 과정에서 특유의 독단적 스타일로 분열을 조장했다.
- 자유민주주의체제를 도입한 그였지만 정작 민주주의 가치관을 제대로 지키지 못했다.(사사오입 개헌, 자유당의 정치깡패, 3.15 부정선거, 야당탄압, 부산 정치파동)
- 6.25 전쟁의 초반 대응에 관한 책임을 피할 수 없다.
- 친일 반민족행위자들에 대한 청산을 방해한 점도 비난을 피하기 어렵다.
- 6.25 전쟁의 과정에서 수많은 죄악이 있다.(보도연맹 학살사건, 국민방위군 사건, 거창 양민 학살사건)
- 제주 4.3사건, 여순사건의 민간인 학살에 책임이 있다.(물론 국가적 입장에서 반드시 제압해야 하는 일이었지만 제압하는 방법에 분명 문제가 있었다.)

"잃었던 나라의 독립을 다시 찾는 일이 얼마나 어렵고 힘들었는지
우리 국민은 알아야 하며 불행했던 과거사를 거울삼아 다시는
어떤 종류의 것이든 노예의 멍에를 매지 않도록 해야 한다.

이것이 내가 우리 민족에게 주는 유언이다."

독립투사, 대한민국임시정부 초대 대통령, 대한민국 초대 대통령
우남(雩南) 이승만

제2장

박정희

독재와 산업화의 양면성

일본인으로 태어난 박정희의 성장

대한민국 현대사의 가장 중요한 바로 그 인물 박정희.

그는 1917년 경북 선산군 구미면 상모리에서 가난한 빈농의 아들로 태어났다. 상모리는 구미 읍에서도 한참 떨어져 있는 곳으로 그는 9살 되던 해 구미 보통학교에 입학했다. 100가구가 채 안 되던 조그마한 박정희의 마을에서 박정희 이전 보통학교 교육을 받은 이는 형 박상희 한 명뿐이었다. 박정희는 어려운 형편에서도 근대적인 교육을 받았다. 집안 형편이 어려웠던 그는 이후 진학에 어려움을 겪었지만, 박정희의 형 박상희는 박정희의 진학에 적극적으로 나섰다. 박상희는 박정희의 인생에 중요한 인물로 박정희가 가장 따르고 존중하던 인물이었다. 박상희는 지금의 초등학교인 보통학교를 나온 것이 학력의 전부였지만 동아일보의 지국장을 지내기도 했다. 당시 신문사의 지국장이라는 것은 나름 지방의 지식인이었다. 또한, 그는 지방 기자 생활을 하며 독립운동에도 참여하였다.

형 박상희의 적극적인 지원으로 박정희는 대구사범학교에 합격했다. 당시의 관립 사범학교는 경성사범, 평양사범, 대구사범, 세 곳뿐이었고 일제의 정책으로 철저하게 일본을 찬양하는 교사를 양성하기 위한 교육기관이었으며 모든 학비가 면제되는 학교라 가난해도 실력이 있는 인재들이 많이 지원했다.

구미 보통학교에서 대구 사범학교로 진학한 이는 박정희가 처음이었다고 알려져 있다. 사범학교는 조선의 민족혼을 빼앗고 학생들을 일본인으로 개조하기 위한 교육자를 양성하는 기관이기에 철저한 내선일체(조선인의 민족성을 없애기 위한 정책으로 내지 일본과 조선이 한 몸이라는 뜻)의 교육이 이루어졌다. 박정희는 고령이었던 아버지 박성빈의 뜻에 따라 1936년 4월, 19세에 본인은 원하지 않았지만 사실상 강제로 결혼을 하게 된다. 신부는 김호남으로 박정희는 그녀와의 사이에서 장녀 박재옥을 보게 되지만 본디 원치 않던 혼인이었기에 아내와 딸에게 내내 무심했다.

이후 1937년 박정희는 문경 공립 보통학교에 훈도, 오늘날의 초등교사로 부임하게 됐다. 박정희는 대구사범 시절 성적이 그리 좋지 않았지만, 역사 과목 성적이 좋았고 특히 나폴레옹을 숭배하다시피 했다. 나폴레옹은 가난한 시골 귀족 출신으로 군에서 출세해 훗날 황제까지 올랐던 입지전적 인물이다. 어떻게 보면 박정희와 비슷한 점도 있다고 볼 수 있다.

박정희는 플루타르크 영웅전과 나폴레옹을 접하며 군인에 대한 동경심을 갖게 되었다. 훈도는 일본의 식민지교육 정책으로 높은 대우를 받고 있던 공직이었고 생활적으로도 안정된 직장이었지만 군인에 대한 꿈을 품은 박정희는 훈도직을 버리고 떠나기로 했다.

그러나 박정희의 나이가 문제였다. 입학지원서를 제출할 당시 박정희의 나이는 만 22세였고 일본육사의 규정에 맞지 않아 상대적으로 입학기준이 덜 엄격한 만주 군관학교에 지원서를 넣었으나 여기서도 나이에 걸려 거절되었다.

그러나 군인의 꿈을 접을 수 없었던 박정희는 고민하던 중 동료 교사 유증선의 권유로 충성을 맹세하는 혈서를 쓰게 된다.

盡忠報國 滅私奉公(진충보국 멸사봉공)
충성을 다하여 나라에 보답하고 목숨을 바쳐 국가를 받들겠습니다.

만주신문 1939년 3월 31일자 박정희의 혈서 기사

박정희는 혈서를 만주로 보냈고 이것이 〈만주일보〉에 실리게 되어 과거 대구사범학교에서 교련 주임으로 인연을 맺은 아리카와 대좌의 편지를 받았다. 당시 아리카와 대좌는 관동군으로 만주에서 복무하고 있었고 그렇게 군인이 되고 싶다면 만주로 본인을 만나러 오라는 내용이었다.

박정희는 미련 없이 휴직계를 제출하고 만주로 떠나 아리카와를 만났다. 당시 만주 군관학교 입학 생도는 보통 16~19세로 22세였던 박정희는 아리카와의 도움으로 입학시험에 응시해 2기 생도 전체 500명 가까운 동기생 중 15등으로 합격해 꿈에 그리던 군인의 길에 첫발을 내딛게 되었다.

만주국은 일본의 괴뢰국가로 만주국의 장교가 된다는 것은 사실상 일본군의 장교가 되는 것과 다름없다.

박정희가 안정적이고 선망받던 훈도직을 버리면서까지 군인의 길을 선택한 것은 분명 개인의 자유로운 선택이다. 일본이 내선일체를 부르짖을 때도 조선인과

박정희의 만주육군군관학교와 육군사관학교를 졸업한 직후 사진

일본인의 차별은 일본을 내지라 부르고 조선을 외지라 부르며 1등 신민, 2등 신민을 나눴던 것처럼 분명 있었고 박정희는 군인을 동경함과 동시에 개인의 출세에도 큰 관심이 있는 인물이었다. 훗날 대통령에 오르고 일종의 위인전과 같은 소년용 전기를 준비했던 김종신 공보비서관이 "각하는 그때 왜 만주에 가셨습니까?"라고 물었을 때 그는 이렇게 말했다.

"긴 칼 차고 싶어서 갔지."

긴 칼이란 바로 권력과 힘을 말하는 것이다. 당시 군의 장교라는 것은 다른 어떠한 자리보다도 특별한 힘을 가진 자리였다. 박정희는 철저한 군인 체질로 만주 군관학교 수석 졸업을 차지하며 청나라의 마지막 황제였고 일본제국의 괴뢰국가 만주국의 황제인 부의로부터 금시계를 하사받았다. 만주 군관학교의 우수생도로 일본육사 유학의 길에 오른 박정희는 1944년 4월 전체성적 3등, 조선인으로는 유일하게 일본 교육 총감상을 받으며 소위로 임관했다. 그가 꿈꿨던 '긴 칼'을 차는 데 성공한 것이다.

이런 부분을 보면 박정희는 확실히 군인 체질로 자질과 실력은 충분했다고 봐야 한다. 대구사범에서는 성적이 그리 좋지 않았지만 만주 군관학교와 일본육사에서 모두 최상위권의 우수한 성적을 거둔 것을 보면 최소한 박정희는 동경했던 군인으로서의 삶에 충실했음을 알 수 있다.

박정희는 이런 과정에서 '창씨개명'을 했는데 이는 박정희라는 이름을 일본식으로 바꾸는 것이었다.

그의 일본식 이름은 '다카키 마사오'로 지금까지도 그를 비하하는 많은 사람이 박정희 대신 이 이름으로 부르기도 한다.

우리는 박정희의 선택을 어떻게 생각해야 할까? 박정희는 만주군에 들어간 일로 인해 친일파로 분류되어 있다. 하지만 지금 우리의 기준으로 모든 것을 판단해서는 안 된다고 생각한다. 나라를 잃은 것은 그 시대에 태어난 젊은이의 잘못이 아니다. 박정희가 태어난 1917년은 이미 경술국치로 조선이라는 국가가 사라진 지 7년이 지난 시점이었다.

당시 한반도에서 우체부가 되려도 교사가 되려도 사업을 하려 해도 모두 일본을 거치지 않으면 불가능했고 거의 모든 아이들이 일제에 충성하기 위한 교육을 받으며 성장했다.

일제강점기는 창씨개명을 하지 않으면 기차도 탈 수 없을 정도로 많은 불이익이 따르는 시대였다.

박정희도 순전히 돈이 없기에 일제에 충성하기 위한 교육자를 양성하는 대구사범학교에 입학했지 않은가. 그의 형 박상희는 독립운동가의 범주에 들어가는 인물임에도 박정희를 사범학교에 보냈다. 어떻게 보면 당시 사범학교라는 기관 자체가 민족혼을 말살하기 위한 장치였다고 볼 수 있다. 그러나 단지 사범학교를 들어가서 훈도가 됐다는 것만으로 친일파라 규정하는 경우는 없지 않은가? 훈도가 된 조선인이 일본을 찬양하기 위한 교육을 실제로 학생들에게 강의했다 해도 그것만으로 그를 친일파로 규정하지는 않는다. 박상희는 일본이 싫어도 동생 박정희가 유일하게 근대적인 교육을 받을 수 있는 길을 포기할 수 없었을 것이다.

친일의 기준이 법으로 규정된 것이 아니고 특정인을 무엇이라 단정하기는 어려운 부분이다. 그러하기에 박정희에 대한 평가는 극과 극으로 갈린다. 문제는 군이라는 집단의 특수성이다. 군이란 철저한 충성을 강요받는 집단이고 경찰 같은 경우는 내선일치의 명분에서라도 조선인, 일본인을 가리지 않고 국가의 내부적인 치안을 지키고 범죄자를 잡는다는 명분이라도 있지만, 일본제국에서 군이라는 집단은 무조건 일본과 천황을 위한 집단이다. 일본은 그 명칭을 '황군'이라 하지 않았던가.

박정희는 만주국 소위로 임관함과 동시에 일본 육사를 졸업함으로 일본제국 예비역 소위의 직함도 동시에 달았다. 만주국 장교이면서 동시에 일본제국의 장교이기도 하다는 뜻이다. 만주국군은 간판만 다를 뿐 사실상 일본 관동군이 통제하는, 일본군과 전혀 다를 게 없는 조직이었다.

혈서와 관련하여 생각해 본다면 군인에 대한 박정희의 절박함을 볼 수 있다. 앞서 말했듯 훈도는 누구나 부러워하는 직장임에도 그는 망설임 없이 군인의 길을 택했고 존경하는 형 박상희의 뜻과 어긋남에도 자신이 원하는 바를 이루고자 미련 없이 만주로 떠났다. 이 혈서 부분은 훈도 시절 동료 교사 유증선의 증언과 만주일보의 기록이 남아 있고 일본에 마이크로필름으로 신문 기사의 증거자료가 남아 있기는 하지만 논란이 있는 부분도 있다. 남아 있는 마이크로필름은 원본을 촬영한 것이 아니라 원본의 사본을 뜬 것을 다시 필름으로 촬영한 것이기에 해당 증거의 신빙성에 대해 의문을 제기하는 사람들도 많았다. 그러나 필자는 일단 이것은 사실일 것이라고 생각한다. 조작의 명확한 증거는 전혀 나오지 않았고 박정희는 확실히 일반적이지 않은 상황에서 군관학교에 입학했기 때문이다.

많은 정황 증거가 어떻게든 군인이 되고자 하는 그의 절실함을 말해주고 있다.

박정희가 모든 교육을 마치고 정식 임관한 것은 1944년이다. 당시 만주군의 주요 상대는 모택동의 중국 공산당 주력 부대 중 하나인 국민혁명군 제8로군, 통칭 '팔로군'이라는 부대였다. 당시 박정희는 전투 지휘관이 아니라 고위 장교의 부관으로 부임했다. 1940년대 중반의 만주는 과거와는 다르게 만주사변°을 거치며 관동군이 직접 주둔하기 시작한 이후 대부분의 조선인 항일 무장단체는 이미 떠난 시점이었다.

이 시점 박정희의 행보는 수많은 학자나 언론의 관심사였다. 임관하여 막 활동하던 당시 그가 독립군을 토벌하고 민족반역행위를 했는가에 대해 수많은 논쟁이 벌어졌다.

하지만 분명하게 말해 박정희가 이 시점 조선독립군, 혹은 독립운동 단체와 직접 전투를 벌였다는 공식문서는 전혀 나온 바가 없다. 앞서 말했듯 이미 만주를 기점을 활동하는 독립운동단체는 대부분 사라진 시점이었다. 상식적으로 볼 때 1910~1920년대는 본토에서 활동할 수 없는 독립운동가들이 만주를 거점으로 젊은이들을 양성하고 일본과 맞서 싸웠지만, 관동군이 직접 주둔하고 괴뢰국가인 만주국이 운영되는 상황에서 대부분의 독립운동가는 만주에 군이 기반을 잡을 필요도, 이유도 없었다. 그러나 당시 항일운동 세력은 중국과 조선본토를 가리지 않고 존재했고 팔로군 사이에도 조선인들이 섞여 있었다. 특히 일본군에 끌려갔던 학병이나 징용 군 가운데 탈주하여 중국군으로 합류한 사람들도 상당수 있었다.

그렇기에 역사적인 평가가 굉장히 어려운 부분이다. 백선엽이 복무한 간도특설대는 부대창설의 의의 자체가 조선인으로 조선인을 잡는다는 특수한 목적이 있는 부대이기에 그곳에서 복무한 것만으로도 비난을 피하기 어렵지만, 박정희는 실제

° 1931년 일본 관동군이 중국 침략의 전초기지를 만들기 위해 벌인 전투. 이 사건으로 괴뢰국 만주국이 생겼고 일본과 중국의 본격적인 전쟁이 시작되었으며 관동군이 만주에 진주하게 되었다.

전투를 수행하는 보직의 지휘관도 아니었고 그의 부대가 상대했던 실질적인 적은 독립운동가들이 아닌 중국의 국민혁명군이었다.

박정희가 만주국 육군 소위로 정식 임관한 정확한 날짜는 1944년 12월 23일이다. 그가 육군 중위로 진급한 것은 1945년 7월 1일이다. 즉 박정희는 중위로 진급하고 한 달이 조금 넘게 복무하면서 일본의 항복을 맞이하게 되었다. 실제 일본에 정식 군인으로서 부역한 것은 불과 1년도 되지 않는다. 사실 본격적으로 활동하기도 전에 그가 모든 것을 버리고 선택한 군인의 길은 일본의 패망으로 인해 끝나버렸다.

박정희는 중국인 장교들에게 무장 해제되고 고국으로 돌아가야만 했다. 그는 광복군에 편입되어 귀국선을 타고 고국으로 돌아왔다. 하지만 이 광복군은 이름만 광복군이지 사실상 광복 후 중국에서 조국으로의 귀향을 위해 일시적으로 만들어진 조직이라 볼 수 있다. 아주 잠시 긴 칼을 차고 위풍당당했던 박정희였지만 그는 빈털터리로 초라하게 고향으로 돌아왔다. 그간의 모든 노력이 물거품이 된 것이다.

그러나 박정희는 포기하지 않고 만주 군관학교 동기인 이한림의 권유로 조선경비사관학교 2기로 입교했다. 조선경비사관학교는 육사의 전신으로 훗날 박정희는 그대로 육사 2기로 인정받는다. 그의 나이 29세. 대부분의 훈련생이 20대 초반이었던걸 생각하면 굉장히 늦은 나이였다.

3개월의 짧은 단기과정을 마치고 소위로 다시 임관한 그는 이곳에서도 3등이라는 뛰어난 졸업 성적을 거두었다.

이시기 1946년 9월에 대구와 경북에서 총파업에 이은 대구 10.1 사건°이 일어났다. 대구에는 계엄령이 선포되었고 철저한 탄압 작전이 시작되었지만 격렬한 시위는 타지역으로 확대됐고 이 과정에서 박정희의 형 박상희가 경찰의 총에 맞

° 해방 후 미군정히의 대구에서 일어나 남한 전역으로 확대된 소요사태. 식량난과 친일관리 등용에 대한 불만으로 인한 민심이 폭발한 사건이다.

아 사망하는 일이 있었다. 박상희는 박정희의 정신적 지주였고 늘 박정희를 지지해주던 인물이었다.

박정희는 임관 후 복무하면서 남로당 군 사부 총책 이재복의 입당 권유를 받게 된다. 박정희는 가난한 빈농 출신에다가 형 박상희는 좌익인사였고 형의 죽음에 원한이 있는 박정희는 남로당에 알맞은 포섭 대상이었다.

실제로 해방 후 군조직에는 매우 많은 좌익분자가 섞여 있었다. 미군정은 해방 직후 공산당을 따로 탄압하지 않았고 군의 간부들에게도 엄격한 기준을 적용하지 않았기 때문에 군 내부 곳곳에 많은 좌익인사가 들어와 있었다.

군이 좌익 색출에 적극적으로 나선 것은 1948년 여순사건으로 인해 좌익숙청의 필요성을 절감했기 때문이다. 군은 내부적으로 대대적인 색출에 나섰고 이때 박정희 역시 남로당 가입 등 좌익 혐의로 군 수사기관에 체포되었다.

박정희는 즉각 자신이 알고 있는 남로당 조직도와 배경에 대해 모두 실토하고 용서를 구했다. 빠르게 전향을 한 것이다.

당시 수사본부의 특무과장이었던 김안일은 박정희의 구명을 건의했고 정보국장이었던 백선엽은 박정희와 같은 만주군 출신이었다. 백선엽의 회고록에서도 기록되어 있지만, 박정희는 조용하게 자신을 한 번만 살려줄 것을 백선엽에게 부탁했다.

이것만 봐도 박정희는 골수 공산주의자가 아니라는 것을 알 수 있다. 박정희는 자신이 위기에 처하자 아무런 미련 없이 남로당에 대해 알고 있는 모든 것을 실토했고 자신의 생존을 위해 함께했던 이들을 버렸다. 박정희는 사상이나 이념에 크게 신경 쓰는 사람이 아니다. 그가 남로당에 연계된 것은 형 박상희의 죽음으로 인한 영향이 크다.

실제로 김안일, 백선엽은 박정희를 구명하기 위해 일선에 나섰다. 박정희는 좌익 혐의로 사형을 구형받았으나 재판에서 무기징역을 선고받았다.

박정희가 살아남을 수 있었던 이유는 크게 2가지다.

1. 남로당 프락치 활동을 했다는 확실한 증거가 없다.
2. 좌익색출에 적극적으로 협조했다.

어떤 사람들은 박정희가 살아남기 위해 남로당 동료를 배신했다며 비난하기도 한다. 틀린 말은 아니지만 중요한 것은 박정희는 엄연히 전향자라는 것이다. 이 좌익 경력은 박정희의 생애에 꼬리표처럼 따라다녔고 현시점에서도 많은 비난을 받으며 박정희를 흔히 말하는 '빨갱이'라고 비난하는 사람도 상당히 많다. 물론 한 나라의 대통령까지 역임하는 사람이 이러한 경력이 있다는 것은 굉장히 불명예스러운 일이다.

그러나 박정희를 빨갱이라 비난하는 것은 논리에 맞지 않는다. 그는 잡혀 온 즉시 모든 것을 실토했고 용서를 구하며 전향했다. 물론 예를 들어 박정희는 드라마 〈야인시대〉의 주인공 김두한 같이 본인 스스로 전향한 것이 아니라 잡혀 와서 얻어맞고 전향한 케이스라 보통 말하는 '폼'이 나지 않는 것은 분명 사실이다. 하지만 박정희는 좌익색출에 적극적으로 협조했고 용서를 구했으며 법적인 처벌까지 받은 사람이다.

김안일이 박정희를 살려주고자 한 이유도 좌익색출에 협조했기 때문이기도 하지만 골수 공산주의는 전혀 아닌 것 같다는 의견을 피력했었다. 박정희가 남로당에 한 행위는 인간적으로는 배신이라 할 수도 있지만, 국가적으로 봤을 때 엄연히 '전향'으로 봐야 하고 자신의 죄로 인한 처벌을 받았다고 봐야 한다. 박정희는 김안일, 백선엽 등이 직접적인 보증까지 서서 감형 후 살아남은 것뿐만 아니라 형 집행 정지까지 받고 풀려났다. 백선엽은 박정희 구명에 있어 가장 큰 공로자였다. 박정희는 이 은혜를 잊지 않고 훗날 집권한 뒤 장관, 대사, 국영 기업체 사장 등을 맡기며 백선엽을 지지하였다.

백선엽. 많은 증언상 박정희를 구명해준 핵심적인 인물로 6.25전쟁에서 큰 전공을 세웠다.

　백선엽은 단순히 박정희의 목숨을 살려준 것뿐 아니라 소령직에서 파면된 그를 위해 정식 직책은 없지만, 자신의 문관으로 고용해 주었고 미 군용품을 팔아 박정희의 급료까지 챙겨주었다. 훗날 박정희의 분신이라 할 수 있는 김종필은 이렇게 말했다. "당시에 자기가 각하를 살렸다고 하는 사람들이 많은데 실제로는 백선엽 장군이 대부분의 역할을 했다."

　박정희는 이렇게 실업자로 지내던 중 1950년 6월 25일 6.25전쟁이 터지자 육군본부의 명령으로 다시 복직되었다. 어떤 의미에서는 하늘이 도왔다고 볼 수 있는 타이밍이었다.

　복직 후 박정희는 전쟁 중인 1950년 12월 12일 대구의 성당에서 육영수와 결혼하기도 했다. 집안에서 정해줬던 첫 번째 아내 김호남과는 이혼한 상태였다.

　박정희는 1950년 9월 중령으로 진급했고 1951년 4월에는 대령으로 진급했다. 정전협정 이후 1953년 11월에는 준장으로 진급하여 별을 달았다. 6.25전쟁이 시작되기 바로 전까지 좌익분자로 검거되어 죽을 뻔했고 소령직에서 파면되었던 그 였지만 불과 몇 년 만에 별까지 달게 된 것이다.

박정희는 이후 우수한 장교들과 함께 미 육군 포병학교 고군반 해외위탁교육생으로 6개월간 교육을 받았고 귀국 후 2군단 포병사령관, 포병학교장, 5사단장, 6군단 부군단장, 7사단장을 두루 거치며 1958년에는 소장으로 진급했고 6관구 사령관, 2군사령부 부사령관 등을 역임했다.

1961년은 박정희의 인생에서 가장 중요한 사건인 5.16 군사 쿠데타가 있었던 해였다. 여기서 박정희의 인생을 다시 한번 돌아볼 필요가 있다. 해방 후 박정희처럼 극적인 인생을 살아온 사람이 얼마나 있을까? 최하층 빈농의 자식으로 태어나 군인과 권력을 동경했고 때문에 모든 것을 버리고 만주로 떠났으며 일본에 부역했다. 좌익활동으로 죽을 뻔한 위기를 겪었지만, 그는 어떻게든 살아남아 다시 군의 중심인사가 되었다. 만주 군관학교, 일본 육군사관학교, 대한민국 육군사관학교까지 사관학교 교육 3번과 미국 위탁 교육까지 거쳤으니 만주국, 일본제국, 미국, 대한민국의 4개국에서 교육을 받은 특이한 군인이다. 그리고 그 중 만주국과 일본제국은 세계 역사에서 영원히 사라졌다. 친일파와 빨갱이로 불릴 수 있는 2가지의 경력을 모두 지닌 것도 살아남은 고위 군 인사 중 몇 안 되는 정말로 특이한 케이스다. 일본군 출신자였던 군 고위인사야 많지만, 남로당이나 좌익 경력이 있으면서도 군에서 살아남은 인물은 사실상 없기 때문이다. 한 인간으로서도, 군인으로서도 이렇게 특이하고 파란만장한 경력을 지닌 인물은 찾아보기 힘들다. 박정희가 친일 행적이 있다는 것은 분명한 사실이다. 그의 인생 1막에서만 봐도 얼마나 모순점이 많은지 살펴보면 그는 스스로 자원하여 일본제국 천황에게 충성을 맹세했다. 그러나 일본제국이 패망하자 조국으로 돌아와 대한민국의 장교가 되었고 남로당 활동을 하다가 파면되었지만 전쟁이 발발하자 복직하여 6.25 전쟁에서 자신이 잠시 소속되었던 그 공산주의자들로부터 대한민국을 지키기 위해 싸웠다. 이것 자체가 이미 모순이 아닌가? 그는 자신이 소속되었던 곳과 반대가 되는 진영에서 항상 살아남았다. 침략자인 일본을 위해 싸우는 장교가 되었던 자가 다시 조국을 지키는 대한민국 국군의 장교가 되었고, 남로당에 가입했던 자가 곧장 공산주의로부터 조국을 수호하기 위한 전쟁에 참여했다. 박정희라는 인물의 인생사 자체가 혼란한 대한민국의 상황 그 자체라는 생각이 든다. 그 때문에 박정희라는 인물에 대해서 수많은 평가가 엇갈릴 수밖에 없는 것이다. 민족반역자였던 인물이 돌아와 조국을 위해 싸우는 장교가 되었고 공산당과 좌익활동을 한 사람이 훗날에 대한민국에서 가장 철저한 반공주의의 지도자로서 활약하게 된다는 것만 봐도 박정희라는 인물 그 자체가 시대의 평가에 크나큰 혼란을 가져온다는 것을 부정할 수 없다. 그렇기에 우리는 박정희라는 인물에게서 역사의 교훈과 인간적인 매력을 느끼는 게 아닐까? 한 사람의 인생에서 대한민국 현대사 전체를 볼 수 있기 때문이다.

아무것도 하지 못한 2공화국

군 내부에서 진급을 거듭하던 박정희였지만 대한민국은 안팎으로 어수선했다. 4.19혁명으로 하야한 이승만 이후 허정이 과도 정부를 맡았지만, 허정은 애당초 권력에 뜻을 두지 않고 과도 정부를 조기에 마무리한 뒤 다음 정권을 세우고자 했다. 이것은 나름대로 그의 업적이라 볼 수 있다. 질서 있고 합법적으로 정권을 이양한 사례이기 때문이다.

이승만이 하야하고 3개월이 지난 1960년 7월 29일 총선이 실시되었고 이승만의 자유당 시절 당하기만 했던 민주당이 큰 승리를 거두었다. 7.29선거에서 압승한 민주당은 새로운 집권당으로서 8월 12일 합동 회의를 거쳐 윤보선을 대통령으로 선출하고 장면을 국무총리로 선출했다. 그러나 윤보선은 민주당 내 구파계열의 인물이고 장면은 신파계열의 인물이었다. 민주당은 당 내부적으로 문제를 겪고 있었다. 당장 이후 2공화국을 이끌어가는 장면은 이 당시 국무총리 선출과정에서 찬성 117표, 반대 107표로 간신히 인준을 받았던 것만 봐도 민주당 내에 계파별 다툼이 심각했다는 것을 알 수 있다.

내각을 꾸리는 일도 구파와 신파의 협력이 필요했지만, 신파 위주로 8월 23일 장면의 민주당 정권이 출범했다. 구파와 신파의 갈등은 이후로도 이어지며 12월에 구파는 따로 신민당을 구성하고 민주당과 갈라서게 된다. 장면 정권에서는 그동안 수많은 만행을 저질러왔던 이승만과 자유당에 대한 처벌 여론이 급격하게 들고 일어났지만, 정권은 실제로 그들을 처벌하는 데에 적극적으로 나서지 않았다. 4.19 발포 사건으로 재판을 받았던 내무부 장관 홍진기, 치안국장 조인구 등이 무죄를 받았던 예가 있었다.

부정축재 특별법안 역시 1961년 2월 통과되었지만, 이 법이 실제 효력을 가지게 되는 시행령은 5월 10일 공포되어 불과 6일 뒤 5.16으로 장면 정권 자체가 무너져 아무런 의미가 없는 법안이 되고 말았다.

장면 정권의 문제점은 바로 이것이다. 4.19혁명 이후 허정의 과도 정부를 지나 많은 여론, 이승만과 자유당에 억눌려 왔던 이들이 4.19의 혁명과업을 완수할 것을 장면에게 기대했지만 장면 정부는 대대적인 변혁과 숙청에 미온적인 입장이었고 무언가를 해보기도 전에 5.16쿠데타가 일어나면서 많은 계획을 만들어 놨음에도 실제로는 한 일이 거의 없다. 단 경찰에 대해서만큼은 대대적인 숙청을 완료했는데 최고위 책임자 20명 중 18명이 물러났고 총경과 경위의 절반 이상을 교체해 2,000명의 신규채용을 시행했다. 경찰은 당시 표면적으로 가장 혁신이 필요한 집단이었고 숙청을 감행할 필요성이 있는 집단이었다. 이승만 정권의 경찰은 분명하게 정권을 수호하기 위한 도구였기 때문이다. 1960년은 박정희의 혁명 세력이 주장하는 대로 굉장한 혼란기였다. 그럴 수밖에 없었다. 10년이 넘는 세월을 집권한 이승만 정권이 무너지고 허정 과도정권이 이양되고 장면 정권이 들어섰다. 한해에 정권이 두 번 바뀌었고 압제를 받던 사람들이 모두 풀려난 상황에서 많은 선거를 치렀다. 장면은 어떻게든 무언가를 국민에게 보여줘야만 했다. 장면 정권은 경찰을 혁신하고 군의 규모를 줄여 남는 국방비를 경제개발에 쏟아부으려 했지만, 미국이 반대하고 반발도 심해 뜻을 이루진 못했다. 장면 정부에서는 공무원 공채를 본격적으로 실시하기도 했다. 국가공무원법을 장면 정권에서 개정하여 이후의 대한민국 관료제에 대한 기틀을 완성했다는 평가를 받기도 한다.

이렇듯 짧은 기간 유지된 2공화국이지만 나름대로 시도한 것은 있었다. 그러나 무언가를 확실하게 진행할 시간이 없었다. 곧이어 일어나는 5.16 때문이었다.

5.16의 배경과 사전작업

초기 대한민국 국군은 정상적인 규모를 갖추지 못했고 지속적인 원조를 받지도 못했다. 인력적인 인프라도 체계적으로 갖추지 못해 대부분이 몇 개월을 교육받고 들어온 단기 사관 제도였고 미군의 군사영어학교° 같은 제도도 비슷한 시스템이었다. 군을 이끌어 갈 인력이 없고 양성할 시간적 여유나 여건을 구축할 자금도 충분치 않기에 해방 전의 군 출신자들을 많이 기용했다. 당연히 그들 중에는 일본군 출신자들이 많았다. 당장 6.25전쟁 중 핵심 보직에 있던 사람들을 보면 20~30대 지휘관들이 흔했고 백선엽 같은 경우엔 겨우 만 31세에 육군참모총장을 달기도 했다. 이 정도로 이제 막 시작한 대한민국의 시스템이나 인프라는 정상적이지 못했다. 그러나 국가의 존망을 건 대규모의 총력전, 6.25전쟁을 거치고 개전 초 10만도 되지 않던 국군은 이승만 정권을 지나 60만 대군이 되었다.

당연히 군이 비대해지면서 장교의 권위와 권한은 성장했고 휴전국가의 특성 때문에 안보를 책임지는 군인은 막강한 힘과 정보를 갖게 되었다. 또한, 국군의 창설과 개편과정을 보면 당연히 미군정이 많은 부분에서 손을 써주었다. 미군정의 군사영어학교 출신자들은 국군의 핵심 보직을 맡았고 군의 보직과 부대의 창설, 장교의 훈련 역시 미국이 개입했다. 백선엽, 김종오 같은 6.25 최고의 명장들도 이 군사영어학교 출신이다. 1951년부터는 미국에서 대대적으로 국군 장교들에 대한

° 미군정이 한국인 군경력자를 대상으로 영어를 교육하고 졸업 후 임관시킨 제도로, 수많은 국군 고위인사들이 이곳에서 탄생했다.

위탁 교육이 실시되었고 박정희도 이 교육을 받았다. 이후 육사 8기이며 5.16의 핵심 브레인이었던 김종필도 미국에서 위탁 교육을 받았다. 이 당시 세계 최강대국인 미국에서 대대적인 교육을 받았던 군 인사들은 굉장한 엘리트의식을 가졌고 실제로 군의 장교들은 당시 중요했던 영어나 기초교육을 비롯해 가장 높은 수준의 교육을 받은 인사들이었다.

당시 미국에서 유학을 할 수 있는 일반인층은 거의 존재하지 않았다. 그러나 군인들은 몇천 명 단위로 미국의 교육을 받는 시점이었다. 자연스럽게 핵심 장교들의 엘리트의식은 높아지고 군이라는 집단은 합법적인 국가의 무력을 관장하기 때문에 안보적으로 위험한 국가에서 이들의 위상은 갈수록 상승할 수밖에 없었다.

또한, 군에는 박정희 같은 최하층 출신이면서도 전쟁을 겪으면서 신분 상승한 사람들이 많았다. 일제강점기나 해방정국에서 정상적으로 대학이나 하다못해 고등학교만 해도 경제적인 사정으로 체계화된 교육을 받기 어려운 상황인 사람들이 대부분이었다. 그러나 해방정국에서 일단 군에 장교로 입대하면 많은 기회가 시기적으로 보장되어 있었다. 이렇게 위로 올라온 장교들은 집안에 돈이 많아 유학을 다녀왔거나 대학을 다닌 일반 엘리트, 사회의 특권층에게 비판적인 의식을 가지고 있는 이들도 많았다. 그리고 이승만 정권 시절에는 정권에 대한 충성도가 진급에 영향을 미쳤다는 점도 고려해야 한다. 군인이 본연의 임무에 최선을 다해야 하는 것뿐 아니라 정치적인 입장도 중요했던 시기라는 점도 눈여겨봐야 한다.

이러한 엘리트 의식적인 부분은 역사적으로 잘 생각해야 한다. 한참 후 1980년 전두환과 하나회의 12.12 같은 경우를 보자. 하나회는 육사 11기가 주축이 된 군내 사조직으로 자신들이 육사의 첫 번째 정규 졸업생이라는 엘리트의식이 있었다. 이것은 그들이 행동으로 나서는 데에 지대한 영향을 주었다. 군을 인재인 자신들이 주도해야 한다고 생각하고 있었다. 일단 혼란한 정국에서 군이라는 집단을 장악하고 나면 당연히 그 이상을 탐하게 되는 것이다. 그 이상을 장악해야만 군이라는 집단도 계속해서 유지할 수 있기 때문이다. 전두환과 하나회는 박정희라는 인물이 군사정권을 열면서 의도적으로 키운 집단이지만 1960년대의 군은 전쟁과 미국의 지원 등으로 성장한 집단이었다. 문제는 앞서 말했듯 대한민국 초기부터 제대로 된 장교 양성 시스템이 잡혀있지 않았다는 점에서 출발했다. 앞선 선배 장교들은 6.25전쟁으로 인해 30대에 장군이 되는 경우가 많았기 때문에 지금처럼 계급정년이라는 개념이 제대로 없었다. 20~30대에 장군이 됐다고 몇 년 있다가 전역하는 이런 시스템이 없었다는 이야기다. 앞 사람이 나가야 뒤 기수가 그 보직과 계급을 이어받게 되는데 국군은 한국전쟁이 끝나고 20대에 중령 30대에 대령, 장군을 달고 있는 장교들도 흔하게 볼 수 있었다.

군사영어학교 출신자나 육사 1~8기 생들은 나이 차도 별로 나지 않았다는 점도 중요하다. 막상 전쟁이 끝나고 보니 젊은 나이에 진급을 거듭한 이들이 핵심보직을 오랜 기간 돌려가며 맡았고 후발주자들은 진급적체를 겪고 있었다.

5.16에 핵심으로 참여한 기수가 군 수뇌부보다 한참 후배 기수인 김종필을 비롯한 육사 8기라는 것은 당시의 상황을 말해준다.

단적인 예로 5.16 이후 최고 회의 의장, 내각 수반, 국방장관, 육군 참모총장 등 감투만 4개를 쓰는 육군 중장 장도영의 나이는 겨우 38세였다. 그런데 육사 8기, 중령 김종필의 나이는 35세였다. 6관구 참모장으로 쿠데타에 참여한 김재춘 대령은 34세였고 해병병력을 이끌고 온 김윤근 준장은 김종필과 같은 35세였다. 중령과 중장의 나이 차가 얼마 나지 않고 대령보다는 오히려 많고 준장과는 동갑인 것을 볼 수 있다.

지금의 군대에서도 물론 하급자가 나이가 더 많은 경우가 얼마든지 있지만 이렇게 큰 계급 차에서 나이 차가 나지 않거나 하급자의 나이가 더 많은 경우는 사관학교 교관 같은 특수한 보직이 아니면 드문 일이다. 사관학교를 늦게 입교한 박정희 같은 경우는 이 당시 소장으로 무려 44세였다.

아래 기수들이 진급적체로 불만을 겪고 있었던 것은 5.16의 분명한 하나의 원인이었다. 육사 8기 중령들의 주도로 정군운동이 일어난 것을 볼 수 있는데 이들은 이승만 정권과 밀착된 고위 장교들의 퇴진을 요구하고 나섰다. 8기생들은 '정군

건의 연판장'을 제출했고 불법행위로 체포되어 군법회의에 회부됐다. 이 사건으로 송요찬 육군참모총장이 물러났고 최영희가 육군참모총장에 임명됐다. 김종필을 비롯한 8기생 일부가 체포되었다가 풀려났지만 몇몇은 예편되었다.

  이것은 엄연히 하극상이었다. 결국 군 내부에서 자신들이 원하는 방향의 개혁을 이룰 수 없다고 판단한 8기생들은 쿠데타를 결의했다. 말이 개혁이지 이것도 정치의 연장선이라는 것을 잊어서는 안 된다. 황당한 것은 장면 정부의 방침은 정군에 우호적인 입장이었다는 것이다. 장면은 기본적으로 군을 대대적으로 감축하는 정책을 계획하고 있었다. 당연히 군의 수뇌부도 감축될 수밖에 없었다. 민주당은 아예 대대적인 감군을 공약으로 걸었을 정도다. 미국의 지원이 군에 편중되어 있었기 때문에 이것을 돌려 경제개발에 투입하고자 했다.

  8기생들이 쿠데타를 모의했을 때 장면 정부는 이제 막 시작한 시점이었기에 명분상 장면 정부가 부패하고 군을 제대로 정화하지 않았다는 이런 부분은 이해하기 어려운 명분이다.

  8기생들의 불만과 쿠데타 모의는 진급적체와 권력욕 같은 지극히 현실적인 문제다. 박정희는 이들의 지도자급 인물로 추대되었다. 박정희는 정황상 1960년대부터 쿠데타를 준비한 것으로 보이지만 김종필이 2011년 조선일보에 직접 증언하기를 박정희는 1961년 4월부터 본격적으로 활동했다고 말했다. 더불어 그들이 말하는 혁명의 핵심적인 부분을 설계한 사람은 김종필 본인이라고 말하기도 했다. 쿠데타 모의 세력이 처음 주목한 날은 4.19혁명 1주기가 되는 1961년 4월 19일이었다. 수많은 군중 시위가 있을 것으로 파악하고 군이 투입된다면 이때 거사를 진행할 생각이었지만 예상과는 다르게 과격 시위가 일어나지 않았다. 그러나 대한민국 최초의 군사 쿠데타는 말 그대로 빈틈만 보고 있는 것이지 이미 멈출 수 있는 상황이 아니었다. 언제가 됐든 그들이 말하는 '혁명'은 서서히 다가오고 있었다.

5.16 군사 쿠데타

박정희와 군부 세력은 1961년 5월 14일 서울 약수동 김종락(김종필의 친형)의 집에 모여 거사 전 마지막 회의를 했다.

선두부대는 반도 호텔과 총리실, 후발 부대들은 치안국, 서울시경, KBS방송국, 중앙전화국, 청와대, 마포형무소 등 국가 주요 시설들과 기관들을 장악하기로 모의를 끝냈다. 이틀 뒤인 1961년 5월 16일 쿠데타 세력은 한강 인도교를 넘어 계획대로 서울로 밀고 들어갔으며 목표했던 대부분 기관과 시설들을 장악했다. 당시 육군참모총장 장도영은 새벽 2시경 장면 총리에게 전화를 걸어 상황을 보고하고 염려할 필요가 없다며 그를 안심시켰지만, 장면은 상황이 예사롭지 않음을 느끼고 본인에게 직접 와서 대면 보고할 것을 지시했다.

상황이 심상치 않음을 전화로 보고받은 장면은 당시 집무실로 쓰고 있던 반도 호텔을 나와 혜화동 카르멜 수녀원으로 피신했다. 제2공화국 내각제의 총리인 그는 국정의 최고책임자라고 할 수 있지만, 반란이 일어났음에도 적극적으로 이를 진압하지 않고 피신에 급급했다.

반란 세력은 육군참모총장 장도영을 포섭하고 새벽 5시 중앙방송국을 통해 자신들이 조직한 군사혁명 위원회의 혁명 공약을 육성으로 발표했다.

> "친애하는 애국 동포 여러분! 은인자중하던 군부는, 드디어 오늘 아침 미명을 기해서 일제히 행동을 개시해 국가의 행정, 입법, 사법 3권을 완전히 장악하고 이어 군사혁명 위원회를 조직했습니다.
>
> 군부가 궐기한 것은 부패하고 무능한 현 정권과 기성 정치인들에게 이 이상 더 국가와 민족의 운명을 맡겨둘 수 없다고 단정하고, 백척간두에서 방황하는 조국의 위기를 극복하기 위한 것입니다.
>
> 군사 혁명 위원회는 첫째, 반공을 국시(國是)의 제일의(第一義)로 삼고 지금까지 형식적이고 구호에만 그친 반공 태세를 재정비 강화할 것

입니다.

둘째, 유엔헌장을 준수하고 국제협약을 충실히 이행할 것이며, 미국을 위시한 자유우방과의 유대를 더욱 공고히 할 것입니다.

셋째, 이 나라 사회의 모든 부패와 구악을 일소하고 퇴폐한 국민 도의와 민족정기를 다시 바로잡기 위하여 청신한 기풍을 진작할 것입니다.

넷째, 절망과 기아선상에서 허덕이는 민생고(民生苦)를 시급히 해결하고 국가 자주 경제 재건에 총력을 경주할 것입니다.

다섯째, 민족적 숙원인 국토 통일을 위하여 공산주의와 대결할 수 있는 실력 배양에 전력을 집중할 것입니다.

여섯째, 이와 같은 우리의 과업이 성취되면 참신하고도 양심적인 정치인들에게 언제든지 정권을 이양하고 우리들 본연의 임무에 복귀할 준비를 갖추겠습니다.

애국 동포 여러분, 여러분은 본 군사혁명 위원회를 전폭적으로 신뢰하고, 동요 없이 각인의 직장과 생업을 평상과 다름없이 유지하시기 바랍니다.
우리들의 조국은 이 순간부터 우리들의 희망에 의해 새롭고 힘찬 역사가 창조되어 가고 있습니다. 우리들의 조국은 우리들의 단결과 인내와 용기와 전진을 요구하고 있습니다. 대한민국 만세, 궐기군 만세."

-군사혁명 위원회 위원장 육군 중장 장도영-

5.16 직후의 박정희(좌)와 장도영(우). 장도영은 잠깐 권력의 핵심에 올랐지만 그는 혁명세력이 내세운 얼굴마담에 불과했다.

장면은 쿠데타 발발 직후부터 무려 55시간 동안 나타나지 않다가 이미 반란 세력이 모든 것을 장악하고 나서야 모습을 드러냈다. 결국 5월 18일 장면은 모든 것을 포기하고 내각 총사퇴를 발표했으며 정권을 군사혁명 위원회에 이양했다.
　5.16은 사실상 무혈입성으로 성공하여 2공화국은 너무나도 허무하게 9개월 만에 마침표를 찍게 되었다.

5월 19일에는 군사혁명 위원회를 재편하여 '국가재건최고회의'를 발족했고 곧이어 혁명 내각을 발표했다.
　최고 회의 의장에 장도영 육군참모총장, 부의장에 박정희가 임명되었다. 정부 내각 인사들뿐만 아니라 서울시장, 도지사, 군수까지도 군인들로 채워지며 군부 정권이 시작되었다.

장도영은 최고 회의 의장, 내각 수반, 국방장관, 육군참모총장까지 4개의 보직을 모두 겸직하며 국가권력의 핵심이었지만 그는 쿠데타 세력이 내세운 얼굴마담이었다. 얼마 지나지 않아 장도영과 그를 따르던 계파는 '반혁명 음모 사건'으로 44명의 장교가 구속되었다. 장도영은 이후 사면받았지만 미국으로 떠났고 장도영을 주축으로 한 일명 '평안도파'는 제거됐다. 이후 '알래스카 토벌 작전'이 진행되었는데 박정희에게 방해가 되는 군부 내 세력들을 제거하기 위한 계획으로 알래스카는 함경도를 의미하며 미군이 한반도의 각도에 붙인 암호명에서 유래되었다.

5.16에는 경상도파와 함경도파의 육사 출신 인사들이 대거 참여했다. 군사 쿠데타가 성공하고 장도영의 평안도파가 제거되자 함경도파는 큰 영향력을 가지고 있었다. 그러나 박정희를 따르는 중심세력들은 김종필을 비롯한 육사 8기 세력들로 박정희가 앞으로의 정국을 주도하기 위해선 군 내부를 하나의 세력으로 통합할 필요가 있었다.

1963년 3월 11일 오전 10시, 김재춘 중앙정보부장은 군부가 쿠데타를 기도했다는 성명을 발표했고 김동하 전 최고 회의 외무국방위원장, 박창암, 박임항, 이규광을 비롯하여 현역 군인 및 예비역 장교 등 20명을 구속했다.

김재춘은 기존 정치인들을 단죄하기 위한 정치활동정화법을 일부 해제하자 그들이 불만을 품고 박정희 의장과 최고위원, 정치인들을 제거하려 했다 주장했다.

이 사건으로 박정희는 군 내부를 장악하고 정국의 주도권을 잡게 되었으며 김종필을 비롯한 육사 8기생들은 확실한 입지를 갖게 되었다. 군부 내의 세력 다툼은 이것으로 막을 내리게 된다. 5.16의 명분은 4.19혁명 이후의 혼란과 안보 위기에 나라를 다시 재건하겠다는 게 그 목표였다.

이를 위해서 구악(舊惡)을 일소하겠다며 일련의 조치를 발표했다. 6월 21일 '혁명재판소 및 혁명 검찰부 조직법에 관한 임시조치법'을 공포했고, 부정축재자, 정치깡패, 민주당 인사들까지 반혁명 세력으로 대거 잡아들였다. 이 조치로 인해 그 유명한 정치깡패의 보스 격인 이정재는 길거리에서 조리 돌림을 당하며 "나는 깡패입니다. 국민의 심판을 받겠습니다"라는 현수막과 함께 자신의 이름이 적힌 팻말을 목에 걸고 서울 거리를 행진했다.

최고 회의는 이어 구정치인들을 통제하기 위해 '정치활동정화법'을 발표하고 쿠데타 인사들이 정국을 장악하는 동안 그들이 활동하지 못하도록 조치했다.
기준을 만들어 놨지만, 쿠데타 세력이 말하는 '적격'판정을 받아서 정치 활동을 할 수 있느냐 없느냐는 순전히 그들 마음대로였다. 또 '사이비 언론인 및 언론기관 정화' 방안을 발표하며 정기간행물 1,200여 종을 폐간하였고 언론사를 통폐합하는 등 언론과 출판에 대한 정화작업을 실시하였다.
최고 회의는 공직기강에 대한 부분 역시 철저하게 강조했는데 공무원들의 술집 출입을 금하는 금지령을 내리는가 하면 술집에 외상값이 많거나 부정부패에 연루된 자들을 해임했고 공무원 비리에 대한 제보나 밀고를 하는 이들을 포상하며 대대적으로 공무원의 부패를 척결하기 위한 정화조치를 시행했다.
성매매 포주를 잡아 4,000명이 넘는 성매매 여성들을 집으로 돌려보내기도 했고 '농어촌 고리채 정리 방안'을 발표하면서 연리 2할 이상의 고리대금에 대해서는 채권행사를 정지시켰다.
최고 회의는 이와 더불어 '반공법'을 정식으로 제정했다. 혁명 공약 1항은 반공을 제1의 국시로 삼을 것을 분명하게 명시하고 있다. 반공법은 이후로도 박정희 정권에서 귀에 걸면 귀걸이, 코에 걸면 코걸이 식으로 정권 유지의 핵심적인 역할을 해낸 법안이었다. 이는 공산당 활동을 하거나 연관된 모든 행위를 처벌할 수 있는 법으로 이승만 정권의 국가보안법보다 좀 더 강력하게 국민을 옥죌 수 있는 일종의 특별법이었다. 국가재건최고회의가 활동했던 때는 국가 전체가 '사회정화'라는 목표 아래 급격하게 모든 것을 뜯어고치던 시기였다. 그렇다면 이러한 조치가 어떻게, 왜 한꺼번에 시행되었던 것일까? 그게 바로 '혁명'이라는 아름다운 이름의 마력이다.

5.16은 명백한 군부 세력의 쿠데타였다. 쿠데타 세력은 먼저 국민의 눈앞에 무언가를 보여주어야 한다. 군사 쿠데타가 그들이 말하는 '혁명'이 되기 위해서는 어째서 이것이 필요했는지를 입증해야만 하는 것이다.

'사회정화'라는 거창한 슬로건은 그런 면에서 이중적인 그들의 성격을 보여준다. 이승만 초대 정권과 제2공화국은 정치·사회적으로 혼란한 시기였고 정치깡패들이 판을 쳤으며 공직자의 기강과 각종 부정부패가 넘쳐났다. 쿠데타 세력이 장악한 정권은 합법적인 정권이 할 수 없는 강력한 조치를 밀어붙일 수 있었다. 정치깡패들을 잡고 부정 축재자들의 재산을 환수하여 국고에 헌납시키고 일반 공무원들의 기강을 확립한 일련의 조치들은 국민에게 '혁명'의 필요성과 사회가 바뀌고 있다는 명분을 각인하고 앞선 정권과의 차별성을 확보할 수 있었다. 그러나 분명하게 자신들에게 반대되는 정치 세력과 사회운동 세력을 통제하고 억압하면서 권력을 장악하고 안정화하려는 이중적인 면모를 확인해 볼 수 있다.

즉 사회정화 조치들은 쿠데타 세력들에게 반드시 필요했기 때문에 시행한 일들이었고 이로 인해 얻은 명분을 통해 권력을 장악하는 조치를 새로 공포해 나간다. 대표적인 법안이 바로 1961년 6월 10일에 있었던 '중앙정보부법'이다.

5.16을 주도한 핵심 인물 육사 8기 김종필의 주도로 설치된 중앙정보부는 최고회의 직속 기구로 사찰 및 수사, 정보수집을 수행하는 강력한 권한을 가진 기구였으며 이는 미국의 중앙정보국 CIA와 연방 수사국 FBI의 권한을 모두 합친 초헌법적인 권력의 집합체였다.

이 중앙정보부는 혁명정부와 박정희 집권 18년 내내 정권 유지를 위해 반대 세력을 감시하고 통제했던 기구로 초대 중앙정보부장은 설치를 주도한 김종필이 맡게 되었다.

쿠데타 세력은 국민의 지지를 끌어내기 위한 정화조치와 함께 국민을 통제하기 위한 통치수단도 함께 진행했다. 쿠데타 세력의 이런 조치는 실제로 국민의 호응을 끌어냈다. 5.16 직후 서울대 총학생회는 쿠데타 지지 성명을 발표하기도 했고

〈민족일보〉는 5월 18일에 "군사혁명이 발생된 원인을 깊이 이해하고 혁명과업 수행에 더 많은 영광이 있기를 바라는 바이다"라는 사설을 작성했다.

이는 당시의 국민 정서가 앞선 정치권에 어떠한 불신을 가지고 있었는지를 보여주는 부분이고 혁명정부의 의도가 정확하게 받아들여진 사례였다. 그 때문에 훗날에 있을 전두환과 하나회의 군사 쿠데타 12.12는 5.16의 기본 골격을 그대로 사용하여 정권을 장악했다.

5.16 이후 일련의 조치들은 구악일소라는 명분을 챙김과 동시에 앞으로의 박정희 장기집권을 위한 여러 가지 장치들이 만들어진 중요한 시기였다. 또한, 쿠데타의 주역들은 나름의 위치를 잡으며 박정희 정권의 핵심 권력자로 우뚝 서게 됐다.

정치군인에서 대한민국의 대표자로

5.16으로 인해 국가권력을 장악한 군부였지만 그들은 혁명을 완수하면 군에 복귀하고 민간에 정권을 이양하겠다 약속했기 때문에 박정희는 선거를 통한 합법적인 집권이 필요했다.

선거를 위해서는 정당이 필요한 법이다. 김종필은 1961년 10월부터 이미 창당 작업을 진행했으며 1962년 중순에는 대부분의 사전작업을 마무리했다.

기존의 민주당은 지속적인 파벌싸움과 부정부패로 국민의 신뢰를 잃은 상황이었기에 김종필이 주도한 민주공화당은 군부 인사들뿐만 아니라 학계, 재야인사를 영입하여 혁신적으로 젊은 정당의 이미지를 표방했다. 이에 따라 1963년 2월 26일 민주공화당이 창당되었다.

이 민주공화당은 1980년 신군부에 의해 해산되기 전까지 박정희 정권 18년 내내 집권당으로 권력의 중심에 있던 정당이었다. 그러나 창당 과정에서 과도한 힘이 집중된 김종필에 대한 반발이 일어나 내부 분열이 생겨났다. 5.16 이후부터 권력의 중심부에 있던 김종필에 대한 반감으로 일부 인사들이 반긴 전선을 조직하

1963년 박정희의 대통령 선거 포스터. 그는 드디어 권력의 정점에 서는데 성공했다.

는 사태까지 일어나자 김종필은 창당 바로 직전인 2월 20일에 성명을 발표하고 공화당 창당준비위원장 자리에서 물러났다.

박정희는 내부적인 불만을 잠재우기 위해 김종필의 반대파였던 김재춘을 중앙정보부장에 임명했다. 내부 문제를 해결한 박정희는 2월 27일 대선 출마를 포기하겠다고 발표했지만, 이는 정치적인 쇼였다.

3월 16일에 박정희는 국민투표로 신임을 받는다면 4년간 군정을 연장하겠다는 성명을 발표했는데 이것은 민정 이양 약속을 깨는 발언이라 국민들은 큰 충격을 받았다.

군정을 비난하는 언론 보도와 정치권의 목소리가 쏟아졌고 박정희는 '비상사태 수습을 위한 임시조치법'을 발표했다.

정치 활동을 잠정 금지하고 언론, 출판의 자유를 제한하는 법안이었다. 언론은 강력하게 반발했고 정치권에서도 민정 이양의 약속을 이행할 것을 요구했다.

군정 연장안에 대한 반발이 거세지자 4월 초 박정희는 연장안에 대한 국민투표를 보류하겠다고 선언했지만 민정 이양 계획은 점점 늦어지고 있었다.

박정희는 8월 30일 강원도 철원군 제5군단 비행장에서 육군 대장으로 전역했다. "다시는 이 나라에 본인과 같은 불운한 군인이 없도록 합시다"라는 그의 전역사는 유명한 이야기다.

박정희는 전역 다음 날인 8월 31일 공화당 총재직과 대선 후보를 수락하고 출마 의사를 밝힘으로써 오락가락하는 행보를 접고 대선에 모든 것을 집중했다.

1963년 10월 15일 대한민국 제5대 대통령 선거가 시행되었다. 5대 대선은 공화당, 자민당, 민정당 등 여러 정당에서 후보들이 난립했지만, 선거운동 후반부에 들어가서는 박정희 대 윤보선의 양강구도로 압축됐다.

결국, 대선에서 박정희와 윤보선의 표차는 불과 15만 표 차이로 박정희의 신승으로 끝났다. 뒤이어 11월 26일 총선도 공화당의 압승으로 끝나면서 박정희는 완벽하게 권력을 장악했다.

사실 야당은 여러 갈래로 분열되었고 당시 군부가 모든 것을 장악하고 있었으며 대부분의 국가 지원도 마음대로 운영했던 상황임을 볼 때 15만 표, 1.55% 차이로 간신히 이겼다는 것은 굉장히 위험한 승부였다. 어쨌든 군복에서 양복으로 갈아입은 박정희는 곧장 대한민국 전체의 대표자가 되었고 제3공화국이 시작되었다. 박정희의 집권 과정에서 잘 생각해 볼 점은 쿠데타를 막을 방법이 과연 없었는가 하는 부분이다. 또한, 미국은 왜 합법적인 정부인 제2공화국이 군부에 의해 무너지는 것을 방관만 했는지 이 부분을 중점적으로 생각해 볼 필요가 있다. 5.16 군사 쿠데타는 실행 전 이미 미국이 파악했다는 견해가 지배적이다. 박정희와 군부 세력은 하루아침에 쿠데타를 계획한 것이 아니라 오랜 시간에 걸쳐 구체적인 계획을 세워 놓았고 진행해 왔기 때문이다.

매그루더 미 8군 사령관은 5월 16일 당일에 2공화국에 대한 지지 성명을 발표했다. 이어 마셜 그린 주한 미국 대리대사도 합법적인 정부인 2공화국에 대한 지지 성명을 발표했다. 매그루더 장군과 그린 대사는 즉시 윤보선 대통령을 접견하여 각 군 참모총장에게 진압에 나설 것을 요청하고 5.16을 반란으로 규정했다. 즉 윤보선이 결심하고 상황을 수습하려 했다면 미군과 미정부가 직접 나섰을 것이고 혁명정부가 들어서는 것을 막을 수 있었을지도 모르는 일이었다.

그러나 내각 수반인 장면이 잠적한 상황에서 윤보선은 북한의 남침 위협을 근거로 진압 명령에 반대했다. 윤보선은 대체 왜 쿠데타 세력을 제압할 수 있는 마지막 기회를 스스로 접은 것일까? 필자의 생각으로는 윤보선과 장면의 직접적인 불화가 그 원인이라고 생각한다. 내각제 하의 '대통령'이라는 직함은 분명 대한민국 전체의 대표자이지만 허수아비나 마찬가지고 실권은 내각의 책임자 장면 '총리'에게 있었다.

윤보선은 반란의 주역들이 찾아와 계엄의 추인을 요구할 때 "올 것이 왔구나!"라는 말을 했다는 이야기가 있다.

그는 어쩌면 2공화국이 스스로 무너지기를 원했던 것은 아닐까? 또 민주당 정권의 실정에 본인의 책임도 있음을 분명하게 인정했다. 내각책임제 하에서 허수아비 대통령을 역임하고 있던 것이 그의 불만이었고 이것이 5.16에 대한 대통령의 암묵적 승인으로 이어졌으며 쿠데타 세력에게 정국을 장악할 시간과 명분을 준 것이었다.

그렇다면 아무런 진압조치에 나서지 않은 장면은 더더욱 무능하고 역사의 심판을 받아야 할 인물일 것이다. 장면이야말로 5.16을 쿠데타가 아닌 '혁명'으로 만들어준 인물이기 때문이다. 만약 5.16을 장면이든 윤보선이든 나서서 진압하는데 성공했다면 훗날 12.12 군사 쿠데타는 일어나지 않았을 것이다.

12.12는 박정희의 유산인 군부의 엘리트들이 일으킨 사건이고 모든 과정을 5.16을 모델로 실행된 사건이었으며 박정희의 정권 하에서 힘을 키웠기에 가능했던 쿠데타였다. 대한민국의 역사에서 군사 쿠데타라는 단어를 없앨 기회를 두 사람은 시도도 해보지 않고 접었다. 역시 정점에 오르는 사람이란 기회나 능력뿐만이

아니라, 말로 설명할 수 없는 무엇인가가 필요했고 박정희에겐 그것이 있었다.

윤보선은 군부가 민정 이양을 발표하고 치러진 1963년 5대 대선에서 민정당을 창당한 뒤 다시 대통령이 되기 위해 박정희와 맞붙었고 2%도 안 되는 차이로 아쉽게 패배했다. 윤보선은 1년도 지속하지 못했던 2공화국의 허수아비 대통령이었고 5.16을 방조했다는 부정적인 평가를 받게 되었다. 그는 5대 대선에서 이번에야말로 대통령다운 대통령이 되고자 했을까? 그렇다 해도 군부가 이미 모든 것을 장악한 상황에서 이루어진 대선에서 만약 윤보선이 이겼다면 아무런 문제 없이 윤보선이 집권 활동을 펼칠 수 있었을까? 필자는 그렇게 생각하지 않는다. 한번 강을 건넌 자들은 뒤돌아서 다시 강을 건넌다 해도 살아남을 수 없는 법이다. 쿠데타 세력은 이미 집권 말고는 물러날 곳이 없었다. 윤보선과 장면은 스스로 무너질 수밖에 없는 사람들이었고 이후로 다시 권력에 다가서지 못했다.

이 두 사람은 단지 박정희 집권 18년의 문을 열어준 사람들이라 볼 수 없다. 이후 30년이 넘어가는 대한민국 현대사의 '군부정권'을 열어 준 장본인들이라 할 것이다.

또 다른 실권자 장도영 역시 주목할 필요가 있다. 장도영은 직접적으로 5.16 거사에 참여한 인물은 아니었다. 5.16은 그렇게 치밀한 쿠데타가 아니었다. 이미 거사 직전 배신자가 나오기도 했고 장면은 5.16 쿠데타가 발생하기 약 일주일 전에 박정희의 수상한 움직임에 대한 보고를 들었다. 장면은 육참총장 장도영의 의견을 물었지만, 장도영은 박 소장에 대한 모략이라며 장면의 불안을 잠재웠다. 장도영은 5.16이 터지고도 적극적으로 쿠데타군에 가담하지는 않았다. 심지어 반란이 일어났다는 말을 듣고 장면에게 보고할 때도 아무 문제가 없다 혹은 진압 중이라는 거짓 보고를 했다. 장도영은 양다리를 걸쳤다. 그것도 양쪽에 정확히 다리 한 쪽씩만을 넣고 있었다.

그러나 장도영은 사전에 있었던 쿠데타에 대한 정보와 폭로를 묵살함으로 사실상 5.16의 진정한 1등 공신이라고 봐도 무방하다. 목숨 걸고 군을 이끌어 한강 다리를 건넌 쿠데타군 지휘관보다도 어떤 의미에서 5.16이 성공하는데 지대한 공헌을 한 사람이었다.

5.16은 왜 반발이 없었을까?

상식적으로 생각해 볼 때 4.19혁명은 대한민국 헌법에도 기록되어 있는 민중항쟁이고 '혁명'으로 명시되어 있다. 그런데 합법적으로 집권한 2공화국을 군인들이 힘으로 무너뜨린 이 엄청난 사건에 일반 국민과 4.19에 앞장섰던 이들의 반응은 어땠을까? 군정이 2년 넘게 유지되었는데 독재에 항거하고 민주화 정권을 외치던 사람들은 어떻게 군사정권을 받아들일 수 있었을까? 대표적으로 장준하를 들 수 있다. 존경받는 독립운동가이며 정치가인 장준하는 의외로 5.16쿠데타를 "민족주의적 군사 혁명"으로 평가했다. 개신교 파의 논객이었던 함석헌은 "혁명은 민중이 해야 하는 것이지 군인은 혁명을 할 수 없다"라고 5.16을 비판했다. 그러나 다수의 지식인층은 오히려 5.16을 지지하는 입장을 보였다. 왜일까? 장면 정부에 대한 깊은 실망이 있었기 때문이다. 새로운 정부가 들어섰지만, 장면은 국정운영에서 무엇인가를 보여준 바가 없고 4.19혁명을 완수해 줄 앞서 이승만 정권 3.15 부정선거의 원흉들을 제거한 것도 아니었고 민주당 내부의 분열로 정치권의 분위기가 어수선했다. 서울대 학생회는 5월 23일 혁명의 지지를 선언했고 서울대 학보에 실린 군사정권에 대한 요구사항에는 '반공 및 4·19 혁명의 완수'라는 항목이 있었다. 이것만 봐도 장면 정부가 4.19의 정신을 이어가거나 완성하지 못했다는 불만이 담겨 있음을 알 수 있다. 이런 상황에서 사회악을 일소하고 3.15 부정선거의 잔당들을 청산하고 부정 축재자를 벌하고 난 뒤 명예롭게 정권 이양을 하겠다는 약속이 정확하게 들어맞았다. 반공을 제1의 국시로 정하고 친미적 성향을 보인 것도 주요했다. 미국은 박정희의 좌익경력을 알고 있었고 자세하게 파악하고 있었다. 그래서 처음에 박정희를 완벽하게 믿고 있지 않았다. 그러나 미국은 한국의 정변이 반미정권의 등장을 의미하는 것은 아니며 새로운 정권을 승인할 것이라는 성명을 발표했다. 장면이 무언가를 추진해 나갈 시간 자체가 없었던 것은 사실이지만 5.16 이후 군부에 대한 비판을 한 사람은 있어도 적극적으로 장면 정부를 비호하고 나선 세력은 거의 없었다. 장면 정부는 이 사태를 극복할 만한 국민적 지지가 전혀 없었다.

당시 사상계 6월호에 실렸던 평가는 '혁명'임을 강조하고 있으며 5.16으로 인한 군정의 초창기 평가는 찬양 일색이다.

> "5.16 군사혁명으로 우리들이 과거의 방종, 무질서, 타성, 편의주의의 낡은 껍질에서 자기 탈피하여 모든 구악의 뿌리를 뽑고 새로운 민족적 활로를 개척할 계기가 마련된 것이다. 혁명 정권은 지금 법질서의 존중, 강건한 생활 기풍의 확립, 불량도당의 소탕, 부정 축재자의 처리, 농어촌의 고리대 정리, 국토건설사업 등에서 괄목할 만한 출발을 보여주고 있다."
>
> 『사상계』 1961년 6월호, 「권두언」

어떤 의미로 보면 2공화국이 민심을 장악하지 못했던 부분이 5.16의 성공과 이후의 군사정권을 열어주는 가장 큰 이유라고 봐도 무방하다. 국민도, 군부도 아무도 장면의 손을 들어주지 않았다. 굳이 있다면 미국 정도다. 그러나 쿠데타를 일으킨 박정희와 군부는 확실한 반공의 표명과 사회정화정책으로 미국의 입장을 바꿔 놓았고 사회적인 반발도 막을 수 있었다.

초기 경제개발계획

박정희는 쉽지 않은 과정이었지만 완벽하게 정권을 장악했다. 미국의 당시 동북아 전략에 따라 가장 중요한 거점은 일본이었고 그다음이 대한민국이었다. 따라서 미국은 맥아더와 이승만 시절부터 한일회담을 통해 양국의 국교 정상화를 권유했지만 1951년부터 1960년 초까지 한일회담은 계속 결렬됐다. 협상은 이승만 정권과 2공화국에서도 지속해서 열렸으나 일본제국 식민지배에 대한 청구권 문제와 앞서 이승만 라인 선포로 인한 어업 협정 문제가 발목을 잡았다.

박정희는 한일회담을 조속히 타결할 필요성이 있었다.

내부적인 정화조치와 권력 장악만으로 쿠데타 세력의 명분과 실리가 완성되는 것은 아니다. 가장 중요한 것은 바로 '경제'였다. 박정희는 반드시 이 부분을 해결해야만 했다. 박정희는 1961년 7월 22일 부흥부를 개편하여 '경제기획원'을 발족했다. 1962년 1월 경제기획원은 장면 정부에서 계획했던 경제개발 정책을 받아들여 1차 경제개발 5개년 계획을 발표했다. 세부적인 내용은 다음과 같다.

인민위원회 결정서

1. 경제발전에 애로가 되고 있는 전력, 석탄 등의 주요 에너지원을 확보한다.
2. 시멘트, 비료, 정유를 만드는 공장의 기간산업을 확충하고 사회 간접자본을 충족시킨다.
3. 농업생산력을 높이고 농가의 소득을 상승시켜 경제구조적 불균형을 시정한다.
4. 과학기술을 진흥하는 등 자립경제를 확립한다.

박정희는 정권을 잡기 이전 경제개발을 위한 여러 가지 준비를 해놓은 것을 볼 수 있는데 대한민국은 기본적으로 자본을 만들 수 있는 자체적인 에너지 자원이나 천연자원이 없는 국가다. 경제개발계획을 실행하기 위해서는 자본이 축적되어 있어야 했으나 아무런 준비가 되어있지 않았고 미국의 지원 역시 경제개발계획을 실현하기엔 부족했다. 경제개발을 위해서는 자금을 동원해야만 했다. 그래서 단행한 조치가 바로 화폐개혁이다. 당시 대한민국의 화폐단위는 '환'이었다. 이것을 '원'으로 바꾸고 10환을 1원으로 교환했다. 화폐개혁은 1962년 6월 실행되었지만, 미국의 반대와 현실을 제대로 파악하지 못한 급진적 실행으로 실패하였다. 1960년대 박정희의 노력을 보면 자본을 만들기 위한 그의 눈물겨운 노력을 많은 분야에서 발견할 수 있다. 화폐개혁은 국민이 장롱 속에 감춰놓은 돈을 밖으로 빼내기 위해 단행한 조치였고 숨겨진 국내자본을 동원하고자 했지만, 박정희 본인도 이것은 실패한 정책임을 시인했다. 당장 자금이 절실했던 박정희는 독일의 차관을 얻는 데 성공했고 상업차관을 받는 대가로 많은 광부와 간호사 등의 인력을 파견했다. 박정희 정권의 경제개발에는 이렇게 일선에 나가 흘린 국민의 피와 땀이 있었다. 이런 것이 바로 우리 대한민국 개발독재 시대의 자화상이다. 박정희에겐 국가의 경제적 자립이 그 무엇보다 중요했다. 정치적 독립만큼 중요한 것이 바로 경제적 독립이다. 경제적 자립을 이루지 못한 국가는 어떤 식으로든 반드시 정치적, 외교적으로도 자유롭지 못한 법이다. 국가가 주도하는 경제개발은 빠르고 효율적인 경제시스템을 갖추고 있었다. 이승만 정권은 1950년대 후반에 경제개발 3개년 계획을 입안했다. 이것이 이승만 정권이 무너지면서 1961년 초반, 장면 정부의 경제개발 5개년 계획으로 이어졌지만 5.16으로 실현되지 못했다. 박정희 정권의 초기 경제개발 계획은 이것을 모티브로 삼고 있다. 엄밀히 말해 경제개발의 구상 자체는 박정희가 시작한 것이 아니다. 그러나 국민이 느낀 장면 정부에 대한 불신과 추진력을 볼 때 박정희의 집권은 큰 의미를 지닌다. 군부가 장악한 권력은 강제적이긴 하지만 강력하게 밀어붙이는 추진력을 가졌다. 민주당이 분열하고 각각의 정치 세력이 견제하고 다투는 상황보다 훨씬 더 빠르고 강력하게 목표를 위해 전진해 나갈 수 있었다.

첫 번째 위기, 한일회담

박정희는 미국의 비위를 맞추고 경제개발을 위한 자본을 충당하기 위해 한일협상을 비밀리에 진행했다. 김종필 중앙정보부장을 일본으로 파견하여 은밀하게 협상을 진행했고 1962년 11월 12일 김종필과 일본 외상 오히라 마사요시 간의 극적인 합의가 이루어졌다. 각자 원하는 금액을 메모로 적어 확인했다 하여 '김종필, 오히라' 메모라고 부르기도 한다. 핵심적인 내용은 일본은 한국에게 10년간 3억 달러를 무상 제공하며 연리 35%에 7년 거치 20년 상환 조건으로 2억 달러의 정부 차관과 1억 달러 이상의 상업 차관을 제공한다는 합의였다. 배상이나 청구권이라는 명칭을 사용하지 않고 '독립 축하금'이라는 명목으로 유·무상 차관 총 8억 달러 규모에 35년간의 식민지배에 대한 청구권 협상을 마무리했다. 실제로 대한민국이 '배상금'의 명목으로 받은 금액은 무상 3억 달러에 해당한다. 문제는 돈뿐만이 아니라 어업 수역에 관한 부분도 우리는 40해리를 주장하다가 일본의 주장대로 12해리로 수역이 설정되었고 식민지배 당시 약탈해 간 문화재 반환 등의 요구도 받아들여지지 않았다.

이 협상 내용은 당시의 국민정서상 용납될 수 없는 치욕적인 협상이었다. 국민 여론은 한일회담 추진 자체를 반대하는 이들도 매우 많았기 때문에 박정희는 이미 합의를 끝내 놓고도 실제 조인이 이루어지는 1964년 초까지 협상의 내용을 비밀에 부쳤다. 1964년 초 박정희는 한일회담을 3월 안에 타결하고, 4월에 조인한다는 협상 일정을 발표했다.

이에 야당 인사들과 학생들은 강력하게 반발했고 대대적인 반대 투쟁이 전개되었다. 야당은 단합하여 한일회담을 '굴욕외교'로 규정하고 '범국민투쟁위원회'를 결성해 투쟁을 시작했다.

3월 말에는 서울대를 필두로 수만 명의 대학생이 시위에 참여했고 6월 3일에는 반일, 반정부 성격의 대규모 반대 시위가 일어났는데 이를 6.3항쟁이라 부른다.

1962년 김종필 중앙정보부장과 오히라 일본 외상의 만남.

일반 시민들까지 대거 가담한 이 시위는 전국적으로 확산하였고 결국 저녁 9시 50분 서울에 군대를 동원해 계엄령을 선포했다. 모든 시위를 강제로 금지했고 언론, 출판은 사전 검열을 받지 않고 발행할 수 없게 조치되었으며 모든 학교를 강제로 무기한 휴교를 명하였다.

특히 언론통제를 위해 공화당은 '언론윤리위원회법안'을 야당 의원들이 불참한 가운데 8월 2일 공화당 의원들만으로 통과시켰고 언론인들은 이 법안의 제정을 막아보고자 한국기자협회를 만들어 대항했지만 역부족이었다.

결국 1965년 6월 22일 한일협정이 조인되었고 이승만 초대 정권부터 무려 14년을 끌어온 한일협정은 이렇게 타결되었다.

국가의 청구권을 국민의 반대를 무릅쓰고 멋대로 결정함으로써 박정희는 이후 경제개발에 필요한 협력자금을 챙겼다.

여담으로 박정희 정권 한일회담 반대 시위에 앞장선 이들이 조직한 단체 중 '6.3동지회'가 있다. 중심인물로는 이명박 전 대통령과 김덕룡 국회의원, 손학규 국회의원 등이 있으며 훗날의 거물급 정치권 유명인사들이 당시 반대 시위에 앞장선 것을 볼 수 있다.

오늘날 굴욕외교, 매국 외교의 상징으로 평가받는 이 한일회담을 어떻게 평가해야 할까? 원론적으로 국민 몰래 모든 일을 진행했다는 점은 절대 비난을 피할 수 없다.

또한 명목은 다르지만, 엄연히 협정 안에 청구권 형식의 자금이 포함되어 있는데도 강제 징용자 등 식민지배의 피해자들에겐 보상금이 거의 지급되지 않았다. 물론 전혀 피해자들을 위해 쓰지 않은 것은 아니지만 밝혀진 바로는 총금액의 대략 10% 내외만이 피해자들에게 지급되었다.

이 문제는 오늘날 박정희의 업적으로 규정하는 사람조차 죄악으로 규정하는 사람들도 많다. 어떤 면에서는 이때 받은 일본의 경제협력자금이 포항제철과 경부고속도로 건설 등의 경제개발에 투입되었기 때문이다.

이 자금을 쏟아부어 본격적인 경제개발이 시작되었음을 부정할 수 없다. 반대 시위는 협정이 끝나고도 지속하였다.

박정희는 8월 26일 서울 일대에 위수령을 발동하고 주요 대학에 병력을 배치해 반대 투쟁에 나선 학생들을 진압했다.

한일협정은 국제적으로도 미국의 요구사항을 받아들여 동맹을 강화하고 일본과 국교를 정상화하면서 동시에 경제개발 자금까지 손에 넣었다. 그러나 박정희는 민중의 지지를 크게 잃었고 이 시위에 나선 학생들은 박정희 정권 전반에 걸쳐 반정부적 성격을 가지게 된다. 얻은 것과 잃은 것이 극명하다.

국제 정세적인 면을 살펴보자면 미국은 한국과 일본의 국교를 반드시 정상화할 필요가 있었다. 이를 위해 여러 가지 시도를 했지만, 과거 일제의 식민지배 때문에 해소되기 어려운 국민 정서와 갈등을 해결하지 못했다.

그러나 한일협상으로 새로운 한일 관계가 재편되자 동북아는 미국을 필두로

한, 미, 일의 반공 동맹 구도가 형성되었고 일본과 한국이 교류하게 되면서 경제적으로도 동맹구조를 갖게 되었다. 이는 미국이 원하던 이상적인 그림이었다.

한일 국교 정상화는 이때가 아니더라도 언젠가는 반드시 해야만 하는 필연이다. 그러나 3억 달러라는 금액으로 이후의 모든 국가의 청구권을 해결하는 것이 정당한 것일까? 그렇다고 박정희 정권 경제발전의 시작이 그 자금에서 비롯된 것임을 부정할 수 있을까? 이 문제에 정답은 없다. 그러나 그 과정이 깨끗하지 못한 것은 부정할 수 없는 사실이다. 경제를 살리기 위해서? 조국의 미래를 위해서? 긍정적인 결과로 모든 것을 정당화하고자 하지만 역사의 심판대에서 최소한 필자는 그래서는 안 된다 생각한다. 합당한 보상을 받아야 할 피해자들이 보상받지 못한 일과 개인의 판단으로 국가의 미래와 과거사를 결정짓는 일을 국민 몰래 진행한 것. 이것은 분명 비난을 받아 마땅한 일이다. 그리고 이 사건에 대해 들고 일어난 국민을 박정희는 설득하거나 이해시키려 노력하지 않았다. 그가 권력을 잡은 방법처럼 또다시 힘으로 군을 동원해 철저하게 진압했다.

긍정적인 결과가 모든 과정을 정당화하지는 않지만, 역사적 평가는 그러한 경향이 분명히 있다. 오죽하면 역사란 승자의 기록이라는 말도 있지 않은가? 아일랜드의 세계적인 극작가 오스카 와일드(Oscar Wilde)°는 "애국은 사악한 자의 미덕이다"라는 말을 남겼다. 결과적으로 국가가 부강해진다면, 국가에 긍정적인 부분이라면 많은 이들이 그 과정에 있는 불합리한 일들을 정당화한다. 그러나 모든 것이 승자의 기준으로 정립된다면 무엇으로 정의를 말 할 수 있을까?

그 때문에 명과 암, 공과 과를 잘 봐야만 한다. 한일협상은 박정희 정권의 첫 번째 위기였고 이후의 대한민국 경제발전에 중요한 사건이다. 그가 이 위기를 어떤 방법으로 넘겼는지 왜 이 사건이 오늘날에도 박정희의 업적으로 기록하는 사람과 죄악으로 기록하는 사람으로 나뉘는지를 잘 생각해 볼 필요가 있다. 과정에 문제

° 아일랜드의 시인이며 극작가. 〈도리언 그레이의 초상〉으로 유명하다.

가 있는 것도 틀림없는 사실이고 이후 경제발전의 시발점이 되는 것도 사실이기 때문이다.

역사적 평가란 분명한 사실을 모두 받아들인 후 진행해야 하는 것이 아닐까? 정답은 없다. 그러나 박정희의 한일협상이 앞으로의 한일 관계에 있어 지속하는 문제점을 만든 것은 틀림없는 사실이다. 이 시기의 가장 중요한 점은 큰 도시에서 박정희 정권의 정치적 기반이 약화하였다는 점이다.

군사혁명 위원회와 박정희 정권이 강조했던 민족주의의 정치적 기반이 무너졌고 대학생들은 김종필을 '제2의 이완용'이라 부르는가 하면 한일회담 그 자체가 '매국적 외교'임을 지적하고 들고 일어나니 명분적 부분에서 커다란 위기를 맞이했다.

그러나 동북아의 정세적으로는 한국과 일본의 관계가 정상화되고 한국이 내내 지속하던 원조경제에서 자립하여 일어선다면 미국은 경제적 부담을 줄일 수 있었고 일본 역시 중간에서 이익을 볼 수 있었다. 한일회담으로 인해 한, 미, 일은 경제적, 반공 군사적으로 밀접한 동맹구조를 갖추게 되었다고 볼 수 있다.

60년대 경제발전과 베트남전

앞서 말했듯 개발도상국에서 자본의 축적은 필수적인 요소이다. 박정희 정권 초기의 핵심은 바로 '경제적 민족주의'라고 할 수 있다. 국가의 경제력 향상을 위해 모두가 노력했고 국가가 그것을 주도했다. 박정희 정권은 수출 증대에 목숨을 걸었다. 박정희는 기업의 생산과 수출을 장려했고 본인이 직접 1966년부터 매달 확대 회의를 주재했다. 1965년부터 수출을 위한 생산용 원자재 수입에 대한 관세를 면제했고 수출기업의 소득에 세금을 감면해 주고 국가가 차관을 지원해주기도 했다. 수출기업은 그 자체가 애국이었다. 마찬가지로 그것을 위해 땀 흘리는 노동자, 해외에서의 노동으로 외화를 벌어오는 수많은 이들이 산업화시대의 '애국자'였다. 1차 경제개발 5개년 계획은 1962~1966년 동안 평균 성장률 7.9%를 기록하는 놀라운 성과를 보였다. 수출을 늘리기 위해 1962년 울산 공업단지, 1965년 구로 공업단지를 만들었고 60년대 효자산업이었던 철광석, 무연탄, 흑연, 합판, 오징어 등 경공업과 원자재 수출 등으로 큰 성과를 이루었다. 실제 1964년 박정희 정권의 수출 목표는 1억 달러로 책정했지만, 실제 달성한 수출액은 1억 1,900만 달러였다. 이 수출액 1억 달러 돌파를 기념하여 '수출의 날'이 제정되었다. 국가적으로 수출과 국가경제력의 상승은 그것 자체가 애국이라는 정책을 펼쳤고 실제로 수출을 위한 표어를 모집하거나 글짓기, 웅변대회를 열기도 했다. 60년대는 대한민국이라는 국가가 국가의 경제개발을 위한 하나의 통합된 집단이었다고 봐도 무방했다.

이 60년대에 경제개발과 국방력 강화의 중요한 전환점이 되는 사건이 있었다. 바로 베트남 파병이었다. 베트남전은 1950년대부터 1960년 초반에 이미 이루어지고 있었지만, 이때는 전선이 크게 확대되지 않은 내부적인 국지전 양상의 전투가 벌어지고 있었다. 그러나 1964년 8월 '통킹만 사건'°으로 미국이 참전함으로써 이 전쟁은 국제전으로 번지게 되었다.

대한민국은 1964년 남베트남에 이동 외과병원과 태권도 교관 등 비전투 지원부대를 파견하였고 이후 비전투 부대 비둘기 부대를 파견하였다. 그러나 베트남전이 확대되자 1965년 6월 14일 자유월남 정부는 월남공화국 수상 '판 후이 콰트'의 이름으로 대한민국 국무총리에게 1개 전투사단 파병을 정식으로 요청했다. 온 나라가 직접적인 전투부대 파병에 대해 찬반양론이 일어났고 박정희는 이후 주월한국군 사령관이 되는 지휘관 채명신°을 비롯해 여러 정치인, 군 인사들과의 대담을 통해 파병을 결정했다. 야당은 물론 파병을 거부했고 야당이 불참한 가운데 파병 동의안이 국회에서 통과되었다.

° 1964년 통킹만 해상에서 북베트남 해군이 미국 함을 공격하여 벌어진 사건. 이 사건으로 미국이 베트남전에 참전했으나 미국이 의도적으로 조작했다는 의혹을 받는 사건이다.

1965년 10월 베트남으로 파병되는 맹호부대 장병들을 환송하는 주월한국군 사령관 채명신 장군(좌측)

　월남 파병부대는 해병 청룡여단과 육군 맹호사단으로 구성되었고 이들은 대대적인 환송대회에서 환호를 받고 월남으로 떠났다. 박정희는 전투부대 파병을 1960년대 초부터 생각했지만, 당연히 자국의 피 같은 젊은이들을 전쟁터로 보내는 게 쉽지만은 않은 일이었다. 당장 야당의 반발이 당연한 듯 일어났고 호시탐탐 노려보고 있는 북한이라는 변수도 걱정하지 않을 수 없었다. 그러나 전황이 다급해진 미국은 한국군의 파병을 요청했고 주한미군의 미 2사단과 7사단을 베트남으로 파병할 수 있다고 엄포를 놓았다. 박정희의 계산에서는 그렇게 되었을 시 북한군을 제압하는 것은 힘들다는 결론이 나왔다.

　파병을 진행하며 1966년 3월 미국은 '브라운 각서'를 통해 차관을 제공하고 한국군의 장비를 현대화 하는 등의 16개항이 담긴 조건을 제시했다. 이것은 대한민국의 발전에 아주 중요한 사건이었다. 대한민국은 앞서 자유 우방국들이 도와주

◦ 대한민고 헌대사의 명장으로 6.25전쟁에서 유격대를 이끌며 활약했고 월남전에서 주월한국군 사령관을 역임하며 세계 전사에서도 인정받는 군인이다.

었기 때문에 자유의 가치를 가진 나라를 지켜 낼 수 있었다. 베트남은 당시의 우리와 같이 남, 북으로 갈라져 있었고 자유 진영과 공산 진영이 서로 자신의 가치관으로 통일을 하고자 동족상잔의 싸움을 하는 실정이었다. 박정희 정권의 파병은 분명 6.25전쟁 UN군의 주력이었던 미국에 대해 보답을 하는 동시에 자유월남을 공산 세력으로부터 수호한다는 국민적 대의명분이 있었다. 파병에 앞서 야당과 재야인사들이 반대를 표명했지만, 국민적 저항은 크지 않았다. 전쟁이란 그런 것이다. 북한에 대해 동포, 형제라는 생각을 하고 있던 사람들도 서로 죽고 죽이는 전쟁을 겪고 국가적으로 반공 의식을 고취하면서 공산주의에 대한 저항감과 증오가 자리잡혀 있었다.

　베트남 파병으로 젊은이들의 죽음을 우려하는 목소리는 있어도 파병 그 자체를 반대하는 여론은 거의 일어나지 않았다.

　파병 직전 전국민적 열기를 불러일으킨 인물이 있었다. 바로 맹호의 자랑이며 살신성인(殺身成仁)의 표본인 진정한 장교의 귀감, 강재구 소령이다. 당시 대위였던 그는 소속 파병부대의 훈련 중 한 이등병 훈련병이 실수로 중대원 근처로 잘못 던진 수류탄을 중대원들이 다치지 않도록 온몸으로 덮쳐 장렬하게 순직했다. 이것은 부하들을 지키기 위해서 자신의 몸을 죽여 인을 이룬다는 살신성인의 자세를 실천한 진정한 군인의 표상을 보여준 사건이었다. 강재구 대위는 박정희의 명령으로 1계급 특진하여 소령으로 추서되었고 그의 장렬한 죽음은 파병부대에 대한 전국적인 열풍을 일으켰다.

　이후 최고의 무공훈장인 '태극무공훈장'도 추서되었으며 이미 '사단장'으로 장례를 치렀지만, 대통령 특별지시로 다시 '육군장'으로 장례를 치렀다. 위관급 장교의 육군장은 군 역사상 처음 있는 일이었고 실제 전투에서 전사한 것이 아닌 순직자가 태극무공훈장을 받은 일도 처음 있는 일이었다. 그의 죽음으로 전투부대 파병에 대한 여론은 높아졌고 이 무렵에는 어떤 유행가보다도 군가 〈맹호들은 간다〉가 유행했을 정도로 국민적 관심이 고조되던 시기였다.

부하를 살리기 위해 몸을 던져 순직한 강재구 소령

맹호부대에는 그의 이름을 딴 '재구대대'가 탄생했고 아직도 현 '수도기계화보병사단(맹호부대)'에 제구 대대가 남아 있으며 모범적이고 헌신적인 중대장에게 수여하는 '재구상'을 군에서 수여하고 있다. 여담으로 그는 전두환 정권의 실세인 장세동과 동기로 육사 16기였다.

6.25의 명장이고 박정희의 총애를 받았던 채명신은 주월한국군 사령관 겸 맹호사단장에 내정되었고 본격적인 파병을 준비했다. 문제는 한국군에 대한 작전지휘권이었다.

채명신은 파병을 준비하면서 파월 한국군이 미군 사령관 휘하의 예속부대로 되어 있는 기구도를 보고 이의를 제기했다.

박정희는 미국 브라운 대사에게 한국 내부와 마찬가지로 파병병력을 미군 사령관의 작전 지휘하에 두는 것을 당연하게 말해버렸기 때문에 미군 고위 지휘부는 당연히 파병되는 국군의 지휘권을 자신들이 가지는 것으로 생각하고 있었다.

사실 파병을 반대하는 입장이었던 사람들의 가장 큰 논지는 이 전쟁은 단지 미국의 전쟁 용병일 뿐이라는 비난이었다.

그러나 대한민국의 대의명분은 우리 국군은 미국을 위해서 파병하는 것이 아니라 자유월남을 위해서 파병하는 것이고 우리와 같은 처지에 있는 자유월남을 도와야 한다는 것이었다.

채명신은 대한민국 내부에서는 방위를 미국에 의지하고 있던 현실이기에 미군의 작전 통제를 받지만, 월남에서는 미군에 예속될 이유가 없다고 판단했다. 채명신은 먼저 박정희를 만나 담판을 지었다.

> 채명신: 각하, 이 파병은 월남공화국 요청에 의해 대한민국 국군이 파병되는 형식 아니겠습니까?
> 박정희: 그렇지. 그런데 그게 뭐?
> 채명신: 주권국가의 군대가 파병되는데 왜 미군의 지휘를 받습니까? 야당을 비롯한 반대론자들의 목소리를 듣지 못하셨습니까? 모두가 청부 전쟁이니 용병이니 하는 소리를 떠들고 있지 않습니까? 우리가 어째서 돈 받고 싸우는 용병이라는 누명을 써야 하겠습니까? 브라운 대사에겐 독자지휘권을 갖되 상호 긴밀한 협조체제를 유지하면 잘 될 것이라 말씀해주시면 됩니다. 나머지는 저에게 맡겨주십시오.

채명신은 대놓고 따졌고 박정희는 채명신이 우려하는 바를 받아들여 독자 작전지휘권을 생각하게 됐다.

채명신은 미군지휘부 장성들과 만났고 이곳에서 한국군이 독자 작전권을 갖지 못한다면 청부 전쟁을 운운하는 공산주의자의 선동에 그대로 이용될 것이고 그들의 모략을 사실로 입증하는 자료로 쓰이게 될 것이며 자유월남을 공산 침략으로

부터 구출한다는 명분을 손상해서는 안 된다고 주장했다.

그의 연설은 미군지휘부에 감동을 줬고 국군 파병부대의 지휘권 문제를 일단락시키는 데 성공했다. 이 사건은 정말로 중요한 의미가 있다.

채명신과 박정희는 한국군이 단순한 용병이 아님을 정리했고 자유월남을 공산세력으로부터 수호한다는 명분을 지켜냈다는 커다란 의미가 있다. 실제로 독자적인 작전권으로 전투에 임한 파병 전투부대인 맹호와 백마, 청룡여단은 월남전 내내 엄청난 활약을 했다. 미 사관학교에서도 교육하는 한국군의 중대 전술기지 개념이 미국의 파이어 베이스 전법에 영향을 주기도 했고 맹호의 두코 전투, 해병대의 짜빈동 전투, 맹호와 백마의 연계 작전 '오작교 작전' 같이 성공적인 작전으로 미군 지휘관들의 극찬을 받았다. 오늘날 수많은 자국민이 베트남전을 단순한 베트남의 내전에 돈 받고 들어가 싸운 용병이라는 비난을 하고 그 과정에서 죄 없는 베트남의 양민을 학살했다고 말하며 참전용사들을 비하하고 있는 가슴 아픈 현실이 분명 존재한다.

그러나 베트남전은 자유 진영을 돕는 명분 외에도 포기할 수 없는 요소들이 있었다. 앞서 말했듯 미 2개 사단이 빠져나가는 것은 대한민국의 안보와도 직접적인 관련성이 있었다. 참전의 대가로 현대적인 무기와 차관, 군인의 월급 등으로 외화가 쏟아져 들어왔던 것도 틀림없는 사실이다. 금전적인 목적도 분명히 있었다는 이야기다. 그러나 이것이 어떻게 비난받을 수 있겠는가? 아무런 이득도 없이 타국의 전쟁에 자국의 피 같은 젊은이들을 보내는 국가가 어디에 있겠는가? 중요한 것은 대한민국의 파병이 국제법을 준수하고 명확한 절차를 거쳐 이루어졌다는 것이다. 또한, 파병 그 자체가 대한민국의 안보와 경제에도 직접적인 영향이 있었다는 것이다.

필자는 베트남전의 국군을 비하하고 비난하는 많은 이들에게 반박하는 영상을 만들어 150만이 넘는 조회 수를 기록한 〈베트남 전쟁-한국군이 왜 살인마 집단인가?〉 편과 〈영원한 월남 사령관-채명신〉 편이 유튜브 '역TV'에 올라와 있으니 이 책을 읽는 독자분들이 꼭 베트남전의 진실과 참전용사들의 헌신과 희생에 대해

주월 한국군 사령부 채명신 사령이 내건 지침. "한국군은 백명의 베트콩을 놓치는 한이 있더라도 한명의 양민을 보호한다."

한 번만 생각해주셨으면 좋겠다.

베트남 파병이 가져다준 경제적 부분을 보자면 우선 파월 장병들의 월급으로 인해 외환 수입이 많이 늘어났다.

1966년부터 1970년까지 파병으로 인한 외환 수입은 무려 6억 2,000만 달러에 달하고 이는 박정희가 추진했던 2차 경제개발 5개년 계획에 중요한 자본이었다.

베트남 특수는 각 기업에도 큰 영향을 끼쳤고 외국의 차관 및 투자가 증대되었으며 국내 기업의 베트남 진출에 따른 국내 경기 활성화와 아울러 국내 기업의 해외 진출 경험 등의 국가적 재산을 얻는 계기가 되었다.

그러나 분명하게 기억해야 하는 것은 60년대 초의 경제발전은 노동자들의 피와 땀으로 이뤄낸 것이었다면 베트남전의 특수는 엄연히 우리 대한민국 젊은이들이 치른 고귀한 희생의 대가였다는 것이다.

8년이 넘는 시간 동안 32만 명의 장병들이 파병되었고 5,000명의 전사자 있었다. 박정희 정권의 경제발전에는 노동자들이 현장에서 흘린 땀만이 아니라 젊은 이들이 전장에서 흘린 피 역시 있었다. 또한, 베트남전으로 대한민국의 반공정신은 더더욱 강화되었고 베트남전 한국군의 활약과 그들이 집으로 송금해 주는 돈은 박정희 정권의 집권을 더더욱 견고하게 만드는 효과를 낳았다.

군사적인 무장이 급격하게 현대화되었다는 것도 굉장히 중요하다. 지금도 우리에게 익숙한 총기, 당시로써는 최신 병기였던 M16 소총이 한국군에 보급되었다. 예비군 훈련에 참여해 본 적이 있는 20~30대에게는 익숙한 무기일 것이다. 오랜 기간 대한민국 공군의 주력기로 활약한 최신 전투기 F-4 팬텀°도 들어왔다. 국방력이 대대적으로 강화된 시기가 바로 베트남전 파병 이후였다.

필자는 조국을 위해 헌신한 베트남전의 참전용사들이 학살자, 용병이 아니라 지금의 전쟁을 겪지 않은 세대에게 분명히 더 나은 대한민국을 선물한 시대의 역군들이었다고 생각한다.

우리가 누리는 많은 것들이 그들의 희생과 헌신으로 이루어졌다는 것을 잊어서는 안 될 것이다.

반복되는 역사 3선개헌

베트남전의 과정에서 1967년 5월 3일, 직접선거에 의한 제6대 대통령 선거가 있었다. 박정희는 한일회담과 베트남 파병, 경제개발이 상당한 성과를 보인 시점에서 붙은 승부였다.

가장 강력한 상대는 이번에도 신민당의 윤보선 후보였다. 박정희는 지속해서 경제개발이 이루어져야 하고 경제건설이 이어져야 한다는 구호를 내세우며 나섰고 윤보선은 급격한 경제개발의 불균형으로 인한 빈부 격차와 정치의 타락을 공격했다. 박정희는 568만 8.666표(51.5%)를 득표했고 윤보선은 452만 6,541표

° 월남파병의 대가로 도입되어 오랜 시간 동안 대한민국 공군의 주력기로 활약한 전투기. 당시 세계 최강급 성능의 제트전투기였으나.

(41%)를 득표해 무난한 격차로 박정희는 재집권에 성공했다.

문제는 6월 8일에 있었던 총선이었다. 박정희의 공화당은 다음 집권을 의식하지 않을 수 없었다. 3선 개헌을 위해서는 공화당이 개헌을 위해 최대한 많은 의석을 확보할 필요가 있었다. 다음번에도 박정희가 집권할 법적인 근거를 만들어야만 했다.

공화당은 모든 자금을 풀고 유령 투표권자를 만들어내는가 하면 농촌에서는 '막걸리와 고무신' 선거라고 불릴 정도로 금품과 물품을 뿌리며 어떻게든 표심을 잡으려 안간힘을 썼다. 이는 명백한 선거법 위반 행위였고 부정선거를 한 정황이 너무 명백하다 보니 다시 대학가를 중심으로 6.8 부정선거 규탄 시위가 일어났다. 대규모로 들고 일어난 시위에 박정희는 서울 21개교에 휴교령을 내렸고 6월 중순에는 전국의 대학과 고등학교에 휴교령을 내렸다. 6.8총선의 결과 자체를 부정하고 다시 투표하자는 전국적인 여론이 등장했다.

공화당이 차지한 의석은 전체 175석 중 102석으로 73%가 넘는 의석을 차지했고 신민당은 이들로 하여금 개헌을 통해 박정희가 재집권할 것을 우려할 수밖에 없었다.

그러나 박정희의 어떠한 대항마가 없었다는 점도 개인적으로는 안타까운 일이다. 아직도 윤보선이라는 구시대적 정치인 말고는 표면에 나설 수 있는 인물이 야당에 없었다는 것은 황당한 일이다. 윤보선이라는 인물이 바로 5.16을 사실상 '혁명'으로 인정하고 박정희 정권을 열어준 사람이 아니던가.

그러나 부정선거는 분명히 있었고 1960년대 중후반은 박정희의 국민적 지지에 대한 균열이 조금씩 생겨나고 있는 시점이었다. 그러나 박정희는 야당과 일부 국민의 우려를 잠재웠다. 1967년 선거 당시 "3선 개헌은 절대 하지 않겠습니다"라고 분명하게 선언했기 때문이다.

그러나 정치인의 말 바꾸기는 기본적인 자세이다. 실제로 국민의 의식과 민심은 꼭 표면적으로 보이는 특정 사건이 선거의 결과로 나타나지는 않는다. 예를 들면 대한민국은 1950년대 초 6.25 전쟁 중에도 대선을 치른 바가 있다.

이승만은 전쟁 초기의 책임과 수많은 비난을 피할 수 없었지만, 대다수의 국민여론은 국가가 이렇게 위급한 상황에서 집권자가 바뀌는 것은 오히려 혼란을 가져올 것으로 생각하는 사람이 많았다. 이승만이 위대하고 잘하고 있어서 다시 당선된 게 아니라는 뜻이다.

박정희도 이와 비슷했다. 많은 국민이 3선 개헌에 당연히 표면적으로 찬성하지 않았다. 대체로 부정적인 태도를 취했다. 그러나 다수의 국민은 경제개발의 중요성과 일부 성과에 대한 박정희의 공적 부분을 인정하고 있었다.

즉 박정희가 계속 집권해야 경제개발이 중단되지 않고 지속해서 추진되지 않겠느냐는 생각을 하는 이들도 상당수 있었다는 것이다. 이미 준비는 모두 끝낸 상태였다. 개헌에 필요한 의석을 확보했고 실행만을 남겨두고 있었다. 문제는 3선 개헌을 공화당 내부에서도 반대하는 세력이 있다는 것이다. 다른 사람도 아니고 박정희의 형 박상희의 딸과 결혼해 박정희의 가족이며 분신이라 할 수 있는 김종필이 반대입장을 밝힌 것이다.

3선 개헌을 찬성하는 친 박정희파 의원들은 공화당 내부 인사 일부를 제명하고 친 김종필 계열의 국민복지회 의원을 제거했다. 1969년 8월 7일 3선 개헌안이 국회에 제출되었고 본회의에 회부되었다. 야당 의원들은 국회 본회의장을 점령하고 어떻게든 개헌안을 막으려 했지만, 공화당은 국회 별관에서 개헌안을 발의하고 25분 만에 통과되었다. 이른바 '3선 개헌 날치기 통과 사건'이다. 이효상 의장은 개헌안을 통과시키기 위한 의사봉이 없다는 것을 알고 주전자 뚜껑을 벗겨 들더니 세 번 두드려 통과시킨 대한민국 역사에 남을 웃지 못할 사건이 벌어지기도 했다.

통과된 개헌안은 이제 국민투표만을 남겨두고 있었다. 1969년 10월 17일에 실시된 개헌안 국민투표는 유권자 1,160만 4,038명 가운데 755만 3,655명이 찬성했고 363만 6,396명이 반대했다. 찬성률 65.1%로 박정희는 장기집권을 위한 문을 열었다.

　개헌을 위해 국민 여론을 잡는 과정이 순탄치만은 않았다. 그러나 국민은 한 번만 더 박정희를 믿어 보는 쪽으로 기울었다. 앞서 다시 집권하지 않을 것이라 말했던 박정희는 이를 뒤집고 3선 개헌을 시행했다.

　이후 1971년 박정희는 3번째 집권에 나섰다. 이번에는 새로운 바람을 일으킨 후보 김대중이 맞상대였다.

　김대중은 예비군 폐지와 교련 폐지 등의 공약으로 젊은 층을 사로잡으며 만만찮은 인기를 끌었던 후보였고 젊은 정치인의 패기로 40대 기수론의 세대교체 바람을 일으키고 있는 정치인이었다. 박정희는 집권을 위해 국민에게 정면으로 호소하는 카드를 꺼냈다.

　　"이번이 정말 마지막 출마입니다. 다시는 여러분들에게 표를 달라고
　　하지 않겠습니다."

　박정희는 눈물까지 흘리며 한국인 특유의 감성적인 정서를 건드리는 전략을 사용했고 마지막으로 한 번만 자신을 도와 달라고 부탁했다.

　상남자 박정희는 이 약속을 지켰다. 그는 다음 선거부터 유신으로 아예 국민의 선거권 자체를 없애버림으로써 남자답게 다시는 국민의 표를 요구하지 않겠다는 약속을 지켰다. 정치인은 이렇게 자신의 말에 책임을 져야 한다. 필자가 박정희를 비꼰다고 느낀다면 그렇다. 비꼬는 것이다.

　박정희는 경상북도에서 압도적인 지지를 받아 634만 2,828표를 획득하여 539만 5,900표를 획득한 김대중 후보를 누르고 당선되었다. 어쨌든 이 시점까지 분명 박정희는 국민의 지지와 경제개발의 성과를 인정받는 시점이었다. 그러나 6대 대선보다 상당히 표차는 줄어들었고 김대중 같은 젊은 정치인이 받은 고득표는 나름대로 큰 의미가 있었다.

71년 대선 김대중 후보의 포스터. 젊은 정치인 김대중이 의외의 고득표를 기록함으로써 박정희는 이후 정권에 대한 불안감을 느끼게 되었다.

71년 대선에서는 대한민국 정치계의 고질적인 문제인 지역주의적 성향이 대두되었다.

김대중은 "10년 세도 썩은 정치, 못 살겠다. 갈아 보자"라는 구호를 내걸었고 전주 유세 중 박정희가 종신 총통제를 획책하고 있다며 폭로했다. 영남에서는 "신라 임금을 뽑자"라는 말이 나왔고 김대중이 대통령이 되면 영남 출신 공무원들의 모가지가 날아갈 것이라는 유언비어가 떠돌았다. 호남, 영남이 서로 결집하는 결과를 낳았고 현시점 지역감정의 시초라 볼 수 있는 현상이었다.

반공정신이 지배하는 시대

박정희 정권은 18년 내내 모든 권력이 한 사람에게 집중된 시대였다. 그러나 어떤 의미로는 박정희라는 개인이 지배하는 시대가 아닌 '반공'이라는 가치관이 대한민국을 지배하는 시대였다고 볼 수도 있다. 반공정신은 강력한 국가적인 결속력을 만들었고 정권을 유지하면서 가장 중요한 요소였기 때문이다. 이런 상황에서 대한민국은 베트남전에 참전하며 남북관계는 점점 더 복잡해졌고 이런 와중 결정적인 사건이 터졌다. 1968년 1월 21일 북한 124부대 소속의 무장공비 31명이 청와대 코앞까지 습격해 들어온 1.21 사태였다.

이 사건은 서울 한복판에서 터진 사건이었고 김신조와 미확인자 1명을 제외한 29명의 공비를 사살했지만, 민간인을 포함해 30명이 사망하고 52명이 부상을 입었다. 사로잡힌 김신조는 방송 인터뷰에서 "박정희 모가지 따러 왔수다"라고 말해 많은 국민들을 놀라게 했다. 이 사건은 단순한 북한의 대남 공작작전의 실패로 끝나지 않았다. 왜냐하면 이 사건은 대한민국 사회 전반에 엄청난 변화를 주었기 때문이다. 남북 관계는 극도로 얼어붙었고 '육군3사관학교'가 창설되었으며 필자도 6년 동안 고통받았던 '향토 예비군'이 이때 창설되었다. 새로운 장교양성기관 3사관학교와 예비군이 창설된 것은 엄청난 변혁이다. 대한민국은 체계화된 몇 백만 단위의 예비군을 운영하였고 지금까지 이어져 내려오고 있다.

예비군이라는 초거대 조직이 생김으로써 예비군 지휘관이 생겨났고 예비병력을 관리하는 현역 보직도 생겨났고 육사, ROTC(학군단)와 함께 군의 주류를 이루는 장교양성기관이 탄생했다. 그야말로 창조경제가 아닌가? 게다가 현역 장병들이 가장 기피하는 유격 훈련도 이 사건을 계기로 생겼고 이 사건의 여파로 당시 군 복무기간이 축소되던 시점에서 복무 기간이 육군과 해병대 기준 6개월(30→36개월), 해군 공군은 3개월(36→39개월)씩 연장됐다. 얼마 남지 않은 전역 날짜만 기다리고 있다가 기간연장 소식을 들은 말년 병장들은 아마 살아남은 공비 김신조를 자신이 죽이고 싶었을 것이다. 당시 복무기간이 연장된 국군 병장들이야말로 대한민국에서 가장 투철한 반공정신을 갑자기 가지게 된 사람들이 아니었을까 하는 개인적인 추측을 해본다. 1.21사태는 영화 〈실미도〉로 유명한 684부대를 탄생시키기도 했다. 김신조가 박정희의 모가지를 따러 왔다고 말했듯 684부대는

체포된 1.21 사태의 무장공비 김신조. 이 사건은 대한민국 사회에 큰 파장과 변화를 가져왔다.

김일성의 모가지를 따기 위해 만들어진 부대였다. 이들은 당시 반공 정책의 희생양으로 박정희의 복수를 위해 만들어진 특수부대였지만 비인간적인 훈련과 보안을 강요받았고 1970년대 초반 남북이 대화의 분위기로 흘러가자 국가는 이들을 버리고 684부대를 제거하여 어둠 속으로 묻고자 했다. 그들은 쌓여있던 불만으로 자신들을 통제하던 간부들과 기간병들을 죽이고 부대를 탈출하여 버스를 빼앗아 서울로 올라왔지만, 지금의 서울 동작구 대방동에서 저지당하며 자폭했다. 684부대는 목적만 정반대일 뿐 김일성을 제거하기 위해 김신조 부대를 본뜬 부대였고 철저하게 은폐되었다가 2000년대 들어 그 진상이 드러난 사건이다. 1.21사태로 인해 우리가 모두 가지고 있는 주민등록증이 탄생했다. 이것으로 불온분자와 남파간첩을 색출한다는 명분을 내세우기도 했다. 이렇듯 단 하나의 사건이 대한민국 사회 전체에 얼마나 많은 변화를 주었는지를 많은 사례에서 알 수 있다.

1968년 10월 30일에는 울진, 삼척으로 120명의 무장공비가 침투하여 12월 28일까지 무려 두 달간 게릴라전을 벌임으로써 113명을 사살하고 7명을 생포한 사건도 있었다. 우리 측도 민간인을 포함하여 40명 이상이 사망하고 30명 이상이 부상당했다. 이 과정에서 이른바 '이승복 사건'이 발생했다.

　울진, 삼척에 투입됐던 무장공비 5명이 강원도 평창군의 시골 마을에 침투해 아직 10살이던 어린 이승복과 어머니, 남동생, 여동생을 살해하고 그의 아버지와 형에게 중상을 입힌 사건이다. 〈조선일보〉는 이 사건을 보도했고 이승복 형의 증언을 바탕으로 공비가 가족들에게 공산당에 대한 선전을 시작하자 동생이 "나는 공산당이 싫어요"라고 말했고 분노한 공비들이 이승복의 입을 찢고 그의 가족들과 함께 몰살시켰다는 보도였다. 이 비극은 대대적으로 북괴의 잔혹함을 알리고 반공정신을 고취하는 목적으로 선전되었으며 이승복 사건은 교과서에 실리는가 하면 당시 국민학교마다 이승복의 동상이 세워졌다. 이승복은 반공 정권의 상징이 되었고 아직도 이승복이라는 이름은 몰라도 "나는 공산당이 싫어요"라는 대사를 많은 국민이 기억하고 있다. 시간이 지나 이승복이 공산당이 싫다고 했던 발언이 사실인지에 대해 의문을 품고 조작설을 제기하는 사람도 있었다. 당시 반공정신을 고취하기 위해 이승복 일가의 비극을 이용한 것이라고 주장하였다.

　그러나 일단 이승복 일가가 공비에 의해 처참한 죽음을 맞이한 것은 틀림없는 사실이고 박정희 정권이 이를 대대적으로 선전하며 반공정신을 고취하고 어린 학생들의 교육에 사용한 것도 사실이다.

　1969년에는 '피카소 크레파스', '피카소 물감' 등의 이름으로 상표등록을 하고 제품을 생산한 회사의 대표가 반공법위반혐의로 입건된 사건도 있었다. 피카소의 이름을 붙여 제품을 만들었기 때문이다. 파블로 피카소는 두말할 필요가 없는 20세기 미술계의 천재로 미국 〈TIME〉 잡지에서 선정한 20세기 가장 영향력 있는 인물 100인에 뽑혔던 인물이다. 그러나 이 회사의 대표는 피카소가 미술계에서 인정받는 위대한 화가라는 것만 알았지 그가 공산당 활동을 했었다는 사실은 몰랐던 듯하다. 그리고 피카소의 작품 중 6·25전쟁 당시의 학살을 모티브로 한 작품도 있었다. 지금 같으면 상상도 할 수 없는 일이지만 반공이 지배하는 이 시대에는 그랬다. 입건된 기업의 대표는 이 사건으로 직접 구속되거나 법적 처벌을 받지는 않고 훈방 조치되었지만, 자사의 상품에서 피카소라는 이름을 빼야 했다. 도대체 피카소의 이름이 적힌 크레파스와 물감을 사용한다고 해서 어떻게 공산주의를 찬양하고 국가에 해악이 된다고 할 수 있을까? 그렇다면 변을 닦는 휴지의 제품명을 '김일성 휴지'로 하고 휴지 한 칸마다 김일성의 그림을 넣어 "김일성으로 변을 닦으세요"라고 광고하며 팔았다면 이건 오히려 박정희 정권에서 표창을 받았을지도 모르는 일이다. 피카소라는 인물을 예술적으로 찬양해도 법으로 걸릴 수 있었던 시대, 국가가 이것은 위험하다고 마음대로 판단하면 그것을 금해야 하는 시대, 이것이 바로 반공의 시대인 것이다.

한강의 기적

한일회담과 베트남 파병으로 인해 얻은 자금으로 심혈을 기울인 경제개발은 분명하게 성과가 나오고 있었다.

1967~1971년 2차 경제개발 5개년 계획 기간 연평균 GNP 성장률은 9.5%로 10%에 육박했고 1차 경제개발 기간과는 다르게 제조업이 급격하게 성장했다. 이미 1964년 수출 1억 달러 달성을 기념하여 '수출의 날'이 제정되었지만 1970년 불과 6년 만에 박정희 정권은 수출 10억 달러를 달성했다.

1967년 5월에는 보유 외환이 3억 달러를 돌파했고 1960년대 후반에는 본격적인 TV 시대가 열렸다.

1970년 7월 7일에는 '단군 이래 최대의 토목공사'라고 불리는 경부고속도로 개통식이 있었다. 박정희는 "이 공사는 민족의 피와 땀과 의지의 결정이며 민족적인 대예술작품"이라 평했고 실제로 경부고속도로는 대한민국 경제에 거대한 변화를 몰고 왔다. 70년대로 들어오면서 경제가 급성장해 자동차 보유 대수가 크게 늘어났다. 경부고속도로로 인해 지역 간의 이동이 원활해져 전국이 국민의 일일생활권으로 들어오게 되었다. 경부고속도로는 경제발전의 중요 도시였던 서울과 부산까지의 소요 시간을 단축했고 산업화 시대의 필수적 요소인 원활한 물류 수송을 가능하게 했다. 경부고속도로는 막 경제를 일으키기 시작한 나라에서 만들어낸 개발의 상징물이며 경제발전의 기틀을 마련한 역사적인 업적이다.

물론 건설과정에서 무리하게 시일을 앞당기려다 많은 인부가 사망했고 보수비용이 건설비용보다 몇 배가 나오는 등 많은 문제점이 지적되고 있지만, 긍정적인 요소들이 많은 것은 사실이다. 박정희는 미국과의 관계를 돈독히 하면서 수많은 원조를 받아냈다. 베트남전에 참전한 것도 그러한 정책의 일환이었다. 박정희는 2차 경제개발 5개년 계획 중 기초산업의 중요성을 인식했고 철강 산업에 주력했다. 그러나 종합제철소를 짓는 일은 어마어마한 자금이 필요했다.

그러나 산업화의 달성을 위해서는 철강의 자체 생산은 반드시 필요한 일이었다. 박정희는 많은 국내외적 반대에도 강력하게 밀어붙였으며 일본에서 받은 돈을 쏟아부어 POSCO(포항제철)가 만들어졌다. 포스코는 말하자면 한일협정으로 받은 대일 청구권 자금으로 만들어진 회사다. 포스코는 대한민국의 경제성장과 자립적인 제조업에 가장 큰 영향을 준 회사였고 경제발전의 상징과도 같은 기업이다.

여기서 우리는 박정희 정권의 모순을 볼 수 있다.

신화와 같은 기업이지만 이 기업을 갖추는 데 운용된 비용, 즉 대일 청구권 자금이 실제 일본군 위안부 피해자나 강제 징용으로 인한 피해자들에게 쓰이지 못했고 포스코가 대성공한 뒤에도 그 자금이 돌아와 일제강점기 피해자들에게 지급된 것은 아니었다. 포스코는 세계에 자랑할 만한 성공사례지만 산업화의 이면에는 또 다른 이들의 피와 눈물이 있었다는 것을 볼 수 있으며 이런 일이 박정희 정권 전반에 걸쳐 존재했다.

박정희는 유신을 선포한 직후 "1981년에는 국민소득 1,000달러와 수출 100억 달러를 달성하겠다"라고 목표를 정했다.

박정희는 유신부터 중화학공업을 집중적으로 발전시키겠다고 공언했다. 그는 철강, 조선, 기계, 전자 등 주요 전략산업을 선정하고 중화학공업 추진위원회를 만들었다.

앞서 1972년 3월에 현대조선소 기공식이 있었고 조선 사업은 대한민국 주요 산업 중 하나가 된다. 1972년 10월에는 울산 석유화학단지가 건설되었다. 이 70년대는 포항제철을 중심으로 중화학 공업이 집중적으로 육성됐다. 이것이 3차 경제개발 5개년 계획(1972~1976)이다. 박정희는 이 기간에 연평균 10%를 넘는 성장률을 기록했고 제조업은 크게 성장했다.

유신 이후 울산, 구미, 포항 등에 특화된 공업단지를 조성한 것은 박정희의 업적이라 할 수 있는 대한민국 산업의 핵심이었다. 70년대의 경제개발은 경공업에서 중화학 공업화로 성공적으로 전환된 세계 경제의 모범 사례였다. 또 경공업과 자재 수출은 큰 위험을 지지 않아도 되지만 중화학공업은 엄청난 투자가 필요하고 성과를 내지 못했을 시 큰 리스크가 있었다.

그러나 박정희는 많은 반대와 미국이 제시한 경제정책과 노선을 달리하여 중화학 공업화를 밀어붙였다.

중화학 공업화의 성공은 그가 목표로 제시했던 1981년 100억 달러 수출 달성을 1977년에 달성한 것으로 확인할 수 있다.

GNP(국민총생산) 역시 1977년에 1,000달러를 넘겨 박정희는 약속했던 목표를 모두 달성했다.

이 70년대는 정치적으로 수많은 문제가 있었지만, 경제적으로는 눈부신 고속 성장이 있었던 시기였다. 현대 건설은 중동 특수를 누려 바레인, 사우디아라비아 등에서 건설 수주를 받아 큰 성장을 했고 국가적인 정책으로 지원까지 받았다.

개인적으로는 이 당시 필자의 아버지도 사우디아라비아에 파견 기술자로 근무하기도 했다. 중동 건설을 통해 외화 수입이 크게 증가하였고 한국경제는 여유를 갖게 되었다.

국가는 60년대와 마찬가지로 수출기업에 큰 혜택을 주었고 70년대 말에는 국가 성장의 이면에 대기업 중심으로 경제가 발전하는 문제가 발생했다. 현대와 같은 기업은 국가적인 지원과 중동 특수까지 누리며 이미 하위 기업과는 비교도 할 수 없는 성장을 이루었다. 중화학 공업이나 해외 건설사업 같은 분야는 70년대 중후반부터 80년대까지 대한민국의 성장에 중요한 요소였지만 이런 산업은 대규모의 자본이 필요하기에 애당초 참여할 수 있는 기업의 숫자가 적을 수밖에 없었다.

즉 중화학공업에서 국가의 혜택을 전폭적으로 받을 수 있는 기업은 극히 소수의 기업이고 절대 권력이 살아 숨 쉬는 정권의 특성상 대기업과 정권의 정치가들은 서로 유착할 수밖에 없었다. 그러면서 중화학 공업은 대기업을 중심으로 성장할 수밖에 없었던 것이다. 상위 몇 개의 대기업은 큰 격차를 벌리며 지금까지도 이어지는 '재벌문화'를 만들었다.

박정희 정권을 상징하는 것 중 앞선 세대들에게 가장 친숙하고 유명한 것은 '새마을운동'이다. 1970년 박정희는 새마을운동을 국가적 사업으로 언급하고 전국 각지에 시멘트를 무상 지급하면서 마을을 보수하고 환경개선을 하도록 지시했다.

새마을운동은 농촌의 민심을 잡고 산업화의 부작용을 완화하기 위해 시행한 정책이었다. 국가적인 자본을 투자하여 급격한 산업화로 인해 인력이 빠져나간 농촌에 활력을 불어넣고 '이중곡가제'를 도입해 농촌의 소득을 유지해 주고자 했다. 이중곡가제는 쌀을 비롯한 곡물을 국가가 적절한 가격에 구매한 뒤 싼값으로 소비자에게 공급하는 정책이었다. 이는 농촌의 생산성을 늘리고 농가의 소득을 증대시키기 위한 정책으로 농촌의 민심을 잡아 정권의 지지기반을 만들고자 했다.

어떻게 보면 산업화로 벌어들인 자본을 산업화에서 소외된 계층에 분배하는 정책으로 볼 수도 있다. 또한, 국가 정책으로 개발된 현대화한 도시와는 다르게 70년대의 지방 농촌은 낙후되어 있었고 농촌의 주민들 스스로 환경을 보수하고 지역개발에 뛰어들게 함으로써 일거양득의 효과를 낳았다. 오로지 산업화와 경제개

새마을 운동의 깃발. 새마을 운동은 농촌의 민심을 잡고 도시와 농촌의 불균형을 잡아보려는 정치적 목적이 있었다.

발만을 보면서 달려왔던 박정희 정권이지만 그로 인해 농촌의 지지기반과 경제가 붕괴할 것을 우려했고 그에 따른 보완정책이 바로 새마을운동이었다.

새마을운동은 국가적으로 노래와 표어를 만들고 대대적인 홍보와 방송프로그램까지 만들어 박정희 정권은 농촌의 지지를 확실하게 확보했다. 새마을운동은 산업화가 가져온 불균형을 해결하고자 한 국가적 정책으로 많은 개발도상국에서도 참고하는 성공한 전략적 정책이었다.

박정희는 정치적으로 철권 통치자였고 심심하면 탄압을 하고 군대를 동원해 계엄령을 선포하며 국민을 억압했지만 경제적으로는 분명히 자신이 약속했던 목표를 항상 달성했다.

정치적인 약속을 지키지 않았지만 새마을운동 같은 보완정책은 필자 개인적으로는 정말 놀랍다고 생각한다. 농촌의 환경개선과 정권에 대한 지지, 산업화로 인한 갈등과 불균형을 동시에 해결할 수 있는 정책이었기 때문이다. 60년대는 많은 개혁과 발전이 있었던 시기라 해도 기본적으로 국민이 가장 원하는 '먹고 사는 문제'가 해결된 시점이 아니었다. '보릿고개'라는 말이 일상적으로 통용되던 시기였다.

박정희는 식량 자급 문제를 해결하고자 지시를 내렸고 그렇게 만들어진 품종이 바로 '통일미'다. 이 통일미는 기존 품종보다 30% 이상 수확량이 높았고 한국인이 대대로 먹던 품종의 쌀과 달라 맛이 없다는 단점이 있었지만 대한민국의 쌀 자급자족에 커다란 영향을 주었다.

70년대 한강의 기적은 단순히 국가의 경제력이 성장한 것을 말하지 않는다. 박정희 정권은 그 특성상 어떤 집권자도 가질 수 없는 강력한 추진력을 가지고 있었고 힘으로 밀어붙일 수 있는 시스템을 갖추고 있었다. 따라서 모든 것은 국가의 주도하에 통합된 정책을 시행할 수 있었고 내부적으로도 완전하진 않지만, 의료보험, 산재보험 등의 복지정책이 시작되었고 사법고시, 행정고시를 비롯한 공무원 임용시험에 학력 제한을 철폐하는가 하면 전국적인 녹화사업을 추진하여 산업화로 인해 훼손된 산림을 되살렸다. 산림청을 만든 것도 바로 박정희다. 무분별한 녹지 개발을 막기 위해 그린벨트° 지정을 시행한 것도 바로 박정희 정권이다. 국세청을 설립해 세수를 정확하게 확보하고 재정 건전성을 확보한 일도 그의 업적이라 볼 수 있다.

이승만 정권이 대한민국의 근간적 토대를 만드는 데 그쳤다면 박정희 정권에서는 수많은 분야의 장치들이 정상 작동하기 시작했다. 물론 이것은 어떠한 정치적 걸림돌이 없었기 때문이기도 하다. 현행 5년 임기의 대통령은 국민 여론이나 언론, 야당의 목소리 등 수많은 문제를 신경 써야 하고 간단하게 생각해서 어떤 정책이 올바르고 길게 보아 대한민국의 미래에 꼭 필요한 일이라 생각할지라도 그 정책을 여론이나 야당, 혹은 자신의 집권당의 목소리를 거스르면서까지 시행하

° 개발제한구역이라고도 하며 법적으로 개발을 제한하여 자연을 보존하도록 만든 구역을 의미한다.

기는 어렵다. 시스템적으로 그렇다는 이야기다. 더군다나 임기 5년 중 1~2년 남은 시점이라면 더욱 훗날 도움이 될 만한 장기적인 정책을 만들어 놓기가 어렵다. 당연히 임기를 잘 마무리하고 단기간에 성과를 볼 수 있는 정책을 주로 쓸 수밖에 없다. 임기 중에 말실수를 하거나 국민 여론을 악화시키면 그 정당의 차기 주자에게도 큰 영향을 미치기 때문이다. 그러나 박정희는 집권 기간 내내 정치적인 라이벌이나 두려워해야 할 상대가 전혀 없었고 유신으로 사실상 제한 없는 임기를 보장받았다. 그 때문에 원하는 정책을 과감하게 밀고 나갈 수 있었고 실패를 두려워할 필요도 없었다. 어떠한 정책이 실패했거나 별다른 성과를 내지 못했다 해서 그를 끌어내리거나 대놓고 그를 비난할 수 있는 인물이나 장치가 전혀 없었기 때문이다. 박정희 정권에서 이뤄낸 것은 경제만이 아니다. 수많은 분야에서 발전을 이뤘다. 오늘날 그를 비난하는 세력과 그를 찬양하는 세력이 공존하는 것은 당연한 일이다. 찬양하는 이들은 그가 이뤄낸 결과에 초점을 맞추고 그를 비난하는 세력은 그 성과를 이뤄내는 과정의 문제점과 정당성을 비난하고 그것에 대한 반성과 사과가 없는 '양심'에 대해 문제를 제기하는 것이다. 두 가지는 명확한 정답이 있을 수 없다. 두 가지 모두 사실이고 일리가 있기 때문이다.

유신쿠데타. 단 한 사람을 위한 시대

71년 대선 바로 다음 해인 1972년 10월, 박정희는 '조국의 평화통일을 지향하는 헌법개정안' 즉 '유신헌법'을 공고했다.

전국에 비상계엄령을 내렸고 국회를 해산하고 야당 의원들을 감금한 뒤 11월 21일 국민투표를 하여 91.5%의 찬성으로 유신헌법을 통과시켰다. 이어 12월에 2,359명의 대의원으로 구성된 통일주체국민회의를 열고 단독 출마하여 99.99%의 표를 받아 다시 대통령으로 당선되었다. 불과 몇 달 만에 번갯불에 콩 구워 먹듯 진행된 사건이었다. 그는 자신이 눈물로 호소했던, 다시는 출마하지 않겠다는 국민과 한 약속을 1년 만에 저버렸다.

71년 대선에서 박정희는 큰 충격을 받았다. 고작 40대인 김대중에게 의외로 고전을 면치 못했고 4월 대선 이후 5.25 총선에서 여당이 113석을 차지했으나 야당인 신민당이 89석이나 차지하는 것을 보고 정권 차원에서 위협을 느꼈다.

유신헌법은 6.25전쟁 중 이승만이 직접선거로 바꿔놓은 대통령 선거제도를 간접선거로 다시 바꿔놓았다.

박정희 정권의 가장 강력한 공포의 권한인 긴급조치권과 국회해산권, 그리고 가장 문제인 국회의원 정원의 1/3과 법관의 임명권을 대통령에게 부여하여 박정희는 초헌법적 권력을 가지게 되었다. 특히 긴급조치는 헌법과 법률이 정하는 효력을 무시할 수 있는 무적의 권한이었다. 애당초 대통령은 국회를 해산할 권한 자체가 없다. 그러나 박정희는 계엄령을 선포하고 모든 정당의 정치 활동을 중지시켰으며 군대를 동원해 유신헌법을 통과시켰다.

대통령이 정식으로 국회의 해산권을 가지고 국회의원 1/3과 법관의 임명권을 갖는다는 것은 3권분립의 정신을 완전히 파괴하는 행위였다. 입법, 사법, 행정의 모든 권한을 장악하고 더 이상 국회는 대통령과 정권을 견제할 수 없다는 뜻이었다. 국회라는 기구는 완전히 대통령의 산하에 들어가는 기구가 된 것이고 대통령의 임기를 6년으로 연장함과 동시에 연임 제한을 철폐하여 종신 집권이 가능해진 것이다. 국민에 의한 직접적인 선거 역시 사라졌기 때문에 박정희는 그야말로 왕과 다를 바 없는 절대 권력자로 등극했다.

북한도 아니고 99.99%의 득표율로 대통령이 된다니 이것 자체가 있을 수 없는 일이었고 대한민국 최초의 '체육관 대통령'의 탄생이었다.

1973년 2월 27일에 9대 총선이 실시되었고 공화당 73석, 신민당 52석 등 총 146석의 지역구 국회의원과 유신헌법으로 인해 총 219석의 의석 중 1/3인 73명의 국회의원이 지명되었다. 이들이 바로 '유신정우회(유정회)'였다. 여당은 유정회의 의원까지 합쳐 제1야당인 신민당의 3배에 가까운 의석을 차지하는 시스템이 갖추어진 것이다. 즉 유정회가 존재하는 한 99%로여당은 과반수의 의석을 차지할 수밖에 없었다.

언론은 철저하게 통제받았고 중앙정보부는 유신을 위협하는 모든 요소를 탄압했다. 1973년 10월 4일 서울대 법대 학생들이 10월 유신 반대 데모에 나섰다.

경찰은 단호하게 이들을 진압했고 학생들이 체포되자 교수회의에서는 스승으로서 모른 체할 수 없다며 "부당한 공권력의 최고 수장인 박정희 대통령에게 총장을 보내 항의하고 사과를 받아야 한다"라고 발언했다. 중앙정보부는 1969년 '유럽 간첩단 사건'을 조사하겠다며 공문을 보냈고 자진 출두한 서울대 법대 교수 최종길이 이후 "간첩 혐의를 자백하고 중앙정보부 건물 7층에서 투신자살했다"라고 공식 발표하였다.

이 사건은 재야인사들 사이에서 큰 반발을 불러일으켰고 1973년 말 이후락 중앙정보부장이 교체되는 주된 이유였다.

훗날 2000년대에 들어서 '의문사진상규명위원회'에 의해 국가권력에 의한 가혹행위로 사망한 것으로 밝혀졌으며 재판을 통해 유족에게 배상할 것을 판결받았다.

유신체제로의 전환은 내부적으로도 반발이 있었다.

단적인 예로 박정희가 가장 신임했고 주월한국군 사령관을 역임한 채명신이 반대의 입장을 표했다. 당시 육군 중장이었던 채명신은 단순한 고위 장성이 아니라 군부 전체를 대표하는 인물이었고 공로와 위상으로 볼 때 무조건 차기 육군참모총장이 될 수밖에 없는 사람이었다. 그런 군부의 가장 존경받는 핵심 인물이 대놓고 유신을 반대하고 나선 것이다.

채명신은 박정희에게 국민에게 한 '약속'을 지킬 것을 요구했다. 3선 개헌으로 집권할 때 했던 그 약속을 말하는 것이었다.

채명신은 자신의 회고록에서 정치가는 대의명분이 생명임을 말했고 심지어 국민과 한 약속을 어기고 정권 연장을 한다면 정치적 생명이 끝날 것이라 말했다고 기록했다.

채명신은 이후 석연치 않게 육군 중장으로 예편했다. 명목상 다른 이유였지만 누가 봐도 박정희의 집권 연장을 반대했기 때문에 군복을 벗게 된 것이었다.

채명신은 박정희가 김대중 같은 애들에게 나라를 맡겨서 제대로 되겠냐는 말을 했다고도 기록했다. 자신이 아니고서는 대한민국의 발전과 성장을 계속해서 이끌어 나갈 수 없다는 생각인 것이다.

1975년 2월 12일에는 유신헌법에 대한 찬반을 묻는 국민투표가 있었다. 유신 선포 이후 내내 지속했던 반대 운동에 재신임을 묻는 투표였으며 박정희는 국민이 유신을 반대한다면 대통령직에서 물러나겠다고 말해 정면돌파를 시사했다.

박정희는 이 투표에서 재신임을 받았고 5월 13일 전설적인 악법, 긴급조치 9호를 선포했다.

이 법안은 박정희가 죽고 유신이 붕괴할 때까지 내내 존재했고 유선 헌법을 부정하거나 단순히 비방만 해도 영장 없이 체포될 수 있으며 소속된 학교나 단체의 장에게 해당자의 해임이나 제적을 명령할 수도 있었고 1년 이상의 유기징역과 10년 이상의 자격정지를 부과할 수도 있었다.

이는 누가 봐도 유신체제의 영구화를 목적으로 시행한 것으로 전 국민을 옥죄고 감시하겠다는 뜻이었다. 긴급조치 9호는 헌법에 명시된 국민의 자유와 권한을 부정하고 형사소송법의 기본 원칙조차도 무시한 민주주의의 파괴였다.

조직적으로 반정부 활동을 하던 대학생이나 정말로 종북 활동을 하던 불온 단체뿐 아니라 술을 마시다가 그냥 한마디 한 것으로 잡혀들어가 얻어맞는 사례도 종종 발생했다.

실제로 욕 한마디 해도 문제가 되니 맘에 들지 않는 사람이 있으면 이러이러한 불온한 발언을 했다며 신고하는 웃지 못할 사례도 있었다.

지금 대통령의 합성사진을 만들고 그것을 보며 웃고 즐기는 젊은이들은 상상도 할 수 없는 일이다. "김일성보다 못한 놈들아!"라고 소리쳤다가 구속된 사례도 있다는 것을 접하고 필자는 쓴웃음이 나올 수밖에 없었다.

이런 분위기에서 조직적으로 반유신운동을 벌인 이들이 잡히면 어떠한 처분을 받겠는가? 또 전국적으로 국가가 감시하는 것뿐만 아니라 누군가의 밀고로 소리 소문없이 불순분자라며 잡혀가는 시대였으니 국민 정서적으로도 찍소리도 못하는 시대가 왔던 것이다.

박정희는 군 출신자였고 군부의 인사들은 최고의 엘리트였던 시절답게 유신정권에서는 사관학교 출신 장교가 특채 시험을 거쳐 사무관 공무원으로 임용되는 '유신사무관'제도를 시행했다. 한 번에 중간 관리자급인 사무관으로 임용되는 이 특혜로 5공화국까지 784명이 임용되었다.

유신정권에서는 미풍양속을 해치는 퇴폐행위는 용서받지 못했다. 장발이나 노출 있는 옷을 입으면 철저하게 단속했고 노사분규를 조장하거나 문학, 예술적으로 불건전한 묘사가 있다면 즉시 제재했다.
1971년에 발표된 가수 김추자의 명곡 〈거짓말이야〉는 사람들 간의 불신을 조장하고 퇴폐적이라는 이유로 방송이 금지되었고 이 노래를 불렀다는 이유로 중정에 끌려가는 일도 있었다.
한대수의 노래 〈행복의 나라로〉도 그 행복의 나라가 북한을 말하는 게 아니냐는 이유로 금지곡이 되었다.
지금의 상식으로는 도무지 이해할 수 없지만, 그땐 그랬다. 사실 왜 그랬는지 그들의 머릿속을 설명할 방법이 없다. 그땐 그냥 그랬다는 말로밖에 설명이 안 되는 황당한 일들이 수없이 있었다. 여담으로 2000년대에도 걸그룹 '포미닛'의 〈안 줄래〉라는 노래가 불건전하다는 이유로 방송금지가 된 적이 있었는데 앞서 가수 이정현의 〈줄래〉라는 곡은 아무 문제 없이 방송 활동을 했었다. 가수 조규만의 〈다 줄 거야〉라는 곡도 아무 문제가 없었다. 가사도 이 곡들은 의미상으로 큰 차이가 없다. 주는 건 괜찮고 안 준다는 건 불건전하다는 뜻인가? 심지어 〈다 줄 거야〉는 그냥 주는 것도 아니고 다 주는 건데 말이다. 21세기에도 이런 일이 일어났던 것은 유신 때부터 이어져 온 문화가 아닌가 하는 생각까지 들게 한다.

　유신의 문제는 박정희가 단순히 대한민국의 집권자가 아닌 '왕'이 되었다는 점에 있었다. 박정희 휘하의 인물들은 박정희가 사실상 종신집권 체제를 갖춘 것을 보았고 박정희에 대한 충성이 곧 권력이라는 공식을 머릿속에 새기게 됐다.
　물론 이전에도 그랬지만 유신 이후 기관별로 박정희에 대한 충성경쟁이 심화되었다. 박정희의 집권은 이제 법제적으로 그 끝을 알 수 없게 되었기 때문이다.
　김대중 같은 애들에게 맡겨서 되겠냐는 채명신의 증언처럼 권력을 스스로 놓는 독재자는 세계사에서도 거의 찾아볼 수 없다. 차지철이라는 괴물을 탄생시킨 것도 바로 유신이다. 유신체제하에서 박정희는 신적인 존재였다. 그 신적인 존재를 직접 호위하고 매일같이 얼굴을 맞대는 청와대 경호실장은 가장 강력한 권력을 손에 쥐게 됐다.

　박정희는 절대권력자였지만 그렇기에 매번 의심과 불안을 가지고 있었다. 힘에 의한 정권 유지를 이어왔기 때문이다. 그는 이인자가 언급되는 것을 용서하지 않았다. 단적으로 1973년 4월에 있었던 윤필용 사건을 빼놓을 수 없다. 윤필용은 5.16 이후 박정희가 가장 아꼈던 군부 인사 중 하나였다.
　윤필용은 유신체제에서 육군 소장으로 최고의 요직인 수도경비 사령관으로 부임했다. 윤필용은 1972년 중앙정보부장 이후락과 가진 술자리에서 "대통령께서 노쇠하셨으니 물러나시면 형님이 후계자가 되어야 하지 않겠습니까?"라는 발언을 했다.
　발 없는 말이 천 리를 가는 법. 이 발언으로 소문이 퍼졌고 박정희의 귀에까지 들어갔다. 박정희는 이 소문을 추궁했고 이후락을 대통령으로 만들기 위한 모의가 있었다는 보고를 받자 격분하여 보안사령관 강창성에게 철저한 수사를 지시했다.
　가장 잘나가던 장교 윤필용은 이 사건으로 징역형을 받았고 이 사건에 엮인 많은 장교가 군복을 벗게 되었다.

이는 윤필용이 실제 쿠데타를 모의한 사건이 아니었다.

말 그대로 술자리에서 주제넘은 발언을 했다가 말실수 하나로 권력에서 밀려난 것이다.

중정부장 이후락까지 엮지는 않았지만, 그 역시 궁지에 몰리게 되었다. 그래서 이후락이 주도한 사건이 '김대중 납치 사건'이다.

박정희는 이미 단순한 집권자에서 초월한 존재가 된 만큼 당연히 후계자 운운하는 이인자급 인물들을 신경 써야만 했다.

윤필용과 이후락은 그 과정에서 어이없게 실각했다. 1974년 8월 15일 서울 장충동 국립극장에서 있었던 광복절 기념행사에서 영부인 육영수가 재일 한국인 2세 문세광의 총격으로 사망하는 사건이 일어났다. 이 사건의 책임을 지고 또 다른 이인자급 인사인 박종규가 경호실장에서 물러났다.

박정희 정권에서 가장 강력했던 이인자급 인사들 윤필용, 강창성, 이후락, 박종규가 연달아 실각한 것은 중요한 의미가 있다. 박종규의 후임으로 들어온 사람은 바로 유신을 파탄으로 몰아넣는 남자 차지철이었고 김재규는 이후락이 실각했을 때 중앙정보부 차장으로 들어왔다가 후에 중앙정보부장으로 올라선다. 박정희와 유신체제의 끝을 상징하는 두 사람, 차지철과 김재규는 앞선 실권자들이 물러남으로 권력의 정점에 올라섰다.

박정희의 칼. 남산의 부장들

박정희 정권의 중심에 있으면서도 박정희를 노렸던 저격수가 있다. 바로 4대 중앙정보부장 김형욱이다.

김형욱은 황해도 신천군 이북 출신으로 해방 이후 1948년 육군사관학교 8기 생도로 입학하여 임관하였고 6.25 전쟁도 참전한 경력이 있다. 그는 전쟁에서 살아남아 진급했고 5.16 당시 중령으로 참여했다. 불과 36세의 나이로 국가재건 회의 최고위원이 된 인물이었다.

그는 1963년 7월 중정부장으로 올라서 69년 10월까지 중정부장을 역임했는데 이는 박정희 정권 아래서 가장 오랫동안 중정 부장직을 맡은 사례였다.

그는 63년 김종필 초대부장과 박정희 혁명정부의 최고의 실세들이라 할 수 있는 8기 동기들이 그를 밀어주어 중정부장에 오를 수 있었다고 알려져 있다. 전임 중정부장인 김재춘은 육사 5기 출신으로 김형욱이 후임 중정부장이 되는 것을 반대했었다. 김종필의 동기인 김형욱이 중정부장이 됨으로써 김종필도 힘을 얻고 육사 5기들을 견제하던 유일한 세력인 8기들이 강해지는 것을 우려했고 자신에게 보복을 할 수도 있다고 생각했다. 이 당시 각 부처나 육사 기수들 간의 보이지 않는 권력다툼은 분명하게 존재했고 서로서로 감시하고 주시하는 상황이었다. 김형욱은 육사 5기들이 자신의 부임을 반대했던 일로 전임 중정부장 김재춘과 사이가 좋지 않았고 그의 회고록에서는 "김재춘은 박병권 장군의 운전사 출신"이라며 그를 비하하는듯한 글을 써놓기도 했다.

김형욱은 야심과 권력욕이 굉장한 사람으로 육사 8기의 핵심인 김종필 라인의 사람이었지만 중정부장으로 권력을 움켜쥐게 되자 김종필의 입김에서 벗어나고자 했다. 그는 일명 JP라인으로 통하는 감찰실장 박승권과 제2국장 윤일균 등을 해임하고 중정을 독자적인 자신의 라인으로 채운 뒤 중앙정보부를 스스로 장악하려고 했다.

1964년 8월 김형욱의 중앙정보부는 인혁당 사건을 발표했고 교수, 학생 등 41명을 국가보안법위반 혐의로 구속한 중정은 "인민혁명당이라는 비밀조직이 북괴의 지령을 받고 정부전복을 기도할 목적으로 각계 인사를 포섭, 확장하려다가 발각되어 체포했다"라고 설명했다.

서울 지검 공안부의 이용훈 부장검사와 여운상 검사는 증거가 충분치 않다는

윤필용 사건. 1973년 4월 28일 재판을 받는 모습. 우측 하단 첫 번째 인물이 윤필용이다. 그는 쿠데타 혐의는 벗었지만 특정범죄 가중처벌 위반행위로 재판을 받았다.

이유로 불기소 의견을 내었지만, 김형욱이 직접 기소하라며 압력을 넣자 이용훈 부장검사와 여운상 검사는 사표를 냈다. 이후 후임 검사들에 의해 기소된 인혁당 관련자들을 공소 취하했다가 공소장을 변경하는 등 말이 되지 않는 재판 끝에 1심에서 2명만 유죄판결을 받고 나머지는 전원 무죄판결이 났다. 중앙정보부의 허점이 드러나고 공안검사가 사표를 쓰는가 하면 검찰의 고문 파문 등이 일어나며 김형욱은 망신만 당했다. 김형욱은 훗날 회고록에서 이것이 무리하고 증거가 없는 수사와 사건이었음을 고백했다.

김형욱은 유신 정권의 가장 큰 문제가 된 차지철을 능가하는 다혈질에 불도저 사나이로 유명했는데 권력을 쥔 순간부터 이를 확실하게 휘둘러 자신의 지위에 방해가 되는 인물들을 끝없이 견제하고 정권에 조금이라도 문제가 될 수 있는 자들에겐 자비를 베풀지 않아 박정희 정권의 악역을 맡았다.

심지어 같은 육사 동기이며 그를 중정부장으로 밀어준 김종필조차도 도청하는가 하면 가택수색까지 실시했다. 오죽하면 당시 김형욱의 별명은 '남산 멧돼지', '돈가스'였고 후에 중앙정보부장 이후락은 김형욱의 장점을 '저돌적인 추진력'이라고 표현했을 정도였다. 김형욱 밑에서 중정 감찰실장을 지낸 방준모는 〈교포신문〉에서 1967년 대통령선거 당시 박정희 대통령의 재선 예상이 확실하지 않게 되자 김형욱이 그를 방으로 직접 불러 "만약 개표를 해서 윤보선 당선 쪽으로 기운다면 그를 총으로 쏘게"라고 지시했다는 충격적인 증언을 했다.

방준모는 지시를 따라서 서울 안국동 윤보선의 집이 내려다보이는 덕성여고 2층에 저격수 1명을 배치하고 기다렸으나 예상외로 박정희가 116만 표 차이로 낙승함으로써 그냥 철수했다는 증언을 털어놨다.

김형욱은 많은 이들에게 안하무인격으로 권력을 휘둘렀지만, 박정희에게만은 끝없는 충성을 바쳤다. 이는 박정희 특유의 사람을 부리는 스타일이라고 할 수 있는데 그는 실력자들 간의 긴장 관계를 조성하고 어떤 때는 어떤 사람을 키우고 또 다시 필요할 때 자르면서 다수의 권력이 서로 충성을 겨루고 싸우도록 긴장을 유도하는 방식을 사용했다.

이것은 그의 용인술적 장점이기도 하고 단점이라 할 수도 있다. 김형욱은 이런 상황에서 오히려 박정희의 용인술을 잘 파악한 인물이라 볼 수 있다. 그는 여러 권력 실세들 간의 권력다툼에서 무조건 이겨 박정희의 총애를 지속하고자 했다.

그 결과 원성이 자자했고 적도 매우 많았지만 중정 부장직에 앉아 있는 그는 누구도 쉽게 건드릴 수 있는 상대가 아니었다.

김형욱의 성격을 잘 알려주는 일화가 있는데 65년 9월 서울대 '민족주의비교연구회 사건'으로 구속되었던 김중태는 중정부장 김형욱을 만났다. 김중태는 대구 출신이며 경북고를 나와 서울대 정치학과에 재학 중이었다. 김형욱은 "너는 경상도 놈인데 왜 경상도 대통령(박정희)을 반대하냐?"라고 소리쳤고 이에 발끈한 김중태는 김형욱의 고향이 황해도인 것을 빗대어 "당신은 이북 사람인데 거기 눌러

앉아서 김일성이나 지지하지 뭐하러 내려왔소?"라는 허리케인 죠를 능가하는 카운터성 발언으로 맞받아쳤다.

상남자 김형욱은 분노를 참지 못하고 검사와 중정의 부하들까지 다 보는 앞에서 냅다 주먹과 발길질을 퍼부어 깜짝 놀란 부하들이 달려들어 간신히 말렸다는 일화가 있다. 그는 박정희의 정적들을 제거하기 위해 야당 의원들을 폭행하기도 하며 중정의 여러 가지 만행을 주도하였고 심지어 훗날 그의 후임 김계원이 중정 부장으로 임명될 때 박정희가 김계원에게 "김형욱처럼 패고 다닐 필요 없어"라고 말을 하기도 했다.

김형욱은 자신의 중정 부장 임기 후반을 박정희의 3선 개헌을 위해 총력을 다했다. 1969년 1월 7일 공화당 의장서리 윤치영은 3선 개헌 검토 중이라고 발표했다. 이 선언은 일파만파 큰 논란을 만들었고 같은 공화당 내의 김종필 계열의원을 필두로 40명의 의원이 당의 입장에 대해 항명을 하는 일까지 있었다. 1969년 6월 13일 국회 본회의에서 신민당의 원내총무 김영삼은 김형욱 정보부장의 개헌주도 행위를 공개적으로 비난했다.

> "김형욱은 우리나라의 암적 존재입니다. 잡으라는 공산당은 안 잡고 엉뚱한 것을 잡고 있는 중앙정보부가 개헌 음모에 가장 깊이 관여하고 있습니다. 총리는 정보부장 파면을 대통령에게 건의해야 할 것입니다."

이 발언 직후 1969년 6월 19일 저녁 김영삼 의원은 서울 상도동 자택 입구에서 3명의 청년에게 초산 테러를 당했다. 김영삼은 차에서 내리지 않아 초산 병에 맞지 않았지만, 차체의 페인트칠이 녹아내릴 정도였다. 이 사건이 중정의 소행인지는 명확하지 않다. 그러나 김영삼은 이 테러가 정보부와 김형욱이 벌인 음모라고 주장했다. 김형욱은 물론 이를 부인했고 오히려 김영삼을 허위사실 유포와 명예훼손으로 고소했다. 김형욱을 비난한 직후 있었던 일이고 김형욱의 성격과 지금까지의 안하무인격인 행보로 볼 때 분명 합리적인 의심이 가능했다. 우여곡절 끝에 3선 개헌안이 통과되자 급격하게 나빠진 여론을 잡기 위해 박정희는 개헌을 위해 온갖 공작을 하고 충성하던 김형욱 정보부장과 이후락 대통령 비서실장을 해임했다. 김형욱은 개헌의 과정에서 야당과 국민으로부터 온갖 비난을 받고 있던 터라 새로운 '박정희시대'를 위해 그를 계속 데리고 가기에는 박정희에게 큰 부담이었다. 김형욱은 일기장에 "대통령이 난데없이 나더러 쉬라고 했다. 지난 6년간 악역을 다 도맡아 했는데 미칠 것만 같다"라고 쓰기도 했는데 그가 박정희에게 느낀 배신감이 잘 드러나는 문장이다.

우는 아이도 울음을 뚝 그치게 하는 권력의 핵심 중앙정보부장 김형욱의 권세는 이것으로 끝났다. 후임으로 육참총장을 역임한 김계원이 새로운 중정부장으로 임명됐다. 김형욱은 71년 대통령 선거 당시 비밀리에 김대중 선거자금을 대기도 했다. 야당을 철저하게 핍박했던 그가 김대중에게 붙은 것은 자신을 버린 박정희에 대한 반감과 김대중의 끈을 잡아야 야당의 보복을 피할 수 있을 거라는 기회주의적 처신이라고 볼 수 있다. 그는 중정 부장으로 재임 중 엄청난 월권과 횡포로 이 사람 저 사람 할 것 없이 원성을 듣고 있는 처지라 중정 부장에서 물러난 70년대 초 갖은 협박 전화에 시달렸다.

1973년 3월 유신 후 발표된 유정회 명단에서 자신이 빠지게 되자 김형욱은 박정희가 결국 자신을 버렸다는 것을 느끼게 됐다. 그는 이 직후 그해 4월에 서울을 빠져나가 대만으로 떠났고 박정희에게 말도 하지 않고 가재도구와 심지어 애완견까지 데리고 몰래 떠났다. 그의 가족들 역시 인천항에서 배를 타고 몰래 조국을 떠났다. 김형욱은 대만에서 바로 미국으로 떠났고 이후 돌아오지 않았다. 1976년까지 조용히 살던 그는 1977년 코리아게이트 사건이 미국 사회의 표면에 등장하게 되자 박정희에 대한 원망이 폭발해 한국의 로비와 박정희 정권들의 부정부패와 자신이 중앙정보부장으로서 박정희의 지시를 받고 했던 일들을 미국 하원의 프레이저 청문회에 나가 폭로하는데 이후 나온 것이 바로 '프레이저 보고서'°다.

김형욱. 그는 박정희 정권의 실세였지만 권력에서 밀려나자 미 하원에 출석해 박정희의 치부를 증언하고 유신정권에 큰 타격을 줄 수 있는 회고록을 집필하였다.

대로한 박정희는 자신의 치부를 폭로한 그의 배신에 "개도 주인을 알아보는데 이럴 수가 있나"라고 말했다.

이때 전해지는 바로 김형욱은 이미 2,000만 달러 이상의 금액을 미국 도피자금으로 빼돌려놓은 정황이 나왔다.

이후 김형욱은 박정희 정권타도를 겨냥한 회고록 집필에 들어갔다. 김형욱은 박정희에게는 용서할 수 없는 인물로 여러 가지 회유와 귀국을 유도했지만 돌아오지 않았으며 그의 회고록에 거액의 원고료를 주겠다는 중앙정보부 해외 담당 차장 윤일균에게 속아 프랑스 파리로 떠났지만, 그 직후 그는 그곳에서 영원히 행

◦ 미국 하원의 프레이저 위원회가 1978년 10월 31일 미국 의회에 제출한 보고서로 박정희 정권의 치부와 비자금에 관한 내용이 들어있었다.

방불명됐다. 그의 최후에 대해서 엄청나게 많은 이야기가 존재하는데 심지어 한국으로 끌려와 박정희가 직접 총으로 쏴 죽였다는 설도 있고 프랑스에서 폐차장으로 끌려가 폐차기계로 죽였다는 설도 있다. 하여튼 중요한 것은 프랑스 행 이후 박정희 정권 아래서 온갖 권세를 누리던 김형욱은 이 지구상에서 아예 증발해 버렸다는 것이다.

아직도 그의 시신조차도 찾을 수 없고 최후에 대해서도 너무 많은 이야기가 있어 어떤 것도 확실하지 않다.
이렇게 김형욱의 이야기는 끝나지만 이쯤에서 박정희와 관련된 한 가지 사실에 주목해야 한다. 바로 '중앙정보부장'에 대해서다. 이 중앙정보부는 그 막중한 위치 때문에 박정희의 최측근 인사들이 그 수장을 맡았다. 주목해야 할 인물은 3명으로 초대 중앙정보부장 김종필, 4대 김형욱, 8대 김재규다.

김종필은 5.16의 주체이며 박정희와는 개인적으로 인척 관계였고 박정희 정권에서 현실적으로도 상징적으로도 중요한 인물이었다. 김종필은 중정의 초대 부장으로 박정희에게 무한한 충성을 바쳤던 인물이지만 그런 김종필도 박정희의 뜻에 매번 따랐던 것은 아니었다. 그는 박정희의 3선 개헌을 반대했고 유신과 유신2기에도 부정적인 입장을 표했다. 그는 전부터 내각제를 원하고 있었다. 전두환의 충복인 장세동이 변함없이 무조건 따르는 모습을 보여준 것과는 대조적으로 그는 무조건 박정희의 뜻을 따르진 않았다. 물론 대놓고 박정희에게 대항한 적은 없었다.
4대 김형욱은 그 누구보다 궂은일을 도맡아 처리하고 악역을 자처하며 박정희 정권을 위해 일했고 실제로 그는 가장 오랫동안 중앙정보부장직을 지키며 보상을 받았다. 그러나 박정희에게 버림을 받았다는 울분으로 대놓고 그를 배신하고 박정희 정권의 치부를 폭로하는가 하면 그걸로 그치지 않고 박정희 정권의 치부를 기록한 2천 장 분량의 회고록까지 집필했다. 물론 이는 박정희 정권에서는 절대적인 금서였다. 8대 김재규는 따로 설명할 필요도 없이 배신 정도가 아니라 박정희에게 총탄을 쏜 인물이다.

보시다시피 박정희의 분신이랄 수 있는 김종필은 박정희에 뜻에 무조건 충성한 인물이 아니었고 김형욱은 해외로 탈출해서까지 박정희를 배신하고 자신이 충성한 이를 무너뜨리기 위해 이를 갈았다. 그리고 육사 동기이고 같은 동향 출신이며 생사고락을 함께한 김재규는 총으로 박정희를 살해했다. 박정희가 살해되었을 때 다들 차지철이 그랬다는 말을 믿었고 설마 김재규가 대통령을 살해했다는 생각 자체를 못했을 정도로 신임을 받았던 김재규가 박정희와 유신을 끝낸 것이다.

이들의 공통점은 나는 새도 떨어뜨릴 수 있는 권력의 핵심 바로 '중앙정보부장'이었다는 점이다. 박정희는 가장 신임하고 믿었던 이들에게 절대적인 충성을 받지 못했고 또 배신을 당했으며 최후에는 자신이 임명한 중정 부장의 손에 죽게 되었다. 이것은 정치적 입장을 떠나 인간 박정희에게는 안타까운 사실이다. 김형욱은 중앙정보 부장으로서 온갖 권력과 횡포를 휘둘렀지만, 그 권력을 내려놓자마자 모든 것을 잃고 박정희를 배신했다.

김형욱은 유신의 몰락에 첫 번째 총탄을 쏜 사람이었다.
두 번째 총탄을 쏜 사람은 바로 김영삼이다.

김재규, 유신의 심장을 쏘다

김영삼과 신민당은 1979년 8월 9일 가발수출업체인 YH무역의 여성 생산직 노동자들이 회사폐업조치에 항의하여 들고 일어난 사건에 노동자들을 위해 신민당사를 농성 장소로 빌려주었고 철야 농성을 시작했지만, 경찰 2,000명이 투입되어 무자비하게 이를 진압하였고 이 과정에서 1명의 사망자가 발생했다. 박정희 정권에서는 이를 투신자살 사건으로 조작했으나 훗날 강제진압 과정에서 추락한 것으로 밝혀졌다.

이 사건 이후 민주공화당과 유신정우회에서 그의 제명안을 발의하였고 김영삼은 헌정사상 최초로 국회에서 제명된 국회의원이 됐다. 이 사건은 엄청난 파장을 일으켰고 김영삼의 정치적 기반 지역이라 할 수 있는 부산, 경남 일명 PK 지역의 민심은 폭발했다. 김영삼의 제명은 그 유명한 '부마항쟁'°을 촉발하게 되고 이는 유신체제 아래서 일어난 처음이자 마지막 대규모의 민중항쟁이었다. 1979년 10월 16일에 일어난 부마항쟁은 김영삼이 부산, 경남에서 얼마나 큰 위치를 차지하고 있었는지를 보여준다. 부마항쟁은 유신이 무너지는 데에 결정적인 영향을 끼쳤다고 볼 수 있다.

당시 중정부장이었던 김재규는 부마항쟁을 보고받고 직접 내려가 상황을 살펴본 뒤 박정희에게 심각한 사태임을 보고했지만 박정희는 이를 묵살했다. 박정희는 부마항쟁이 일어나고 겨우 10일 뒤인 10월 26일 궁정동 안가에서 김재규에게 암살되었다. 김재규는 중정의 부하인 박흥주, 박선호 등과 함께 경비원 4명을 죽이고 거사를 성공시켰다. 유신에서 마음대로 권력을 휘두르던 차지철 경호실장 역시 박정희와 함께 세상을 떠났다. 가장 총애했던 인물에게 대한민국에서 가장 오랜 시간을 집권했던 박정희는 그렇게 허망하게 사라졌다. 김재규는 자신의 행동을 숨기고 차지철이 죽였다고 설명한 후 육군 본부로 떠났지만, 박정희의 죽음 당시 함께 있었던 비서실장 김계원이 정승화 육참총장에게 사실을 말함으로써 체포되었고 사상 최초의 현직 대통령 살해범으로 재판을 받게 되었다.

김재규라는 인물은 대한민국 역사에서 표면적으로 현역 국가원수를 살해한 반역자이지만 시간이 지나면서 사회적으로 복권되났나 봐도 무방할 정도로 재평가를 받는 인물이다.

김재규를 '민주주의의 의사', '장군'으로 부르며 그가 독재정권을 끝낸 공적이

° 1979년 10월 16일부터 10월 20일까지 부산, 마산에서 일어난 민주항쟁. 유신 독재에 대해 들고일어난 사건으로 연행된 인원만 최소 1,500명이 넘을 정도로 대규모의 항쟁이었다.

있음을 기리고 있다.

　박정희는 대한민국 현대사에서 좋든 싫든 가장 중요한 위치를 차지하는 인물이기에 김재규에 대한 평가도 극과 극일 수밖에 없다. 김재규를 민주주의의 영웅으로 봐야 할까?

　어떠한 인물의 행동이 '정당성'을 얻기 위해서는 그 행동을 한 '명분' 즉 '당위성'이 있어야 한다.

　그 명분과 이유가 납득이 될 수 있을 때 행동과 방법이 정당화가 될 수 있는 것이다. 사람을 총으로 쏜 '방법'이 과연 정당할까? 그렇지 않다. 안중근 의사는 이토 히로부미를 죽여야만 하는 이유 15가지를 대며 자신의 대의명분을 표명했다.

　왜냐하면 사람을 죽인 행동이나 방법이 중요한 게 아니라 모든 역사적 사건의 가장 중요한 것은 바로 이런 '명분'이기 때문이다. 최소한 대한민국 내에서 안중근이 이토를 죽여야만 했던 그 명분에 이의를 제기하는 사람은 아마 없을 것이다.

　안중근의 행동과 방법은 그 정당성과 이유에 대해 최소한 현재의 대한민국 모든 국민이 납득하고 있다.

　명분이 중요하기에 안중근 의사는 나는 대한의군 참모중장으로서 적을 사살한 것이다. 그러니 나를 군인으로서 총살에 처해달라고 주장했는데 이것 역시 명분이다. 자신은 개인의 입장에서 암살이나 살인을 한 것이 아니라 군인으로서 적을 사살한 것이다. 그러니 나를 군인으로서 죽게 해달라며 마지막까지도 이 '명분'을 강조했다.

　그렇다면 김재규 역시 자신의 행동에 정당성을 부여받자면 박정희를 죽인 이유가 정당해야 한다. 김재규 또한 재판에서 바로 이 명분을 강력하게 주장했다.

　김재규의 명분은 간단하게 '자유민주주의 회복'이었다. 이를 위해선 박정희를 죽여야만 가능하다는 것이 바로 김재규의 대의명분이었다. 그렇다면 김재규가 정말로 민주주의의 회복을 위해서 박정희를 죽였는가? 이 부분을 봐야 한다.

　차지철이 월권을 휘둘러온 것은 틀림없는 사실이고 김재규와 차지철의 불화도 많은 증언으로 확인된 사실이다. 만약 김재규가 평소의 악감정으로 차지철을 죽이는 게 주목적이었고 그를 감싸고도는 박정희를 죽인 거라면 당연히 자유민주주의 회복이라는 명분은 단순히 그의 감정적 살인을 덮으려는 나무 방패에 불과하게 된다. 그 때문에 그는 재판에서 철저하게 나는 자유민주주의의 회복을 위해 박정희를 죽였고 그에 부역하는 차지철은 덤으로 보낸 것이라 주장했다.

　그러나 이 사건이 복잡한 이유는 첫 번째로 김재규라는 인물이 바로 그 독재정권을 수호하고 자유민주주의를 파괴하는 조력자였기 때문이다. 김재규는 박정희를 따르며 많은 부귀영화를 누린 사람이었다. 10.26사건 당사자인 김계원 역시도 재판에서 이 사건이 차지철에 대한 김재규의 앙심 때문에 일어난 거로 생각하나? 라고 묻는 재판부의 질문에 "그런 부분이 있지 않았나 생각됩니다. 나중에 김재규가 혁명이라고 하길래 그런가 보다 하고 생각했습니다"라는 증언을 했다. 이걸 보면 누구보다도 권력의 핵심부에 있었던 비서실장 김계원조차도 차지철에 대한 증오가 이 사건의 이유라고 생각을 했었다는 발언이다. 애당초 처음부터 민주주의의 가치를 수호하던 인물이 박정희를 죽였다면 우리는 최소한 그의 명분을 의심할 필요는 없다.

만약 김영삼처럼 내내 민주주의를 수호해 온 인물이 박정희를 죽이고 자유민주주의의 회복을 말했다면 "아 그래도 저 녀석은 민주주의를 위해서 박정희를 죽였구나" 하고 납득을 할 수 있다.

그러나 박정희를 죽이고 자유민주주의의 가치를 말한 사람은 다름 아닌 그 독재정권의 중심인물이며 유신이 시작되고도 8년을 박정희에게 충성한 김재규였다. 어찌 이것이 복잡하지 않을 수 있겠는가? 또한 김재규는 자신의 권력욕이나 차지철에 대한 증오로 벌인 일이 절대 아님을 말했지만, 암살 직후 진실을 모르던 정승화 참모총장에게 차지철이 각하를 죽였다며 거짓말을 했다. 그리고 육본으로 건너가 계엄을 선포하고자 했다. 이것은 책임을 회피하고 정국을 장악하려는 음모로 볼 수도 있는 부분이다. 암살 이후 뒷일에 대한 정확한 계획이 있었던 거로 보이지는 않지만, 그는 분명 사실을 밝히지 않았고 아무렇지 않은 척 계엄 선포를 유도했으며 김계원에게도 거짓말을 해 달라고 당부했다. 이해하기 어려운 부분이 많다는 것이다.

두 번째는 그가 나서서 김형욱을 죽인 정황이 있기 때문이다. 김형욱은 프랑스로 입국하고 그곳에서 영원히 행방불명 됐다. 시체가 나온 것은 아니지만 김형욱은 이미 죽었다고 봐야 한다. 지금까지 나온 정황상 100%라고 할 수는 없지만, 김형욱의 죽음에는 무조건 중정이 연관되어 있다. 당장 김형욱을 파리로 불러들인 사람은 중정의 요원이었다. 즉 김재규는 김형욱의 죽음에 거의 확실하게 관여했다.

김형욱이 죽었다고 보는 시점은 10.26 바로 직전이다. 그런데 박정희를 타도하기 위해 일어선 김형욱을 김재규가 나서서 죽였다면 그는 10.26이 일어나기 바로 직전까지도 박정희 정권을 위해 충성을 다하는 모습을 보여주었나 봐야 한다.

그런데 얼마 지나지 않아 그는 자신이 충성하던 독재자를 암살했다. 이것도 이해하기 어려운 부분이다. 한 달 전까지만 해도 박정희 정권을 위해 충성을 다했던 사람이 한 달 후에 갑자기 마음을 바꿔 자유민주주의를 위해 어쩔 수 없이 죽였다는 명분이 과연 확실하다고 할 수 있는지 필자는 확신이 들지 않았다.

상식적으로 생각할 때 유신이 시작되고 7년 동안 아무렇지 않다가 왜 차지철의 월권이 극에 달한 시점에서 박정희를 죽였을까? 이런 상황에서 차지철에 대한 증오가 그 원인이라고 보는 게 무리한 억측일까? 김재규는 유신헌법이 민주주의가 아니라고 봤다 증언했다. 그러나 유신헌법을 굳이 언급하지 않아도 사실 박정희 정권 내내 대한민국에서 민주주의가 제대로 작동했다고 볼 수 있는 시기가 있단 말인가? 박정희 정권 18년 동안 대체 어느 시기를 민주주의가 살아있던 시대라고 볼 수 있을까? 5.16 이후 내내 박정희를 따랐는데 1979년에 들어와서야 민주주의를 위해 이제 더는 안 되겠다, 박정희를 죽여야겠다는 생각이 들었다는 말인가? 필자는 개인적으로 이해가 가질 않았다.

10.26을 다룬 드라마〈제5공화국〉이나 영화〈남산의 부장들〉 봤다면 꼭 나오는 부분이 있는데 김재규가 궁정동 안가 내부에서 일을 결행하기 전 박선호와 박흥주를 세워놓고 한 대화가 있다. 필자는 이 부분을 주목했다. 다른 사람들은 이 대화에 큰 의미를 두지 않지만, 필자는 이 대화가 굉장히 중요하다고 생각한다.

김재규 : 오늘 밤 바로 결행한다!
박선호: 각하도 포함됩니까?
김재규: 그렇다.

짧은 대화지만 유심히 봐야 한다. 이상하지 않은가?
김재규는 오늘 밤 결행한다고 말을 했는데 박선호는 박정희도 포함이 되냐고 묻고 있다. 김재규는 재판에서 자유민주주의 회복을 위해 박정희를 죽였고 "솔직히 말해서 차 실장은 덤으로 보낸 겁니다"라고 증언했다.

그런데 이 대화를 잘 보면 이건 아무리 봐도 주 타깃은 차지철이고 오히려 박정희가 덤인 것처럼 느껴진다. 단지 결행한다고 말했는데 박선호는 각하'도' 포함됩니까? 라고 묻고 있다. 차지철에 관한 이야기는 없다. 즉 차지철은 원래 당연히 죽이는 건데 각하까지 죽일 거냐는 의미로 해석할 수 있다. 또한 김재규는 이미 차지철을 죽여버리겠다는 말을 김계원에게 말한 적이 있었다. 이것은 재판에서 이미 증언이 나온 이야기다.

궁정동 내에는 주요 인사가 대통령 박정희, 경호실장 차지철, 비서실장 김계원, 육참총장 정승화 이렇게 4명이 있었다.

김계원과 정승화는 타깃이 될 하등의 이유가 없는 사람들이고 이들을 죽인다 해서 민주주의의 회복과는 아무런 상관이 없다. 이 장면이 영화나 드라마에 꼭 나오는 것은 이 대화가 실제로 재판에서 증언이 된 부분이기 때문이다.

필자는 이 대화가 굉장히 이상하다고 생각하고 최소한 김재규의 최측근인 박선호는 결행한다는 말을 듣자마자 주 표적은 분명 차지철로 이해한 것으로 판단된다. 그러니까 각하도 죽일 거냐고 물어봤을 수 있다고 생각한다.

필자는 10.26이 일어나기 전후 김재규의 행보와 그가 그동안 걸어온 행적으로 봤을 때 '자유민주주의 회복'이라는 그의 명분을 확신하기는 어렵다고 생각한다. 당장 김재규는 유정회 소속으로 국회의원이 된 적도 있다. 유정회가 무엇인가? 박정희의 영구집권을 위한 유신의 대표적인 장치가 바로 유정회 의원이 아닌가? 물론 김재규는 민주주의를 위해 박정희를 제거해야만 한다고 생각했을 수도 있다. 필자가 설명한 부분은 어디까지나 여러 정황상 생각할 수 있는 필자의 개인적인 생각, 예컨대 추론이고 당연히 사람 마음속은 신이 아닌 이상 정확히는 알 수 없다. 김재규가 무슨 생각을 가지고 그런 행동을 했는지는 당연히 정확하게 아무도 알 수 없는 것이다.

그렇기에 김재규를 민주주의의 의사로 볼 것인가 독재자에게 부역하다가 그를 배신한 인물로 볼 것인가는 끝나지 않은 역사적 논쟁이다. 오늘날 박정희가 최악의 평가와 최고의 평가를 동시에 받는 것과 똑같다고 할 수 있다.

그러나 김재규가 한 시대를 끝낸 것은 틀림없는 사실이다.

그가 아니었다면 박정희의 집권은 정말로 그가 죽을 때까지 이어졌을지도 모를 일이고 부마항쟁으로 인해 국민의 손으로 끌려 나왔을지도 모를 일이며 5.18 광주항쟁과 같은 비극이 앞서 부산, 마산에서 생겼을지도 모를 일이다.

예를 들어 많은 사람이 차지철이 부마항쟁을 말하며 캄보디아의 예를 들며 몇 백만이든 탱크로 쓸어버리면 된다고 말했다는 증언이 있다. 그러나 그 증언은 누가 한 것인가? 그렇다. 그 증언은 다름 아닌 김재규가 한 증언이다. 역사를 대하는 사람은 분명한 사실을 우선 교육하고 평가를 진행해야 한다. 세상에 그 발언을 한 당사자를 죽인 사람이 한 증언을 분명한 사실이라고 확정하는 경우가 대체 어디 있겠는가? 그러나 아무도 이것은 김재규의 주장일 뿐이라고 가르치는 사람이 없다.

김계원이라던지 박정희나 차지철과 가까운 주변 사람은 한 번도 그 발언이 사실이라는 증언을 한 적이 없다. 물론 차지철이라는 인물의 성격과 행실에 대한 정황상 아무런 근거가 없다고 할 수는 없지만, 최소한 '김재규의 주장'일 뿐이라는 분명한 사실은 명확하게 해야 한다.

아직도 살아 숨 쉬는 인물 박정희

박정희라는 인물은 너무나도 어렵다. 지금의 대한민국을 보라. 기나긴 이 한반도의 역사에서 지금처럼 풍족한 시기가 있었을까? 21세기의 대한민국을 무엇이라 평가하겠는가? 감히 '기적'이라는 평을 하고 싶다. 박정희의 평가는 지금 이 시점에서 생각할 때 어려울 수밖에 없다. 지금의 대한민국은 산업화와 민주화 두 가지가 어느 정도 달성되었다 볼 수 있기 때문이다. 먹고사는 것 자체가 어려운 시절에는 잘살아보세 라는 구호가 전국적으로 퍼졌고 산업화라는 목표 아래서 하나가 될 수 있었다. 박정희를 평가하면서 정의라는 가치관을 우선하면 긍정적인 평가를 할 수가 없다. 그러나 역사의 격동기에서 성공적인 경제적 근대화와 동시에 정의롭고 모범적인 정치적, 사회적 성공을 동시에 달성한 집권자나 국가가 존재하는가? 세상 어떤 개발도상국에서 경제적 성공과 정치적, 사회적 성공을 동시에 이룬 케이스가 있는지 1960년대 당시에 최빈곤국이었던 국가가 현시점 대한민국보다 산업화와 민주화를 달성한 국가가 정말로 있는지 필자는 아무리 생각해도 그 모델을 찾지 못하겠다. 60년대 우리보다 경제적, 군사적으로 강했던 북한은 21세기에도 국가적 목표 중 하나가 아직도 쌀밥에 고깃국이다. 박정희 시대는 여러 가지 측면에서 접근해야 한다. 똑같은 독재자인 이승만의 선호도는 조사할 때마다 1% 안팎이지만 박정희는 항상 1위 아니면 2위에 선정되고 있다.

박정희가 이룩한 경제적 업적과 사회 발전적인 부분을 찬양한다 해도 그의 성공적인 부분에 가려진 폭력과 억압, 독재에 대한 성찰과 반성을 잊어서는 안 된다. 또한 그가 이룬 업적들을 굳이 부정할 필요는 없다. 지금의 자유민주주의 대한민국은 박정희 시대에 상상할 수 없던 자유와 민주주의를 이후의 투쟁에서 쟁취한 자랑스러운 역사를 가지고 있다.

박정희는 단언컨대 대한민국 현대사에서 가장 중요한 인물이다. 이것은 자명한 사실이다. 단순하게 생각해도 그는 대한민국에서 가장 오랜 시간을 집권했다. 18년이라는 시간은 한 명의 아이가 거의 성인으로 성장하는 시간이다. 어떻게 지금의 5년 단임제 대통령과 그 무게를 비교할 수 있겠는가?

박정희에 대한 평가는 역사의 몫이다. 또한 박정희는 대한민국 현대사의 거울이다. 박정희같이 공과 과가 확연하게 드러나는 인물은 없으며 대한민국의 명과 암을 보여주는 인물도 없다. 박정희라는 인물의 삶 자체에 대한민국 현대사의 모든 것이 함축되어 있다. 빈곤과 가난의 탈출이 목표였던 나라에서 성공적인 산업화 이후 우리가 추구해야 할 가치관이 무엇인지를 알게 해준 바로 그 인물, 수많은 국민을 울고 웃게 했던 그 사람이 바로 대한민국 대통령 박정희다.

| 핵심 포인트 | 박정희의 공로 |

- 녹화사업을 추진하여 목재 소비가 많고 전쟁으로 훼손된 산이 많았던 산들을 복원하고 무분별한 산림 훼손을 피하고자 그린벨트를 지정했다.
- 산재보험, 국민건강보험, 국민복지연금법 등의 기본적인 국민 복지를 위한 법안을 제정했다.
- 경부고속도로를 개통하여 경제개발의 초석을 만들었고 국민의 생활권을 확대했다.
- 몇 차례에 걸친 경제개발정책은 세계의 모범이 될 만한 경제력 상승을 이루어 냈다.
- 중화학 공업을 육성하는 데 성공했다.
- 국방력이 크게 성장했다.(베트남전 참전으로 인한 신무기들의 도입이 큰 몫을 했다.)
- 공무원 채용의 학력 제한을 철폐했다.
- 새마을 운동은 해외에서도 성공적인 사례로 뽑히며 산업화로 인한 농촌과 도시의 격차를 완화하고 자발적으로 농민들이 환경개선과 지역발전에 참여하도록 유도했다.

공&과 | **박정희의 과실**

- 친일행적이 있다.(만주군 중위, 일본군 예비역 소위, 혈서사건)
- 좌익경력이 있으며 법적인 처벌을 받은 바 있다.
- 대한민국 첫 번째 군사 쿠데타를 주도했다.(5.16)
- 초헌법적 권력을 행사하며 국민을 통제했다.(긴급조치권, 인혁당 사건, 수많은 규제와 검열, 여러 번의 계엄령 선포)
- 무자비하게 정적을 탄압했다.(김대중 납치사건, 신민당 전당대회 각목 난동 사건)
- 거액의 비자금을 조성한 정황이 있다.(김형욱의 폭로, 사망 후 청와대에서 거액의 돈이 발견됨, 김계원을 비롯한 수하들의 증언이 있다.)

제3장

전두환

천운이 함께 하는 사나이

엘리트 육사 11기와 첫 번째 터닝 포인트

대한민국 현대사에서 가장 큰 사건이라 할 수 있는 10.26사건. 궁정동에서 올린 총성으로 인해 18년을 이어온 대한민국의 장기집권 독재자 박정희는 세상을 떠났다. 그것도 자신이 가장 믿고 아끼던 부하, 김재규에 의해 벌어진 일이었기에 아직도 많은 이들에게 가장 충격적인 사건으로 기억되고 있다.

김재규는 자유민주주의의 회복을 그가 벌인 일의 대의명분으로 선언했고 마지막까지도 "국민 여러분 민주주의를 마음껏 즐기십시오"라고 말하며 떠났다.

실제로 그가 떠난 후 드디어 대한민국이 민주화가 될 것이란 기대감에 부풀었고 국민을 억압하던 유신의 긴급조치들이 폐지되기 시작했으며 정치적 탄압을 받았던 인물들이 차례로 풀려나는 등 민주화의 바람이 대한민국을 휘감는 것 같았다. 그러나 18년을 이어온 군부독재 정권은 이미 수많은 '박정희의 아이들'을 만들어 놓았다. 이후 10년이 넘도록 대한민국 전체를 관통하는 최고의 엘리트 군부집단, '하나회'가 그것이다. 하나회는 군부 내 사조직이지만 더 정확히 말하면 대한민국 육군사관학교 출신자들만의 비밀 사조직이었다.

물론 앞선 선배 중에 후원자 격으로 몇몇 다른 회원들이 있었지만 중심은 최초의 정규 4년제 육사 생도인 11기를 중심으로 뭉친 집단이었고 이후 육사 기수부터 뛰어난 인재들과 영남 출신 인사들을 주력으로 영입하며 군 내부에서 서로 끌어주고 밀어주는 집단이었다. 즉 단순한 육사 내 엘리트 집단일 뿐 아니라 영남 중심의 지역적 색채를 가지고 있는 집단이었다. 물론 중심이 그렇다는 것이고 다른 지역 출신도 간간이 있었다.

중요한 것은 하나회를 창설하고 실질적으로 이끈 사람은 바로 육사 11기의 선두주자인 전두환이라는 점이었다.

전두환은 1931년 3월 6일 경상남도 합천군 율곡면 내천리에서 태어났고 5세에 가족과 함께 대구로 이주하였다.

그는 이곳에서 성장하며 대구공업고등학교로 진학한 뒤 졸업했다. 그는 경남태생이지만 이런 성장 배경 때문에 훗날 대구를 비롯한 경북의 지지를 정치적 기반으로 가지게 된다. 그는 6.25전쟁이 발발하자 학도병으로 입대했으나 전쟁이 한창이던 1951년 육군사관학교에 입학한다. 4년제 정규 육사의 첫 기수로 앞서도 정규 육사 생도 기수가 있었지만 그들은 교육을 끝마치지 못하고 6.25전쟁에 바로 투입되는 바람에 전두환의 기수가 첫 번째 정규 육사 졸업생으로 소위 계급장을 달게 되었다. 그 때문에 이들은 입학 당시만 해도 육사 1기의 정식 명칭을 가지고 있었지만, 훗날 육군 수뇌부에서 앞선 임시 육사 기수들을 1~10기의 명칭을 붙이고 전두환의 기수를 11기로 정식 수정하였다. 이에 대해 정규 생도들은 큰 반발을 하였지만 이미 결정된 사안을 바꿀 수는 없었다. 하지만 전두환과 11기들은 엄연히 자신들이 정규 육사의 첫 번째 졸업생이라는 엘리트 의식이 있었고 대놓고 선배들을 무시할 수는 없었지만 단순한 자부심을 넘는 우월감이 있었다. 이는 훗날 한참 앞의 선배들에게 하극상을 벌이고 군사 쿠데타를 일으키는데에도 영향을 주었을 것이다.

오죽하면 하나회 멤버이며 전두환의 동서이기도 한 김상구는 중령 시절 상관이자 훗날 12.12사태 당시 수도경비사령관이었던 수도경비사령부 참모장 장태완의 질책을 받자 "내가 당신보다는 군사학을 더 배우고 임관했습니다"라는 충격적인 발언을 하기도 했다. 일개 중령이 별을 단 장성에게 대놓고 반항한 사건으로 철저한 계급사회인 군에서 이런 발언은 지금도 상상할 수 없는 일이다. 장태완이 군의 단기양성 장교인 갑종출신° 이라 이것을 무시한 것인데 그는 군사학을 떠나 6.25전쟁의 최전선에서 활약하여 무공훈장을 받고 소대장부터 중대장까지 전쟁의 한복판에서 살아남은 사람이다. 이런 사람에게 군사학을 논하니 황당한 일이라 하지 않을 수 없다. 사법고시를 패스하고 사법연수원에서도 최상위권 성적을 거두며 판사로 임용된 노무현 전 대통령을 고졸 출신이라며 무시하는 경우와 비슷하지 않을까? 이 정도로 육사 출신자들의 자부심은 대단했다. 전두환이 입학한 육군사관학교는 미국의 육군사관학교인 웨스트포인트를 본뜬 곳으로 6.25전쟁 중에 교육을 받느라 치열한 전투 내내 후방에 있었다. 그 때문에 실전을 겪은 선배들은 11기들이 가지는 자부심과는 반대로 자신들이 치열하게 싸울 때 안전하게 후방에서 훈련만 받았다 하여 이들을 화초 세대라 놀리기도 했다. 실제로 11기수들은 6.25전쟁이 이미 끝난 1955년에 소위로 임관한다. 전두환은 분명 당시 정규 육사 첫 기수로 들어간 것만 봐도 나름 뛰어난 인물이라고 볼 수도 있지만 육사 입학은 보결로 겨우 들어갔으며 기수 156명 중에서 121등, 최하위권으로 임관했다. 그의 친우인 노태우가 60등대였던걸 생각하면 그는 육사 내에서는 확실히 성적이 좋지 않았다. 하지만 그는 무리를 이끄는 능력이 탁월했다고 전해진다. 체육이나 육사 내 친목 활동에서는 항상 앞장서는 모습을 보여줬고 육사 내에서도 '오성회'° 라는 조직을 만들어 이미 하나회의 전신적 조직을 이끌었다. 이 오성회의 멤버 중에는 훗날 12.12사태에 같이 가담한 노태우, 백운택 등이 소속되어 있었다. 물론 이들은 모두 영남 출신이었다. 전두환은 소대장을 거쳐 미국 특수전 파견 교육 장교로 선발되어 군사 영어반에 입교한 뒤 수료를 마친 후 미 육군 특전단에서 특수전학교, 심리전학교 교육을 수료했다. 이 미국 특수전 교육과정은 그의 친우 노태우도 함께했고 미국 육군보병학교 교육을 이수했다. 이것은 당시 기준으로는

° 지금은 폐지된 단기 장교양성 과정으로 단기 사관의 형태로 을종하사관과 함께 교육을 하고 고등학교 졸업 이상의 학력을 가진 자는 장교로 임관시키고 그 이하의 학력을 가진 자는 부사관으로 임관시켰다.

최고의 군사 대국 미국의 고급군사교육과 특수전 교육을 국가의 지원으로 받은 파격적인 엘리트 코스였다.

전두환은 미군의 교육을 마치고 귀국하여 여러 보직을 거쳐 육군 대위로 서울대학교에서 교관으로 복무하였다. 그러던 중 그의 인생을 바꿀 전환점인 5.16쿠데타가 터졌다. 전두환은 이를 미리 알지 못했고 5.16에 참여하지 못한 것을 한탄했지만 바로 모교인 육사로 향했다. 그는 군의 명예를 상징하는 장교양성기관, 육사의 젊은이들을 동원해 혁명을 지지하는 시위를 하는 것으로 5.16에 힘을 보태고자 했다. 하지만 훗날 국무총리가 되는 강영훈 육사교장은 이를 반대했다. 전두환은 군사혁명위원회에 강영훈 교장이 지지 시위를 방해하고 있다며 그를 음해했고 결국 육사 생도들을 동원하여 혁명 지지 시위를 벌이는 데 성공했다. 강영훈은 5.16 직후 마포형무소에 수용되었다. 사실 이것은 전두환 본인에게는 굉장히 발빠른 대처였고 완벽하게 모든 실권을 장악하고 훗날 대한민국을 18년간 독재하는 절대 권력자, 박정희의 마음을 사로잡는 그의 인생 첫 번째 터닝 포인트였다. 이렇듯 그는 자신에게 다가온 기회를 놓치지 않는 남자였다. 이는 훗날 하나회를 결성하고 또 박정희가 이를 밀어주는 계기를 만든 일이었고 육사 보결 입학에 최하위권 졸업생이었던 전두환이 동기 중 가장 먼저 별을 달게 되는 시발점이기도 하다.

1962년 최고회의의장 박정희는 직접 전두환을 불러들여 그가 육사 생도들을 동원했던 정치적 감각을 높이 사 국회의원 출마를 권유했다. 당시 대위였고 훗날 대통령 경호실장이 되는 차지철은 박정희의 권유에 중령에서 군복을 벗고 정치에 뛰어들게 되지만 전두환은 군에 남을 것을 피력했다. 군에 남아 당신을 위해 충성하겠다는 그를 본 박정희는 더더욱 전두환을 총애하고 지지하게 되었고 군 내부

˅ 육사 11기 전두환, 노태우, 박병화, 최성택 등이 육사 생도일 때 결성한 조직으로 모두 영남 출신이었다. 이 조직은 하나회의 전신적인 조직으로 11기만의 모임이었지만 이것이 하나회로 발전하며 후배 기수의 엘리트들까지 포함하는 조직으로 발전한다.

에서 차근차근 주요 요직을 거친다. 전두환은 소령으로 진급한 뒤 드디어 하나회를 창설하고 11기를 중심으로 육사 후배 기수들을 포섭하며 유학성(정훈 1기), 황영시(육사 10기), 차규헌(육사 8기) 등의 군 선배들이 후원자 격으로 합류했다. 그 후 전두환은 육군 중령으로 승진하며 중앙정보부 참모직, 육본 인사참모부 등을 거치면서 1965년 6월 육군대학 과정을 수료하였다.

이후 동기 중 가장 먼저 대령이 된 그는 1970년 월남전에도 참전하여 백마부대 29연대장직을 맡았고 베트남전에서 화랑, 충무, 을지무공훈장을 수여 받기도 했다. 전두환은 전투에서 딱히 큰 실책을 범한 적은 없었지만 여러 구설에 오르기도 하는데 열악한 상황에서도 뜨거운 물로 샤워를 고집하다가 상관에게 한 소리 듣기도 했고 노획물 보고를 암시장에서 구매한 것들로 보고해 신망을 잃기도 했다. 이러한 사건들로 직속 상관들이 훈장 수여를 반대하는 일까지 있었다.

이후 월남에서 본국으로 복귀한 뒤 곧장 1공수특전여단장에 부임했고 1974년 정식으로 육군 준장으로 진급했다. 그는 결국 동기 중 가장 먼저 별을 달게 되었고 드디어 그가 꿈꿨던 전두환 '장군'으로 불리게 되었다.

두 번째 터닝 포인트, 12.12쿠데타

1공수특전여단장 시절 앞서 박정희 정권에서 설명했던 윤필용 사건이 터졌고 전두환도 이 소용돌이에 휘말리게 되는데 당시 수사를 맡았던 보안사령관 강창성의 칼날이 전두환과 하나회로 향하며 실제로 전두환은 이 사건으로 군복을 벗을 뻔한 위기를 겪지만 경호실장 박종규의 비호로 간신히 위기를 넘겼다. 강창성은 이후 한직으로 갔다가 전역했다.

윤필용은 전두환과 하나회를 밀어주던 사람으로 박정희 정권하에서 대표적인 실세였지만 이 사건으로 순식간에 나락으로 떨어졌다. 하나회 역시 이 사건에 엮인 일부 인사들이 군복을 벗게 되었지만 살아남은 전두환의 입지는 더 견고해지는 결과를 낳았다. 박정희로서도 오랜 시간 공을 들여 키운 군부 내 정규 육사 엘리트들을 다 쳐내기는 어려웠을 것이다.

전두환은 당시엔 또 다른 실세인 차지철 경호실장과의 사이도 원만했던 것으로 알려져 있다. 차지철 실장은 육사 12기에 떨어졌던 적이 있었고 전두환의 후배 격인 인물이었지만 이 당시의 위상은 진정한 박정희의 오른팔로 이제서야 별을 달기 시작한 육사 11기들과는 격이 달랐다.

이런 배경 때문에 군경력도 중령이 끝인 차지철은 육사 출신들을 싫어했다고 전해진다. 그러나 전두환은 그런 차지철의 밑에서 원만하게 대통령 경호실 작전차장보로 근무했고 1978년에는 소장 진급과 함께 지휘관의 '꽃'이라 불리는 사단장이 되어 전방으로 나갔다. 그것도 핵심 요직의 전방 사단인 1사단장으로 임명되었다. 전두환은 1사단장직을 수행하며 3땅굴을 발견하기도 했고 1979년 3월 파격적인 인사로 보안사령관직에 오르게 되는데 이는 12.12쿠데타까지 이어진 그의 보직으로 전두환의 인생 두 번째 터닝 포인트를 만들었다. 만약 그가 다른 평범한 참모 보직을 맡았더라면 12.12 같은 사건을 성공시키기는 어려웠을 것이다.

그는 이 시점에서 국군의 모든 정보를 손에 쥐게 되었고 이 시기 육사 11~12기들은 전·후방 사단장, 여단장을 맡았으며 12.12 당시 가장 중요한 부대였던 특수전사령부(특전사) 1, 3, 5공수 여단장에 하나회 출신 박희도(육사 12기), 최세창(육사 13기), 장기오(육사 12기)가 부임해 있었다. 하나회의 후원자 격인 선배들도 수도군단장에 차규헌, 1군단장에 황영시 등 핵심 보직에 부임해 있었다. 즉 실 병권을 관장하는 핵심군 보직에 이미 하나회의 회원들이 다수 포진해 있었으며 전두환에겐 '준비된 조직'의 힘이 존재했다는 것이다. 10.26사건은 바로 이런 시점에서 터졌다. 정국은 계엄법에 따라 계엄사령관에 육군참모총장 정승화 대장이 임명되었는데 당시 계엄 하 '계엄사령관'은 사실상 국가의 가장 핵심 인물이라고 봐도 무방했다. 박정희가 김재규 중앙정보부장에게 암살되었고 정승화와 마찬가지로 계엄법에 따라 군정보수사기관의 최고 선임 장교인 전두환은 10.26사건을 수사하는 '합동수사본부장'에 임명되는데 현역 국가원수가 암살된 사상 초유의 대

사건을 수사하는 이 합동수사본부장 역시 국가의 비상사태에서 가장 핵심적인 위치로 떠오르게 되었다. 심지어 일본 마이니치 신문은 10.26사건이 일어난 후 얼마 지나지 않아 "전두환 계엄사령부 수사본부장, 한국의 실권을 잡다"라는 제목의 기사를 발표했다. 전두환 합동수사본부장은 육사 11기의 실력자이며 그의 동기들이 실 병력을 관장하는 보직에 있기 때문에 군의 실권이 정승화 계엄사령관이 아닌 오히려 전두환에게 있다는 뉘앙스의 기사를 발표했다. 이것은 앞으로 전개될 12.12와 대한민국의 정세를 소름 끼칠 정도로 정확하게 판단한 분석이었다. 정승화는 계엄사령관에 오르고 얼마 지나지 않아 자신의 사람인 장태완 장군을 요직인 '수도경비사령관'(수경사)에 임명한다. 하지만 그가 부임했을 때 예하 핵심 부대인 수경사 30, 33경비단의 단장은 하나회 회원이면서 후에 안기부장을 역임하는 전두환의 최측근 장세동(육사 16기)과 육군참모총장을 역임하는 김진영(육사 17기)이었다.

즉 수도 서울을 방호하고 정변에 대비하는 수경사의 핵심 지휘관 2명이 하나회 출신이었으며 서울로 빠르게 진입할 수 있고 최고의 정예 전투 요원들로 구성된 부대인 특전사 역시 3명의 실 병권을 장악한 지휘관, 공수여단장이 모두 하나회였다. 이는 수경사와 특전사 2개의 부대가 이미 하나회에 장악된 상태였다는 것을 말해준다. 정승화는 이러한 판도를 읽지 못한 상황에서 계엄사령관으로서의 실권을 행사하려 했다.

전두환은 수사의 책임자로서 월권행위를 하며 정승화 총장과 대립하게 되는데 그는 청와대에서 발견된 자금 중 9억 5,000만 원을 자신의 독단으로 박정희의 딸 박근혜에게 전달했고 이 중 3억 5,000만 원을 수사비에 써달라며 돌려받았다고 회고록에서 밝혔다. 훗날 박근혜도 돈을 받았음을 인정한 바 있다. 하지만 당연히 이런 독단적인 조치는 수사본부장의 권한을 넘어선 단독 월권행위로 정승화는 크게 화를 내며 전두환을 문책했다. 전두환은 당시 모든 활동이 중지된 중앙정보부와 각 행정기관의 정보를 합동수사본부에서 먼저 취합하고 행정 관료들에게도 월

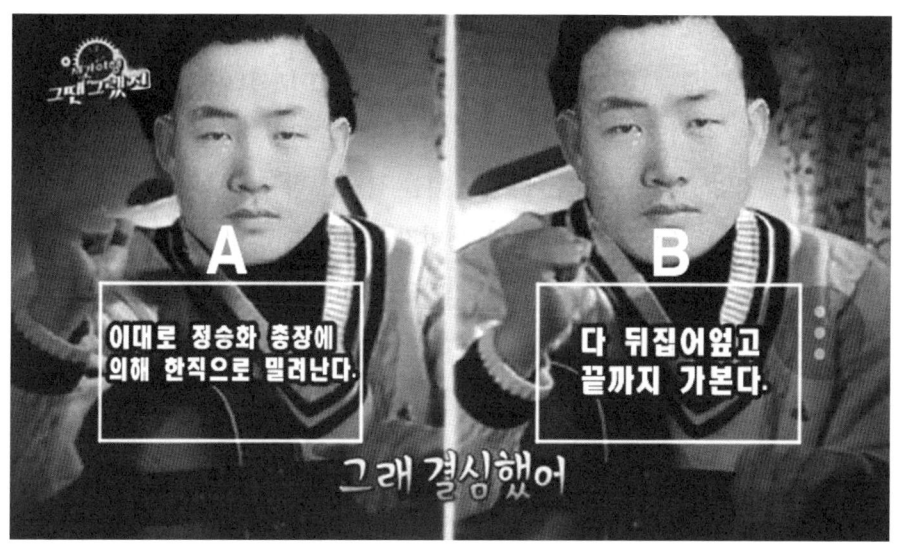

전두환은 두 번째 터닝포인트에서 목숨을 건 선택을 해야만 했고 B를 골랐다.

권을 행사하여 정승화의 분노를 사기도 했다. 보다 못한 정승화는 전두환과 육사 11기 일부의 인사이동을 추진했다. 이것은 결정적으로 전두환이 12.12를 일으키는 원인이 됐다. 당연히 하나회라고 해서 처음부터 군사 쿠데타를 계획하지는 않았다. 그들에게도 합법적인 계엄 하 계엄사령관을 끌어내리는 것은 목숨을 걸어야 하는 일이며 실패했을 경우 역사에 씻을 수 없는 배반자로 남게 되는 일이었기 때문이다. 전두환은 여기서 두 번째 터닝 포인트를 진행했다. 이 당시 전두환에게는 두 가지 무기가 있었다. 하나는 전두환이라는 인물이 가진 과감한 결단력과 그가 군의 모든 정보를 장악하고 있는 보안사령관이라는 것, 또 하나는 이미 준비되어 있는 조직, 바로 하나회였다. 그러나 모든 사건은 명분을 얻지 못했을 때 힘만으론 밀어붙인다 한들 그 후의 사태를 수습하기가 굉장히 어려운 법이다. 당연히 병력의 출동은 그들에게도 최후의 수단이었다. 드디어 12월 12일 전두환과 하나회는 움직이게 되는데 그들은 장세동이 책임자로 있었던 경복궁 30경비단에 모여 12.12를 일으켰다.

전두환은 일단 소수의 병력을 출동시켜 정승화를 납치하는 데 성공한다. 이를 위해 수경사령관 장태완과 특전사령관 정병주를 술을 대접한다며 유인했고 그 사이 빠르게 일을 진행했다. 장태완과 정병주는 뒤늦게 보고를 듣게 되고 급하게 부대로 복귀했지만 완벽한 준비를 마치고 일을 진행한 반란군 측과 비교해 육군본부와 타 진압군 측은 아무런 대비가 되어있지 않았고 최고 지휘계통인 정승화 계엄사령관이 납치됨으로써 빠른 대처가 어려웠다. 전두환은 이런 시점에서 우선 명분을 얻기 위해 대통령 재가를 받고자 했다. 그러나 당시 대통령 최규하는 사태의 정확한 진실을 알 수 없었고 국방장관의 의견 없이는 재가할 수 없다고 버텼다.

문제는 12.12가 발생하고 노재현 국방장관이 제대로 된 수습을 하지 않고 먼저 몸을 피했다. 아무리 예상할 수 없던 사태였고 당장 사태 파악을 할 수 없는 상황이었더라도 무책임한 행동이었으며 계엄사령관이 없는 상황에서 국방장관이 빠르게 대처에 나섰다면 대한민국에서 또다시 군사 쿠데타가 일어나는 것을 막을 수 있었을지도 모를 일이었다. 역사의 흐름이 놀랍도록 똑같지 않은가? 5.16 당시 군의 수뇌부는 박정희의 거사를 전혀 막지 못했다. 총책임자인 장면 총리는 어떠한가? 그는 쿠데타를 적극적으로 막으려는 어떠한 노력도 하지 않고 숨어버렸다. 12.12에서는 정승화가 속수무책으로 당한 상황에서 유일하게 사태를 진압할 수 있는 국방장관 노재현이 장면과 똑같이 아무런 조치도 하지 않은 채 도망친 것이다. 이게 역사의 무서움이다. 나폴레옹이 영국을 정리하지 못한 상황에서 러시아를 건드렸다가 망했던 역사적 사건에서 배우지 못하고 약 130년 후 똑같은 행동을 했다가 모든 것을 잃는 인물이 있다. 바로 나치 독일의 아돌프 히틀러다. 역사는 과거를 배우며 익히고 반성하며 미래를 준비해야 하는 학문이다. 대한민국의 실권자들은 과거의 역사에서 아무런 교훈을 얻지 못했다. 역사에서 아무것도 배우지 못한 책임자들의 실패는 또다시 군이 국민 위에 군림하는 결과를 낳았다.

반란군 측은 말하자면 이판사판이다. 어차피 일이 벌어진 이상 밀린다는 것은 곧 죽음이요 영원한 역사의 패배자로 심판받게 되는 일이었다. 그들은 주저 없이 병력을 선제 출동시켰다.

첫 번째로 나선 부대는 박희도의 1공수여단이었다.

육군본부에서는 바로 병력을 출동시킬 수 있는 부대라곤 장태완의 수경사 병력 밖에 없었다. 그나마도 핵심 30, 33경비단의 배신으로 극히 소수의 병력밖에 없는 실정이었다.

그러나 진압군 측에는 하나의 카드가 남아 있었다.

바로 서울로 어떤 부대보다 빠르게 진입할 수 있는 윤흥기 준장의 9공수여단이었다. 9공수여단의 윤흥기는 4개의 공수여단 중 유일하게 육사 출신 장교가 아니었다. 특전사령관 정병주는 1공수의 출동을 어떻게든 막으려 했지만, 박희도를 막을 수 없었다. 이런 상황에서 아무런 실 병력이 없었던 육군본부는 지휘소를 장태완의 수도경비사령부로 이동하고 정식으로 9공수여단의 출동을 명령한다. 상황이 이렇게 되니 발등에 불이 떨어진 건 오히려 반란군 측이었다.

9공수여단이 먼저 들이닥친다면 최정예 공수부대를 30경비단의 병력으로 막아내기는 쉽지 않은 일이었기 때문이다.

급해진 반란군 측은 기지를 발휘하여 기만전술을 사용했다. 육본지휘부 최선임 장교인 육군참모차장 윤성민 중장은 유혈사태가 일어나는 것을 걱정했고 9공수여단의 출동을 막는다면 자신들도 1공수를 출동하지 않겠다는 반란군 측의 제의를 받아들여 일종의 신사협정을 맺었다. 하지만 이것은 결정적인 실수였다. 육군본부 지휘부는 스스로 이 반란을 진압할 수 있는 유일한 카드를 접어버린 것이다. 9공수여단은 서울로 진입 중 육본의 명령을 받고 철수했지만 1공수여단은 그대로 출동해 지휘부가 떠난 육본과 국방부를 손쉽게 장악했던 것이다.

사실 김포 방면에서 출동한 1공수여단을 30사단장 박희모 장군이 행주대교를 막거나 폐쇄했다면 상황은 진압군 측에 더 유리하게 돌아갈 수 있었지만 이미 보안사의 연락을 받은 그는 1공수의 진입을 모른 척 방치했다. 그는 이 12.12 이후 훗날 중장까지 승진한다.

   3, 5 공수여단장도 부대로 돌아가 출동 준비를 하는데 3공수여단장 최세창 준장은 병력을 출동해 본인의 상관인 특전사령관 정병주를 체포했다. 특전사령관은 사령부 전체의 지휘권을 가진 장교이지만 이 당시 특전사령관은 직속 병력이 없었다. 훗날 특전사령관이 되는 박희도는 실 병력이 없는 특전사령관이 무기력하게 체포되었던 이 사례를 보고 자신의 사령관 재임 시절 사령관 직속 부대인 707 특임대를 창설했다. 하극상을 일으켜 군 지휘체계를 무너뜨린 장본인이 다시 하극상이 일어날 것을 대비하여 사령관 직속 부대를 창설한 이런 상황은 역사의 아이러니를 보여주는 부분이라 하겠다. 오히려 반란을 일으킨 당사자는 역사에서 배우고 또다시 있을지 모르는 반란에 대비하는 이런 모습은 정말 우습지 않은가? 이 과정에서 사상자가 발생했으며 정병주 사령관 본인도 총상을 입었고 사령관의 비서였던 김오랑 소령이 목숨을 잃었다.

   국민의 생명과 재산을 지켜야 하는 숭고한 군인의 본분을 잊고 하룻밤 사이에 여러 안타까운 젊은이들이 죽거나 다치게 된 것이다. 게다가 결정적으로 반란군은 노태우의 9사단 29연대를 서울로 출동시켰는데 이것은 북한군과 직접 상대하기 위한 전방병력을 직속 상관 3군사령관의 명령을 무시하고 출동시킨 것이며 또한 전방병력은 한미연합사령관의 명령이 있어야 움직일 수 있었다. 전방병력을 빼낸 것은 반란군 측이 오랜 시간이 지난 후에도 대표적으로 비난받는 사건이었다.

   결국 진압군 측에 남은 부대는 장태완의 수경사령부 단 하나였다. 하지만 수경사는 앞서 말했듯 이미 하나회의 입김이 닿아 있는 부대였고 부임한 지 그리 오래되지 않았던 장태완이 완벽하게 장악한 부대가 아니었다. 장태완은 전방병력의 투입을 요청하고 할 수 있는 조치를 시도했지만, 애당초 이판사판인 반란군 측과 이런 급박한 상황에서도 따질 것을 따지며 대응하는 진압군 측은 상대가 되지 않

12.12 쿠데타를 성공시키고 1979년 12월 14일 쿠데타 인사들이 찍은 기념사진

앉다. 이미 정규 육사와 하나회 인맥이 움직이고 있었고 군내 정보를 시시각각 훤히 파악하고 있는 전두환의 보안사령부는 모든 면에서 한 수 위였다. 결국 수경사 내의 헌병부단장 신윤희 중령은 전두환의 명령을 받고 상관인 장태완과 육군본부 지휘부를 체포하면서 12.12는 전두환의 승리로 끝나게 되었다. 물론 신윤희 역시 육사 21기, 전두환의 후배였다.

이렇게 불과 하룻밤 만에 벌어진 쿠데타로 대한민국의 역사는 다시 한번 군부가 장악하게 된다. 이들을 '신군부'라 하며 박정희의 유신정권이 무너지고 민주화의 바람이 이루어지리라 생각했던 모든 이들의 꿈은 사라지게 되었다. 물론 이 시점까지는 아직 표면적으로 그들이 전면에 나오지는 않았다.

노재현 국방장관 역시 1공수여단에 의해 신병이 확보되었고 장관을 앞세워 대통령 최규하에게 재가를 받아냈다. 이것은 분명한 사후재가였다. 자신들 마음대로 이미 일을 저질러 놓고 받은 재가였고 최규하 역시도 역사의 책임을 회피하고 싶었는지 사인을 한 날짜를 다음날 12월 13일로 적고 시간까지 따로 적으면서 이것이 사후재가임을 표시했다.

12.12는 철저한 계획과 준비된 조직의 힘으로 성공한 군사 쿠데타였고 5.16 같은 경우는 사실상 무혈입성이라 할 수 있지만 12.12는 아군끼리 사상자가 발생했다.

이 하룻밤 만에 정상적인 지휘권이 무시된 부대는 육군본부, 3군사령부, 수경사, 특전사, 한미연합사까지 군내의 출신과 인맥으로 모든 지휘계통이 무너져 내린 대한민국 국군 역사에 남을 치욕적인 사건이었다. 또 하나의 문제는 명분상 정승화에게도 분명히 약점이 있었다. 정승화는 12.12 당시 궁정동에 있었고 분명히 총성을 들었을 것이며 오랜 세월 군 생활을 한 전문가인데도 당시 아무런 조치 없이 김재규에게 끌려 밖으로 나왔다. 또한, 김재규 본인이 체포된 후 "정승화는 내 심복이다. 왜 그날 저녁 남산으로 가지 않고 육본으로 갔겠느냐? 당장 내일 아침이면 계엄사령관이 너희들 대장인 전두환을 적절히 조치할 것이다"라고 정승화와의 관계를 들먹인 바가 있었다. 이런 정황은 정승화가 김재규와 공모하여 권력을 찬탈하려 했다는 혐의를 씌우기에 적절했다. 그러나 정황상 김재규를 체포한 것은 분명히 정승화이고 막상 재판에서는 정승화와 연계했다는 아무런 증언이 나오지 않았기 때문에 그가 김재규와 어떤 식으로든 연결되어 있었다는 것은 무리한 해석이다.

12.12쿠데타에 저항한 자들

전두환과 하나회는 대한민국의 군권을 사실상 장악하게 되었고 당시 계엄 상황의 특성상 대한민국 전체를 장악한 것이라 봐도 무방했다. 반란을 막으려 했던 장태완과 정병주는 즉각 예편되었고 정승화는 예편뿐 아니라 10.26사건에도 책임을 물어 이등병으로 강등된 후 불명예 전역을 당했다.

정병주는 예편 후에도 자식처럼 아꼈던 직속 후배들의 배신에 괴로워했고 자신을 지키려다 죽은 김오랑 소령의 일로 죄책감에 시달렸다고 한다. 그는 예편하고도 12.12쿠데타에 대한 부당성을 내내 주장했지만 1988년 10월에 야산에서 목을 매달아 시신으로 발견되었다. 그의 죽음에 의문을 내놓은 사람들이 많았지만 특별한 다른 정황이 발견되지 않아 사건은 자살로 종결됐다.

장태완의 경우는 부친이 아들의 신세를 한탄하다가 12.12쿠데타 이듬해 과음으로 별세했고 1982년에는 외아들 장성호가 행방불명된 이후 칠곡군 산기슭에서 싸늘한 시신으로 발견되었다. 장태완의 아들 장성호는 서울대학교 자연대에 합격하고 수석을 차지한 수재였지만 너무 어린 나이에 안타깝게 세상을 떠나고 말았다. 그의 죽음에 많은 의혹이 제기되었지만, 자살로 종결되었다. 장태완은 "성호는 내가 죽인 것이다"라며 자책했다고 전해진다. 그는 이후 12.12에 대해 기록한 책을 집필하고 내내 12.12의 부당성을 설파하며 정병주의 죽음에도 의문을 제기하면서 이후 국회의원이 되었지만 2010년에 세상을 떠났고 그가 떠난 이후 얼마 지나지 않아 부인 이병호 씨가 자택에서 스스로 목숨을 끊음으로써 안타까움을 더했다.

12.12에서 직접적으로 목숨을 잃은 김오랑 소령을 빼놓을 수 없다. 그는 마지막까지 군인의 본분을 다하여 자신의 상관을 지키고자 했지만, 반란군 3공수여단에 의해 세상을 떠났다. 김오랑 소령의 경우는 특히나 마음이 아픈 경우인데 한창 나이의 젊고 유망한 장교였고 순식간에 남편을 잃은 미망인 백영옥은 이 충격으로 실명하였으며 양친 역시 막내아들의 비참한 죽음에 충격을 받아 화병으로 세상을 떠났다.

김오랑의 아내 백영옥은 훗날 1991년 변사체로 발견되었고 경찰은 처음에 자살로 처리하고자 했으나 유족들의 강력한 반발로 실족사로 수정되었다. 이 죽음에도 많은 의혹이 제기되었다. 김오랑의 죽음 후 부인 백영옥 씨는 남편의 명예회복을 위해 큰 노력을 했다. 그 노력 끝에 1990년, 뒤늦게 김오랑은 중령으로 추서되었고 아주 오랜 시간이 지나 2014년 1월 보국훈장 삼일장이 추서되었으며 특전사령부 내에는 "우리는 김오랑 선배님을 기억합니다"라는 현수막이 걸렸다. 군인의 본분을 지킨 참군인이 명예를 회복하는 데에는 참으로 오랜 시간이 걸렸다.

12.12에 맞선 참군인 김오랑 중령(사후 추서된 계급)

아무리 흔히 역사는 승자의 기록이라 하지만 우리 대한민국에서 일어나는 이런 일을 후대가 기억하고 배워야 하지 않겠는가? 반란의 주역들은 그중 대통령이 2명이 나왔고 각각 장군, 고위관료, 공사사장, 국회의원 등을 맡으며 승승장구했다. 물론 민주화 정권이 들어선 후 재판에 회부되어 처벌을 받았지만 결정적인 처벌은 피했다. 쿠데타에 직접 참여하지는 않았지만, 반란군을 모른척했던 30사단장 박희모 장군은 영전하여 중장까지 오르고 김오랑 소령을 죽음에 이르게 했던 박종규 역시 군부정권 아래서 장군으로 진급하고 소장까지 오른 뒤 민주화 정권이 들어서자 군복을 벗게 된다. 반란군 측에 붙어 직속 상관을 체포했던 신윤희도 육군 소장까지 오르며 반란에 참여한 대가를 받았다. 이렇듯 반란의 주역들과 조력한 인물들은 영전하고 권력을 얻으며 떵떵거리면서 살았지만 반란을 어떻게든 막으려 한 인물들은 집안이 풍비박산 나고 명예를 잃고 비극적인 죽음을 맞이했던 것을 볼 수가 있다. 이러한 역사를 보며 앞으로도 수없이 양성될 군의 명예를 상징하는 장교들에게 어떠한 교훈을 줄 수가 있겠는가? 젊은 장교들이 따르고 존경하고 가슴속에 품어야 하는 선배 장교는 부정한 방법과 권력에 대한 아첨으로 별 3개, 별 4개를 단 장교가 아니다. 바로 군인의 본분을 지킨 김오랑, 정병주 같은 참군인들이다.

대한민국의 법이 반란군을 제대로 단죄하지 않았지만 우리는 역사로라도 그들을 단죄하고 그들에게 맞섰던 진정한 군인들을 기억해야 할 것이다.

이 땅에 다시는 힘으로 군부가 국민 위에 설 수 없음을 역사를 통해 배우며 모두가 분명한 인식을 다져 나가야 한다.

신군부의 권력 장악과 5.18

진압군 측을 제압하고 대통령 재가를 받아낸 전두환과 신군부는 모든 것을 손에 넣었다. 분명 전두환이라는 인물은 나쁘고 좋고를 떠나 대단한 인물이라는 것을 부정할 수 없다.

그는 5.16이 일어나던 시점에 고작 해봐야 위관급 대위였고 직접 5.16에 참여했었던 인물도 아니었다. 그러나 그는 순간적인 기지를 발휘하여 이후 20년 가까이 대한민국 전체를 지배하는 권력자의 마음을 사로잡는다. 그는 이 사건으로 군의 중심부에서 거침없이 진급했고 여러 요직을 거치며 하나회라는 조직을 창설하고 이끌게 된다. 영원할 것만 같았던 박정희의 집권이 어처구니없는 종말을 맞게 된 것은 1979년 10월, 이것 역시 전두환에게는 하늘이 준 타이밍이라고밖에는 생각할 수 없는 시기였다. 전두환은 딱 이 시기에 군내 모든 정보를 총괄하는 보안사령관이었고 대통령이 암살된 이 사건에서 계엄법에 따라 군정보수사기관의 최고 장교였기에 아무 문제 없이 합동수사본부장에 오른다. 그의 보직이 요직임과 동시에 시기적으로 아무런 이의 없이 정국의 또 다른 실세로 바로 등극하게 된 것이다. 또 절대 권력자 박정희가 살해된 시점은 우연히도 육사 11~12기들이 실 병권을 관장하는 여단장, 사단장에 부임하고 있던 그야말로 하늘이 준 타이밍이었다.

정승화가 사성장군으로 제아무리 계엄사령관이라 한들 속수무책으로 당했던 것은 이러한 이유 때문이었다. 물론 시기적으로 적절했다고 해서 이렇게 거대한 사건이 성공하는 것은 아니다. 전두환은 보안사령관으로서 정승화의 인사계획을 미리 입수했고 사실 그에게도 목숨을 걸어야 하는 반란은 쉽게 실행할 수 있는 계획이 아니었을 것이다. 그러나 전두환은 육사 시절부터 과감한 결단력과 행동력이 있었다. 그는 망설임 없이 미리 준비한 조직 하나회를 집결하여 단 하룻밤 사이에 모든 것을 뒤집어엎고 대한민국을 장악한다.

전두환이 하나회라는 비밀무기를 동원할 수 있었던 것은 앞선 박정희 군부정권의 유산이지만 정규 육사들의 군내 장악을 주도한 것은 엄연히 전두환 본인이다.

같은 출신이라는 것은 끈끈한 유대감을 만들었고 한 조직을 한 출신이 장악했을 경우 계급도 명령도 지휘체계도 모든 것이 무너진다는 것을 우리는 12.12를 통하여 볼 수 있다.

전두환은 명확한 타이밍에 자신에게 찾아온 두 번의 기회를 완벽하게 잡은 것이다. 이것은 천운도 천운이지만 역사적으로 생각할 때도 놀라운 일이다. 한순간에 앞으로 모든 것을 장악할 권력자의 마음을 사로잡은 것도 놀라운 일이지만 그 권력자가 죽었을 때 표면적으로 이인자도, 삼인자도 아닌 인물이 힘으로 모든 것을 장악하는 데 성공하는 것은 굉장히 드문 일이다. 하나회라는 비장의 카드가 있었지만, 어찌 되었든 그 하나회를 만들고 이끌어온 것은 분명하게 전두환 본인이다. 그의 좋고 나쁨의 평가를 떠나 정국을 장악할 운과 실력, 모든 것이 그에게 있었음을 솔직히 부정할 수 없다.

12.12쿠데타를 성공시킨 주역들은 12월 14일 보안사에서 쿠데타 성공을 축하하는 파티를 열었다.

이러한 군 내부적 사태와는 다르게 1980년 초에는 일명 '서울의 봄'이 찾아왔다. 2월 29일에 김대중, 윤보선, 문익환 등을 포함한 대규모의 사면복권이 이루어졌고 3월부터 각 대학이 개학한 뒤부터는 대대적인 민주화에 대한 시위와 집회가 열렸다. 신년부터 김영삼 신민당 총재와 김종필 공화당 총재도 개헌에 관해 이야기를 하며 새로운 정부를 준비했고 1~2월에는 국회에서도 본격적인 대통령 직선제에 대한 논의가 이루어졌다. 김대중은 사면, 복권되었지만 그에 대한 군부의 감시와 견제는 여전했다. 김영삼은 신민당으로 김대중을 직접 영입하고자 했다. 그리고 김영삼은 이미 2월에 대통령 출마를 시사했다. 이런 상황에서 김대중은 신민당에 함부로 합류할 수 없었다. 김대중은 합류한다 해도 이미 신민당 내 모든 기반을 갖춘 김영삼과 대결해 대선에 출마한다는 것은 어려운 일이었다. 김대중은 그의 정치기반과 그를 따르는 이들도 생각해야 했다. 그는 4월 7일 신민당 입당 포기 선언을 발표했는데 양 김은 훗날 1987년에도 서로 힘을 합치지 못해 역사의 흐름을 바꿀 기회를 놓치게 되는데 이 시점에도 12.12쿠데타로 신군부가 모든 군권을 장악한 상황에서 민주화 인사들은 하나로 뭉쳐 그들과 싸워도 모자란 판에 서로 분열하는 모습만을 보여주고 있었다. 신군부는 단순하게 군권을 장악한 것뿐만 아니라 그 군권을 이어가기 위해서, 더 나아가 국가권력을 전부 장악 할 수 있도록 전두환을 집권자로 만들 필요가 있었다. 그래서 나온 계획이 'K-공작'이다.

'K'는 'King' 왕을 뜻하며 말 그대로 전두환을 왕으로 만들겠다는 계획이다. 이는 구체적으로 자신들에게 유리한 여론을 조성하고 언론을 통제, 회유할 목적으로 수립된 계획이었다. 그들은 정국의 혼란함을 강조하고 안정을 도모해야 한다는 여론을 흘리고 조종했다. 이런 상황에서 4월 14일 전두환은 보안사령관에 중앙정보부장 서리까지 겸하게 됐다. 현역군인은 중앙정보부장직을 맡을 수 없기에 서리라는 대리직으로 우선 임명되었다. 사실 이는 원래의 관례를 무시한 것이고 신현확 총리도 거부했으나 최규하는 이를 승인한다.

전두환은 이제 군과 국가의 양대 정보기관을 모두 다 장악했고 현역군인이면서도 국무회의에 참석할 수 있었다.

이것은 사실상 전두환이 국가의 가장 큰 실세가 되었다고 봐도 무방한 인사였다. 학생들과 국민은 민주화의 희망을 품고 시위에 나섰고 정치인들은 나름의 생각을 가지고 개헌과 정권 이양에 열중하고 있는 중이었지만, 전두환과 신군부의 계획은 국민들이 표면적으로 체감할 수 없게 천천히 진행되고 있었다.

1980년 5월 15일, 서울역에 엄청난 수의 대학생과 군중들이 몰리면서 10만이 넘는 인원이 결집했다. 이들은 비상계엄 해제를 요구하고 민주화를 추진할 것을 요구했으나 군부의 개입과 학생들과의 충돌을 걱정해 일단 해산하자는 측과 철야 농성을 해야 한다는 측이 대립하다가 회의 끝에 해산을 발표하고 철수하게 된다. 이것이 '서울역 회군'이다.

문제는 바로 광주였다. 서울에서 엄청난 군중이 모일 때 광주에서도 같은 15일, 전남대, 조선대 등 광주지역 대학생들이 모여 가두시위에 나섰다. 16일에 서울은 시위를 멈췄지만, 광주는 오히려 더더욱 규모가 커졌고 시민들까지 학생들을 지지하고 응원하는 상황이 발생했다. 사회적인 혼란이 과열되는 것은 신군부가 원하고 의도했던 바였다. 그럴수록 진압하는 측은 명분을 얻게 되기 때문이다.

전두환의 최측근 참모이며 브레인이라 할 수 있는 허화평, 허삼수, 이학봉은 전두환의 명령으로 혼란한 시국을 수습할 계획에 착안했다. 신군부는 곧바로 모든 것을 장악할 계획을 발표하고 1980년 5월 17일 비상계엄을 전국으로 확대하는 조치를 공표했다. 부분 계엄은 국방부 장관이 계엄사령부를 통제한다. 하지만 전국 계엄일 경우는 계엄사령관이 모든 것을 통제하고 대통령에게만 직속으로 연결된다. 즉 군부가 모든 것을 통제하였고 이미 신군부의 입김이 계엄사령부 전체에 작용하고 있기에 사실상 신군부는 이 조치로 모든 것을 장악하게 되었다.

전두환은 16일 중동 순방에서 돌아온 최규하에게 시국수습 방안으로 비상계엄 전국 확대, 국가보위비상대책위원회(국보위) 설치, 국기 문란자 수사, 권력형 부정 축재자 수사, 특정 정치인 활동 금지, 국회해산 등을 제안했다. 몇몇 가지 부분은 이해하기 어려운 초헌법적인 제한 조치들이었으나 꼭두각시나 다름없던 최규하는 이를 승낙한다. 다만 국회해산에는 반대했고 국보위도 현행 법령 안에서 설치할 것을 당부했다. 이것으로 12.12 이후 암암리에 실권을 행사하던 신군부는 표면적으로도 모든 것을 장악하게 됐다. 18일, 새벽부터 계엄이 확대되고 정치 활동이 금지되었으며 각 대학은 휴교령이 떨어졌다. 김영삼은 가택 연금되었고 김대중도 체포되었고 김종필 역시 감금되었다. 또 박정희 정권의 핵심 인물 10명이 부정 축재자로 발표되어 재산을 헌납하고 정계에서 은퇴하였다. 신군부는 앞서 전군 주요 지휘관 회의를 열고 비상계엄 전국 확대에 대한 논의를 미리 끝내 놓은 뒤 곧장 밀어붙였다.

계엄사는 혹시 모를 사태에 대비하여 전국 대학에 2만이 넘는 병력을 배치했다. 신군부는 비상계엄을 전국으로 확대하면서 군을 자유롭게 배치하고 반발하는 세력에게 투입할 수 있게 되었다. 앞선 유신정권의 실세들을 잡아들였고 변수였던 민주화 인사들과 국회의원, 그리고 가장 큰 장애물인 3김을 모두 제거하거나 힘을 쓰지 못하게 만들어 놓았다.

많은 사람이 이를 5.17쿠데타라 표현하기도 한다. 문제는 역시 광주였다. 광주에는 이미 7공수여단 병력이 주둔하고 있었다. 과거 1979년 10월 부마항쟁의 도화선은 부산, 경남의 정신적 지주였던 김영삼에 대한 박해가 그 원인이었다. 광주에서 항쟁이 일어난 것도 이와 비슷한데 신군부가 김대중을 체포한 일은 광주 전체를 분노하게 했다.

5월 18일 전남대 앞에서 학생들이 모이기 시작했고 계엄군과 충돌이 시작되었다. 학생들이 당하는 걸 본 일반 시민들까지 가세하여 사태는 과열되었고 특전사 병력 일부가 광주로 추가 투입되었다. 초기 대응부터 경찰이 아닌 군이 직접 투입되었고 광주를 제외하고는 대대적 민중항쟁의 성격을 가진 사건이 발생하지 않았기 때문에 신군부는 주요 병력을 광주에 집중 할 수 있었다. 5월 21일에는 전남도청 앞에서 시민을 향해 직접 발포가 있었는데 위협 사격에도 시위대가 해산하지 않자 직접 사격이 이루어졌다. 이 일로 인해 사상자가 발생했고 비무장 항쟁이 무장투쟁으로 순식간에 바뀌었으며 분노한 시민들은 계엄군에 맞서기 위해 나주와 장성, 영광, 담양 등의 파출소와 예비군 물자가 보관된 무기고를 공격하여 자체적인 무장을 이루고 시민군을 편성했다. 광주와 인근 지역은 순식간에 아수라장이 되었고 광주는 계엄군에 의해 모든 것이 철저하게 차단되었다. 광주의 항쟁은 대학생들이 주축이 되었지만, 일반 시민들이 이에 호응해 도시 전체가 합심한 항쟁으로 번졌다. 지역사회 원로들과 종교계 인물, 일부 관료들이 계엄사와의 지속적인 정면충돌을 우려하면서 협상을 시도했으나 계엄사는 제대로 된 협상을 진행하지 않았다. 신군부는 광주에서 일어난 항쟁을 폭도들의 '폭동'으로 규정하고 광주시를 철저하게 포위한 뒤 특전사 3개 여단과 20사단 병력을 중심으로 27일 광주를 탈환하는 작전을 실행했다. 시민이 아무리 폭탄이나 카빈 같은 소총으로 무장한다 한들 당연히 정식 군대를 당할 수 없는 법이다. 더군다나 상대는 최정예 특전병력이었다. 계엄군은 전남도청을 점거한 뒤 100여 명을 체포했고 광주항쟁 기간 2,500명이 넘는 시민과 학생을 체포했다.

광주항쟁 당시의 정확한 사망자는 나오지 않았다. 2007년 국방부 진상규명위는 10일간의 광주민주화운동 기간 사망자는 군인 23명, 경찰 4명이며 민간인 사망자는 166명이라고 발표했다. 하지만 많은 민간단체나 광주 관련 단체는 실제 사망자는 이보다 훨씬 많으며 상처를 입었다가 후에 사망한 경우도 있기 때문에 정확하지는 않지만, 훨씬 많은 피해자가 나왔다고 보고 있다.

사실 광주민주화운동은 이후 김영삼 정권에서 대대적인 진상조사와 처벌이 이루어지기 전까지는 광주사태, 광주폭동이라는 말이 흔하게 쓰였다. 2000년대 들어와서 국민 사이에 가장 큰 분열과 갈등의 소재가 되는 사건이 바로 이 5.18 광주민주화운동이라고 할 수 있는데 심지어 이 민중항쟁의 배경에 북한군이 광주로 몰래 침투하여 시민들을 선동하고 부추겨 폭동을 일으켰다고 주장하는 사람들이 나왔고 이는 인터넷상에선 굉장히 흔하게 볼 수 있는 설이 되었다. 이들은 북한 특수군 600명이 몰래 들어와 시민들 사이에서 계엄군과 싸우도록 선동했다고 주장하지만 아무런 근거 없는 허무맹랑한 주장이다. 애당초 북한군이 저런 군대의 대대 단위를 넘는 숫자로 시골 해안 마을도 아니고 광주같이 그 지역에서 가장 큰 도시로 소리소문없이 들어온다는 것은 불가능하다. 혹시 그게 사실이라고 한다면 그 책임을 누가 져야 하겠는가? 신군부가 그 책임을 져야 하지 않겠는가? 당시 전두환은 국가와 군내 모든 정보를 장악한 실권자였다.

즉 전두환이 모르는 정보는 대한민국 그 누구도 알 수 없는 정보라는 뜻이다. 광주에 북한군이 개입되어 있었다면 신군부에게는 오히려 자신들의 무능이 드러날지언정 굉장히 강력한 명분을 손에 쥘 기회다. 그러나 오랜 시간이 지나 2000년대로 들어와서도 이 설에 대한 질문에 전두환은 자신은 처음 듣는 이야기라고 밝혔다. 그렇다면 5.18은 왜 그런 말도 안 되는 모략까지 하면서 그 역사적 의미를 변색시켜야 할까? 이것은 5공화국 시절부터 계속해서 광주시민을 폭도로 몰았던 사상교육과 지금의 현실에 존재하는 뿌리 깊은 지역감정이 그 원인이라 할 것이다. 사실상 또 한 번의 쿠데타나 다름없는 5.17 이후 대대적인 항쟁이 일어난 지역은 광주 한곳 뿐이었다. 신군부는 신군부 나름대로 12.12가 일어난 후 실권을 장악했고 최규하 대통령 역시 허수아비나 마찬가지였지만 실제로 표면에 나올 수는 없었다. 명분과 그 외 따져야 할 것이 많았고 그래서 5.17 같은 극단적인 처방을 밀어붙였던 것이다. 신군부는 광주에서 밀리게 되면 그들의 세력 전체가 밀리는 것과 다름이 없었다. 신군부는 자신들의 집권을 위해 광주를 철저히 통제하고 언론과 여론, 모든 것을 신경써서 은폐했다. 광주항쟁은 10년이 넘는 세월을 많은 대중에게 하나의 폭동, 빨갱이들이 국가에 반항한 사건으로 기억되었다. 모든 것은 전두환 정권이 8년 동안 이어졌고 그 이후로도 군사정권의 연장선인 노태우가 당선되었기 때문이다. 물론 광주민주화운동을 처음 민중항쟁으로 정의한 것은 분명하게 노태우 정권이라는 것을 잊어서는 안 되겠다. 하지만 노태우 정권의 특성상 광주항쟁의 정확한 진실이 밝혀지지는 않았다. 90년대로 들어와서야 광주항쟁은 '민주화운동'이라는 타이틀을 간신히 달게 됐다.

물론 이 이후로 받는 역사적 의의와 평가, 보상 등이 필자는 대대적으로 이루어졌다고 생각한다. 또 특정 사건이 아무리 역사적 의의와 평가를 받는 사건이라 해도 성역이 있어서는 안 된다고 생각한다. 어떠한 사건에 대한 다양한 의문이나 의견을 제시하는 것은 자유이며 좋은 현상이다.

그렇지만 의도가 뻔히 보이는 비방이나 갈등을 조장하기 위해서, 또는 정당한 의문이나 주장이 아닌 일방적으로 특정 사건과 세력을 깎아내리기 위해서 대표적으로 언급되는 것이 바로 5.18이다. 시민들이 군부에 맞서 싸운 사건이 국민 분열과 갈등의 대표적인 도구로 사용되는 사실은 안타까운 일이다. 이 5.18 시기에 한 시대를 지탱하고 끝낸 바로 그 남자, 김재규의 사형도 집행되었다. 1980년 5월 24일, 그의 나이 54세였다.

어쨌든 전두환과 신군부는 가장 큰 산을 넘었다.
광주에서 피를 묻힘으로써 그들은 모든 준비를 끝냈다.
이제 더는 기다릴 필요가 없어진 것이다.

5.16과 12.12는 형제다

광주항쟁을 완전히 진압한 신군부는 1980년 5월 31일 앞서 제안했던 국가보위비상대책위원회 통칭 '국보위'를 설치했다. 국보위 상임위원회 상임위원장에 전두환을 비롯한 신군부 장성들이 대거 포진되었으며 말만 대통령 자문기관이지 사실상 모든 국가의 권력을 장악한 기구였다. 애당초 군권은 이미 확보한 후였으니 내각을 장악하고자 만든 기구가 바로 국보위였다. 국보위는 기자들을 대거 해고하고 강성 기자들을 구속했으며 신문, 방송 통폐합을 진행하고 정기간행물 172종을 폐간하였다.

국보위는 사회정화정책의 일환으로 각지의 군부대 내에 '삼청교육대'를 설치했다. 사회안정과 사회악 일소로 국가의 기강을 확립한다는 취지로 설치되었지만 정작 목표였던 불량배나 사회풍토와 질서를 어지럽히는 사람들만이 들어온 것이 아니라 어린 학생들과 여성들도 있었고 35%는 전과기록이 없는 억울한 사람들도 있었으며 각 지역에서는 입소자 숫자를 채우기 위한 할당까지 있었다는 증언도 있다. 이들은 고강도 순화교육과 근로봉사라는 이름으로 노역에 동원되었는데 지나친 훈련 강도와 열악한 여건에서의 가혹행위를 견디지 못하고 목숨을 잃는 사람들도 있었다.

2007년 국방부 과거사진상규명위원회에서는 삼청교육대의 설치가 정식 국무회의를 거치지 않은 불법이며 교육과정에서 각종 인권유린과 가혹행위가 있었다는 내용의 보고서를 발표했다. 고작 몇 달 동안 지속한 국보위는 이처럼 굉장히 많은 일을 순식간에 해치웠다.

군권과 내각, 행정까지 국보위로 장악한 전두환과 신군부를 이제 더는 막을 수 없었다. 12.12 이후 내내 허수아비나 마찬가지였던 최규하는 많은 압력 끝에 결국 8월 16일 대통령직에서 사임했다. 이후 진행된 대통령 선거에서 전두환은 1980년 8월 27일 통일주체국민회의에서 2,525표 중 2,524표를 득표하며 박정희, 최규하에 이은 3번째 체육관 대통령이며 마지막 간접선거 대통령이 되었다. 이때도 신군부 세력 내에서 대통령 직선제를 요구하는 자들이 있었지만 이미 12.12와 광주에서 피를 본 전두환은 일단 빠르게 대통령이 되는 것이 무엇보다 중요했다. 다른 변수를 조금이라도 생각할 여유가 없었다. 10월 27일에 앞서 국민투표로 확정된 헌법안을 공포하고 대통령 임기 7년의 단임제와 대통령 선거인단에 의한 선출제도가 발표되었다. 또 유신에선 국회의원의 3분의 1을 대통령이 임명했지만 이를 없애고 비례대표를 3분의 1로 지정하고 제1당에 비례의석 3분의 2를 배분하는 법을 만들었다. 또 유신과 같이 여전히 대통령에겐 비상조치권과 국회해산권이 주어졌다. 유신과 크게 달라진 것은 아니고 조금 변화를 준 것이라 하겠다. 이로써 대한민국 군사정권의 절정기인 '5공화국'이 시작된 것이고 최규하의 하야로 이루어진 11대 대통령 보궐 선거 이후 정식으로 다시 4,755표를 받아 12대 대통령이 되었다.

전두환이 대한민국의 정점에 오르는 과정을 다시 한번 살펴보자. 그는 12.12쿠데타를 완벽하게 성공시켰다. 이 과정에서 유혈사태가 간헐적으로 일어났지만 육군본부 측이 우려하던 커다란 악재는 발생하지 않았다. 과거 박정희는 5.16이 성공한 뒤 곧장 군사혁명위원회 이후 국가재건 최고회의를 발족했다. 그 이후 박정희는 부정축재자 26명을 구속하고 언론기관 정비에 들어갔으며 구악 일소를 외치며 정치깡패들과 불량배들을 모두 잡아들였고 심지어 길거리에서 조리돌림까지 했다. 이후 1962년 3월에는 '정치활동정화법'을 만들었는데 거창한 명분은 부패하고 무능한 정치인들을 제거한다는 내용이었지만 실제로 이는 단순히 그들이 말하는 혁명 세력에 반대되거나 방해되는 인사들의 정치 활동을 막는 장치였을 뿐이다. 그렇다면 박정희의 아이들인 전두환과 신군부가 5.16에서 거의 20년이 지난 다음 일어난 12.12 이후 어떠한 행보를 했는지 보자면 그는 군권을 장악하고 '국가보위비상대책위'를 신설했다. '국가재건최고회의'와 같은 사실상 당시의 모든 권력을 행사하는 기관이다. 이후 신군부도 앞선 정권의 권력형 부정 축재자들을 잡아 처벌했다.

　박정희 정권과 유신 최고의 실세들이었던 김종필, 이후락, 이세호, 박종규 등 9명이었고 수백억의 부정축재금액을 환수했다. 신군부도 사회정화 운동을 벌였고 사회악을 일소하겠다며 범죄자들을 소탕하고 삼청교육대를 만들어 무자비한 교육을 했다. 또한 5.16 이후 사이비 언론인과 언론기관 정화를 내걸고 2공화국에서 있었던 언론의 자유를 철폐하고 많은 언론사를 통폐합하며 그들의 혁명 세력을 비방하는 것을 막았던 것처럼 신군부는 앞선 계엄 포고령과 K-공작으로 언론인을 회유하고 검열하면서 미리 언론 통폐합의 사전 작업을 진행했다. 박정희는 5.16 이후 앞서 말한 정치 활동 정화법으로 2공화국의 거물들과 혁명 세력에 방해가 되는 인물들의 정치 활동을 모조리 막아 버렸는데 전두환은 정치 활동 규제자를 발표하고 김영삼을 연금하고 김대중은 아예 내란죄를 적용하여 사형선고까지 받는다. 이 규제자명단에 포함된 사람은 무려 800명이 넘는다.

5.16 이후 시간이 20년 가까이 지났는데 어떠한가?

똑같지 않은가? 박정희의 아이들은 앞선 성공한 쿠데타 5.16의 모든 것을 답습했고 그것을 좀 더 강하게 밀어붙이거나 부족한 부분을 보완해서 진행하였다.

이것이 역사의 무서움이다. 김재규는 박정희가 죽어야만 민주주의가 올 것으로 생각했다 했지만 실제로 박정희가 남긴 모든 것을 물려받은 사람은 바로 전두환과 신군부였다. 민주화 인사들 역시 안일한 생각을 했고 서울의 봄이 잠깐 왔던 것처럼 모두가 이제야말로 민주화 정권이 들어설 거라는 막연한 기대만을 하고 있었다. 단지 그럴 것이라는 기대뿐이었다.

독재자란 반드시 사회가 혼란하거나 경제가 제대로 작동하지 않을 때 등장한다. 박정희도 전두환도 나폴레옹도 모두 마찬가지다. 김재규가 박정희를 죽인 것은 아무도 상상할 수 없었던 사건이었다. 전두환조차도 전혀 상상도 할 수 없는 일이었을 것이다. 아무런 사후 계획 없이 박정희를 죽인 일은 또 다른 독재자를 탄생시키고 말았다. 이 과정에서 김재규라는 인물을 잘 살펴볼 필요가 있다. 김재규는 육사 2기로 박정희와는 동기이며 동향으로 정권 내내 박정희 정권에서 누구보다 큰 사랑을 받았던 인물이다. 그는 박정희 밑에서 육군 중장까지 진급했다가 전역했고 유신정우회 1기로 국회의원을 역임했으며 중앙정보부 차장을 지내기도 했고 이후 건설부 장관에 오르기도 했다. 1976년에는 최고의 핵심 요직인 중앙정보부장에 올랐다. 그러나 유신체제에서 권력의 중심부로 떠오른 차지철과 번번이 마찰을 빚었고 부마항쟁이 발발함으로 박정희와의 불화 역시 심각해진다. 결국 그는 총을 들었고 자신이 한평생 모시던 독재자를 살해한다. 김재규는 재판에서 차지철은 단지 덤이었을 뿐이다. 라고 말하며 자신이 한 일은 정당한 혁명이었으며 자유민주주의를 회복하기 위해서는 박정희를 죽일 수밖에 없었다고 말했다. 김재규라는 인물은 너무나도 복잡한 인물이다. 김재규는 그 누구보다도 박정희를 따랐던 인물이며 독재정권을 지탱한 가장 열렬한 조력자 중 한 명이었다. 그가 차지철이 각하를 죽였다고 말했을 때도 설마 김재규가 그런 짓을 했을 것이라고는 아무도 생각하지 못했을 정도로 박정희의 분신이라 할 수 있는 그런 인물이었다는 것이다. 그러나 그는 자신이 따르던 독재자를 죽이고 자유민주주의의 회복이라는 대의명분을 내걸었다. 이것 역시 역사의 한 페이지에서 국민적 갈등을 만들고 있는 부분 중 하나다.

김재규를 '의사', '장군님'으로 표현하며 숭배하다시피 하는 사람들이 있지만 그를 단순한 배신자라며 비난하는 사람도 있다. 그를 어떻게 생각하든, 좋든지 싫든지 간에 그가 대한민국 역사를 바꿔놓은 인물이라는 것은 부정할 수 없는 사실이다.

그가 그런 일을 벌이지 않았다면 정말로 박정희의 유신정권이 얼마나 더 유지됐을지 알 수 없고 어쩌면 정말로 박정희가 늙어 죽을 때까지 이어졌을 수도 있다. 어떤 사람들은 박정희를 가만히 뒀어도 스스로 권력을 금방 내려놓을 계획이었다고 말하는 사람들도 있다. 하지만 이는 역사가 말해준다. 힘으로 권력을 잡은 자, 힘으로 모든 것을 억눌러 그 힘을 유지해온 자가 스스로 권력을 내려놓는 경우는 거의 찾아볼 수 없다. 대부분 두 가지다. 늙거나 혹은 병들어서 죽을 때까지 권력을 유지하거나 아니면 다른 세력이나 민중이 들고일어나 비참한 최후를 맞이하는 경우다. 힘으로 권력을 잡고 반대파를 찍어 누르며 권력을 유지해온 독재자는 어떠한 좋은 마음을 먹더라도 그 힘을 그냥 내려놓거나 시민에게 돌려줄 수 없다. 이건 시스템의 문제다. 그 힘을 내려놓았을 때 자신의 안전이 전혀 보장되지 않기 때문이다. 그런 의미에서 김재규가 아무런 사후 계획 없이 일단 박정희를 살해한 것은 차지철이나 박정희에 대한 감정에 따른 우발적인 행동이었거나 아니면 정말 박정희만 죽으면 모든 것이 잘 될 거라고 믿었던 헛된 망상이 아니었을까?

필자는 김재규를 영웅이라거나 민주주의의 의사라거나 하는 생각을 하고 있지 않다. 앞서 말했듯 그는 누구보다도 박정희와 독재정권에 충성한 인물이고 그 안에서 많은 부귀영화를 누렸던 인물이기 때문이다. 필자는 군부정권을 오히려 연장해 신군부라는 군벌 집단이 다시 한번 국민 위에 군림하게 되는 계기를 만든 사람이 바로 김재규라 생각한다.

어떠한 역사적 사건이 정당성을 얻으려면 그 행동의 방법이 중요한 것이 아니라 왜 그런 행동을 했는지에 대한 '명분', 즉 당위성이 중요하다. 나는 앞선 이유로 그의 명분이 진심으로 '자유민주주의의 회복'이라는 대의였는지 확신할 수 없었다. 이런 문제는 복잡하다. 애당초 민주주의의 가치를 수호하던 사람이 만약 박정희를 죽였다면 우리는 최소한 그의 명분이나 신념 부분을 의심할 필요가 없다. 김재규는 독재정권의 부역자였고 박정희의 분신 같은 사람이었다. 이완용이 내내 친일행적을 일삼고 부귀영화를 누리다가 마지막 순간에 갑자기 마음을 바꿔 조선총독을 암살하고 조국의 해방과 주권을 되찾기 위해 어쩔 수 없이 그를 죽였다고 하면 우리는 그전까지의 그의 과거를 모두 잊고 대대손손 이완용을 영웅으로 추앙해야 할까? 필자는 그렇게 생각하지 않는다. 물론 역사적 인물과 사건에 대한 평은 감히 내가 정의할 수 있는 게 아니다. 어디까지나 필자는 그렇게 생각한다는 것이다.

중요한 것은 김재규의 행동이 한 시대를 끝냈지만 이후 10년이 넘는 군사정권의 연장선을 열어 주었다.

경제 대통령 김재익과 안정화 시책

어쨌든 5공화국은 시작되었다. 전두환은 모든 준비를 끝내고 집권자로서 청와대에 입성할 준비를 했다. 이때 전두환은 따로 가정교사를 두어 경제에 대한 기본을 익혀 두었다. 그 가정교사가 5공화국의 청와대 경제수석을 맡게 되며 5공화국의 경제 대통령이라는 별명을 가진 김재익 수석이다. 그는 1938년 서울 태생으로 경기중학교를 졸업하고 최고의 명문고 경기 고등학교에 입학했다가 졸업을 하지 않고 검정고시로 대입 자격을 취득한 후 서울대학교 문리과대학 정치학과 외교학 전공으로 입학하여 졸업한 수재였으며 서울대학교에서 석사학위를 받았고 이후 미국의 명문 스탠퍼드 대학에서 경제학 석사 및 박사학위를 취득했다.

미국에서도 '한국의 천재'라고 불렸을 정도로 대단한 인재였다고 하며 그는 학업을 마치고 귀국 후 경제기획원 기획국장으로 일하다가 곧 사직했는데 전두환이 12.12를 끝내고 본격적으로 지도자의 길을 준비할 때 그의 눈에 들어와 발탁되어 그의 개인 경제 과외선생을 맡았다. 전두환은 이미 당시 권력의 핵심이었고 대통령직에 야심이 있었기 때문에 미리 김재익에게 경제의 기본을 익혀 두려고 했다.

전두환은 육사 내에서도 성적은 최하위권이었고 본인도 가끔 인정한 대로 머리가 그렇게 뛰어난 사람은 아니었다.

한평생을 군인의 길을 걸으며 정치나 사회, 경제에 대한 지식과 경험도 부족했다. 그런 그가 세계적인 명문대학 스탠퍼드 경제학 박사의 경제학을 제대로 이해할 수 있을 리 없었지만 김재익은 경제에는 문외한인 전두환이 최대한 쉽고 간단하게 이해할 수 있게 노력을 기울였고 전두환은 자신처럼 아예 경제의 '경'자도 모르는 사람도 알아들을 수 있을 정도로 쉽게 가르치는 김재익에게 감탄하게 된다. 또 김재익이라는 인물을 파악한 전두환은 김재익이 개혁적인 경제사상을 가지고 있다는 점을 높이 평가했다.

전두환은 집권을 앞두고 김재익에게 정식으로 자신의 참모로서 경제수석을 맡아 달라고 부탁했다. 유명한 일화로 김재익은 이때 조건을 달게 되는데, "제가 원하는 대로 일할 수 있게 해주신다면 그렇게 하겠습니다. 또한 저에게 정치자금은 절대 상의하지 않도록 해주십시오"라고 말했다고 전해진다.

이때 전두환의 유명한 대사가 나온다. "좋아 이제 경제는 당신이 대통령이야!" 이렇게 김재익은 청와대의 참모이면서 앞으로 5공화국의 경제를 이끌어 가는 주역이 되며 실제로 경제에 대한 부분은 그에게 많은 권한을 맡겨 힘을 실어주었다.

전두환의 특이한 점은 자신의 군시절 참모들에게 모두 별을 달아준 뒤 전역 시켜 그대로 청와대 참모로 부임시켰다는 것이다.

대통령 비서실 보좌관에 허화평을 임명했고 사정수석에 허삼수를, 민정수석에 이학봉을, 청와대 공보비서관에 기자 출신 허문도를 임명했다. 허화평, 허삼수, 이학봉은 전두환의 진정한 최측근이며 12.12의 공신이기도 하고 어떠한 상황에서도 믿을 수 있는 인물들이었다. 여기에 허문도가 청와대로 들어오면서 이 청와대 참모 중 3명의 허 씨를 '쓰리허'라고 불렀다. 이것은 그만큼 이들의 위상이 굉장했음을 말해 주는 것이며 5공화국 초반 이들에 대한 전두환의 신뢰 역시 단단하고 거대했다. 군부 역시 황영시, 노태우, 정호용, 박희도 등 하나회 인사들이 주요 요직을 모두 장악한 상태였고 외무장관으로 내각에 들어온 노신영도 앞으로의 5공화국에 중요한 인물이었다. 전두환은 1981년 2월에 선거인단 투표로 체육관 대통령이 되어 3월 3일 정식으로 취임식을 했다. 1981년 3월에는 국회의원 선거가 있었다. 민주정의당이 151석, 민주한국당이 81석, 한국국민당이 25석을 가졌는데 사실 1야당이 된 민주한국당 역시 안기부와 보안사의 자금으로 창당한 당으로 여당을 견제할 수 있는 제대로 된 정당이 아니었고 한국국민당도 박정희 계열이 창당한 당으로 사실상 국회는 이미 5공화국 정부에 장악된 상태라고 봐도 무방하다.

이미 전두환과 5공화국을 견제할 세력은 정권 출범 전에 모두 정리되었기 때문이다.

경제적인 측면에서 5공화국을 바라보자.

앞서 박정희 정권은 60~70년대를 지나며 엄청난 고도성장을 해왔지만, 그의 말년에 성장이 차츰 줄어들며 잠시 주춤하던 시기였다. 바로 그 뒤를 이은 5공화국에서 전두환과 김재익이 가장 먼저 주도한 것은 물가를 잡는 일이었다.

김재익은 한국사회의 인플레이션을 수습하기 위해 금융과 재정을 잡고 임금상승은 생산성 증가의 범위 내로 억제하며 능률 향상을 위해서 개방과 경쟁이 필수적이고 이때 정부의 간섭이 최소화되어야 한다는 철칙을 가지고 있었다.

1980년 전두환이 치솟던 물가 상승률을 한 자릿수로 잡겠다는 목표를 말하자 대부분은 불가능하다는 반응을 보였다. 그러나 1970년대 후반부터 1980년까지 매년 10% 이상 상승하던 물가가 1982년 한 자릿수로 잡혔고 그것도 5%대의 안정을 이룩하자 모든 분위기가 달라졌다. 전두환은 물가를 잡기 위해 세출 예산을 전년도 수준으로 동결했고 임금도 동결하도록 지시하는 등 당장 인기가 없고 반

5공화국 초기 경제개발을 이끌었던 김재익 경제수석

대가 심한 정책을 밀어붙였지만 이런 노력의 결과로 전두환의 통치 시절에 물가는 계속 한 자릿수 상승률을 유지하게 됐다. 물론 이러한 정책 뒤에는 김재익이 있었다. 경제성장 역시 석유파동으로 처음 마이너스를 기록한 1980년에 -3.7%였던 경제 성장률이 1983년에는 12%로 성장하게 되고 이후 꾸준히 10%에 육박하는 성장을 이룩해 낸다. 안정, 자율, 개방의 강령을 내세운 안정화 시책을 그대로 따른 5공화국은 경제적으로는 큰 호황을 누리게 되었지만 당시 석유파동 등으로 당장 힘들어진 시기에 장기적인 관점에서의 경제계획과 개혁을 밀어붙이기에는 솔직히 쉽지 않은 시점이었다. 그러나 1981년 초 김재익은 경제계획과 개혁의 내용을 10차례에 걸쳐 전두환에게 보고했고 이런 과정을 통해 안정화 시책이 확고하게 자리 잡게 되었다. 이 시기는 가장 많은 사람이 자신을 갑자기 중산층이 되었다고 생각했던 시기로 꼽힌다. 아이러니하게도 정치, 사회적인 면으로는 어떻게 보면 박정희 정권 시절보다도 많은 억압을 받았던 시절이지만 경제적으로는 가장 풍요로운 시대로 꼽는 사람도 있는 모순적인 사회였다.

경제적인 측면에서 '체감'적인 면을 잘 생각해 봐야 한다. 60~70년대 박정희 정권은 중화학 공업의 성장과 산업, 수출의 성장으로 대한민국의 고도성장을 이끌었지만, 아직 국민들이 크게 체감하기 어려운 시기였고 입에 풀칠하며 살아가는 사람들도 많았다. 실제로 60년대에는 오히려 북한보다 경제력에서 밀렸고 70년대만 하더라도 우리가 북한보다 확실히 더 잘사는 나라라고 하기는 어려웠다. 70년대 초중반을 지나면서 비로소 균형을 맞추기 시작했고 80년대 후반에 들어와서는 분명히 역전하기 시작했다. 하지만 북한도 80년대까지는 그럭저럭 경제를 유지하고 있던 시점이라 북한의 실상을 제대로 알지 못하는 운동권 세력 사이에서는 80년대에 반미사상과 북한에 친화적인 주사파가 집중적으로 성장했다.

이러한 상황을 만든 것은 물론 쿠데타로 정권을 잡은 전두환과 신군부의 잘못도 있지만, 역사의 흐름이라는 것이 이렇게 묘하다. 5공화국은 학생들과 민주화를 요구하는 많은 시민에게 인정받지 못하는 불법 정부나 다름없었고 전두환은 공공의 적이나 마찬가지인 인식이 퍼져 있었다. 이러한 상황에서 만약 경제까지 잡지 못했다면 어떻게 되었을까?

필자는 군사정권을 몸으로 체감한 나이대가 아니다. 이 책을 보시는 독자분 중에도 그런 분이 많이 있을 것이다. 신기한 일이 아닌가? 집권을 위해 12.12와 광주에서 수많은 피를 손에 묻혔고 수없이 많은 억압과 통제, 불법, 비리를 저지른 5공화국을 찬양하는 사람이 상당히 많다는 게 필자는 굉장히 이상했다. 그것에 대한 결정적인 이유는 박정희 정권 시대를 좋은 시대였다고 생각하는 이들의 이유와 같다. 바로 '경제'는 성장했기 때문이다. 5.16은 불안한 국가의 상황을 극복하고 성장하기 위해서라는 대의명분을 내세웠다. 그렇다. 5.16 이후 발족한 기구 이름만 봐도 '군사혁명위원회'를 이후 무엇으로 바꿨는가? 바로 '국가재건최고회의'다. 망가진 국가를 재건하겠다는 게 바로 그들의 슬로건인 것이며 그것이 그들이 주장하는 '혁명'이다. 그 거창한 혁명 세력, 간단하게 말하자면 다 뒤집어엎고 모든 것을 장악한 세력은 먼저 해야 할 것이 있다. 그것은 간단하다. 실제로 눈앞에 보이는 '무엇인가'를 제시해야 한다는 것이다. 박정희가 정치깡패를 소탕하고 부정 축재자들을 잡은 것은 그런 정치적 의도가 포함되어 있다. 신군부도 이와 같다. 아무리 군부가 싫어도 김종필, 이후락, 박종규 등의 부정 축재자가 발표되고 이들이 모은 엄청난 재산이 환원될 때 국민은 환호하고 박수를 보냈다. 야간통행 금지를 전두환이 풀었을 때도 국민은 환호했다. 하지만 이러한 것은 단기간의 정치적 쇼일 뿐 힘으로 권력을 잡은 세력이 보여줘야 하는 것, 국민이 체감할 수 있는 것은 바로 '경제'다.

박정희와 전두환을 아무리 욕하는 사람들이 많아도 지지하는 사람도 많은 것은 경제를 잡았기 때문이다. 집권자를 평가하면서 경제보다 우선시 되는 것은 없다. 특히 대한민국에서는 더더욱 그러한 느낌을 받는다. 무슨 짓을 하건 경제가 성장하면 비호받는다는 생각까지 들 정도다.

그런 면에서 김재익이라는 인물을 영입하고 밀어준 것은 전두환이라는 사람이 다른 건 몰라도 사람을 보는 눈은 확실히 있다는 것을 보여주는 부분이다. 김재익을 필두로 경제를 우선 잡으려고 한 것은 박정희의 군사정권과 그 맥락이 같지만, 박정희가 중화학 공업의 성장과 경부고속도로 등 여러 가지 경제개발의 기틀을 만들어냈다면 전두환 정권에서는 자동차, 반도체, 전자기기 등 오늘날 대한민국 첨단산업국가의 기반을 다져놓은 업적이었다고 할 것이다. 그 기틀을 만드는 데 함께 한 사람이 바로 김재익이었다. 1986년 현대자동차의 포니, 엑셀이 미국에 처음 수출된 일은 역사적인 사건이라고 할 수 있다. 바로 이 80년대 중후반과 90년대 초를 기점으로 경제와 군사적 무장 등이 완벽하게 북한을 앞서게 되는 것이다. 그러한 5공화국 초반 경제성장의 기틀을 잡은 사람이 바로 김재익 수석이었다. 김재익은 정보화 산업에도 큰 투자를 하여 전자식 전화기 도입과 은행 지로제도 도입 등에도 관여했으며 수입자유화를 통해 내부적인 소비시장의 개방을 주도했고 60~70년대에 정부가 주도하는 경제체제에서 경제의 개방화와 시장주도형 자유경제 체제로의 개선을 이끌었다. 또 그는 보지 못하고 훗날 이루어지게 되지만 OECD 가입과 금융실명제를 입안한 사람도 김재익이었다. 5공화국의 경제는

'단군 이래 최대의 호황'이라는 평가를 받았고 1980~1987년 사이 세계적인 성장을 기록하며 정권 평균 경제성장 8.7%를 기록했다. 정치, 사회적으로 통제와 억압이 강력하게 존재하던 시기에 경제는 개혁과 개방, 국제화가 추진되었다. 그러나 애석하게도 김재익의 삶은 비극적인 결말로 끝났다.

그는 1983년 10월 9일 버마(현 미얀마)를 방문 중이던 전두환 대통령을 따라나섰다가 이곳에서 아웅 산 테러 사건°으로 세상을 떠났다. 1982년까지 국무총리를 역임한 남덕우 전 총리는 자신의 저서°에서 이런 구절을 썼다.

> "김재익은 역사의 꽃이라 할 수 있다. 꽃은 생명은 짧지만 아름답고 새로운 계절이 오고 있음을 알려준다. 김재익은 우리 경제의 새로운 시대를 예고한 꽃이었다. 개발 초기 정부 주도의 경제 운영 방식이 한계에 왔음을 절감한 김재익은 민간과 시장주도의 경제체제로 이행해야 한다는 신념을 갖고 있었다. 그는 그러한 신념을 정책에 반영하기 위해 무던히 애를 썼다."

그는 겨우 3년 정도의 아주 짧은 기간 동안 대한민국의 경제를 이끌었으나 이 짧은 시기에 그가 계획했던 정책들은 남덕우 총리의 말처럼 우리 경제의 새로운 시대를 위한 초석이 되었다. 안정화 시책과 자율화, 개혁, 개방으로 인한 국내 경제 체질의 변화는 이후 5공화국 임기 말 찾아온 3저 호황과 맞물려 국민에게 그 시절이 바로 우리가 잘살게 된 시대였다는 생각을 하게 만들었다. 5공화국의 경제적 업적을 단순하게 3저 현상 등의 운으로 치부하는 사람도 많지만 이 시기에 매우 많은 변화와 개방, 개혁이 있었음을 부정할 수 없으며 그 중심에 경제 대통령 김재익이 있었다. 안타깝게도 너무 이른 나이에 세상을 떠났지만, 우리 대한민국의 발전에 큰 공을 세운 인물임에는 틀림없는 사실이다.

° 1983년 10월 9일 당시 전두환 대한민국 대통령을 노리고 벌어진 북한의 암살 시도 사건으로 미얀마의 아웅 산 묘역에서 폭탄이 터져 한국인 17명, 미얀마인 4명이 사망하고 수십 명이 부상 당한 폭탄 테러 사건이다.
° 『80년대 경제개혁과 김재익수석』

단군 이래 최대의 사기극 '장영자 사건'

다시 전두환의 이야기로 돌아오자면 5공화국 초반 최고의 실세는 쓰리허였다. 그중에서도 허화평과 허삼수는 사실상 청와대 내에서도 이학봉의 하나회 직속 선배였고 김재익이나 노신영, 허문도 같은 외부인사가 아니라 원래부터 군에서 전두환과 생사고락을 함께한 인물들이었기 때문에 그 위세가 더욱 막강했다. 특히 브레인이라 할 수 있는 허화평의 독주체제였고 당연히 전두환의 입장에서는 이것이 달갑지만은 않은 일이었다. 1981년, 전두환은 군에 남아 있었던 장세동을 불러 청와대 경호실장을 맡긴다. 청와대 경호실장은 외부적인 어떠한 권력이 보장되는 보직은 아니지만, 박정희 정권에서 경호실장 박종규나 차지철이 어떠한 권력과 위세를 떨쳤는지를 보면 굉장한 자리라는 것을 알 수 있다.

장세동은 전두환과 단순한 출신이나 조직으로 이어진 끈끈한 관계에 있었던 사람이 아니라 그야말로 전두환 개인에게 절대적인 충성을 바치던 사람으로 훗날 민주화 정권이 들어서고 군사정권 핵심 인물들이 재판을 받을 때 전두환의 모든 죄를 자신이 덮어쓰려고 하여 좋은 건지 나쁜 건지 탤런트 김보성 형님보다 한참 이전 '의리의 사나이'라는 별명을 얻었던 사람이었다. 그리고 그는 육사 말고도 영남 출신 인사들이 대부분인 하나회에서 몇 안 되는 호남 출신 인물°이기도 했다.

전두환은 허화평, 허삼수의 하나회 '직속 선배'°이며 자신이 무조건 믿을 수 있는 장세동을 청와대로 불러들임으로써 어느 정도 허화평에게 기울어져 있는 내부 세력 견제를 이루게 되었다. 또 주목해야 하는 인물, 노태우도 육군 대장으로 전역 후 정무 제2장관으로 임명되면서 내각으로 들어섰다. 정치, 사회적으로는 5공화국 초반부터 대한민국 전체를 뒤흔드는 엄청난 사건이 터졌다. 바로 '장영자 사건'이다. 장영자는 1944년생이며 전라남도 목포시 출신으로 전두환의 아내 이순

° 장세동은 전라남도 고흥 출신으로 초기 하나회에서 몇 안 되는 호남 출신이다.
° 장세동은 육사 16기, 허화평 허삼수는 17기다. 이학봉은 18기.

자와는 인척 관계였는데 장영자의 친언니는 이순자의 삼촌 이규광과 결혼했다. 장영자는 1982년 육군 예비역 소장 출신이고 중앙정보부 차장과 국회의원을 지낸 이철희와 결혼하기도 했다. 그녀는 남다른 미모와 두뇌를 가진 인물로 사람들을 홀리고 조종하는 데에 매우 능숙한 인물로 사기 분야의 꼭 필요한 덕목을 갖춘 인물이라고 볼 수 있다. 남편은 장성 출신에 중앙정보부, 국회의원 등을 거쳐 정말 굉장한 경력을 가졌고 장영자 본인은 대통령과 인척 관계이니 과연 '단군 이래 최대의 사기 사건'을 벌일 수 있는 기반이 있던 사람들이라고 할 수 있겠다.

장영자 부부는 자금 압박에 시달리던 건설기업들을 대상으로 남편의 화려한 경력과 인맥을 들먹이며 비밀에 부칠 것을 약속받고 현금을 빌려주고 그 대가로 몇 배에 달하는 약속어음을 받아냈다. 장영자 부부는 받은 어음을 할인해 돈을 마련한 다음 다른 회사에 또 빌려주는 방식으로 계속해서 어음을 받아냈고 그 금액이 7,000억 원이 넘는 것으로 검찰 조사 결과가 발표되었다. 80년대 초반에 7,000억이라니 도저히 상상조차 안 되는 금액이다.

이 중 6,404억 원어치를 할인받아 썼다고 밝혀졌는데 참고로 80년대 중반엔 중국집 짜장면값이 800원 정도였다. 그들은 이 어음을 사채시장에 유통하는 수법을 사용하여 2,000억 원대의 사기행각을 벌였고 이 엄청난 사건은 1982년 5월 7일 장영자 부부가 대검찰청 중앙 수사부에 구속되면서 알려졌다. 이 사건으로 정의사회를 구현하겠다고 말했던 5공화국은 도덕적으로 큰 타격을 입게 되었다. 문제는 장영자가 대통령과 인척 관계였기에 청와대가 개입되어 있다는 흉흉한 소문까지 겹쳐 단순한 개인의 사기 행각을 잡은 사건이 아니라 정권 차원의 문제가 되었다. 그리고 남편의 경력이나 인맥을 팔고 다닌 것과 같이 장영자 본인이 청와대를 팔고 다닌 것으로 드러났다. 이 사건으로 30명이 넘는 사람들이 연루되어 구속되었고 그중에는 대통령의 처삼촌 이규광까지 포함되어 있었다. 또한, 안기부장 유학성 역시 이 사건의 여파로 대통령 친인척에 대해 건의를 했다가 곧 사직하였고 국무총리 유창순, 법무부 장관 이종원, 검찰총장 정치근 등이 물러나게 되었다.

대통령 친인척이 관련된 이 사건을 철저하게 수사해야 한다고 말했던 허화평, 허삼수도 전두환과 반목하게 되며 점차 권력자에게서 멀어지게 되었다. 이 장영자의 사기극은 말 그대로 국가를 완전히 뒤흔들었고 대통령 주변의 핵심 인물들까지 줄줄이 물러나게 하는 엄청난 결과를 낳았다.

허화평와 허삼수는 정권의 도덕성 손상을 방지하고 대통령 친인척들에 대한 견제를 목적으로 전두환의 친인척 공직 사퇴를 건의하지만 이미 이 두 사람의 지나친 위상을 마음에 들어 하지 않던 전두환은 이 일로 인해 완전히 그들에게서 마음이 떠나게 되었고 좌천성 인사를 제안했지만 그들은 이를 받아들이지 않고 청와대 비서관을 사임한 뒤 미국으로 떠났다. 이때 노태우는 이미 내무부 장관이 되어 있었고 노신영은 유학성의 후임으로 안기부장이 되었다. 최고의 실세였던 허화평, 허삼수가 떠나면서 5공화국은 노신영, 장세동과 같은 전두환에게 절대 충성하는 인물들만이 남은 것이다.

이 사건으로 노태우 역시 친인척 관련 언급을 했다가 전두환의 질책을 받게 되는데 전두환은 결국 처삼촌인 이규광을 구속하는 데 동의하지만 이 사태로 인해 부하들과 반목이 있었던 것은 분명한 사실이다. 이처럼 장영자 부부의 사기 행각은 대한민국 권력의 판도를 바꾸는데도 영향을 주었다. 그러나 지치지도 않는 장영자 여사는 1994년에 다시 140억 원대 어음 사기 사건을 저질러 4년간 감옥에 가기도 하고 1998년에 광복절 특사로 풀려나더니 또다시 구권화폐로 사기를 치다가 2000년에 다시 구속되었다. 정신을 못 차린 장영자는 2018년 또다시 6억 원대 사기 혐의로 구속되었는데 이 정도면 악인일지라도 진심으로 대단하다고밖에 할 말이 없다. 조선의 대표적 악녀로 거론되는 장희빈, 장녹수 위에 장영자라는 말까지 있을 정도다.

5공화국의 실세 장세동

장영자 사건이 끝나고 내각에 노신영 중앙정보부장과 노태우 내무부 장관이 있었다면 청와대에서는 장세동 경호실장이 있었다. 장세동에 대해 다시 한번 좀 더 정확히 짚고 넘어가자면 그는 육사 16기로 부하들을 지키기 위해 살신성인을 실천한 강재구 소령과 동기였다. 장세동은 월남전에서 전두환과 인연을 맺게 되는데 그는 베트남전 당시 총상을 입으면서도 부대원들을 독려하여 적 43명을 사살하고 1개 중대를 전멸시켜 신문에 보도된 적도 있었다. 전두환은 귀국 후 자신이 단장으로 부임하던 수경사 30경비단에 장세동을 작전 장교로 배속시킨다. 이후 전두환과 육사 11기가 주축인 군내 사조직 하나회에 가입했다. 영남 출신이 대부분이며 그것도 대부분이 대구, 경북 출신의 일명 TK 출신자들이 많았지만, 장세동은 특이하게도 전라남도 고흥군 출신이었다. 이는 그만큼 장세동이 특출난 인물이었다고 생각되는 부분이다.

이후 전두환이 1공수 여단장직을 맡았을 때 장세동은 다시 1공수여단의 대대장을 맡는 등 전두환의 심복으로 활약하면서 하나회 내부에서 자신의 입지를 다져 나갔다. 장세동은 전두환과 하나회 조직 때문에 군내에서 출세할 수 있었던 인물이라고 단정 짓기는 어렵다. 베트남전에서의 혁혁한 무공을 보면 지휘관으로서의 능력은 충분히 있었다고 봐도 무방하다.

그는 무난하게 진급하였고 하나회의 연줄로 좋은 보직들을 거치게 되는데 1979년 대령 시절 수도경비사령부 30경비단장을 맡으며 바로 이때 12.12에 앞장섰고 그가 책임자로 있던 30경비단에서 쿠데타가 진행되었다. 장세동은 직속 상관 장태완의 명령을 무시하고 쿠데타에 참여해 12.12에 가장 중요한 역할을 맡았다.

따라서 12.12가 성공하고 전두환과 신군부가 모든 것을 장악한 상황에서 이미 장세동은 부귀영화가 보장된 것이나 다름없었다. 장세동은 1981년 전두환의 부름에 현역 군인 신분을 유지한 채 3공수여단장에서 대통령 경호실장에 임명되고 3년 7개월간 경호실장으로 재직하게 되는데 그가 경호실장으로 임명될 때의 유명

5공화국의 실세였던 장세동. 훗날 16대 대통령 선거에 출마했다가 사퇴하기도 했다. 장세동의 16대 대선 포스터.

한 일화가 있다. 전두환은 장세동을 임명하면서 임명장의 내용을 장세동에게 직접 읽으라 지시하는데 이때 손을 들어 선서하는 포즈를 잡는다.

선서 자세는 원래 임명받는 사람이 해야 하는 것이 상식인데 전두환이 선서포즈를 잡은 이유로 "내 목숨을 지켜주는 경호실장인데 낭독 내용을 들으면서 내가 직접 선서를 하고 싶었다"라고 말한 일화가 있다.

이처럼 전두환은 직속 상관인 자신에 대해 끝없는 충성을 바치는 장세동에게 무한한 신뢰와 존중을 가지고 있었다.

이후 장세동은 단순한 경호가 아닌 대통령의 심기까지 헤아릴 수 있어야 한다는 이른바 '심기경호'를 펼치며 "경호란 육체를 보호하는 것을 넘어 대통령 각하의 마음까지 편안하게 보좌해야 곧 국정도 잘 돌아가는 것이다"라며 전두환이 길을 지나갈 땐 도로 평탄화 작업을 지시하는가 하면 산책로에 쌓인 새똥까지 녹일 수 있는 약품을 개발하라는 황당한 지시까지 했다. 전두환이 부르면 5분 이내로 갈 수 있게 항상 대기했고 언제나 머리 손질을 깔끔하게 하고 전두환과 같은 향수를 뿌리는 등 깔끔하고 단정한 외모에 대통령의 취향까지 고려하며 그야말로 대통령의 육체와 심기를 동시에 경호했다. 지나칠 정도로 꼼꼼한 배려와 신속한 일처리, 그리고 신중한 처신은 더더욱 전두환이 그에게 빠져들 수밖에 없는 강점이었다. 경호실장으로 재직 중 앞서 김재익을 다루며 말했던 아웅 산 폭탄테러가 전두환의 동남아 순방 중 일어났고 김재익(경제수석비서관), 하동선(해외협력위원회 기획단장), 서석준(경제기획원장관), 이범석(외무부 장관) 등 17명이 사망한 대형 사건에서 당연히 경호실장 장세동은 책임을 피할 수 없었다. 그는 사표를 제출했지만 전두환은 이를 반려하고 그를 그대로 재직시킨다.

전두환 정권의 인사들과 참모진은 그들 정권의 쿠데타 공신들이 많았고 권력 다툼이 난무했기에 어떠한 상황에서도 믿을 수 있는 자신의 심복 장세동이 꼭 필요했기 때문이다.

장세동은 1984년 중장 진급과 함께 전역함으로써 28년간의 군 생활을 정리했고 1985년 안기부장에 임명되었으며 노신영은 국무총리로 임명됐다.

안기부장은 군부정권의 특성상 국가의 최고 중요 보직이라 할 수 있는 요직이었고 장세동에 대한 전두환의 신뢰가 반영된 인사였다. 장세동은 이 시점부터 노태우, 노신영과 비견되는 5공화국의 진정한 이인자급으로 올라섰고 권력의 중심으로 들어섰다.

군사정권에 대한 저항

5공화국은 1982년 이후로 어느 정도 정권 안정기에 접어들게 되었지만, 대학생 운동권을 중심으로 민주화에 대한 열망과 요구는 여전했다. 정부의 보도지침과 통제로 언론 역시 제대로 할 말을 못 하는 상황이었다.

1983년 5월, 정치 활동이 금지되어 가택 연금되었던 김영삼은 민주화를 요구하며 단식투쟁에 들어갔다. 이 사건으로 김영삼은 혼절해 병원으로 가게 되었고 그곳에서도 단식투쟁을 이어 나갔지만 많은 재야인사의 격려와 만류로 무려 23일 동안의 단식을 끝냈다. 이 사건은 무소불위의 권력을 휘두르는 5공화국 안에서 그래도 많은 지식인과 학생들, 재야인사를 단결하는 결과를 낳았고 김영삼 본인에 대한 가택 연금도 풀리게 되었다.

이를 계기로 김영삼, 김대중 계열의 인사들이 다음 총선을 위해 '민주화추진협의회'(민추협)를 결성했다.

1985년 2월 12일 대한민국 12대 총선은 민주화 세력에게 중요한 승부였다. 이 선거에서는 돌풍이 불었다. 정치 활동 규제에서 해제된 인사들과 구 신민당 중진들이 가세했고 비 민추협 인사들까지 함께한 신한민주당(신민당)이 지역구에서 50석을 당선시켰다. 전체 의석 276석 중 67석을 얻음으로 제1야당이 되었으며 드디어 여당과 정권을 견제할 수 있는 그럴듯한 야당이 탄생하게 됐다. 신민당은 '대통령 직선제'를 내세우며 광주항쟁 이후 숨죽여 지내던 많은 국민의 호응과 지지를 끌어냈고 장영자 사건과 언론 탄압 등 여러 가지로 민심을 잃은 정권과 여당에 불만을 품고 있었던 국민은 신민당에 박수를 보내기 시작했다. 거기다가 과거 김대중은 내란음모 사건에 엮여 간신히 목숨만 건지고 미국에서 체류 중이었지만 총선 직전 2월 초에 귀국하면서 더더욱 국민의 반응은 뜨거웠다. 12대 총선은 무려 84.6%의 투표율을 보였는데 얼마나 국민의 반응이 엄청났는지를 알 수 있고 창당한 지 겨우 한 달도 안된 신민당이 득표율 29%를 기록했다는 점은 분명하게 민심이 움직이기 시작했다는 것을 알려주는 지표였다.

게다가 35석을 차지한 민한당의 의원 대부분과 일부 무소속 의원들까지 신민당에 가세함으로 신민당은 102석을 확보한 거대 야당으로 등극한다. 이 12대 총선이 중요한 점은 과거 총선의 3당이 사실상 전두환 정권의 1중대, 2중대, 3중대와 같은 개념으로 이미 정권을 견제하고 국민을 대변해야 할 입법부가 정권의 꼭두각시라 할 수 있었지만 이제 거대 야당이 여당을 견제하게 되었고 다른 무엇보다도 민주화 세력의 결집과 독재정권에 맞서 무언가를 할 수 있다는 자신감을 불어넣는 첫번째 계기와 함께 실제로 정치적 성과를 국민의 눈앞에 보여준 사건이 바로 12대 총선이었다는 것이다.

전두환은 총선 이전 1983년 말에 '유화 조치'를 단행한 적이 있었다. 이는 학생 사범과 공안 사범, 일반 형사범 다수에게 특별사면과 형 집행 정지의 조치를 취했고 정치 활동이 규제된 일부 인사들에 대한 해금과 김대중 내란 음모 사건, 광주항쟁의 관련 인물을 특사로 풀어 주는 등 어느 정도 억압정책을 풀어주는 조치였다.

그러나 유화 조치 이후 민주화운동은 양지와 음지로 급속히 번졌고 1985년 총선을 기점으로 표면에 나와 5공화국을 위협하기 시작했다. 이러한 기조가 총선 이후 시작된 재야의 청년, 노동자, 종교 등 각 분야 운동조직의 연합체였던 '민주통일민중운동연합'(민통련)의 결성으로 나타났고 이 조직은 사회 각 분야의 인사들이 결집해 민주화운동의 대표적인 조직으로 성장한다. 4월에는 대우자동차 파업이 일어났고 이러한 시국으로 굉장히 어수선한 분위기가 지속했다.

상황이 이러니 전두환은 다시 민주화운동에 대한 강경노선으로 돌아서게 되는데 정부는 '미문화원 점거 농성 사건'°의 배후로 학생운동 조직을 지목했고 이로 인해 전국 19개 대학에서 56명을 구속해 버렸다. 민청련의 초대 의장 김근태가 치안본부 대공분실로 끌려가 고문을 당한 사건도 있었다. 1985년은 조금씩 전두환 정권도 끝이 보이기 시작할 무렵이었고 신민당을 필두로 한 민주화의 요구는 높아지면서 신민당 정치인들은 다음 정권에 대해 생각을 하지 않을 수 없었다. 가장 중요한 것은 바로 개헌의 필요성이었다. 1986년 초 전두환은 국정연설에서 개헌에 대한 논의는 88서울올림픽 개최 이후 1989년까지 유보한다고 밝혔는데 이것은 민주화를 갈망하는 많은 국민에게 극심한 반발을 불러일으켰다.

° 1985년 5월 23일부터 26일까지 서울대, 고려대, 연세대 등 서울지역 5개 대학교 학생들이 연대해 서울을 지로에 있던 서울 미국문화원을 기습 점거해 농성을 벌인 사건.

전두환의 임기 내 개헌을 하지 않는다면 또다시 여당에 의한 체육관 대통령이 탄생하여 독재정권을 연장할 수도 있었기 때문이다. 신민당은 본격적으로 개헌을 위해 나섰고 전국적으로 개헌 서명 운동을 전개했다. 부산, 광주, 대구 등의 주요 도시에서 대회를 하며 엄청난 숫자의 군중이 모였다. 광주에서는 무려 10만 명이 결집하는 성과를 이루기도 했다. 이미 개헌과 대통령 직선제에 대한 국민 여론은 엄청나게 커졌고 신민당은 자신감을 얻게 되면서 실질적인 실력행사에 나서고자 했다. 개헌 서명 운동이 일파만파 커지게 되자 전두환은 커다란 압박을 받게 되고 4월이 돼서는 국회의 합의 사항에 따라 임기 내에 개헌을 할 수 있다고 입장을 바꿨다.

1986년 8월에는 민정당과 신민당 사이에서 개헌특위를 개최하여 개헌 협상이 시작되었고 민정당은 내각책임제 개헌안을 제출했지만 신민당은 당연히 대통령 직선제를 중심으로 개헌안을 제출했다. 그러나 여당은 이를 받아들일 수 없었고 개헌특위는 합의를 보지 못했다.

전두환 정권은 지속적인 강경정책을 유지했고 5월 3일 인천에서 벌어진 시위의 배후로 민통련의 간부들을 지명수배한 뒤 일부를 구속했으며 5.3 인천운동° 이후 벌어진 대대적인 검거과정에서 학생운동가 권인숙에 대한 성고문이 이루어지는데 이것이 바로 '부천경찰서 성고문 사건'이다.

이 사건은 5공화국 내에서 발생한 대표적인 인권유린 사건이며 권인숙은 이 사건을 용기 내어 폭로했고 이 사건은 대한민국 사회 전체에 엄청난 파문을 일으켰다. 재판 과정에서 검찰은 성고문 행위는 없었다고 공식 발표하고 권인숙의 폭로 자체가 허위사실을 유포한 것이며 운동 계열은 성마저도 자신들의 목적을 위한 도구로 쓴다며 적반하장으로 나왔다.

사실 이런 발언은 혹시 그렇게 생각한다고 해도 지금 같으면 절대 입 밖으로 낼

° 1986년 5월 3일 인천의 시민회관에서 벌어진 민주화운동. 다음 해 6월 항쟁의 전초 격인 사건으로 꼽힌다.

수 없는 발언으로 이 당시의 인권유린과 피해를 대표적으로 보여주는 사례라고 할 수 있다.

5공화국은 대대적인 운동권, 민주화 세력에 대한 탄압을 지속하였고 1986년 10월 말에는 뜬금없이 북한의 금강산댐이 남한 수공을 위해 건설된 것이라 발표하고 "200억 톤의 물 공격은 핵무기보다 무섭다"라는 발언까지 하며 과장되게 발표했다.

이 발표는 순식간에 온 국민에게 공포를 조성했으며 기업과 국민을 대상으로 성금을 반강제로 모금할 수 있었고 당시 국민학생(초등학생)까지도 저금통을 뜯고 얼마 되지 않는 용돈까지 털어 이를 막기 위한 평화의 댐 건설에 보태는 일까지 벌어졌는데 사실 필자는 개인적으로 이것이야말로 장영자 사건은 비교도 되지 않는 최고의 사기극이라고 생각한다. 장영자 사건은 어디까지나 개인과 몇몇 협력자들이 기업을 상대로 사기를 벌인 사건이지만 이 사건은 전 국민을 상대로 사기를 친 것이나 마찬가지다.

더군다나 사기를 친 주체가 돈을 뜯으려는 한 '개인'이 아니라 '국가'였다는 것은 정말로 있을 수가 없는 일이다.

이 평화의 댐을 위해 기업들은 강제로 성금을 내야 했고 중간에서 횡령이 발생하기도 했다.

88올림픽이 결정되고 북한이 이를 막으려 수공을 한다는 낭설은 국민의 불안감을 조성했지만, 애국심을 일으키기도 했다. 이는 소위 말하는 '북풍'이 얼마나 무섭고 또한 효과적인지 알려주는 사건이었다. 이후로도 북한을 오히려 이용해서 내부의 단합과 위기감을 조성하는 전략을 종종 정치권에서 사용하는데 대표적으로 90년대 말 대선을 앞두고 북한에 휴전선에서 무력시위를 요청했던 '총풍 사건'°이 있다. 이 사건도 북풍을 의도적으로 일으키다가 드러나 대중과 정치권의

° 1997년 제15대 대통령 선거 직전 당시 한나라당 이회창 후보 관련 인사가 북한에 무력시위를 요청했다는 혐의로 기소된 사건이다.

질타를 받은 바 있다.

평화의 댐 사건은 이러한 북풍 공작의 원조 격이라 할 수 있는 대국민 사기극이었다. 훗날 장세동은 민주화 정권이 들어선 후 이루어진 진상조사 당시 "올림픽을 위한 안전조치로 평화의 댐을 건설해야 한다는 건의를 한 사람은 나다"라고 밝혔다. 사실 그의 성격과 행보로 볼 때 자신이 모든 것을 뒤집어쓰기 위해 그러한 발언을 했다는 시각도 상당히 많다. 그러나 지금까지 밝혀진 바로는 장세동과 안기부가 깊게 관여를 했다는 것은 기정사실이다.

얼마 지나지 않아 11월 중순에는 김일성이 사망했다는 기사가 조선일보를 통해 나오게 되고 큰 파장을 일으켰다. 국방부는 김일성이 총격으로 암살되었다는 전파 방송이 있었음을 이미 발표했고 장세동의 안기부는 의심스러운 정황이 있어 신중하게 접근해야 할 것을 주장했으나 이미 대대적인 기사와 함께 국방부까지 사실상 인정한 것과 마찬가지였기에 사태는 커지게 됐다. 그러나 이 기사는 오보인 것으로 밝혀졌고 이 사건은 대한민국 역사상 최대의 오보 중 하나로 뽑히는 사건이 되었다. 사실 이것도 "정권 차원에서 일어난 북풍 공작의 일부다"라고 주장하는 음모론자들도 있지만 드러난 정황상 이는 정말로 파악이 제대로 안 돼서 일어난 해프닝으로 보인다.

6월 항쟁과 5공화국의 항복

민주화운동의 탄압은 대표적으로 인천 5.3운동 이후로 건국대에서 있었던 '전국 반외세 반독재 애국학생투쟁연합'(애학투) 사건이 있었다. 전국 26개 대학 2,000여 명이 10월 28일 건국대에서 발대식을 했고 수사기관은 이미 사전에 이를 파악한 뒤 이들을 포위하며 대대적으로 진압에 나섰다. 당국은 이 사건을 '애학투 공산혁명분자 점거난동사건'이라 주장하며 당시 말하는 용공분자°로 결론

° 80~90년대 초 흔히 쓰였던 명칭으로 공산주의의 주장을 받아들이거나 그 정책에 동조하는 사람을 뜻한다.

짓고 1,000명이 넘는 학생들이 체포되어 구속되었다. 1985년부터 1986년까지 전두환 정권은 운동권에 대한 대대적인 탄압을 전개하였고 실제로 이러한 탄압에 의해 학생운동과 민주화 세력의 힘은 크게 위축됐다. 그러나 역사에서 볼 수 있듯 탄압이 심해지면 저항 역시 격렬해지는 법이다. 앞선 5.3 인천 운동과 애학투 발대식 진압은 앞으로 다가올 거대한 사건의 시작에 불과했다.

1987년 1월에는 '수지 김 간첩 조작 사건'이 터졌다. 일반 사업가 윤태식이 자신의 아내 김옥분을 우발적으로 살해한 후 이를 은폐하기 위해 자신이 죽인 아내를 간첩으로 몰아 처벌을 회피하려 하였고 그는 심지어 월북을 시도했으나 실패했다. 안기부는 이 정보를 입수하고 당시 정부에 부정적인 여론의 관심을 돌리기 위해서 이 살인자의 계획에 같이 동조하여 그녀의 가족을 강제 연행 및 고문하며 인권을 유린하고 침해했던 엄청난 사건이었다. 이 사건은 한 범죄자의 범죄은폐를 국가기관이 직접 도운 것이나 마찬가지고 그것을 이용하며 아무 죄도 없는 피해자 유가족들의 삶까지 철저하게 파괴한 악마도 고개를 흔들 범죄였다. 이 사건의 진실은 먼 훗날 밝혀지게 되며 2000년대 들어와서 장세동은 수지 김 사건에 대해 사과를 했고 2003년에는 안기부에서 바뀐 국가정보원이 사과하였다. 사회악을 일소하겠다던 정권에서 이런 어처구니없는 사건이 발생했던 것이다.

정치권은 신민당이 분열되는 사태가 발생했는데 이민우 총재가 신민당이 제시한 7개 항의 민주화 요구가 선행된다면 민정당의 내각제에 대한 협상을 할 수도 있다는 의사를 밝혔지만, 이것은 신민당의 주 세력인 양 김. 김영삼, 김대중의 대통령 직선제와는 반대되는 입장이었다. 신민당은 내분 끝에 양 김 세력이 1987년 4월에 탈당하여 통일민주당을 결성했다.

이때 통일민주당의 창당대회를 폭력배들이 방해한 사건이 일어났고 흔히들 '용팔이 사건'이라 부르는 바로 그 사건이다. 당시 사건의 주동자였던 김용남의 별명 '용팔이'에서 유래된 이 사건은 전두환 정권의 지시로 안기부가 개입한 대표적인 정치공작 중 하나이다. 4월 20일부터 24일까지 서울 중앙당과 전국 지부에서 창당대회 개최 중 각 대회장으로 각목이나 쇠파이프를 든 폭력배들이 갑자기 난입해 기물을 파손하고 당원과 참가자들을 폭행하는 등 대놓고 창당대회를 방해하는 사건이 일어났다. 통일민주당 측은 당연히 분노했고 철저한 수사를 요구했다.

실제로 통일민주당의 창당은 이 사건의 여파로 5월이 돼서야 이루어졌는데 정부와 여당은 이 사건을 신민당과 통일민주당이 분열되면서 발생한 사건으로 몰아붙였고 제대로 된 수사도 진행하지 않았다. 이 사건은 1988년 9월이 돼서야 조직폭력배 용팔이, 즉 김용남과 배후에서 사주한 신민당 이선준을 체포했는데 검찰은 이 사건을 신민당 의원들이 기획하고 사주한 것이라는 결과를 발표하고 종결지었는데 용팔이 김용남은 징역 2년 6개월을 받았고 신민당 이택돈 의원이 1년 6개월 형을 선고받아 솜방망이 처벌이라는 비난이 쏟아졌다.

이 사건 역시 문민 정권이 들어서고 나서야 모든 진실이 밝히다. 김영삼이 집권 후 이 사건에 대한 재조사가 이루어지고 충격적인 진실이 밝혀졌다. 장세동 안기부장이 신민당 이택희, 이택돈 의원에게 무려 5억 원을 주고 통일민주당의 창당을 방해할 폭력 청부를 하도록 지시했다는 게 밝혀진 것이다. 장세동은 자신이 모든 것을 책임지겠다며 구속되었고 대법원에서 유죄판결을 받았다. 일련의 사건에서 보듯 전두환 정권 내내 벌어진 뒷공작은 하나하나 셀 수도 없이 많다. 그리고 그 중심에는 항상 장세동 안기부장이 있었다. 장세동은 권력의 중심부에서 도를 넘는 월권을 행사했지만 정권의 입장에서도 그다지 효과적이지 못한 사건 처리를 진행해 전두환이 아무리 그를 신뢰하고 맡긴다 해도 마냥 비호해 주기엔 어려운 상황이 왔다. 이런 와중 1960년 4.19혁명, 1979년 부마항쟁, 1980년 광주항쟁을 잇는 결정적인 바로 그 사건, 1987년 6월 항쟁이 터지게 된다.

앞서 우리는 다양한 5공화국 내의 인권유린 사태를 보았는데 장세동과 전두환 정권은 강경책을 쓰면서 나온 여러 사건에 대해서는 그래도 일이 너무 커지지 않게 최소화하는데, 어느 정도는 성공했다. 그러나 6월 항쟁을 막지 못했던 이유는 한 대학생의 죽음 때문이었다. 바로 1987년 1월에 있었던 '박종철 고문치사사건'이었다.

당시 치안본부 남영동 대공분실에서 조사를 받고 있던 서울대학교 학생 박종철이 경찰의 잔혹한 물고문 끝에 사망한 사건이 있었다. 이 사건은 영화 〈1987〉의 배경이 되는 바로 그 사건이다. 당황한 경찰은 이 사실을 은폐하려고 했고 어떻게든 사태가 확대되는 것을 막고자 했다. 하지만 중앙일보에서 먼저 기사가 나갔고 소문이 퍼져나가면서 사건은 걷잡을 수 없이 커졌다. 이 사실이 공중파 뉴스를 통해서도 보도되고 사건에 대한 해명이 필요하게 되자 치안본부장 강민창은 박종철의 사망원인에 대한 해명을 발표했다. 지금도 많은 사람에게 기억되는 이 유명한 해명의 내용은 "책상을 탁! 하고 치니까 억! 하고 죽었습니다"라는 황당한 변명을 해명이랍시고 내놓았다.

당연히 이를 그대로 믿는 사람은 아무도 없었다. 그동안 억눌려 있던 운동권과 국민감정은 일시에 폭발했고 전두환 정권은 위기감을 느껴 국민의 분노가 더는 확대되는 것을 막기 위해 해당 사건의 고문 경찰관 2명을 구속하고 치안본부장과 내무장관을 해임했다.

그러나 이미 폭발한 민심과 국민의 분노는 그 정도로 진정시킬 수 있는 것이 아니었다. 1987년 2월 7일 '고 박종철 범국민추도회'가 열렸고 전국적으로 6만이 넘는 시민들이 참여했다. 또 정치권에서는 개헌에 대한 논의와 협상이 별다른 진전이 없자 모든 개헌 논의를 유보하고 현행 헌법을 유지한 채 다음 정권으로 이양하겠다는 '호헌조치'가 나왔고 박종철 고문치사사건과 이 호헌조치는 6월 항쟁이 일어나는데 결정타가 됐다. 박종철의 죽음으로 인해 폭발한 시민들의 분노와 다음 정권을 위한 개헌을 접은 정부에 대한 민심은 드디어 4.19나 5.18광주항쟁, 부마항쟁 같은 대규모의 민중항쟁으로 번지게 되었다. 전두환 정권은 뒤늦게 박처원 치안감 등 관련 인물을 더 구속하고 문책성 인사를 단행했지만 이미 정권이 은폐, 조작했다는 부분에 대한 수습은 무리였다.

6월 항쟁은 6.10 국민대회로부터 시작되었다. 이 국민대회에서는 박종철 고문 살인 은폐, 조작에 대한 규탄과 민주헌법을 스스로 쟁취하자는 슬로건이 걸렸고 이후 6.29선언이 나오기 전까지 20일에 걸쳐 진행됐다.

민정당은 정국의 분위기를 파악하지 못하고 6월 10일에 차기 대통령 후보를 선출하는 전당대회를 진행하고 있었다. 그러나 같은 날 서울 내 대학생들은 거리로 나와 시위를 전개하고 있었다. 시내를 중심으로 대규모로 확산하였고 광주항쟁처럼 학생뿐만이 아니라 일반 민중까지 합세하여 이미 경찰력만으로는 진정할 수 없는 상황까지 오게 되었다.

저녁까지 진행된 시위는 전국에서 무려 24만 명이 참여했는데 이는 그동안 얼마나 많은 시민이 5공화국의 압제에 숨죽여 살아왔는지를 알 수 있는 부분이고 독재 타도와 호헌철폐를 내세우며 단순한 박종철의 억울한 죽음에 대한 규탄만이 아니라 반정부, 민주화 성격의 운동으로 전개되었다. 당연히 전두환도 손 놓고 있던 것은 아니라 전국적으로 엄청난 사람들이 연행되었고 학생들과 시민, 경찰 사이에서 부상자가 속출하기도 했다. 그러나 민중항쟁의 불꽃은 6월 10일 하루로 끝나지 않았다.

수백 명의 시위대는 10일 저녁 명동성당에 들어가 5박 6일 동안 농성 투쟁을 전개했고 이는 시위가 산발적으로 끝나지 않도록 하는 데에 큰 영향을 주었다. 또 6월항쟁 기간 사무직 노동자들이 점심시간이나 퇴근 후 시위에 참여하는 경우도 종종 있었는데 이들을 '넥타이 부대'라고 불렀다. 이는 6월항쟁이 대단히 많은 층의 지지를 받고 있었다는 것을 보여주는 사례였다. 사태가 이렇게 커지니 전두환 역시 마냥 강경책을 쓸 수는 없었다. 어떻게든 사태를 수습해야 했고 우선 민주당 측과 대화를 시도했다. 민주당은 6월 10일 시위 구속자들의 석방과 김대중의 연금 해제 등을 제시했고 개헌에 대해서도 다시 협상할 것을 요구했지만 전두환은 호헌조치를 철폐하는 것만은 아직 양보할 수 없는 상황이었다. 정권의 임기가 거의 다 끝나가면서 다음 정권을 확보할 장치를 만들어 두지 않으면 자신의 안전이 보장되지 않는 상황이었기 때문이었다.

   이 사건 중 6월 9일 연세대학교 이한열의 죽음 역시 빼놓을 수 없는데 박종철 죽음의 진상을 요구하고 규탄을 위한 연세인 결의대회에서 전경이 쏜 최루탄을 맞고 당시 대학생이었던 이한열이 혼수상태에 빠지는 사건이 일어났다.
   이 사건으로 6월 18일엔 최루탄 추방 결의대회가 열렸는데 전국 16개 지역에서 100만 명이 훨씬 넘는 인원이 참여했고 특히 부산에서만 30만 명이 집결했다. 이미 6월 10일의 시위와는 그 규모가 차원이 다른 엄청난 사태로 확산하였다.
   이날 역시 "독재정권 타도"와 "호헌 철폐"가 주된 구호였다.

1,500명 가까운 사람들이 연행되었지만 한번 붙은 불길은 꺼질 줄을 몰랐다. 김영삼 당시 민주당 총재는 19일 전두환과의 대화를 요구했다. 전두환은 이제 선택을 해야만 했다.
   이미 경찰이 몇몇 중심인물을 잡아들인다고 해서 해결될 문제가 아니었기 때문이다. 전두환은 실제로 과거와 같이 군을 투입하는 비상조치를 생각하기도 했다. 그러나 이번 항쟁은 광주같이 일부 지역에서 들고 일어난 것이 아니었다. 군을 투입한다면 어떠한 사태가 일어날지 알 수 없었다. 그는 14일부터 군 투입을 준비했고 19일에는 실제로 군병력의 배치를 명령했지만 19일 오후 군 병력 동원을 포기했다.
   일부 하나회 출신 핵심 지휘관마저도 반대 의사를 밝혔기 때문이다. 6월 26일에는 '국민평화 대행진' 개최를 결정했는데 이는 6월 항쟁의 절정이었다. 전국적으로 150만 명이 참여했고 직선제를 받아들일 것을 요구하면서 경찰과 대립했다. 결국 6월항쟁은 그 결실을 얻게 됐다. 노태우 당시 민정당 대통령 후보는 6월 29일 시국수습 특별선언 6.29선언을 발표했고 핵심적인 내용은 다음과 같다.

6.29 선언

- 대통령 직선제 개헌
- 공명한 선거관리
- 김대중 사면복권
- 국민기본권 보장
- 언론규제 철폐
- 지방자치와 사회단체의 자율 보장
- 정당활동 보장
- 사회 정화

　이 선언은 드디어 대통령 직선제를 받아들여 호헌철폐를 실현했고 김대중의 사면, 복권과 언론의 자유 그리고 정당의 자유로운 활동 보장이 포함되어 있어 5공화국이 국민에게 사실상 항복을 발표한 커다란 의미가 담긴 선언이었다.

　드디어 오랜 시간 지속하였던 군부정권의 철권통치에서 민주화로 가는 결정적인 계기를 만들어낸 기념비적인 결과물이라 할 수 있었다. 사실 6월 항쟁에 군이 만약 투입되었다면 광주와는 비교도 되지 않는 비극이 연출되었을 것이다. 하지만 6월 항쟁은 전국적인 항쟁이었고 또 광주항쟁 때는 미국이 사단의 출동을 승인했지만 이번엔 달랐다. 미국은 평화적인 해결을 촉구했고 이는 혹시 모를 비극을 막는 중요한 요소 중 하나였다.

　전두환은 경찰력만으로는 이 항쟁을 수습할 방법이 없었고 딱히 다른 방법도 없었다. 그 때문에 그가 민중의 가장 큰 요구인 직선제를 수용한 것은 어찌 보면 당연한 순서였다. 그러나 노태우는 이를 쉽사리 받아들일 수 없었다. 민정당의 대선 후보로 선출되면 현행 헌법에 따라 간접선거로 확실하게 대통령에 오를 수 있었기 때문이다. 그러나 이미 너무나도 커져 버린 사태를 수습할 방법은 민중의 요구를 수용하는 수밖에 없었다. 노태우도 결국 동의하여 6.29선언이 발표되었지만 김대중의 연금을 풀어 양 김이 분열된다면 얼마든지 승산이 있다는 계산도 민정당 안팎에서 나왔다. 어쨌든 이제는 정면승부를 할 수밖에 없는 상황이 찾아온 것이다.

이런 상황에서 민정당의 대표 노태우가 정부를 설득해서 국민의 요구를 받아들인 것처럼 본인이 직접 발표한 것은 국민에게 극적 효과를 노린 것이었고 실제로 큰 효과를 보았다.

대단한 정치적 수완과 심리적 효과가 깔린 승부수였다고 개인적으로 생각한다. 6.29선언은 민주화운동 세력에게 커다란 승리였다. 아무런 조건 없이 즉각 수용되었고 실제로 이루어졌기 때문이다. 이런 민중의 승리와는 다르게 앞서 최루탄에 머리를 맞은 연세대 이한열은 7월 5일, 세상을 떠나고 말았다. 6월 항쟁의 상징적인 인물이었고 아직 꿈많은 청년이었던 이한열은 결국 그가 꿈꾸었던 민주화를 보지 못하고 그렇게 떠나고 말았다.

그의 장례식은 6월 항쟁이 승리한 후 거행되었기 때문에 거대한 규모와 의미가 담긴 민주화 진영 전체의 행사였다.

이때도 6월 항쟁에 참여했던 인원수만큼 많은 사람이 그의 마지막을 전국적으로 추모했다.

실패한 민주화 정권의 꿈

결국 전두환이 직선제를 수용했으니 무엇보다 시급한 것은 헌법을 개정하는 일이었다. 대통령 선거는 헌법에 기초한 근거가 있어야 하기 때문이다. 민정당과 민주당은 헌법개정에 관해 서로 협의하기 시작했는데 이 과정에서도 헌법 전문에서 대한민국 임시정부의 적통성과 3.1운동, 4.19혁명 외에 5.18의 정신과 국민 저항권에 대한 부분을 적시하고자 했지만, 민정당은 이를 반기지 않았다. 또 민정당은 대통령 임기에 대해 6년 단임을 주장했지만 민주당은 4년 중임의 대통령제를 주장했다.

국회해산권에 대해서도 민정당은 이를 대통령 특별조치의 권한으로 인정하고자 했지만, 민주당은 이를 인정하지 않았다.

개헌과정에서도 서로 대립하며 결론이 나질 않았고 협상이 필요해 보였다. 급하게 여야 합의를 통해 나온 개헌안은 10월 말에 국민투표를 거쳐 공포되었다. 개헌으로 인해 대통령 직선제가 정식으로 헌법의 근거를 얻게 되었고 임기는 5년에 단임제로 결정됐다. 또 "불의에 항거한 4.19 민주 이념을 계승"한다는 문구가 포함되었고 언론, 출판, 결사에 대한 허가와 검열을 금지하는 표현과 저항권에 대한 권리가 보장된 민주헌법이었다.

그리고 앞서 가장 공포의 권한이었던 대통령의 비상 조치권과 국회해산의 권한을 폐지하여 집권자의 권한을 축소함으로써 어느 정도 의회와 사법부를 통한 3권 분립의 원칙을 강화하고자 했다.

헌법이 개정되고 전두환의 임기는 끝이 보이는 시점에서 이제는 다음 대통령이 누가 되는가가 무엇보다 중요했다.

결국 민주화된 헌법개정을 이루어냈다 한들 민주화 정부가 들어서지 못한다면 6월 항쟁은 그 끝을 완성할 수 없기 때문이다. 그런 의미에서 전두환과 민정당은 이미 완벽하게 준비가 되었다고 봐도 무방하다.

노태우를 확실하게 밀어주면서 다음 정권에 대한 대비를 분명하게 하기 때문이다. 다음 주자가 이미 결정되어 있었다는 것은 그들에게 굉장히 유리한 이점이었다. 왜냐하면 민주화 진영은 헌법개정 후 대선을 준비하기 시작했으며 민주당에는 두 명의 거물이 존재했다. 두 명의 메인 프리마돈나가 공존하는 오페라 극단은 반드시 문제가 생기는 법이다.

더군다나 김영삼은 이미 5공화국 내에서도 어느 정도 입지를 쌓아오며 정치 활동을 해왔던 반면에 김대중은 6.29선언 이후에서야 표면적으로 활동할 수 있게 된 인물이었다.

당권 차원에서 이 두 사람의 입장이 중요했는데 그들은 전두환과 5공화국이라는 거대한 공공의 적 앞에서는 서로 힘을 합칠 수밖에 없었지만, 민주화 정부를 수립할 수 있는 기회가 온 이 시점에서는 각자의 생각이 달랐다.

반면 노태우는 6월 10일 이미 대통령 후보로 지명되었고 8월에는 민정당 총재에 취임했으며 대선을 위한 모든 활동을 시작하고 있었다. 김영삼은 당내 기반이 확실하게 있었기에 대통령 후보 단일화의 과정을 민주당 내부에서 처리하고자 했지만, 김대중은 당연히 이에 대해 반대하는 입장이었다. 당 내부에서 일을 진행하면 무조건 질 수밖에 없는 상황이었기 때문이다.

김대중은 국민적 여론으로 대선 후보를 선출할 것을 희망했고 사실 이 방법 말고는 그가 대통령 후보에 나설 방법이 없었다. 김대중은 당 내부의 활동보다는 외부 활동에 주력하면서 자신의 정치적 기반인 광주와 목포를 방문해 엄청난 인원을 동원했다. 김영삼도 10월에 부산을 방문하여 큰 호응을 받았다. 이는 각각의 연고지에서 세를 과시한 것이지만 이미 대한민국 사회의 지역주의 정치의 시작이기도 했다. 또한 호남과 영남의 대립이 본격적으로 심화하는 시기였으며 이는 전두환이 의도한 것이기도 했다.

6.29의 김대중 사면, 복권은 이처럼 필연적으로 민주화 진영의 분열을 만들었고 그 이득은 고스란히 전두환과 노태우가 보고 있었다. 또 전두환과 노태우의 지역 기반은 김대중의 호남, 김영삼의 부산, 경남이 아니라 대구, 경북이었기 때문에 둘 사이의 대립과 감정싸움을 지켜보고 있기만 하면 됐다. 기껏 민주화 항쟁으로 힘들게 국민의 요구를 관철해 헌법개정을 이루어 놨는데 정작 정치계의 민주화 인사들이 분열하는 모습을 보이자 많은 재야인사와 단체들이 양 김 씨에게 서로 화합해서 후보 단일화를 추진할 것을 촉구했다. 하지만 당사자인 김영삼과 김대중은 물과 기름 같은 사람들로 견해를 좁히지 못했다. 사실 의견이나 사상의 차이라기보다는 이 두 사람은 거물인 만큼 자신들을 따르는 정치적인 동반자들과 지역 기반 등이 문제였다. 두 사람은 분명히 야심이 있는 사람들로 단순하게 민주화 정권이 중요한 것이 아니라 자신이 그 민주화 정권을 주도하는 집권자가 되고자 했다.

김대중은 결국 10월 29일 평화민주당(평민당)을 창당하고 대통령 출마를 공식

선언했다. 모두가 우려했던 일이 터지고 말았다. 이와 더불어 김대중을 지지하는 세력과 김대중이 독자 출마를 결심한 일을 비판하는 사람들까지 대립해 재야의 민주화 세력들까지 서로 싸우고 분열하는 사태가 일어났다. 또 양 김 씨 모두에게 실망하여 분노하는 사람들까지 생겨났다. 13대 대통령 선거는 12월 중순으로 코앞까지 다가온 시점에 민주화 진영은 돌이킬 수 없는 분열을 겪고 있었다.

김대중은 '4자 필승론'을 내세웠다. 호남의 확고한 지지를 기반으로 서울에서도 인기가 높았기에 같은 영남에서 노태우와 김영삼의 표가 분산되고 충청은 김종필 후보가 나서면 대선에서 승리할 수 있는 건 자신이 유력하다는 것이었다.

이 논리 자체가 바로 지역주의에 기반한 어처구니없는 논리였고 애당초 민주화 진영의 확실한 승리를 확보할 수 있는 분명한 방법을 무시한 그야말로 역사를 역행시키는 궤변이었다. 김영삼 역시 부산, 경남의 지역 기반을 확고히 다지는 데 주력했고 김종필도 충청의 표 말고는 딱히 믿을 만한 게 없었다. 그렇지만 노태우는 달랐다. 그는 대구 경북의 기반만을 신경 쓰는 것이 아니라 이러한 민주진영의 분열과 반목에도 신경을 썼다. 물론 전두환이 힘을 써준 것이다. 당시 방송에서는 김영삼, 김대중의 영남, 호남 유세 과정에서 있었던 충돌이 대대적으로 방영되었고 지역감정은 점점 쌓여 갔다.

또 하루 전날 12월 15일 정부는 대한항공 858편 폭파 사건을 대대적으로 보도하고 범인으로 지목된 김현희를 체포 압송하여 공개함으로써 선거전 국민의 안보 심리를 건드리는 마지막 카드를 꺼냈다.

이후 다음날 1987년 12월 16일 대한민국 제13대 대통령 선거가 시행되었다. 제13대 대통령 선거의 투표율은 무려 89.2%였다. 결과적으로 말하자면 노태우 후보는 36.6%, 김영삼 후보는 28%, 김대중 후보는 27.1%, 김종필 후보는 8.1%를 득표하여 노태우 후보가 당선되었다. 김대중의 4자 필승론은 민주진영의 경쟁자인 김영삼 후보에게도 패배한 것을 볼 수 있는데 두 사람의 표를 합하면 55%가 넘는다.

즉 양 김 씨가 분열하지 않고 단일화를 거쳐 대선에 돌입했다면 분명히 이길 수 있는 승부였다. 이 13대 대선은 지역주의가 분명하게 표면에 등장한 대선이었고 심지어 3김과 노태우의 각각 중심 지역 기반들이 겹치지 않기에 여러 가지 역사적 사실을 우리에게 보여준다. 김대중은 광주와 호남에서 90%대의 지지율이 나왔고 특히 광주에서는 무려 94.4%를 득표했다.

대구, 경북은 노태우가 70%에 육박하는 표를 가져갔고 부산, 경남에서는 김영삼 후보가 50~60% 이상을 득표했다.

무려 16년 만에 치러졌던 이 13대 대선은 여당의 승리로 끝났고 다시 한번 군사정권 출신의 인물이 집권함으로써 6월 항쟁은 커다란 역사적 의미를 가지면서도 그 끝을 완성하지 못하는 미완의 민중 투쟁으로 남게 되었다.

양 김 씨들은 이 대선이 끝나고 서로 무슨 생각을 했을까? 훌훌 털어버리고 곧장 다음 정권을 위한 생각을 했을까? 이 상황을 어떻게 설명해야 할까? 민주화를 위한 민중항쟁은 성공했는데 정작 민주화 정권을 수립하는 것은 실패했다는 것이다. 이 얼마나 코미디 같은 일인가? 더군다나 민중은 그렇게 양 김 씨의 단일화를 촉구하고 원했는데도 그들은 서로 화합하지 못하고 4자 필승론 같은 허무맹랑한 주장을 하며 이길 수 있다고 믿었다. 이것은 결국 이 두 정치인의 바보 같은 짓으로 인해 김영삼, 김대중이 패배한 것이 아니라 민주화 세력과 민주화를 갈망하는 모든 국민이 패배한 것이다.

김영삼, 김대중이 갈라선 것은 단순하게 두 사람이 등을 돌린 게 아니라 민주화 진영 전체의 분열이라고 봐야 한다.

이는 이후의 대한민국 현대사에도 그대로 이어지며 13대 대선에서 전두환 정권이 부추긴 지역감정 역시 그대로 이어지게 됐다. 물론 6월 항쟁 이후 출범한 노태우 정권은 전두환 정권과는 달랐다. 이미 민주화의 요구를 받아들였기 때문에 출범한 정권이고 노태우 본인도 전두환과는 집권에 관한 생각과 개념 자체가 전혀 달랐다. 과거와 같이 민주주의를 억압하고 국민을 통제하는 것은 이미 어려워진 시점이었다. 노태우는 최소한 이것을 분명히 알고 있었다.

선거로 집권한 대통령이었고 문민, 민주화 정권의 장치들을 여러 가지로 마련한 노태우의 6공화국이었지만 당연히 그 역시 과거 군사정권의 중심부에서 활약한 사람이기 때문에 독재와 과거사에 대한 청산은 일부분만 진행될 수밖에 없었다. 김영삼이 훗날 집권하고 군사정권과 과거사에 대한 일들을 털었던 것은 어찌 보면 당연한 일이었다.

양 김 씨는 이 역사적 패배에 대한 책임을 지지 않았고 둘 다 차례대로 훗날 대통령에 오른다. 그러나 우리는 많은 폐단이 이때 생겨난 것임을 알아야 한다. 정치적 입장과 자신의 기반 때문에 국민의 열망을 배신한 것은 그 두 사람이었다.

또한 지역주의적 정치 문화가 고착화 되었고 이후로도 대한민국 정치의 가장 중요한 요소가 되었다는 점도 중요하다.

훗날 김대중이 김영삼 이후 집권하고는 수없이 많은 광주와 호남 출신 인사들이 중앙에 진출하고 역사상 최초로 호남 출신 육군참모총장과 검찰총장이 탄생하는 등 그동안 억눌렸던 것들을 화끈하게 풀어주는 것을 볼 수 있다. 그러나 이명박 정부에서는 수없이 많은 영남 인사들이 진출했고 심지어 호남과 영남 모두의 눈치를 다 봐야 했던 노무현 같은 경우는 나름대로 호남을 신경 써 줬는데도 '호남 홀대론'이 등장해 공격을 받기도 했다. 애당초 이명박이 호남을 홀대할 때는 차라리 대통령에게 대놓고 저런 문제를 제기하지도 않는다. 보수정당 후보가 호남을 홀대하는 것은 어느 정도 그럴 수 있다는 인식이 깔려 있기 때문이다.

그러나 노무현같이 영남 출신이면서도 호남기반의 정치인들이 중심인 정당에서 당선된 인물은 호남 출신 정치인들의 눈치를 엄청나게 봐야만 했다.

이러한 지역주의 정치가 본격적으로 등장하고 고착된 계기가 바로 이 제13대 대선이라고 할 수 있다.

지역주의의 기원은 사실 따져보자면 박정희 정권 시기부터 있었던 영남 위주의 불균등 개발과 투자도 있었고 정권만 봐도 영남 출신 박정희가 18년을 집권했고 마찬가지로 영남 출신 전두환이 8년을 집권했다. 이후 노태우, 김영삼도 다 영남 출신자들이다. 또 호남은 5.18을 겪었고 김대중이라는 인물이 광주와 호남에서 차지하는 비중은 우리가 상상하는 것보다 더 크게 작용했을 것이다.

그리고 유신 이후 16년 만에 실시된 대선이니 세세한 부분들이 전체적으로 영향을 주었을 수도 있다.

그러나 영호남의 지역주의가 정치적으로 표면화되어 심화한 사건이 바로 13대 대선이라는 것은 분명한 사실이다.

그들에겐 역사에 대한 반성이 필요하다

전두환은 틀림없이 천운이 함께 하는 사나이다. 그는 출세의 기회를 잡을 수 있는 5.16쿠데타의 주역 박정희의 마음을 잡으면서 군내에서 승승장구했고 하나회라는 조직을 만들어 모든 기반을 닦았다. 두 번째로 10.26과 정승화와의 대립은 자신의 위기이면서도 또한 기회였다.

그는 위기를 기회로 전환하여 12.12를 성공으로 이끌고 마침내 대한민국 전체의 대표자가 되었다.

온갖 억압과 탄압을 자행하며 무소불위의 권력을 휘둘렀고 정권 말 전국민적인 민중 항쟁을 겪게 되지만 승부수를 던져 대선에서 자신의 친구이며 부하이고 정치적 동반자인 노태우를 당선시켰다. 그는 자신에게 찾아온 기회를 모두 잡고 자신의 위기를 언제나 어떻게든 돌파했다.

그가 권력을 내려놓은 후 문민, 민주화 정권을 표방했던 노태우 정권에서 5공을 청산하는 작업을 시행함에 따라 나름의 굴욕을 당하게 되지만 노태우 정권의 특성상 당연히 제대로 된 처벌은 받지 않았고 군부 내에 하나회는 그대로 유지됐다.

전두환은 백담사로 사실상 유배되는 굴욕을 맛보기도 하고 권력형 비리들에 대해 대국민 사과를 하는 등 나름대로 퇴임 후에도 이리저리 끌려다니며 화제의 중심에 있었다.

이후 김영삼 정권이 들어서면서 본격적으로 그의 수난이 시작됐다. 단순한 비리나 권력 남용에 대한 혐의뿐만 아니라 12.12와 5.18광주항쟁의 진상조사까지 대대적으로 들어가면서 전두환뿐 아니라 노태우를 비롯해 5·6공의 핵심 인물들이 전부 재판에 회부되었으며 하나회 인사들까지 모두 처벌을 받게 되었다.

이 과정에서 최측근 장세동이 모두 자신의 잘못이라며 죄를 뒤집어쓰려 하는 모습을 보였다. 그는 여러 차례 구속되고 감옥에 가면서도 한 번도 전두환을 배신하거나 불리한 진술을 하지 않았다. 이런 부분은 전두환을 평가하면서 굉장히 중요하게 봐야 한다. 전두환은 특유의 카리스마적 용인술을 가지고 있었다. 박정희는 오랜 기간 집권했기 때문이기도 하지만 부하들과 많은 반목이 있었고 때로는 그들을 제거하고 각 부처의 힘을 조절하며 서로가 견제하게 하는 용인술을 사용했다. 실제로 중앙정보부장을 맡았던 김형욱은 박정희와 유신을 파멸시키려 대놓고 반기를 들었고 김재규가 자유민주주의를 회복하기 위해 박정희를 살해했다고 했지만 분명한 정황상 차지철이 분수를 넘는 권력을 휘두른 일이 영향을 주었음은 틀림없는 기정사실이다.

전두환은 중용했던 김재익 수석을 비롯해 노신영 국무총리 등은 경제, 외교, 안보에 분야에 있어 분명히 특출난 인물들이었고 자신이 정통하지 않은 분야에 스스로 전문가를 선택하여 그들이 최대한 효율적으로 활동할 수 있게 도왔다. 내부적으로는 장세동이라는 무한한 충성을 바친 인물이 있었다. 그는 5공화국을 유지하기 위해 모든 악역을 맡았고 실제로 수많은 악행과 공작에 참여하면서 전두환에 대한 충성을 변함없이 유지했다. 그렇게 국민을 탄압하고 힘으로 누르면서도 그가 정권을 유지하고 노태우를 당선시킬 수 있었던 것도 바로 장세동 같은 인물들이 전두환이 가진 불의의 권력에 끝없는 충성을 다했기 때문이다.

이렇게 사람을 보는 눈은 전두환의 가장 큰 무기였고 장점이었다. 장세동은 5공 청문회가 열렸을 때 이런 말을 한 적이 있었다.

"사나이는 자신을 알아준 사람을 위해 죽는 법이다. 차라리 내가 역사의 수레바퀴에 깔려 죽는 한이 있어도 각하가 구속되는 것은 막겠다."

사실 이 정도쯤 되면 거의 종교적인 광신이라고 할 수 있는데 어쨌든 끝까지 이러한 충성을 다 했기에 별로 좋은 의미라고 할 순 없지만 '의리의 사나이'라는 별명을 얻을 수 있었다.

예를 들어 이명박의 사례를 보자면 그는 주식회사 DAS의 실소유주 논란이 나오자 가족들까지 DAS는 이명박이 실질 소유주가 맞는다며 그를 배신하는 듯한 모습을 보여 국민에게 충격을 안겨줬다. 그런데 생판 남이라 할 수 있는 장세동을 비롯한 하나회 회원들은 그릇된 의리라지만 전두환을 끝까지 감싸고 오히려 자신들이 뒤집어쓰려는 모습을 보이지 않는가?

웃기는 상황이지만 마냥 웃을 수 없는 뒤틀린 의리를 끝까지 보여준 것이다. 전두환은 문민 정권에서 이루어진 재판 1심에서 사형을 선고받았고 노태우는 징역 22년 6개월을 선고받았다.

전직 대통령 2명이 한꺼번에 구속되어 재판을 받는 일은 대한민국 역사상 처음이었고 아마 또다시 나오기도 힘든 일일 것이다.

이어 2심 항소심 재판에서 무기징역으로 감형되어 사형은 피하게 되었다. 이듬해 4월 대법원으로부터 무기징역과 2,205억 원의 추징금 확정판결을 받았다. 그러나 1997년 대통령 당선인 김대중의 건의가 있었고 김영삼도 이를 받아들여 12월 22일, 전두환과 노태우는 특별 사면을 받아 풀려났다. 사실 국민 여론은 이에 반대했으나 정치권에서는 두 전직 대통령에 대한 사면 요구가 있었고 당시 여당의 이회창 총재도 이들에 대한 사면의 필요성을 밝히기도 했다. 이건 개인적인 생각이지만 만약 그때 전두환이나 노태우를 처벌했거나 죽이는 사태가 발생했다면 김대중 이후 노무현이 대선에 당선되기는 어려웠을 거로 생각한다.

대한민국 사회에 시역주의적 정치요소가 분명 존재하기 때문이다. 그가 풀려난 뒤 "기자 여러분은 교도소에 가지 말라"며 농담을 건네는 모습을 보고 많은 이들이 분노하기도 했다.

전두환은 모든 전직 대통령에 대한 예우가 박탈되었다. 훗날 그를 만난 김영삼은 "전두환이는 대통령도 아니다"라고 말하기도 했다. 전두환은 오늘날까지도 가장 국민 분열적 문제를 낳고 있는 인물이다. 5.18광주항쟁에 대한 조사는 현재까지도 진행 중이며 90세가 다 된 나이에 아직도 재판에 불려 다니고 있다. 국민이 지금에 와서 원하는 것은 과연 무엇일까? 지나간 역사를 바꿀 수는 없다. 그러나 그는 아직도 살아있는 역사적 인물이며 대한민국의 집권자였던 거물로서 지난 과거의 만행에 대한 사과와 반성이 필요하며 사실 국민이 진정으로 원하는 것은 바로 그것이라고 생각한다.

그는 분명 개인의 능력도 뛰어난 인물이었지만 하늘의 사랑을 받는 인물이었다. 박정희는 대한민국 그 어떤 누구보다도 극적인 인생을 살아온 인물이며 비참한 최후를 맞았다.

하지만 전두환은 일생을 탄탄대로를 걸으며 몇 번의 위기도 언제나 별다른 문제 없이 해결하고 풀려났다. 이제 그가 받아야 하는 것은 역사의 심판밖에 남지 않았다.

그는 자신이 받은 하늘의 사랑과 운을 개인의 권력과 영달을 위해서 사용했다. 이것은 개인적으로 안타까운 부분이다.

자신이 걸어온 길과 역사에 대한 반성, 성찰이 있을 때 그는 조금이라도 자신이 이룩한 것에 대한 정당한 평가를 받을 수 있을 것이다. 장세동과 전두환에게는 그것이 결여되었다. 그들은 현재 우리 대한민국에서 살아 숨 쉬고 있으며 아직도 그 기회가 남아 있다.

핵심 포인트 | 전두환의 공로

- 지도자로서 사람을 보는 눈이 있었다.(김재익, 노신영 등)
- 높은 경제성장을 이끌었다.
- 야간통행 금지를 폐지하고 스포츠 산업을 장려했다.
- 치솟던 물가 상승률을 잡았고 최저임금법을 제정했다.

| 공&과 | 전두환의 과실 |

- 신군부의 12.12쿠데타를 주도했고 광주에서 피를 묻혔다.
- 수없이 많은 국민 탄압을 자행했다.(삼청교육대, 박종철 고문치사 사건, 안기부의 횡포)
- 보도지침과 언론 통폐합, K-공작으로 언론을 철저히 통제하고 탄압했다.
  (광주에서 무슨 일이 있었는지 전두환의 임기 말에도 제대로 아는 사람이 거의 없었을 정도다.)
- 수천억대의 비자금을 조성하는 부정부패를 저질렀고 평화의 댐 같은 경우 국민 전체를 상대로 한 사기극이었으며 그 과정에서도 돈을 챙겼다.
- 존재 자체가 불법인 군내 사조직 하나회를 결성하고 활동했다.
- 자신의 잘못에 대한 반성과 성찰이 아예 존재하지 않는다.
  (그를 따르던 장세동을 비롯한 부하들도 전부 마찬가지이다.)

"반성하지 않는 삶은 살 가치가 없다."

소크라테스

제4장

노태우

**군사 정권과 민주화 정권
그 사이에서…**

유일한 반성, 화합의 길

노태우와 그 정권을 다룸에 있어 가장 먼저 하고 싶은 말은 바로 '반성'에 대한 이야기다.

필자는 유튜브 활동을 하며 우연히 노태우의 장남 노재헌 변호사를 만난 적이 있었다. 우연한 기회였지만 본인은 노태우 정권에 대해 많은 관심이 있던 사람으로 좋은 기회라 여겨 궁금했던 점들을 물어볼 수 있었다.

필자가 노재헌 변호사를 만나기 직전 한 기사를 읽었었는데 바로 광주 5.18 유공자 묘소에 노태우의 장남인 노재헌 변호사가 직접 참배를 하며 사과의 말을 전했다는 것이었다.

필자가 만난 노재헌 변호사는 아버지의 과오를 덮거나 무조건 옹호하려는 사람이 아니었다.

노재헌 변호사는 광주에 직접적인 사과를 표하는 것 자체가 쉽지 않은 결정이지 않냐는 내 질문에 그것은 국민 화합적으로 반드시 해야 했던 일이었고 병석에 누우신 아버지를 대신해 자신이 사과하는 것은 당연한 일이라는 답변을 들었다.

필자는 이 부분에서 깊은 감명을 받았다. 단적으로 5.18 민주화운동은 대한민국

광주 5.18 유공자 묘역에서 아버지를 대신해 사과의 뜻을 전하는 노태우 대통령의 장남 노재헌 동아시아문화센터 원장

현대사에서 가장 아픈 상처다. 그러나 누구도 이를 책임지려고 하지 않으며 신군부 인사 중 광주시민에게 사과의 뜻을 밝힌 것은 노태우 측밖에는 없다.

그렇게 많은 세월이 지났고 전두환을 비롯해 관련자들이 아직도 상당수 살아있지만 단 한 명 노태우 측에서만이 사죄의 뜻을 전한 것이다. 물론 중요한 것은 광주 시민들이 이를 어떻게 받아들이냐다.

하지만 5.18 유공자에게 사과의 말을 전한 것은 이 좁디좁은 땅에서 끊임없이 반복되는 서로 간의 갈등과 증오를 조금이나마 해소할 수 있는 위대한 한걸음이 되지 않을까 싶다.

전두환, 장세동, 허화평 등 수많은 5.18 민주화운동과 독재에 관련된 그들은 사과는커녕 아직도 5.18 민주화운동이 폭동임을 말하고 있다.

전두환은 몇천 억의 금품수수 혐의를 인정받고 추징금 2,205억 원을 확정받았지만 아직도 일부만 납부했을 뿐이고 나 몰라라 하는 실정이다. 반면 노태우 측은 시간이 좀 걸리긴 했지만 2,628억 원의 추징금을 완납했다. 이는 기본적인 태도의 문제이다. 국민에게 사죄하고 용서를 구할 수 있는 출발점에도 다가서지 못한 것이다. 아니 다가갈 생각 자체가 없는 것이다. 오히려 전두환 측은 추징법이 위헌이라며 이의신청을 하고 소송을 제기하는 등 적반하장의 끝을 보여주고 있다.

이런 상황에서 법률적으로는 그가 사망하게 될 시 현실적으로 남은 추징금 집행은 어렵다고 보는 것이 일반적인 법조계의 분석이다. 신군부 인사들은 이미 12.12쿠데타와 5.18 민주화운동으로 처벌을 받았음에도 환수된 군인연금과 퇴직금 등의 조치가 부당하다며 소송을 제기하기도 했다. 국민들이 어떠한 부분에서 납득을 할 수 있으며 어느 부분에서 반성의 의미를 찾아볼 수 있는가?

전두환과 다른 신군부 인사들의 뻔뻔한 행보가 오히려 노태우의 평가를 높이고 있는 황당한 실정이다.

대한민국 군사정권의 박정희, 전두환, 노태우의 집권 기간은 그야말로 격동의 시기였다. 오늘날 사회적인 갈등의 주 세력이라 할 수 있는 산업화 세력과 민주화 세력은 모두 이 시기를 강렬하게 추억한다. 어떤 이는 철저하게 민주주의가 억압받고 비참했던 시대로 어떤 이는 찬란했던 발전이 있었던 시기로 말이다. 두 세력 모두 역사의 산증인들이고 시대의 역군들이었지만 이제는 이들이 과거사에 대한 평가를 두고 서로 간에 증오하며 끊임없는 다툼을 유발하고 있다.

그러나 우리 대한민국에 정말로 중요한 것은 더 나은 미래가 아닐까? 각각의 시대와 그 시대를 이끌었던 집권자들은 모두 나름의 의미가 있다. 그러나 이후 통합을 위해 노력하면서도 그것이 제대로 실현된 적은 없었다. 필자가 노재헌 변호사의 사과를 높게 평가하는 것은 그것이 국민의 화합을 위한 노력이라고 생각하기 때문이다. 뒤늦게나마 광주에 대한 사과의 말을 전한 것, 법적으로 부과된 추징금을 완납한 것은 최소한의 도리와 성의를 다한 것이라 볼 수 있다.

필자는 그것이 전제될 때 바로 진정한 의미에서 노태우 정권이 이뤄 놓은 여러 가지 업적이 정당한 평가를 받을 수 있을 것으로 생각했다. 그가 나쁘고 좋은 인물임을 떠나 분명하게 평가받아야 할 부분까지 아무런 관심을 받지 못한다는 것이 안타까웠다.

어떠한 집권자도 공과 과가 존재한다. 톨스토이°는 말했다.

"불로 불을 끄지 못하듯이 악으로 악을 없애지 못한다."

우리는 어째서 6공이 5공에서 탄압하던 것들을 바꾸려 했는지, 다른 어떤 것보다 '민주화'라는 가치를 6공의 모든 분야에 심으려 했는지, 우리가 누리고 있는 민주주의의 공기가 어느 정권에서 시작되었는지를 많은 이들이 모르고 있다. 단언컨대 과정의 모든 잘못들을 결과로 대신하는 것은 분명한 악이다. 경제가 상승했다고 어떻게 그 수많은 탄압과 국민을 억죄던 전두환을 영웅이라 할 수 있겠는가? 그렇다고 노태우가 선이라는 것은 아니다. 그러나 전두환과 그 추종자들은 악을 포장하고 덮기 위해 다시 악을 행하고 있다. 그것이 노태우와의 차이점이다. 전두환 역시 그가 이뤄놓은 것들이 정당한 평가를 받기 위해선 최소한의 반성이 있어야 한다.

노태우는 그것이 있었다. 이것이 전두환과 노태우의 가장 큰 차이라고 생각한다. 진정한 통합은 서로의 잘못을 인정하고 잘못된 것은 바로잡으며 서로 간에 쌓인 증오를 없애는 데 있다. 필자는 6공에서 있었던 국가의 민주화, 외교적 지평을 넓힌 업적, 복지정책, 대북관계의 진전, 근로자의 임금과 처우개선 등의 성과들이 있는 그대로, 또한 노태우라는 인물이 정당한 평가를 받을 만한 자격이 있다고 생각하며 그의 사과와 노력으로 그가 이룬 것들이 모두에게 인정받기를 바란다.

노태우 정권이 단순한 군사정권의 연장선이자 끝이 아니라 군사정권과 문민정부 사이에 존재하는 특별한 정권이라는 것을 말하고자 한다. 이 책의 마지막 단원이며 군사정권의 끝인 노태우 정권을 다루며 이 말을 꼭 전하고 싶었다.

° 러시아를 대표하는 소설가. 대표작으로 〈전쟁과 평화〉, 〈안나 카레니나〉 같은 작품이 있다.

반성과 사과, 화합과 통합으로 '힘'이 아닌 '뜻'이 하나 되는 대한민국이 만들어지기를 바란다. 그 때문에 우리는 노태우의 집권 기간을 주목해야 한다. 군사정권의 요소가 남아 있으면서도 민주화의 기틀이 완성된 정권, 신군부 인사 중 반성과 통합을 위한 노력을 보여준 유일한 인물이 바로 노태우이기 때문이다.

"물량 성장과 안보를 앞세워 자율과 인권을 소홀히 여길 수 있는 시대는 끝났습니다. 힘으로 억압하거나 밀실의 고문이 통하는 시대는 끝났습니다. 마찬가지로 자율과 참여를 빙자하여 무책임하에 혼란을 일으킬 수 있는 시대도 끝나야 합니다.

침해되지 않는 인권과 책임이 따르는 자율이 확보될 때 경제도 발전하고 안보도 다져지는 성숙한 민주주의 시대가 열릴 것입니다.

성실히 사는 국민이 아무 두려움 없이 어디서나 떳떳하고 활기 있게 사는 사회, 국민 각자가 진정한 나라의 주인이 되어 국가발전에 창조적으로 참여하는 민주국가를 만들어 나갈 것입니다."

-대한민국 제13대 대통령 노태우 취임사 중에서-

군인의 길

노태우는 1932년 대구에서 태어났다. 유복한 출신은 아니었지만 큰 문제는 없었고 초, 중학교를 졸업하고 당시 엘리트 학교라 할 수 있는 경북고등학교로 진학했다. 그는 6.25 전쟁 발발 이후 엄청난 경쟁률을 뚫고 육군사관학교에 합격했다. 동기였던 전두환이 보결로 간신히 합격한 것과는 다르게 상당히 좋은 성적으로 입학했다. 노태우는 같은 지역 출신이기도 하고 활발했던 전두환과 친밀을 쌓게

노태우의 사관생도 시절

되는데 영어 실력이 출중했다고 알려져 있다. 그의 영어 실력이 정확히 어느 정도였는지는 알 수 없지만, 후에 육군정보학교 어학반 영어 교관과 군사정보대 영어 번역 장교를 역임한 바 있기에 상당한 실력이었을 것이다. 전두환은 육사 내에서도 최하위권 성적이었지만 노태우는 동기 중 중상위권 성적을 유지했다.

그는 최초의 정규 육사를 졸업하고 1955년 소위로 임관하는데 전두환과 같이 1959년 미 특수전학교 교육과 심리전 과정을 수료하고 이후 군에서 차근차근 진급하며 월남전에도 참전하면서 그 유명한 강재구 소령의 이름을 딴 '재구대대'의 대대장을 맡았다.

그 역시 전두환처럼 파월 유공에 따른 훈장을 받았고 인헌, 화랑, 충무 무공훈장을 수여 받았다. 그는 월남전 이후 하나회의 일원으로서 요직을 거치며 진급했고 9공수 여단장과 대통령 경호실 작전차장보를 역임하고 9사단장에 임명됐다. 전두환이 1공수 여단장 이후 1사단장이 되었던 것처럼 노태우는 9공수 여단장 이후 9사단장을 역임했는데 훗날 이때 노태우를 따르던 사람들이 승승장구했고 이들을 가리켜 9.9인맥°이라 한다. 공수 여단장과 청와대 경호실, 그리고 전방사단장

사단장(육군 소장) 시절의 노태우(가운데)

코스를 거친 점은 전두환의 진급 코스와 완전히 같았다. 하나회의 인맥을 지나면서 특전사의 여단장과 지휘관의 꽃이며 핵심 보직인 전방사단의 지휘관을 두루 맡았다. 바로 이 9사단장 시절 그의 운명을 바꾸는 두 가지 사건, 10.26과 12.12쿠데타가 터지게 된다. 전두환 편에서 말했듯 노태우는 전방 사단장으로서 반란의 선두에 서게 되고 반란군 측은 정승화 육군참모총장이 납치된 틈을 타 정상적 지휘라인이 작동하지 않는 육군본부와 진압군 측을 먼저 병력을 출동 시켜 제압하게 된다. 노태우는 이때 자신이 통제하던 전방의 9사단 병력을 서울로 출동시켜 12.12쿠데타 과정에서 자신의 입지를 확실히 확보했다. 김일성을 막으라고 맡긴 전방 병력을 빼내 서울로 출동시킨 일은 지금까지도 가장 큰 비난을 받는 부분이지만 노태우 개인에게는 이후의 입지를 만드는 데 가장 중요하게 작용하는 선택이었다. 이 일로 노태우는 가장 결정적인 역할을 해내 특전사의 박희도, 최세창과 함께 12.12의 1등 공신이 됐다.

◦ 엄상탁 전 병무청장이나 육군참모총장을 역임한 이진삼 대장 등이 있다.

이후 대한민국의 모든 것을 장악한 신군부는 이에 반발하며 일어난 5.18 민주화 운동을 피를 보여 제압했다. 전두환과 신군부는 압력을 넣어 최규하 대통령을 하야시킨 후 일명 '체육관 대통령'으로서 개헌을 통해 5공화국을 출범시켰다.

노태우는 이 과정에서 수경사령관, 보안사령관 등을 거치며 육군 대장으로서 전역하게 되고 민간인이 되어 5공화국 내에서 활동했다. 전두환은 하나회의 동료들과 후배들에게 자신은 절대 '단임' 할 것을 선언하였고 이때부터 노태우의 험난한 2인자 생활이 시작됐다. 동기였고 친구였던 전두환과 노태우의 관계는 전혀 달라지었고 노태우는 집권자의 부하로써 행동해야 했다. 어제까지만 해도 "전 장군"이라며 불렀던 친구에게 각하를 붙여 깍듯하게 대해야 했던 노태우의 기분은 어땠을까? 영화 〈친구〉의 장동건같이 분명하게 밑인데 "내가 니 시다바리가?"라며 대놓고 반항하는 것은 현명한 처사가 아니다. 노태우는 이미 단순한 군인이 아니라 다음 정권을 노리는 정치가, 야심가가 되어 있었기 때문이다.

이인자의 삶, 그리고 정점으로

노태우는 하나회에서의 입지도 그렇고 표면상 2인자급이었지만 사실 5공화국의 초반 실세는 일명 쓰리허라 불리는 허화평, 허삼수, 허문도였다. 이들은 차관급 청와대 비서관이었지만 실질적인 12.12쿠데타와 전두환의 집권을 설계하고 지탱한 사람들이었고 집권 초 전두환의 신뢰 역시 굉장했기 때문에 청와대의 실주인이라는 말까지 들었던 사람들이었다. 그러나 절대 권력자와 권력을 나누는 부하가 있을 수 없는 법. 권력은 자식과도 나눌 수 없다는 말이 있다. 너무 큰 권력을 휘두르며 전두환의 신임을 잃은 허화평, 허삼수가 실각하자 전두환 정권에 장세동, 노신영 등 전두환에게 절대 충성을 바치는 인물들이 실세가 된다. 권력자의 가장 기본적인 속성은 바로 '의심'이다. 특히 힘으로 권력을 잡았거나 지속해서 그 힘을 이용해 국민과 반대 세력을 통제하는 정권의 경우에는 더더욱 그러하다. 이는 어떠한 권력자도 절대 피할 수 없는 속성이다. 그 때문에 전두환은 자신에게 조건 없이 충성을 다하는 장세동 같은 인물을 한없이 신뢰했고 그들로 하여금 권력의 앞은 다른 인물들을 견제했다.

앞서 박정희 정권의 이인자라 할 수 있는 김종필 같은 경우 간판만 그럴듯한 이인자였지 정권 내내 끝없는 견제와 감시, 그리고 번번이 가택수색을 받는가 하면 심지어 도청까지도 받았던 인물로 허울 좋은 이인자였다고 할 수 있다.

노태우는 온화한 성격이었고 속마음을 함부로 표현하는 사람이 아니라고 많은 사람이 증언하고 있다. 그러나 그는 분명 다음 정권에 대한 야심이 있었다. 하지만 겉으로 드러내지 않았고 스스로 항상 조심하는 성격이 그를 5공화국 내에서 살아남게 했다. 그가 이인자로서의 삶을 김종필에게서 조언받았다는 일화는 많은 드라마나 매체에서도 언급되는 유명한 이야기다. 드라마 제5공화국에서 김종필역을 맡은 배우가 말하기를 "권력자와 한순간도 떨어지지 말라. 권력자와 멀어지는 것은 권력에서 멀어지는 것이다"라며 노태우역을 맡은 배우에게 충고하는 장면이 나온다. 이 이야기는 실제로 유명한 일화로 이후 노태우의 삶은 이 충고를 충실히 이행하게 된다. 어떠한가? 이것만 봐도 그가 맹물이 아님이 확연히 증명되지 않는가? 이인자로서 살아남는 법을 곧장 살아있는 이인자의 전설에게 물으러 갔다는 것만 봐도 그가 자신의 상황과 미래를 이미 파악하며 준비하고 있었다는 것을 확연하게 보여준다. 이런 사람을 왜 물 같다고 하는지 필자는 잘 이해가 되질 않는다. 누구보다도 민첩하고 처세에 능하다고 봐야 하지 않는가?

그는 5공화국에서 제2정무장관, 국가안전보장회의 위원, 체육부 장관, 내무부 장관 등을 거치고 서울올림픽조직위원회 위원장과 대한체육회 회장 등을 역임하며 경력을 쌓았다. 이후 12대 국회의원과 민주정의당 대표의원에 선출됐다. 한편 전두환의 딜레마에 빠지게 되는데 임기 말이 점점 다가오면서 민주화를 갈망하는 국민의 요구는 더더욱 거세졌고 믿을 수 있는 확실한 자신의 사람인 장세동은 안기부장을 맡으며 정권의 악역을 도맡아 했던 사람이었기에 다음 집권자로 밀기엔 인기와 신망이 부족했다.

또한 국무총리를 역임한 노신영 같은 이인자급도 국민의 지지를 끌어내기엔 크게 부족한 사람이었다. 전두환은 결국 노태우를 선택하여 지지하게 되는데 사실 이때는 6월 항쟁을 비롯한 민심이 완전히 5공화국에서 멀어진 상태였기에 김영삼, 김대중 같은 민주화 인사들이 이를 갈고 있는 시점이었다. 이런 상황에서 국민의 정권 지지는 최악이었고 만약 김영삼, 김대중 같은 인물들이 대통령이 된다면 이후 자신들의 안전을 전혀 보장할 수 없는 상황이었다. 전두환은 정권 말 불거진 여러 시위에도 군을 출동시키려 했으나 현역 하나회 후배들도 반대 의사를 밝혔고 특히 가장 중요한 지휘관인 고명승 특전사령관은 대놓고 반대를 했다. 하나회의 핵심 실 병력을 관장하는 지휘관들이 반대를 표하니 전두환으로서도 난처한 일이었다.

결국 전두환은 노태우를 선택하여 다음 정권을 이어가려고 하는데 사실 전두환은 퇴임 후에도 군부와 관료들을 5공화국의 인물들로 어느 정도 유지하고 계속해서 자신의 영향력을 행사하려 했다.

노태우는 일단 대통령이 되는 것이 중요했기에 이를 반기지만 임기 말 5공화국의 국민 여론은 최악이었고 정권에 대한 국민감정은 폭발하기 일보 직전이었다. 하지만 이미 전두환과 노태우는 한배를 탄 입장이었고 여기서 노태우는 안정적으로 전두환과 같이 간접선거를 통해 본인도 '체육관 대통령'으로서 확실하게 대통령이 되고자 했지만, 상황이 그렇지가 못했다. 모든 시위에서 내세우는 슬로건은 대통령 직선제로의 개헌이었다. 결국 전두환은 대통령 직접선거를 노태우에게 제안하게 되고 노태우는 처음에 크게 반발하지만 어쩔 수 없이 받아들였다. 문제는 노태우라는 인물이 12.12쿠데타의 핵심 인물이고 전두환과 생사고락을 함께했으며 5공화국 내에서도 핵심적인 인물이었음에도 그가 집권하기 위해서는 반드시 5공화국의 이미지를 벗겨내야 했다는 것이다. 노태우는 결국 6월 항쟁 이후 필자가 정말 중요하다고 생각하는 6.29선언을 발표했다.

이는 국민의 가장 큰 염원이었던 대통령 직선제를 받아들인 사건이었고 이 선언 전에 연세대학교 이한열의 죽음으로 분노에 차 6월 내내 반복되던 시위의 요구사항을 받아들인 역사적인 선언이었다. 5공화국의 입장에선 결국 국민에게 굴복한 모양새였지만 노태우 본인은 확실히 박수를 받은 사건이었고 5공화국의 수뇌들도 그것을 노린 것이라 할 수 있었다. 즉 이는 노태우와 전두환의 승부수였다.

노태우는 다음 집권을 위해 5공화국을 버려야만 했다. 물론 전두환과 5공 인사들의 입장에서도 어차피 노태우가 집권하는 것 외에는 다른 방법이 없는 사면초가의 상황이었다.

결국 국민투표를 거쳐 개헌이 이루어지고 새로운 헌법에 따라 13대 대통령 선거가 시행되었는데 이 13대 대선은 그야말로 치열했다. 대한민국 현대사 최고의 거물 일명 '3김' 김영삼, 김대중, 김종필이 모두 출마했으며 노태우 역시 5공의 많은 지원을 받으며 출마했다. 그런데 민주화에 대한 국민의 엄청난 갈망에도 불구하고 각각의 인물들이 총출동한 이 13대 대선의 표는 상당히 갈리게 된다. 이때 노태우의 친근한 구호, "보통 사람의 시대"가 등장하는데 전두환과는 달리 온화하고 친숙해 보이는 그의 외모와 인품을 강조하며 일반 국민의 호감을 사기 위한 구호로 필자 개인적으로는 성공한 전략이었고 그의 이미지와 잘 맞는 문구였다고 생각한다.

결론적으로 말하자면 13대 대선은 노태우의 승리로 끝났다.

그렇게 수많은 국민이 민주화와 문민정부를 외쳤지만 결과는 노태우와 여당의 승리였다. 사실 이 과정에서 김영삼과 김대중의 단일화를 많은 국민들이 바랐지만 결국 김대중과 김영삼은 이해관계를 좁히지 못했고 각각 출마해 표가 분산되고 말았으며 선거 막판 KAL기 폭파 사건이 터졌는데 이는 북한 정권의 지령을 받은 특수공작원 김승일, 김현희 2인조가 액체 시한폭탄으로 대한항공 보잉 707 여객기를 인도양 상공에서 폭파한 사건이었으며 대선을 코앞으로 앞두고 터졌다. 국가안전기획부는 대대적인 북풍 몰이를 하고 선거 하루 전에 주범 김현희를 김포공항으로 끌고 와 생중계하며 대선에 영향을 주었다. 급하게 대선 바로 직전, 김현희를 압송하고 방송한 것은 이 사건을 이용하려는 어떠한 의도가 있었음을 부정하기는 어렵고 심지어는 폭파 자체가 조작이라는 음모론까지 한동안 유행했다. 먼 훗날 노무현 정부에서는 재조사를 통해 이것이 북한 공작원에 의해 일어난 사건이 맞음을 다시 한번 확인했다.

하지만 이러한 다른 요인들은 접어두고 다시 한번 군부정권 출신의 인사가 집권한 것은 당연코 김영삼, 김대중이라는 두 거물이 단합하지 못했기 때문이다. 노태우는 득표율 36.6%를 득표하며 대한민국 제13대 대통령에 당선됐다. 이는 16년 만에 치러진 직접선거로 당선된 의미 있는 승리였다. 국민의 선택으로 당선된 일은 노태우 진영에서도 커다란 자부심이었다. 노태우의 아내 김옥숙이 전두환의 아내 이순자에게 "우리 남편은 체육관 대통령하곤 다른 국민이 직접 선택한 대통령이다"라고 말했다는 일화가 있을 정도다. 흔히 군인은 남편의 계급이 배우자에게도 그대로 적용된다는 말이 있는데 그간의 설움을 알 수 있는 통쾌한 여자들 간의 복수였다. 싸움은 밖에서만 있었던 게 아니라 안에서도 있었다.

이 13대 대선은 여러 가지로 생각해 볼 점이 많다. 말로는 군사정권을 비난하고 진정한 문민, 민주화 정권을 세우는 것이 가장 우선이라고 말했던 김영삼, 김대중이 정작 중요한 때에 서로 화합하지 못하고 국민들의 단일화 염원을 뿌리친 이 대선은 국민의 뜻으로 성사된 선거의 결실을 보지 못하게 만들었다. 결국 문민, 민주화 정권이라는 간판은 고상하고 거창했지만 그들은 국민의 염원을 우선 이루어지는 점을 생각한 것이 아니라 정확히 말하자면 각각 '자신들이 주도하는 민주화 정권'을 만드는 것이 그 목표였다. 두 사람이 국민들의 뜻을 받아들여 단일화에 성공했다면 노태우가 집권하지 못했을 것이라고 보는 게 대다수의 정설이다. 그러나 두 사람은 이전에도 보여줬고 이후에도 보여줬지만 절대로 서로 섞일 수 없는 물과 기름 같은 존재였다. 어쨌든 이 승리로 인해 노태우는 더는 전두환의 친구, 혹은 간판뿐인 이인자가 아니게 되었다. 오랫동안 일인자의 비위를 맞추며 속내를 드러내지 않고 살아왔지만 그 기다림이 보상을 받게 되었다. 일본 전국 시대의 영주 도쿠가와 이에야스°에겐 "새가 울지 않는다면 울 때까지 기다리겠다"라는 유명한 고사가 있는데 이인자로서 감내하며 때를 기다렸다가 정점에 오른 노태우를 현대의 도쿠가와 이에야스라 부를 수 있을 것이다. 8년이라는 시간을 전두환의 친구에서 부하가 되어 숨죽여 지냈지만 그는 기다림 끝에 결국 모든 것을 손에 넣었다. 하지만 전두환은 훗날 "왜 나만 가지고 그래" 같은 발언이나 요즘 젊은이들이 나한테 당해보지도 않고 자신을 싫어한다고 했던 충격적인 발언처럼 모두의 상식이 통하지 않는 강적이었다.

집권, 물태우의 역습!

오랜 기다림 끝에 드디어 6공화국이 출범하게 되었다. 그러나 노태우는 한 가지를 반드시 먼저 지우고 가야만 했다. 바로 전두환과 5공화국의 그림자였다. 비록 노태우가 집권하는 데 성공했지만 전두환과 5공화국의 인사들은 아직도 정치와 군부에 큰 영향력을 행사했기 때문이다. 특히 군부는 전두환 라인의 신군부 인사들과 하나회의 후배들이 그대로 모든 것을 장악하고 있었다. 노태우는 시작부터 5공 청산을 내걸며 청와대나 내각에 있던 5공 인사들을 쳐내면서 5공화국과 신군부 출신자들의 불만을 듣게 되지만 강력하게 이를 밀어붙인다. 6공화국은 표면적으로 엄연히 국민의 민주화 요구를 받아들이면서 출범한 정권이었다. 때문에 5공화국을 청산할 수밖에 없었고 신군부 내에서도 철저하게 전두환 파였던 인물들은 노태우 정권에선 숙청당해 재기의 길이 막히게 된다.

전두환은 권좌에서 내려왔음에도 권력은 다 내려놓지 않고자 했다. 1987년 제6공화국 헌법이 개정되고 '국가원로자문회의'가 포함되었는데 의장은 바로 앞 전

° 일본 전국시대의 영주로 임진왜란을 일으킨 도요토미 히데요시의 뒤를 이어 일본을 장악한 인물로 이후 '도쿠가와 막부'를 열었다.

대통령 당선자가 된 후 현충원을 찾은 노태우

직 대통령이 맡게 되었다. 명목상 이 기구는 현직 대통령이 국정을 운영하면서 필요한 조언과 자문을 하는 기구였다.

노태우가 대통령에 취임하고 정식으로 개정된 헌법의 효력이 발생하는 1988년 2월 25일 전두환은 국가원로자문회의 의장으로서 취임하고 3월에는 국무회의에서 국가원로자문회의법 시행령을 의결했다. 이는 노태우의 집권에 있어 커다란 문제였다. 말이 자문하고 조언을 하는 기구이지 사실상 앞으로의 정국에 전직 대통령이 참여할 수 있는 근거를 헌법으로 명시하는 것이기 때문이다. 또한, 6공화국 헌법을 만든 것은 엄연히 전두환 정권이었다. 많은 사람은 전두환이 퇴임을 하고도 실권을 행사하며 마치 조선 시대의 상황처럼 군림하려는 것이 아니냐며 우려를 나타냈다. 정계에 자문회의 의장으로서 참여하고 군내에 전두환파가 존재한다면 노태우는 정상적인 집권 활동이 어렵게 될 수 있었다.

5공을 청산하는 과정에서 6공화국 초기 전두환이 대통령에게 영향력을 행사하는 것은 여당도 민주화 세력의 야당도 원치 않는 일이었다. 헌법 규정에 따라 현시점에서도 대한민국은 6공화국이다. 국가원로자문회의 설치 규정은 아직도 법제상으로는 남아 있다. 그러나 현직 대통령이 이를 설치 않으면 효력이 없기에 사실상 폐지된 상태라고 볼 수 있다.

이 시점에서 모두가 '물태우'라고 놀리는 노태우였지만 그는 맹물이 아니라 탄산수임을 확실하게 보여준다. 전두환이 퇴임한 뒤 두 달 만에 친동생 전경환이 새마을 비리로 전격 구속되었고 이때 전두환은 의장직에서 자진해서 사퇴했다. 이후 전두환의 친인척 8명이 구속된다. 친형 전기환, 사촌 동생 전순환, 처남 이창석 등이 금품수수와 공금횡령 등으로 구속되고 최측근 장세동 전 안기부장 역시 구속됐다. 전두환에게 시간을 주지 않고 빠르게 그의 세력들을 쳐내기 시작한 것이다. 이런 사람을 어찌 물이라 하겠는가 그야말로 탄산수가 아닌가? 자신의 정치적 부담을 털어버리고 국민들의 시원한 곳까지 긁어주니 목 넘김이 좋은 사이다라 해도 좋은 일이었다.

개인의 비리가 드러난 전두환 본인 역시 1988년 11월 23일 부정축재에 대해 대국민 사과를 하고 조선 시대도 아닌데 백담사로 사실상 유배를 떠났다. 백담사는 전두환의 참모들이 상의 끝에 고른 장소였다.

5공 청산은 폭발할듯한 국민감정을 해소하기 위해 반드시 해야만 하는 일이었다. 그러나 노태우도 차마 전두환을 직접 건드리지는 못하고 차규헌 전 교통부 장관, 김종호 전 건설부 장관, 이학봉 국회의원 등 5공화국의 핵심인사들을 비리 혐의 등으로 구속했지만 전두환만은 살려준다. 노태우는 자신의 회고록에서 전임 대통령의 신변 보호를 생각하지 않을 수 없었다고 밝혔다. 1988년 말부터 시작된 5공 특위와 광주 특위 청문회로 대부분의 5공 핵심인사들이 구속되고 처벌을 받았다. 이런 상황은 13대 총선에서 여소야대의 국회가 만들어져 가능한 일이었다. 5공화국 당시 탄압을 받았던 일반인, 언론, 정치인, 광주시민들까지 모두 들고 일어나 5공화국을 공격하고 고발했다. 이것만 봐도 5공화국이 얼마나 많은 것들을 힘으로 눌러왔었는지를 또한 6공화국에서 모든 상황이 얼마나 달라졌는지를 볼 수 있는 증거였다.

군부에서는 어느 정도 전두환 라인이었던 하나회 인사들을 대접해 줬지만 자신의 인맥들도 중심부에 배치해 견제함으로써 5공화국을 털고 본격적으로 시작하게 된다. 이렇듯 6공화국이 시작됨에 있어 전두환과 그 세력을 정리하는 것은 필연이었다. 그야말로 5공화국 내내 숨죽이며 살았던 '물태우의 역습'이라 할 것이다.

언론의 자유, 기본권 보장

노태우 정권의 행보 중 가장 먼저 주목해야 할 점은 바로 언론의 자유화를 추진한 일이다. 전두환은 박정희만큼은 아니지만 분명히 만만치 않은 철권 통치자였다. 또 5공화국은 철저한 규제와 검열이 존재하던 시대였다. 노태우는 6.29선언의 약속처럼 우선 언론의 자유를 신장하는 데에 주력했는데 6.29선언 이후 노태우 정권까지 언론기본법이 폐지되었고 정기간행물 등록이 완전히 개방되었으며 취재와 보도대상에 대한 규제도 거의 사라지게 되었다. 심지어 월북 작가들의 작품도 해금되어 모든 국민이 볼 수 있게 되었다. 앞선 박정희, 전두환 정권은 언론을 철저하게 탄압하였고 여러 결사의 자유 역시 탄압하였다. 민주주의 국가가 자유로운 발언과 결사의 자유를 막는다는 것은 스스로 민주주의라는 국가의 가치를 부정하는 것과 같다. 잘못된 점을 잘못되었다고 말할 수 없고 부정한 권력에 대항하여 뭉칠 수가 없다면 그것이 저 북한의 전제군주정치와 무엇이 다르며 무엇을 근거로 그들을 비난할 수 있겠는가? 아직도 완전하다고는 할 수 없지만 비로소 앞선 군사정권의 압제를 풀고 언론이 본연의 역할을 하도록 조치했고 민주화 인사들의 정치 활동을 보장함으로 그는 대한민국이 진정한 민주국가로 나아가는 데에 일조했다.

이제야 비로소 잘못된 것을 잘못되었다고 말할 수 있는 시대가 온 것이며 문민, 민주화 정권으로 가는 기본적인 토대를 만들었다고 할 수 있었다. 또한 그는 1988

년의 신년사에서 "정치인에 대한 풍자의 자유를 적극 허용한다"라고 말했고 이때부터 대통령이나 정권을 풍자하는 게 유행하였다. 앞서 말한 별명 '물태우'도 이때부터 널리 퍼지는 계기가 되었다. 이는 과거의 철권통치 정권이나 권위주의적인 집권자의 횡포들을 타파한 것으로 어느 정도 긍정적으로 볼 수 있는 부분이다. 과거 '키다리 미스터 킴'이라는 노래가 단신인 박정희의 기분을 상하게 할 수 있어서 금지곡으로 지정되었다는 말도 있었고 5공화국 때는 연기자 박용식 씨가 전두환과 흡사한 외모를 가지고 있단 이유로 방송 출연 금지를 당하기도 했다. 불과 바로 전과 그전 정권까지만 해도 이런 집권자의 횡포 사례가 엄청나게 많았다. 그야말로 권력자의 심기를 건드렸다간 큰일 나는 경우가 종종 있었지만 그런 상황이 사라지기 시작한 것은 바로 이 6공화국에 들어와서부터였다. 언론의 자유를 신장한 것은 굉장히 중요한 의미가 있다. 모든 독재의 가장 기본은 언론장악이다. 국민의 입과 귀를 막고 정당한 학문과 사상 활동까지 검열하고 탄압하는 것은 수많은 역사에서 찾아볼 수 있는 독재의 장치다. 필자가 좋아하는 한 소설°에서는 이런 대사가 나온다. "정치의 부패란 정치가가 뇌물을 받는 것이 아니다. 그것은 개인의 부패일 뿐이다. 정치가가 뇌물을 받아도 이를 비판할 수 없는 상태를 바로 정치의 부패라고 하는 것이다." 이 대사 그대로 한 국가의 정치가 타락했다는 것은 권력층이 돈을 챙기는 것이 아니라 그것을 바로잡을 정당한 비판과 발언을 할 수 없다는 것을 말한다. 앞서 이승만 정권, 박정희 정권, 전두환 정권에서 국가와 정치의 잘못을 비판하는 글이나 발언을 자유롭게 표현할 수 있었는가? 절대 그렇지 않았다. 대한민국의 헌법에는 분명하게 국민의 힘과 권리가 명시되어 있다. 그런데 이런 당연한 권리를 행사하기 위해서는 위험을 감수해야만 했고 때로는 목숨을 잃었다.

유명한 정치인 이회창 전 한나라당 총재는 이승만 정권 시절 대통령의 차량 행

° 다나카 요시키의 장편소설 〈은하영웅전설〉.

렬을 보고 박수를 치지 않았다 하여 파출소로 연행된 적이 있었다고 밝혔다. 불과 몇십 년 전만 해도 이런 일이 사회 전반에서 일어났다. 언론과 국민의 자유로운 발언과 결사의 자유 및 기본권 보장은 아무리 강조해도 모자란 국민의 권리이며 어떤 국가의 정치와 사회가 부패하지 않았음을 보여주는 가장 명확한 척도라 하겠다. 언론 자유화와 국민의 기본권, 그리고 통치자의 권위를 버리는 작업으로 시작한 6공화국은 진정한 의미에서 민주주의 국가의 시작이라 볼 수 있다. 물론 아직도 완전하지는 않지만 5공화국에 있었던 수많은 보도 검열과 규제를 완화하고 탄압받던 정계인사들이 6.29선언 이후 6공화국에서 제대로 활동하게 된 것은 대한민국 민주화의 큰 진전이었다. 단순하게 생각해 볼 문제가 아니다. 몇 가지 예를 더 들자면 박정희 유신정권 시절에는 "유신은 나쁘다"라고만 말해도 잡혀갔고 송창식의 '왜 불러'라는 노래가 반말이고 경찰 단속에 저항하는 느낌으로 국민에게 반항심을 줄 수 있다며 금지곡이 된 정권이 불과 노태우 정권보다 10년 전이었다. 오늘날과 같이 대통령이나 정치인을 조롱하고 풍자하는 일은 상상도 할 수 없는 시대가 바로 6공화국 바로 앞 두 개의 정권이었다. 오히려 그 당시 억압을 겪었던 사람들이 지나치게 대통령이나 정치인을 욕하는 젊은이들을 안 좋게 보는 웃지 못할 상황이 벌어지고 있다. 이러한 사회 인식의 변화가 시작된 정권이 바로 노태우 정권이었다.

민생과 복지, 민주주의

노태우 정권은 여성의 사회진출을 위한 법안을 마련했는데 그는 여성의 공직 참여를 제도적으로 보장했다.

전국에 가정복지국을 신설하며 그 국장에 모두 여성이 부임하였고 1988년 4월 1일부터 남녀고용평등법이 제정되어 시행되었다. 과거에는 국가공무원 시험에서 남녀의 성별을 따로 구분하여 모집했는데 이 중 여성의 합격률은 10% 안팎이었다. 하지만 이를 개정하여 1990년에는 30%의 여성이 합격함으로 무려 3배가 늘어났다. 이를 현재의 여성우대정책과 그대로 비교해서는 안 된다. 이 당시는 여성의 사회진출이 실제로 굉장히 어렵던 시절이기 때문이다.

또 사회단체의 자율화를 추진하여 노동조합 활동의 자유화를 인정하였고 국·공립대학 총장 선임의 자유화, 그리고 1991년 3월 시·군·구, 자치구 의원선거와 6월에 시·도의원 선거가 벌어짐으로 지방자치가 30년 만에 부활하였다.

이후 김영삼 정권에서 1995년에 지방자치 단체장과 지방의회 의원을 동시에 뽑는 4대 지방선거가 실시됨으로써 민선 자치 시대가 완전하게 열리게 되는데 그 기틀은 노태우 정권에서 이루어졌다고 볼 수 있다.

이 시대의 노동운동 활동을 단적으로 예를 들면 1986년 5공화국 때의 노사분규는 한해 276건이었지만 6.29선언 직후와 노태우 정권에서는 1987~1989년까지 무려 평균 2,400여 건씩 발생했다. 이로 인해 5공화국 말 연 9%대였던 평균임금 상승률이 노태우 정권에서는 평균 16%까지 올랐다. 노태우 정권은 5공화국 때보다 물가 상승률이 훨씬 높았지만 임금 상승률 역시 훨씬 높았다. 그 때문에 근로자의 기본소득이 증가하고 중산층이 성장하고 시장도 확대됨에 따라 '마이카 시대'라는 말이 등장했다. 실제로 5공화국에서 6공화국으로 넘어와 자동차 보유 대수는 161만 대에서 523만 대로 증가한다. 이때부터 그럭저럭 여유가 생긴 가정은 자동차 1대 정도는 보유하는 게 일반화되면서 도시에 차가 몰려 발생하는 주차 문제나 고속도로 정체와 같은 문제가 본격적으로 대두되기 시작했다. 또 1977년부터 시작된 국민의료보험제도를 1989년에 일반 주민까지 확대하고 적용함으로써 의료보험제도가 어느 정도 정착하였다. 1987년 51%였던 의료보험 수혜자는 1992년 92%로 증가하며 과거 박정희 정부에서는 특정한 조건의 사람들만 받던 이 제도가 국민의 생활 속으로 자리 잡게 되었다.

인천공항과 경부고속철도 KTX 건설을 1992년에 시작하였으며 서해안고속도로와 새만금 건설사업을 시작했고 분당, 일산, 평촌, 산본, 중동 등 수도권 신도시

계획 사업도 바로 이 노태우 정권에서 시작했다. 인천공항이나 경부고속철도 등은 현시점에서도 국민의 삶에 직결된 시설들이며 경제에도 많은 영향을 끼치게 되었다.

6공화국 1988~1992년 사이에는 무려 272만 호의 집을 지었는데 그는 대통령 공약이었던 200만 호 건설이라는 약속을 지켜 실제로 주택 보급률이 크게 상승하였지만 너무 짧은 시간 안에 밀어붙임으로써 그 부작용으로 건설경기의 과열화, 자재 파동과 임금상승, 물가 상승, 부실시공, 집값 폭등 등이 발생해 비판을 받았다.

범죄와의 전쟁

내부적으로는 정권 내내 전국교직원노동조합(전교조)°를 불법 집단으로 규정하고 철저하게 탄압하였고 1990년에는 영화로도 유명한 '범죄와의 전쟁'이 시작되는데 5~6공화국에서는 경제가 크게 발전하면서 사회적으로 유흥업이나 도박, 매춘이 성행했고 이를 공급하고 주도하는 범죄집단들이 크게 성장했다. 특히 인신매매와 납치의 피해자 여성들이 많았는데 노태우 정권 초반 치안은 굉장히 안 좋은 평가를 받았고 조폭이나 인신매매 집단이 성행하고 심심하면 실종 기사나 납치 피해자에 대한 보도를 찾아볼 수 있던 시기였다. 노태우는 결단을 내리고 10.13 특별선언을 발표했고 내용은 다음과 같다.

> "첫째는 저는 우리의 공동체를 파괴하는 범죄와 폭력에 대한 전쟁을 선포하고 헌법이 부여한 대통령의 모든 권한을 동원해서 이를 소탕해나갈 것입니다. 둘째는 민주사회의 기틀을 위협하는 불법과 무질서를 추방할 것입니다. 셋째는 과소비와 투기 또 퇴폐와 향락을 바로 잡아 일하

° 1989년 5월 28일 창립된 유치, 초등, 중등 교원을 구성원으로 하는 대한민국의 노동조합. 노태우는 교원이 노조를 결성하는 것을 위법으로 간주하고 탄압하였다.

노태우 정권 시절의 실제사건을 모티브로 삼은 2012년 영화 〈범죄와의 전쟁〉

는 사회, 건강한 사회를 만들어 나갈 것입니다."

"모든 외근 경찰관을 무장시켜서 범죄와 폭력에 대해 정면으로 대응 토록 할 것입니다."

이렇듯 정부와 대통령이 직접 나서 전쟁을 선포하고 이들을 소탕함으로써 최소한 대놓고 범죄조직이 표면에 나와 활동할 수 없는 형편이 됐다. 대외적으로는 치안이 확실히 좋아진 측면이 있었지만, 건수를 올리기 위해 고문 수사나 엉뚱한 사람들이 잡혀 왔던 경우도 있어서 명이 있으면 암도 있다는 것을 확실히 볼 수 있는 사례라 할 수 있다. 대통령이 직접 나서서 지시한 사항이었기 때문에 경찰은 당연히 어떠한 성과와 결과물을 보여줘야만 하는 상황이었기 때문이다. 이렇듯 범죄와의 전쟁은 정권이 국민에게 보여주기 위한 퍼포먼스라는 지적도 많다. 그러나 사실 범죄집단이 국가의 공권력에 감히 덤빌 생각조차도 할 수 없는 나라는 우리 대한민국보다 선진국인 나라에서도 그렇게 많지 않다.

일본만 해도 메이지 시대° 이후 발생한 '야쿠자'들이 정재계 어디서든 영향력을 발휘하고 있는 사례가 심심치 않게 나오지만 이러한 제재들로 인해 한국에서는 감히 상상도 할 수 없는 일이다. 또 영화 '범죄와의 전쟁'에서 보여주듯 많은 폭력조직이 기업화되는 것을 막았고 공권력의 강력함을 사회적으로 각인시켰다. 영화의 주인공 하정우는 실제로 살아있는 것을 만지면서 "살아있네"라고 말해 필자의 부러움을 유발했지만 대한민국의 폭력조직들은 살지 못하고 죽거나 음지로 묻히게 되었다. 어쩌면 곧 끝장날 자신들에 빗대어 아직은 살아있다는 철학적인 의미가 담긴 의도된 대사일지도 모른다. 물론 필자의 개인적인 추측이다.

범죄와의 전쟁은 약간 앞서 일어났던 '청명계획'°을 덮기 위해 일으킨 정치적인 쇼라는 비난을 받았지만 실제로 이때 전국적인 거대 조직폭력배나 한국사회의 큰 문제였던 인신매매 조직을 대부분 소탕함으로써 앞으로도 범죄조직이 드러내놓고 활동하기 어려운 여건을 확실히 만들어 놓았다. 현시점 대한민국의 치안은 전 세계 1, 2위라고 해도 과언이 아니다.

이런 치안에 대한 공적인 부분은 매우 큰 그의 업적이라고 할 수 있다. 앞서 쿠데타로 정권을 장악한 전두환과 신군부는 극단적인 처방책으로 사회적인 문제를 일으켰던 '삼청교육대'를 운영했다. 전두환 편에서도 언급했지만 정권 초기 사회악을 정리하는 작업은 이때까지 필수적인 코스였다.

박정희 정권에서는 사회 표면에서 활동하던 이정재, 임화수를 비롯한 자유당의 첨병 역할을 하던 정치깡패들을 소탕했고 전두환의 삼청교육대는 깡패나 사회 부적응자를 비롯해 정권에 직접적으로 반항하거나 거슬리는 인물들까지 대대적으로 잡아넣었다면 10.13 특별선언 이후로는 양지와 음지를 가리지 않고 활동하는 인신매매 조직과 폭력조직들을 대대적으로 소탕했다. 그러나 6공화국에서 대대적인 사회정화 조치들이 시행되었던 걸 봤을 때 앞서 5공화국의 강력한 통제와

° 봉건적인 도쿠가와 막부 시내를 끝낸 '메이지 유신' 이후 헌법이 제정되고 막부시절의 여러 계급층이 몰락하였다.
° 1990년 4월에 국군 보안사령부가 정치계, 노동계, 종교계 등의 주요 인사와 민간인을 대상으로 정치 사찰을 벌인 사건으로 윤석양 이병이 언론에 증거자료를 가지고 양심선언을 한 사건.

삼청교육대 등은 일시적인 효과였다는 것을 알 수 있다.

다른 측면에서 10.13 특별선언이 국면 전환용 카드였다는 주장은 상당히 신빙성이 있다. 청명 사건에는 6공화국 당시 철저하게 탄압받던 전교조를 비롯해 법조계, 언론계, 종교계, 정치권을 비롯해 사회 전 분야에서 보안사의 불법사찰이 있었고 이 사실이 폭로되자 그 파장은 굉장했다. 여기에는 이미 3당 합당으로 여당으로 끌어들인 김영삼까지 포함되었고 그는 "명색이 집권당 대표인 나까지 사찰 대상이라는 건 심각한 문제"라며 노태우 정권을 압박했고 군사정권의 잔재를 느낀 시민들까지도 거리로 나와 시위를 시작했다.

이는 분명하게 아직도 앞선 군사정권의 요소들이 그대로 존재한다는 것을 보여주는 단적인 사례였다. 당시 정부가 1990년 10월 8일 국방장관과 보안사령관을 전격 해임하고 10월 13일 곧장 범죄와의 전쟁이라는 카드를 꺼낸 이 시차를 봤을 때 합리적인 의심이 분명 가능하다. 사회악을 일소한다는 명분은 앞선 정권의 사례에서 보듯 민중의 호응을 얻어내는 데에 가장 큰 효과를 볼 수 있는 카드였다. 실제로 특별선언 직후 이루어진 여론 조사에서는 90%가 넘게 긍정적인 반응을 보인 것으로 집계되었고 일 년 동안 1,900명이 넘는 조직폭력배가 검거되었다고 발표했다. 분명한 것은 범죄와의 전쟁이 진행된 2년 동안 전체 범죄율이 5.9%가량 감소했다는 것이다. 국민들의 관심은 어느새 청명 계획에 대한 비난에서 범죄와의 전쟁으로 이동했고 정부는 언론을 이용해 대대적으로 범죄자를 검거하고 현황을 보고하는 데에 집중함으로써 국면 전환에 성공한다. 많은 사람들이 노태우 정권의 큰 업적으로 꼽는 것이 바로 이 범죄와의 전쟁이지만 당시 사회 각계각층의 비판과 현시점의 정치적 해석은 부정적인 측면도 크다. 노태우 정권 시기의 명과 암을 가장 확실하게 보여주는 사건이었고 필자가 노태우 정권을 다루면서 가장 말하고 싶었던 군사정권과 민주화 시대의 전환기를 가장 잘 설명할 수 있는 사료라고 생각한다. 긍정과 부정, 과거와 현재가 충돌하는 사건이 바로 범죄와의 전쟁이기 때문이다. 노태우 정권은 청명 계획에 대한 정확한 해명은 하지 않고 강력

범죄에 대한 처단을 구호로 국민들을 단합 시켜 위기를 빠져나갔다. 긍정적인 면과 부정적인 면, 모두를 잘 생각해 봐야 하는 사건이다.

대북정책, 북방정책

필자가 생각하는 노태우 정권의 가장 큰 업적은 바로 대북정책과 타국과의 외교, 수교 부분이라고 생각한다.

그는 그동안 미수교 국가였던 공산권 국가들, 소련, 중국, 베트남, 동유럽권 국가들과 북한하고만 수교를 유지하던 알제리, 앙골라, 탄자니아 등 제3세계 국가들과 국교를 수립했는데 이는 사실 단순히 국가의 국방력을 높이고 자유우방 국가들과의 관계를 돈독히 하는 것보다 오히려 더 크게 북한에 대한 압박을 낳았고 80년대 후반부터 90년대 초반까지 완전히 역전된 국가경제력과 함께 대한민국의 위상을 높였다고 볼 수 있다.

노태우는 대통령 취임사에서 "이념과 체제가 다른 국가들과의 관계개선은 동아시아의 안정과 평화, 공동의 번영에 기여하게 될 것"이라고 말한 바 있다.

실제로 이 발언처럼 그는 공산권 국가와의 수교와 관계 개선을 이루었고 더군다나 과거 직접적으로 전쟁을 겪었던 중국과 베트남 같은 국가들과 수교를 맺은 것은 큰 진전이라고 할 수 있다. 이러한 행보는 단순하게 한국의 외교적 지평을 넓힌 공적뿐만 아니라 1990년대 초 냉전이 어느 정도 해소되고 북한에 대해 오히려 압박을 주게 되는 효과를 일으켜 북을 대화의 장으로 끌어냈다는 점이 정말로 중요하다고 생각한다. 구체적으로는 1989년에 폴란드, 헝가리, 유고슬라비아와 1990년에 체코슬로바키아, 불가리아, 루마니아, 소련, 몽골과 1991~1992년에는 중국, 알바니아, 에티오피아, 앙골라, 베트남과 외교 관계를 맺었다. 국가의 미래를 위한 외교적 성과를 달성함과 동시에 남북관계까지 개선되는 일거양득의 효과를 일으키며 1992년 '남북기본합의서'라는 결과물을 끌어냈는데 이 남북기본합의서는 이후의 남북관계에서도 가장 기본적인 가이드가 되는 위대한 성과였다.

1990년. 소련을 방문해 고르바초프 대통령과 악수하는 노태우. 소련과의 수교는 대한민국 북방외교의 가장 큰 신호탄이었고 북에 대한 압박을 낳았다.

　이러한 노력이 바로 그의 재임 기간 동안 가장 빛나는 업적이라 평가되는 대한민국의 대공산권 정책 '북방정책'이다.

　북방정책의 단면을 '88서울올림픽'에서 볼 수가 있는데 1980년 모스크바 올림픽은 겨우 80개국이 참가했고 1984년 LA 올림픽은 20개 공산국가가 불참 선언을 했다. 그렇지만 1988년 서울 올림픽은 무려 160개국이 참석하며 역대 최다 참가국 올림픽이라는 기록을 만들어 냈다. 북한의 불참이 좀 아쉬운 부분이긴 하지만 이를 제외한 대부분의 국가가 참여한 진정한 의미에서의 지구촌 축제였다.

　다시 대북 정책을 설명하기 위해 남북기본합의서의 내용을 잘 살펴볼 필요가 있다.

　남북 기본합의서는 4장 25조로 구성되어 있으며 남북 간 화해, 불가침, 협력 등으로 매우 많은 영역에서의 서로 간의 합의 내용을 담고 있다.

남북 기본합의서

제1장 남북 화해

제1조 남과 북은 서로 상대방의 체제를 인정하고 존중한다.

제2조 남과 북은 상대방의 내부 문제에 간섭하지 아니한다.

제3조 남과 북은 상대방에 대한 비방·중상을 하지 아니한다.

제4조 남과 북은 상대방을 파괴·전복하려는 일체 행위를 하지 아니한다.

제5조 남과 북은 현 정전상태를 남북 사이의 공고한 평화 상태로 전환시키기 위하여 공동으로 노력하며 이러한 평화 상태가 이룩될 때까지 현 군사정전협정을 준수한다.

제6조 남과 북은 국제무대에서 대결과 경쟁을 중지하고 서로 협력하며 민족의 존엄과 이익을 위하여 공동으로 노력한다.

제7조 남과 북은 서로의 긴밀한 연락과 협의를 위하여 이 합의서 발효 후 3개월 안에 판문점에 남북연락사무소를 설치·운영한다.

제8조 남과 북은 이 합의서 발효 후 1개월 안에 본회담 테두리 안에서 남북 정치분과위원회를 구성하여 남북화해에 관한 합의의 이행과 준수를 위한 구체적 대책을 합의한다.

제2장 남북 불가침

제9조 남과 북은 상대방에 대하여 무력을 사용하지 않으며 상대방을 무력으로 침략하지 아니한다.

제10조 남과 북은 의견대립과 분쟁 문제들을 대화와 협상을 통하여 평화적으로 해결한다.

제11조 남과 북의 불가침 경계선과 구역은 1953년 7월 27일 자 군사 정전에 관한 협정에 규정된 군사분계선과 지금까지 쌍방이 관할하여 온 구역으로 한다.

제12조 남과 북은 불가침의 이행과 보장을 위하여 이 합의서 발효 후 3개월 안에 남북 군사공동위원회를 구성·운영한다. 남북군사공동위원회에서는 대규모 부대 이동과 군사 연습의 통보 및 통제문제, 비무장지대의 평화적 이용문제, 군 인사 교류 및 정보교환 문제, 대량살상무기와 공격능력의 제거를 비롯한 단계적 군축실현문제, 검증문제 등 군사적 신뢰 조성과 군축을 실현하기 위한 문제를 협의·추진한다.

제13조 남과 북은 우발적인 무력충돌과 그 확대를 방지하기 위하여 쌍방 군사당국자 사이에 직통전화를 설치·운영한다.

제14조 남과 북은 이 합의서 발효 후 1개월 안에 본회담 테두리 안에서 남북 군사분과위원회를 구성하여 불가침에 관한 합의의 이행과 준수 및 군사적 대결상태를 해소하기 위한 구체적 대책을 협의한다.

제3장 남북 교류·협력

제15조 남과 북은 민족경제의 통일적이며 균형적인 발전과 민족 전체의 복리 향상을 도모하기 위하여 자원의 공동개발, 민족 내부교류로서의 물자교류, 합작 투자 등 경제교류와 협력을 실시한다.

제16조 남과 북은 과학·기술, 교육, 문학·예술, 보건, 체육, 환경과 신문, 라디오, 텔레비전 및 출판물을 비롯한 출판·보도 등 여러 분야에서 교류와 협력을 실시한다.

제17조 남과 북은 민족구성원들의 자유로운 왕래와 접촉을 실현한다.

제18조 남과 북은 흩어진 가족·친척들의 자유로운 서신 거래와 왕래와 상봉 및 방문을 실시하고 자유의사에 의한 재결합을 실현하며, 기타 인도적으로 해결할 문제에 대한 대책을 강구한다.

제19조 남과 북은 끊어진 철도와 도로를 연결하고 해로, 항로를 개설한다.

제20조 남과 북은 우편과 전기통신 교류에 필요한 시설을 설치·연결하며, 우편·전기통신 교류의 비밀을 보장한다.

제21조 남과 북은 국제무대에서 경제와 문화 등 여러 분야에서 서로 협력하며

대외에 공동으로 진출한다.

제22조 남과 북은 경제와 문화 등 각 분야의 교류와 협력을 실현하기 위한 합의의 이행을 위하여 이 합의서 발효 후 3개월 안에 남북 경제교류·협력공동위원회를 비롯한 부문별 공동위원회들을 구성·운영한다.

제23조 남과 북은 이 합의서 발효 후 1개월 안에 본회담 테두리 안에서 남북 교류·협력분과위원회를 구성하여 남북 교류·협력에 관한 합의의 이행과 준수를 위한 구체적 대책을 협의한다.

제4장 수정 및 발효

제24조 이 합의서는 쌍방의 합의에 의하여 수정 보충할 수 있다.

제25조 이 합의서는 남과 북이 각기 발효에 필요한 절차를 거쳐 그 문본을 서로 교환한 날부터 효력을 발생한다.

주의 깊게 봐야 할 부분은 어디일까? 남북화해에 대한 부분을 들 수 있다. 평화체제로의 전환을 위하여 서로가 노력하고 그때까지 군사 정전 협정을 준수한다는 것과 남북 불가침의 의견대립과 분쟁 문제를 대화와 협상을 통하여 해결한다는 것은 굉장히 포괄적인 개념의 남북관계 진전을 볼 수 있는 대목이며 이후로도 가장 궁극적인 남북관계의 목표라고 할 수 있다. 사실 1980년대 후반을 기점으로 북한의 핵무기 개발 의혹이 국제사회에서 제기되었으나 이 남북기본합의서와 대북정책의 일환으로 1992년 '한반도의 비핵화에 관한 공동선언'이 판문점에서 이루어졌다. 이는 남북관계의 개선에 가장 큰 걸림돌이었지만 남북이 비핵화 선언에 합의하면서 향후 대화와 협상에 큰 영향을 주었다. 이 시기 남북기본합의서와 남북비핵화선언을 통해 나온 목표들을 달성하기 위해 남북한 공동으로 실무 위원회를 만들기로 합의했고 이후 '남북화해공동위'가 만들어지게 되며 이산가족 상봉과 예술단의 교환 방문에 합의하였다. 남북관계가 진전되었다는 대표적인 예라 할 수 있었다.

1989년 베를린 장벽으로 몰려든 독일인들

    1989년부터 제기된 북한의 핵무기 개발 의혹은 국제사회에서 커다란 골칫거리였고 남북관계 진전을 막는 가장 큰 걸림돌이었지만 남북이 이에 합의함으로써 걸림돌이 사라진 듯 보였다. 하지만 1992년 후반기부터 남북관계는 교착상태에 빠지기 시작했다. 북한은 한미 연합군사훈련인 팀 스피리트 합동군사훈련의 중지를 요구했고 이것이 중요한 쟁점이 되었다. 팀 스피리트 훈련을 재개할 시에는 남북 공동위와 회담 등을 중지하겠다고까지 압박을 하였다.

    또한 국제원자력기구(IAEA)의 사찰을 근거로 남북 상호 핵사찰을 수용할 수 없다는 태도를 밝히며 자신들도 주한미군기지 사찰을 하겠다고 주장했다.

    1993년 팀 스피리트 훈련을 재개할 것을 공식 발표하자 북한은 곧장 고위급회담 성명을 통하여 대화할 의사가 없다는 점을 공식적으로 발표하였다. 노태우는 집권 기간 동안 북한을 협상의 테이블로 끌어내고 실제로 많은 성과를 내었지만 1992년 후반기 노태우 정권의 임기 말 1~7차에 걸친 남북고위급회담으로 이루어낸 많은 성과의 끝을 보지 못했다.

　북방정책은 기본적으로 북한의 개방이 목표였다. 소련, 중국 등의 주요 공산권 국가들과의 수교는 단기적으로 북한의 고립을 유도했다. 북한은 정치적인 상황상 개혁과 개방이 쉽지 않은 구조로 되어 있다. 개혁과 개방 자체가 자신들의 체제 유지와 밀접한 관련이 되어 있기 때문이다. 6공화국의 외교·안보적 전략에는 북한을 국제적으로 고립시킴으로써 그들을 개방으로 이끈다는 계획이 분명 포함되었다.
　역사적으로도 분단된 국가가 통일을 이루려면 두 가지 방법뿐이다. 하나는 무력, 전쟁을 통한 통일이고 두 번째는 상대적으로 우위를 점한 쪽의 흡수통일이다. 90년대 초 자유 진영에서도 굴지의 위치에 있는 서독이 동독을 흡수 통일한 예를 우리는 볼 수 있다.
　공산권 전체가 소련의 몰락과 함께 무너지는 국제적 상황을 이용하면서 북한의 폐쇄된 국가체제를 바꾸고 통일을 위한 조건을 만들 필요성이 있었다.
　북한은 이미 전쟁을 통한 통일을 이루고자 한 적이 있었다. 그 때문에 6.25전쟁을 일으켰고 그들은 실패했다. 그들은 어쩌면 단 한 번의 기회를 놓친 것이다. 탈냉전의 상황은 대한민국에 압도적으로 유리한 상황이었다. 6.25전쟁에서 북한의 배후에 있었던 중심국가들이 순식간에 대한민국과 손을 잡게 되었기 때문이다. 북방정책의 중요한 점은 언제나 한반도 문제에 중심을 차지했던 배후의 국가들, 미국, 중국, 소련이 아니라 대한민국이 주도권을 잡고 자신감 있게 정세를 주도했다는 점이다. 한국이 이렇게 남북관계를 이끌고 우리가 밀어붙이면 북한이 한발 물러서는 시기는 없었다.
　그러나 불안과 함께 북한의 안보 심리적인 문제는 우리의 발목을 잡았다. 공산권의 몰락을 보며 정권 붕괴와 흡수통일에 대한 불안이 심화하였고 노태우의 레임덕이 진행되는 시점에서 남북회담과 핵사찰, 한미연합훈련 등의 문제가 불거진 점도 아쉬운 부분이다. 가장 중요한 협상들이 진행되는 시점에서 노태우의 임기는 끝을 달리고 있었다.

북한의 생각에서도 다음 대통령은 김영삼이나 김대중을 예상했을 텐데 북한 지도부로서는 군 출신인 노태우보다 민주화 인사인 김영삼과 김대중이 더욱 온건적인 대화가 가능한 사람들이라 판단했을 수도 있으며 어차피 차기 정권이 얼마 남지 않은 시점에서 무언가를 단정 지어 협상할 필요성도 크게 느끼지 않았을 것이다.

이러한 부분에서 북방정책은 큰 효과를 거두었음에도 마지막 과정에서 결말을 보지 못했음이 아쉬운 부분이다.

북한의 내부체제가 90년대를 기점으로 당 중심의 정치에서 '선군 정치'로 바뀌게 되는 것도 유심히 봐야 한다. 90년대 초부터 강경파 군 인사들이 득세하며 조짐이 있었다.

이런 상황에서 1991년 UN 동시 가입으로 남북한이 서로 자신이 한반도 내의 유일한 합법 정부라고 주장하던 것이 국제적으로 각각의 국가로 인정받으면서 북한이 자신감을 얻었다는 주장도 있다. 북한은 당시 1987년 KAL기 폭파 사건으로 국제적으로 비난의 대상이었고 테러 국가로 지정되었지만 시간이 지나면서 국제적인 위상을 어느 정도 회복했기 때문이다. 결국 북방정책이라는 것은 절반의 성공이라 할 수 있다.

대공산권 외교에 대해서는 커다란 성공을 거두었다. 국제정세의 변화를 능동적으로 활용하여 서울올림픽의 성공과 함께 공산권 국가 13개국과 외교를 맺었고 대공산권 외교의 성공은 남북관계의 변화를 이끌었다.

그러나 대북정책의 목표에는 엄연히 북한의 개혁과 개방이 포함되어 있었고 궁극적으로 북한과의 관계개선이 목적이었지만 일시적인 효과밖에 보지 못했다.

"평양으로 가는 길을 모스크바와 베이징을 통해 모색하기로 한 것이었다"는 노태우의 언급은 북방정책의 궁극적 목표에 무엇이 있었는지를 말해주는 명언이다.

대한민국은 이후로도 김대중, 노무현 정권을 통해 북한에 온화한 포용정책으로 남북관계를 진전시키고자 하기도 했고 이명박, 박근혜 정부에서 그랬듯 강경책을 써보기도 했다.

그러나 30년의 세월이 지난 현시점 남북관계는 거의 진전된 것이 없다. 진보적인 정책, 보수적인 정책이 중요한 것이 아니다. 남북관계는 기본적으로 북한의 태도가 변화하지 않는 이상 달라질 수 없는 기형적인 구조로 되어 있기 때문이다.

또 북한은 내부적으로 큰 문제를 가진 국가이며 국제적으로는 90년대 초기와는 비교도 할 수 없을 정도로 더 고립되어 있기 때문에 체제의 안정과 국제사회의 입지를 위해 핵무기에 매달리는 모습을 보인다.

이러한 상황에서 국제정세를 이용해 주도적으로 남북관계를 이끌어 나가고자 한 노태우 정권의 북방정책은 우리가 재조명 해야 할 그의 업적이 아닐까?

중국과 소련에 의지하고 있던 북한의 외교전략을 공산권의 몰락을 이용해 대한민국에 대한 의존도를 높임으로써 협상에 임하게 한 점은 정말로 놀라운 전략이라고밖에 할 수 없다.

서독이 흡수통일의 과정에서 소련이나 사회주의 국가와의 관계를 돈독히 하면서도 동독과의 관계 개선에 적극적으로 나선 것과 같은 맥락이었다.

현시점의 남북관계가 30년 전만도 못한 것은 분명한 사실이다. 북한은 더더욱 고립되어 있고 핵으로 동아시아와 전 세계까지 위협하고 있다.

노태우 정권의 대북정책은 이후의 정권에도 큰 영향을 주었다. 각각의 정권이 북한이라는 대상을 어떻게 대하고 어떤 방식으로 문제를 해결하느냐가 정권평가의 주된 점수가 됐다.

북방외교와 대북정책으로 남북관계는 일시적으로 개선되었지만 북한이 근본적으로 변화한 것은 아니었다. 어디까지나 국제정세를 이용해 대화를 끌어낸 것이다. 노태우의 대북정책이 외교·정치적인 부분이었다면 김대중과 노무현 정권에서는 이를 보완해 경제와 사회·문화적 부분을 접목하고자 했다.

개성공단이나 금강산 관광 등 경제·문화적인 화합으로 부족한 측면을 보완하여 북한과 좀 더 친밀한 관계를 맺고 근본적인 관계 개선을 노린 것이었다. 이러한 전략들은 앞선 북방정책의 한계를 보고 부족한 부분을 채운 것이었다. 물론 그럼에도 불구하고 연평해전을 얻어맞는가 하면 저들의 근본적인 변화를 끌어내지는 못했다. 노태우 정권의 북방정책이 현시점에서 어떠한 의미를 가질 수 있을까? 노태우 정부의 대외전략은 대한민국이 자신감을 가지고 당사자 해결원칙을 밀어붙였다는 점을 주의 깊게 봐야 한다. 우리의 문제는 우리가 주체가 되어야 한다는 이 원칙, 대한민국의 역사와 미래를 만들어 감에 있어서 가장 중요한 원칙이 아닐까?

물론 많은 성과가 냉전이라는 시대적 흐름이 있었기 때문에 가능했다는 의견도 있으나 국제 정세에 따라 앞으로 무슨 일이 일어날지 모르는 일이다. 미·중 패권국의 세력 구도는 또 다른 냉전을 예고하고 있다. 이런 시점에서야말로 외교 정세를 이용한 물러섬 없는 대북정책이 필요하지 않을까? 대한민국의 국력은 이제 북한과 비교조차 되지 않는다. 과거와 그 격차는 상상할 수 없을 만큼 벌어졌다. 외교적으로 우리의 우방국들과의 균형을 잃지 않으면서도 압박과 대화가 동시에 공존했던 노태우 정권의 북방정책과 대북정책은 분명 우리 사회에 커다란 영향을 주었으며 시대가 기억해야 할 국가 격변의 시기이며 현시점에도 큰 교훈을 주는 그의 업적이다.

3당 합당, 여소야대 정국의 타개

1987년 6월 항쟁으로 대통령 직선제 선거가 치러졌고 양 김의 분열로 인해 노태우와 민정당은 집권에 성공했다. 하지만 4명의 후보가 각기 확실한 지지기반을 가진 상황에서 당선된 노태우와 민정당은 1988년에 치러진 13대 총선에서 125석을 확보했고 김대중의 평화민주당은 70석, 김영삼의 통일민주당 59석 김종필의 신민주공화당이 35석을 확보함으로써 과반수 획득에 실패해 여소야대 국회를 불렀다.

3당 합당으로 뭉친 세 사람. 5.16의 주역 김종필과 12.12의 주역 노태우. 그리고 민주화 세력의 대표적 인사인 김영삼이 뭉친 이 조합은 대한민국 정치계의 가장 충격적인 사건이었다.

    5공 청산과 광주 특위로 수많은 정치적 공세를 받고 있었던 노태우에게 국회까지 눈치를 봐야 하는 상황은 정상적인 집권 활동을 어렵게 만들었고 반드시 이 상황을 타개해야만 했다.

    그 때문에 보수적 성향을 가지고 있는 김영삼, 김종필이 타깃에 들어왔고 김영삼은 사실 어렵지 않겠느냐는 의견이 많았지만 노태우 정권의 황태자라는 말을 들었던 청와대 정책보좌관과 정무장관을 역임하는 박철언이 3김씨와의 통합을 건의했다. 박철언과 노태우의 구상에는 김영삼, 김종필뿐만이 아니라 김대중 역시 포함되어 있었다. 그러나 김대중은 합당 제안을 거절했다. 제1야당의 대표인 김대중이 합당을 거부한 시점에서 김영삼, 김종필은 각각 정치적 계산이 있었다. 4개당이 경합하는 과정에서 다음 정권을 장악하기가 쉽지 않다는 판단을 한 두 사람은 내부석인 협의를 통해 3당 합당을 추진한다. 사실 김영삼은 엄연히 보수

층의 지지도 받는 인사였고 노태우와 같은 경상도에 지지기반을 갖추고 있는 사람이다. 온건 보수 세력은 노태우와 김영삼 모두에게 중요한 존재들이었고 이러한 배경은 양쪽의 이해관계를 충족시켰을 것이다. 또한 김종필은 김대중과는 섞이기 어려운 사람으로 과거 박정희의 유신 본당임을 자처하는 사람이었다. 충청권에 기반을 두고 있는 김종필과 신민주공화당으로서는 경상도 TK(대구, 경북)의 표를 모을 수 있다는 점이 큰 장점으로 다가왔을 것이다. 이렇게 탄생한 당이 바로 '민주자유당'(민자당)이다.

125석, 59석, 35석에서 약간의 이탈자가 나오긴 했지만 217석이라는 초거대 여당이 탄생하게 된 것이다.

3당 합당의 중요한 점은 각각의 지지기반을 갖추고 있는 대표 인사들이 뭉침으로써 노태우의 TK(대구, 경북), 김영삼의 PK(부산, 경남), 김종필의 충청권까지 규합한 경상도, 충청도 전체를 여당의 세력권 안에 넣는 정치적 대격변이었다.

당연히 김대중과 민주당계 인사들은 반발했다. 김대중은 앞서 13대 대선에서 '4자 필승론'이라는 허황된 논리를 폈다가 그것이 단지 꿈이었음을 입증했다. 김영삼에게도 밀려 3위를 기록했기 때문이다. 실제로 김대중은 제1야당을 이끌고 있었지만 그의 지지기반은 단단한 호남의 지지와 서울, 일부의 수도권 표 그리고 개혁을 외치는 젊은 20~30대의 표가 주력이었는데 확실히 이것만 가지고는 다음 대선이나 정국의 주도권을 잡기 어려웠다. 그러나 3당 합당으로 노태우 정권은 4당이 모두 서로의 눈치를 봐야 했던 여소야대 정국을 타개했고 지금도 어느 정도 남아있지만 당시에는 견고했던 지역 기반의 지지를 흡수했다. 정계를 재편하는 과정에서 김종필은 제안을 받았을 때 이를 환영했다고 전해진다. 그러나 상식적으로 노태우 정권은 6월 항쟁과 민주화의 요구를 받아들여 출범하였고 아직도 유신의 후예임을 외치며 정계에서 활동하는 김종필과 유신부터 내려온 보수 인사들이 주 세력인 신민주공화당과 통합했을 때 상황적으로 앞선 군사정권과의 관계를 완전히 청산하지 못한 노태우 정권에겐 좋지 않은 그림일 수 있었다. 그러나 부마항쟁의 주역이고 민주화 인사들의 대표급인 김영삼이 합류한 것은 노태우 정권에는 신의 한 수라 할 수 있다. 또한 김영삼은 20~30대 젊은 층에도 큰 인기를 끌었던 인물이기에 여러모로 중요한 인물이었다.

김종필만을 끌어들여도 160석이 되기에 과반수를 차지하지만 김영삼을 포섭한 일은 신당의 이미지적으로도 명분적으로도 성공적인 일이었다. 유신과 12.12쿠데타 세력의 통합이라는 어두운 그림이 아니라 김대중을 제외한 거물들의 통합이라는 느낌을 주는 정치적 효과를 발휘했기 때문이다.

이 과정에서 김영삼 대통령이 직접 정계로 끌어들였고 당시 5공 청문회에서 스타로 등극한 노무현 전 대통령(당시 국회의원)이 3당 합당을 '밀실 야합'으로 규정하고 반발하며 김영삼과의 관계를 끊고 민자당으로 합류를 거부했다.

노태우 대통령의 회고록에서도 밝혔지만 그는 제1야당인 김대중을 진심으로 규합하려고 했고 아예 4당을 모두 통합해 하나로 만들려는 생각까지 있었다.

노태우는 1989년 12월에 청와대에서 김대중과의 여야 영수회담 당시 이렇게 말했다고 전해진다.

> "김 총재도 이제 고생을 그만해야 하지 않겠습니까? 우리 힘을 합해 당을 같이 합시다. 과거 그만큼 고초를 겪으셨고 두 번이나 대통령 선거에 나오셔서 거의 당선될 뻔도 하시고 이제 우리 둘이 손을 맞잡게 되면 다음은 자연스레 김 총재께서 대권을 잡으실 수도 있고 어떻습니까?"

박철언의 증언과 노태우의 회고록 기록을 보면 김대중에게도 분명 합당의 노력을 기울인 것은 틀림없는 사실로 보인다.

하지만 김대중의 지지기반은 호남으로 5.18 민주화운동의 아픔이 있었고 6공에 와서야 어느 정도 진상이 밝혀진 시점이었는데 그런 상황에서 노태우와 손을 잡고 합당을 진행한다는 것은 불가능했을 것이다. 만약 김대중이 통합에 합의했더라면 김영삼이 수락했을지 의문이고 다른 당의 기반을 얻어도 노태우, 김영삼, 김종필은 실제로 많은 것을 잃지 않았지만 김대중은 자신의 지지기반을 송두리째 잃었을 가능성이 크다. 결과적으로 3당 합당은 여러 비난을 들었지만 4당이 경합하던 정국은 양당체제로 바뀌었으며 노태우 정권은 안정된 국정운영을 진행할 수 있었다.

3당 합당으로 인해 탄생한 민자당은 지금까지 내려오는 보수정당 계보의 뿌리라고 할 수 있다. 또한 영남이 당 계파적으로 통합되고 충청까지 보수의 통합에 포함됨으로써 호남이 정치적으로 고립되는 결과를 낳았다고 보는 사람도 많다.

민주화 세력도 김영삼은 군사정권과 유신의 핵심 인물인 노태우, 김종필과 손을 잡았다 하여 한동안 분열된 모습을 보였고 민주화 운동을 함께한 당 내부의 강력한 반발을 수습하느라 진땀을 빼기도 했다. 하지만 김영삼은 큰 그림을 그렸고 훗날 통합된 당의 힘을 기반으로 첫 번째 '문민정부'를 열게 된다. 노태우는 노태우대로 김영삼은 김영삼대로 김종필은 김종필대로 각각 원하는 것이 있었고 일단 6공의 가장 큰 문제를 노태우는 합당으로 인해 원하는 구도로 이끌어 갈 수 있었다. 3당 합당은 이후로의 대한민국 정치계에 가장 중요한 정치적 사건이었다.

경제개발과 노동계급의 성장

노태우 정권은 정권 평균 8.5%라는 안정적인 고성장을 기록했다. 물론 5공화국과는 그 출발점이 다르다. 유신정권과 아주 잠깐 이어졌던 최규하 정권 이후 바통을 이어받은 5공은 경제 불안정과 석유파동 등의 여파로 위기 상황에서 출발했다. 그러나 6공은 5공의 경제 호황 속에서 출범했고 이른바 3저 호황('저유가', '저금리', '저달러') 시기에 출범했다. 1986~1988년이 이 시기에 해당한다. 3저 호황 당시에는 대한민국이 연 11% 이상의 성장을 기록했었고 고도성장한 박정희 정권 시절에도 3년 연속 11% 이상 성장한 시기는 없었다.

때문에 노태우 정권에서 경제를 맡은 인물들을 보면 부총리 겸 경제기획원 장관직에 나웅배 상공부 장관이 임명되었고 건설 장관에 최동섭, 사공일 재무장관은 유임되었다.

5공화국에서 재무 장관과 상공부 장관이었던 인물들이 그대로 유임된 것은 많은 부분에서 변화와 혁신의 바람이 몰아치던 6공화국에서는 의외의 사건이었다. 5공화국 경제의 중심에 있던 인물들이 그대로 6공화국의 경제도 책임지게 된 것이다.

이는 단군 이래 최대의 호황을 이끈 5공화국을 정치적으로는 청산할지언정 경제적으로는 일관성을 유지하겠다는 의미로 볼 수 있다. 다른 부분에서는 대격변이라 할 수 있을 정도로 많은 변화를 시도한 6공화국이었지만 경제 분야는 5공에서 급격한 변화로 인한 혼란을 피하고자 했다.

6공 경제정책의 중심은 노태우의 청와대 당정 연석회의에서 찾아볼 수 있는데

> "성장의 과실을 분배받는 데서 소외된 농어민과 도시 서민들의 문제를 방치하는 한, 민주주의의 진전을 이야기할 수 없습니다. 이들을 위해 성장과 흑자의 여력을 과감히 투자하는 정책을 추진해야 합니다."

그는 이 발언처럼 경제도 민주화해야 한다는 '경제민주화'를 강조했다. 국가의 성장과 축적뿐이 아니라 '분배'에 핵심을 두겠다는 것이다. 88년 서울 올림픽이 달라진 국가의 위상과 대한민국의 국제적 정통성을 대외에 표명하는 사건이었고 6공화국의 진정한 시작을 알리는 중요한 국제 행사였지만 노태우는 이다음이 중요했다.

3저 호황이 서서히 끝나던 시점이기 때문이었고 올림픽 특수로 인한 효과가 끝나는 것도 고려해야 했기 때문이다. 많은 비난을 받는 전두환과 5공화국이지만 좋은 평가를 받는 부분이 있었다. 바로 경제를 살린 대통령이라는 이미지였다. 앞서 말했지만 두 정권은 당면한 과제가 틀렸다. 노태우는 정치적, 외교적인 문제가

본인의 발목을 잡았다. 전두환은 쿠데타로 집권했고 다른 정치적 견제 세력도 없었으며 모든 것을 장악하고 있었다. 5공의 문제는 유신 말 다가온 경제적 위기였다. 따라서 전두환은 모든 전력을 경제 발전과 물가 안정에 쏟아부었고 효과를 볼 수 있었다. 그러나 노태우는 취임하자마자 올림픽이라는 거대한 잔치가 있었고 5공 청산과 5.18 특위 같은 정치적인 난제들이 수없이 산재했으며 그렇다고 내부적인 정치기반이 안정된 것도 아니었다.

이런 상황에서 임기 말 3년 내내 11~12%의 성장을 기록한 5공화국의 바통을 이어받은 것은 다행스러운 일이었다.

경제가 탄탄한 기반을 걷고 있었던 상황을 고려해볼 때 노태우 본인이 분배에 힘을 쓰겠다고 말한 것은 어찌 보면 필연적인 일이라 하겠다.

그러하기에 노태우 정권이 정치적 과제들과 국제 외교적 부분을 우선으로 신경을 쓴 것은 다 이유가 있었다. 나웅배 경제기획원장관의 취임사만 봐도 6공화국의 경제 상황과 무엇에 중점을 두는지를 확연하게 볼 수 있다.

> "우리 경제에 있어서 배분에 공정성과 그리고 경제 도덕성을 확립함으로써 우리 국민 간의 갈등을 해소하는 데 우리는 앞장을 서야 할 것으로 생각됩니다."

나웅배 장관 역시 취임사에서 배분과 공정성을 강조하고 있음을 확인할 수 있다. 노태우는 합법적인 선거로 당선된 대통령이었지만 최저 득표인 36.6%를 받아 집권한 대통령이었고 집권 초 총선의 방향이 여소야대로 흐른 것만 봐도 알 수 있듯 이미 반석에 오른 경제를 그의 말처럼 과실을 함께 나누는 경제관을 가지고 있었던 듯하다.

전두환은 박정희의 사례를 본떠 우선 경제를 살리는 것이 자신의 부족한 정통성과 정치적 입지를 강화해 줄 것이라 믿었던 반면 노태우는 정치적인 부분에 중점을 둬 자신의 입지를 강화하려 했다. 분배라는 것은 사회적, 정치적 제도가 선행되어야 하지 단순히 국가가 부강해진다고 해서 이루어지는 것이 아니기 때문이다. 또 3당 합당이 이루어지기 전의 정국을 야당이 이끌어 나갔다는 점도 굉장히 중요하다. 상식적으로 생각할 때 여소야대 정국 하에서 5공 청산이나 5.18 특위 같은 사례들을 주도하면서 야당이 그 중심이 될 수밖에 없다. 내내 5공화국에 당한 사람들이 주축인 정당들이기 때문이다. 경제정책도 이전까진 정부와 여당이 협의하여 이끌어 왔었지만 6공화국에서는 상황이 완전히 달라진 것이다.

이 때문에 3당 합당은 정치적 문제뿐 아니라 경제·기획적인 측면에서라도 노태우 정권에 필요한 일이었다. 즉 여러 가지 정황상 노태우 정권의 경제는 정치적 부분과 뗄 수 없는 상관관계에 묶여 있었다.

고도성장만을 추구했던 국가 주도의 경제개발체제에서 그동안의 성장 과실을 배분받지 못했던 노동자 계급의 복지 수준이 크게 상승하였고 경제 분야에서도 민주화의 요구를 받아들인 부분을 주목할 필요가 있다.

3저 호황으로 인한 경기 활성화와 6.29선언 이후 1987~1988년에 노동자들의 투쟁이 많이 늘어났고 이로 인해 실질임금이 급상승했다. 앞선 정권이 사용했던 국가가 주도하고 저임금정책을 통해 생산성은 유지하면서 국제 수출 가격에 경쟁력을 갖추는 체제는 어려워졌다.

지방자치제를 일부 부활시킨 것이 권력의 분배라면 노태우 정권의 사회보장제도 확충이 바로 부의 분배라고 할 수 있다. 대통령의 우선 공약이었던 대량의 주택건설, 전 국민 의료보험, 국민연금제도, 최저임금제는 물론이고 연봉제라는 개념도 노태우 정권에서 생겨났다는 것을 아는 사람은 많지 않다.

1991년 5월 최병렬 노동부 장관은 기자들과의 간담회에서 연봉제 도입을 검토 중이라고 말한 바 있다. 이것이 노태우 정권 노동정책의 핵심인 '총액임금제'다. 당시만 해도 연봉제는 일부 전문직 종사자나 프로야구 선수들에게 사용되는 명칭일 정도로 일반 국민에겐 생소한 단어였다.

총액임금이란 기본급, 직책수당, 직무수당, 상여금, 정근수당 등을 모두 합쳐 근로자가 1년에 받는 총임금을 뜻한다.

노태우 정권 경제의 핵심은 경제에도 민주화를 시도하여 노동자들의 고임금 구조 정책과 더불어 복지 정책을 다수 시도했다는 데 있다. 이것이 '경제민주화 정책'이다.

정부는 김종인 경제 수석을 중심으로 1990년 재벌의 비업무용 부동산 강제매각조치를 단행하였다. 3저 호황 시기에 재벌들이 투자의 방향을 부동산 매입 등에 쏟자 정부는 재벌이 과다보유한 부동산에 대한 강제매각을 진행한 것이다.

이는 지금 기준으로도 강력한 재벌 규제 정책으로 재벌들의 많은 반발을 낳았다.

노태우 정권의 경제개혁은 민주주의로 가는 하나의 과정이었고 5공화국은 앞서 정권의 많은 것들을 답습하여 발전시켰다면 6공화국은 수많은 변혁과 개혁이 있었다. 물론 모든 것이 성공적인 것은 아니었다. 1986년부터 내내 큰 상승세였던 경상수지 흑자는 1989년에 큰 폭으로 떨어졌다가 1990년에는 4년 만에 무역적자로 돌아섰다.

많은 전문가들이 이 부분을 정권 차원의 경제개혁이 미흡했음을 원인으로 분석한다. 하지만 정치뿐 아니라 경제도 민주화를 만났기 때문에 국가의 전환기다운 움직임이 있었다는 것이 중요하다. 노동자들의 적극적인 계급 투쟁적 싸움이 있었고 많은 자본가와 정치적 지배층들은 이를 인정하고 노동계층과 자본계층의 화합과 분배에 주력했다는 점을 필자는 가장 중요하다고 생각한다. 대한민국은 위만을 바라보고 달려왔기 때문에 노동 억압적이고 노동자들의 복지를 배제하는 체제를 지속해서 이행했다. 기본적인 노동계의 인식 변화를 보자면 단적인 예로 1986년 5공화국의 노사분규는 한해 276건이었지만 6.29선언 이후와 노태우 정권에서는 1987~1989년까지 무려 평균 2,400여 건씩 발생했다. 이렇게 폭발적인 변화가 일어난 이유는 무엇일까? 국가의 정책과 노동자 인식에 변화가 생겼기 때문이다. '분배'라는 가치관 아래 많은 복지와 노동, 자본 간에 조화를 이루었다는 점이 노태우 정권 경제개발의 핵심이라고 생각한다.

군사 정권의 요소들

많은 분야에서 민주화를 추진했던 6공이지만 분명히 군사정권의 요소들이 남아 있었다. 먼저, 가장 중요한 '하나회'의 존재였다. 5공의 12.12쿠데타가 성공할 수 있었던 것은 군내 사조직 하나회가 있었기 때문이다. 박정희가 암살되었을 당시 하나회의 핵심 인물들이 군내 주요 요직에 진출했기 때문에 가능한 일이었다.

5공화국 내내 하나회는 건재했고 군내 주요 보직을 독차지했다. 물론 6공으로 오면서 하나회 내에서도 전두환파와 노태우파가 갈리게 되었지만 군 내부의 동요를 우려한 노태우는 정치권의 전두환 인사들은 거의 다 내치면서도 군 인사들은 대접해 주었다. 문제는 하나회를 그대로 유지한 채로 다음 정권으로 넘어갔다는 데 있다. 김영삼은 첫 번째 문민 대통령이라는 타이틀과 민주화 인사 중 처음으로 권력을 쥔 인물이었기에 그 위세가 막강했다. 그러나 아무리 세상이 예전 같지 않다고 해도 군의 요직에 하나회가 그대로 남아 있으니 폭탄을 껴안고 시작하는 것과 마찬가지였다. 그 때문에 김영삼은 우선 하나회를 축출시키고 군 내부를 장악하는 일부터 시작하였다.

노태우에게도 군은 가장 신경 써야 하는 집단이었다. 대한민국의 안보상황도 그렇고 외교적으로 냉전이 끝나가는 시기를 거쳤으며 남북관계도 오르락내리락하는 불안정한 상황이었기 때문이다. 노태우는 국민의 투표로 당선된 대통령이었지만 혹시 모를 소요사태도 대비해야만 했다. 여전히 민주화와 군사정권 청산에 대한 요구는 거셌기 때문이다.

노태우는 국민의 기본권과 민주주의 정착에 큰 노력을 기울였지만 그렇다고 앞선 5공 같은 공작이나 탄압이 아예 없었던 것은 물론 아니었다. 대표적으로 '강기훈 유서 대필 조작사건'이 있다.

앞서 언급했던 1990년 3당 합당의 여파로 학생운동권과 1야당인 평화민주당은 강력하게 반발했다. 그러던 중 1991년 4월 26일 명지대 학생 강경대 군이 경찰이 휘두른 쇠파이프에 맞아 숨지는 사건이 발생했고 격분한 학생들의 시위는 확산하였다. 1991년 5월 8일 김기설 '전국 민족민주연합'(전민련) 사회부장이 서강대에서 분신자살했는데 그의 친구이며 전민련 총무부장 강기훈이 유서를 대필해줬다는 혐의를 받게 되었다.

검찰은 강기훈을 유서 대필 등 자살방조 혐의로 입건하고 압수수색을 실시하였다.

당시 과격운동권 학생들의 분신자살은 김기설 군 말고도 여러 차례 있었고 극단적인 이런 방법에 대해 국민 여론이 좋지만은 않았다. 그런데 김기설 군의 사건이 친구가 자살을 방조했다는 혐의를 받자 표면적으로 운동권은 국민들의 신뢰를 잃게 된다. 강기훈은 결백을 주장했지만 결국 1992년 7월 대법원에서 징역 3년을 선고받았다. 그러나 감옥에서 형기를 채우고 나온 강기훈은 유서를 허위로 감정했다며 관련자를 고발하게 되고 사건은 다시 화제가 되었으나 관련자는 무죄를 선고받는다.

문제는 필적감정이었는데 긴 시간이 지나 2000년대에 '진실·화해를 위한 과거사정리위원회'에서는 이 사건을 국과수에 넘겨 필적감정 의뢰를 진행했다.

강기훈은 재심청구를 진행했고 2012년 12월부터 재심이 시작되었다. 결국 2013년 국과수 검사 결과로 유서 필적은 김기설 본인의 것임이 확인되었고 2014년 강기훈은 무죄를 선고받았다. 이 사건은 노태우 정부 차원에서 기획, 조작했다고 의혹을 받는 대표적인 사건이었다. 정확하게 밝혀진 것은 아니다. 하지만 이 사건은 필적감정이 제대로 이루어지지도 않은 상황에서 강기훈을 범인으로 지목했고 압수수색이 사건 발생 후 신속하게 이루어졌다는 점, 실제로 친구의 죽음을 방조했다는 이유로 운동권이 지탄을 받는 계기가 되면서 큰 타격을 받게 되었던 점 등을 이유로 많은 음모론을 양산해 냈다.

강기훈 유서 대필 조작사건이 그냥 의혹이었다면 빼도 박도 못하는 사건이 있었는데 그게 바로 '오홍근 테러' 사건이다.

이 사건은 1988년 8월 6일 육군 정보사령부 소속 군인들이 중앙경제신문 사회부장 오홍근 기자에게 대검을 휘둘러 공격한 사건이었다. 오홍근 씨는 서울 강남구 청담동 자택에서 출근하는 길에 괴한 4명의 습격을 받았고 왼쪽 허벅지를 찔렸다. 오홍근은 죽을 수도 있는 치명상을 입으며 병원으로 옮겨졌고 아파트 경비원이 사건 발생 며칠 전부터 아파트 주변을 맴돌던 수상한 포니2 차량번호를 적어둔 덕분에 이 차량이 정보사 차량이라는 것이 밝혀져 진상이 드러나게 되었다.

오홍근이 테러를 당한 원인은 당시 중앙경제신문의 사회부장으로서 중앙일보의 월간지 월간중앙에 '오홍근이 본 세상'이라는 칼럼을 연재했는데 군사정권에 대한 비판과 군 문화에 대한 비판을 게재했다. 이것이 군부 인사들을 자극했고 오홍근 씨는 물론 가족들까지 타깃으로 잡은 엄청난 사건이었다. 사실상 살인 미수나 마찬가지인 사건이고 국가 기관이 주도적으로 일으킨 일이었는데도 관련자 이 준장, 박 소령, 안 대위에게 기소유예 처분이 내려졌다. 지금 기준으로 생각하면 정말 기가 막힌 일이다. 국민을 지켜야 할 군인들이 직접 나서 국민을 칼로 찌른 사건이 아무런 처벌을 받지 않는다니 말이다. 더군다나 언론의 자유와 국민의 기본권, 민주주의의 정착을 6.29선언부터 쭉 밀고 온 노태우 정권에는 큰 부담이 되는 사건이었다. 물론 이 사건은 노태우 정권 극 초기였지만 군이라는 집단은 여전히 국민이 무서운 줄을 몰랐다.

영화 <1987>에서는 무시무시한 대공 경찰들과 '고문기술자' 이근안 등을 모티브로 한 인물이 등장한다. 이러한 음지의 인물들이 5공 같이 대놓고 활동하지는 않았지만 분명히 사라지지는 않았다. 더군다나 대한민국에는 국가보안법이 존재하고 당시 안기부도 존재하고 있었다. 어디까지나 군 내부의 문제를 다뤄야 할 군 정보수사 기관이 민간인들에게 이러한 공작을 한다는 것 자체가 있을 수 없는 일이다.

2007년 국방부 과거사진상규명위원회는 '신군부 언론통제 사건 조사 결과 보고서'에서 군에서 분명히 보복성 테러를 가했다고 인정하면서 공개 사과를 권고했지만 군 당국은 사과하지 않았다. 당시 정보사의 책임자였던 이진백 정보 사령관은 예편되었지만 이후 공사 사장을 맡는 등 승승장구했다.

이처럼 아무리 시대가 달라졌다고 해도 군부의 인식과 태도는 노태우 정권에서도 바뀌지 않았음을 볼 수 있다. 또 정권 차원에서도 이들을 감싸주고 지켜줬음을 알 수 있다.

1989년 5월 10일 광주광역시 북구 청옥동 제 4수원지 상류에서 조선대학생 이철규가 싸늘한 시체로 발견되었다. 이철규는 1985년 5공에서 반외세 독재 투쟁위원회 활동으로 구속되었다가 1987년 석방되었던 주의할 인물이었다. 그는 조선대 교지 『민주노선』의 편집장을 맡으며 '북한혁명과 건설'이라는 논물을 게재했고 '미제 침략사 100년사'를 같이 게재해 국가보안법 위반으로 수배상태였다.

그는 1989년 5월 3일 광주 청운교 4명의 경찰에게 불시의 검문을 당한 뒤 일주일 후 시체로 발견된 것인데 검찰의 공식적인 발표는 실족에 의한 익사였다.

경찰은 이철규를 검문한 것은 맞지만 그가 이철규인지 몰랐고 그를 놓쳤다고 발표했다. 이철규의 시신은 얼굴이 심하게 훼손되어 있었고 군데군데 돌출된 부위와 변색 부위가 있어 단순한 익사라고 발표한 검찰에게 많은 사람들이 의혹을 품었고 조선대 의대 서재홍 교수를 비롯한 교수들도 이는 자살로 인한 익사나 실족사로 보기 힘들다는 의견을 내놓았다.

반발이 심해지자 재부검과 함께 이철규 변사 조사특위가 구성되었지만 최종 수사 결과에도 익사라는 결론이 나오고 수사는 종결되었다.

이 사건도 시간이 흘러 2004년이 돼서야 의문사진상규명위원회에서 안기부가 직접 개입했다고 밝혔다.

국가권력의 개입 정황이 당시의 광주지역 안기부 요원의 증언으로 드러났으나 공식으로 국정원이 사과하거나 다시 진상조사가 이루어지지는 않았다. 이철규는 영원히 자살한 것으로 혹은 미제사건으로 남게 되었다. 결정적으로 범죄와의 전쟁에서 설명했던 보안사의 민간인 사찰 사건인 '청명 계획'이 표면에 폭로됨으로써 노태우 정부는 도덕성은 물론 그가 자신하던 민주화의 명분에까지 큰 타격을 입게 되었다.

또한 이것을 폭로한 인물이 일반 병사 그것도 24세의 이등병이었다는 사실은 지금 생각해도 충격적이다.

보안사령부는 각계의 주요 인사들과 정치인을 상대로 사찰을 했고 여당 의원들도 포함되어 있었다. 주요 목적은 야당 인사들과 체제반대 인사들을 제압하기 위해서 벌인 일이었다. 이 계획은 굉장히 치밀해서 반체제인사들의 가족과 집 구조, 예상, 도주로 혹은 은신처까지 모두 기록되었다.

이 같은 경우에서 보듯 아직도 5공에서 최우선 처단 세력이었던 일명 '용공 세력'에 대한 탄압은 여전했고 5공 같이 대놓고 활동하지는 않았지만 군이나 안기부 같은 집단의 힘과 권위는 여전했다. 또 방해될 수 있는 인물들은 미리미리 파악해 그 힘을 꺾어 놓으려 했다. 사찰의 인원은 1,300명이 넘고 보안사가 계엄령 선포에 대비해 반정부 인사 목록을 만든 다음 계엄이 선포되면 사찰한 이들을 전원 검거한다는 이른바 '청명 계획'을 세웠다. 이는 일종의 친위 쿠데타 계획으로 미리 이 계획이 폭로되지 않았다면 정말로 실현될 수도 있었다. 이 사건으로 노태우 정권퇴진 운동이 일어났고 보안사는 '국군기무사령부'로 명칭을 바꿨다.

이렇듯 아무리 민주화의 바람이 불어도 기본적으로 안기부와 보안사 같은 국가정보기관의 역할과 성격은 바뀌지 않았다.

이러한 사건은 노태우가 정치적, 사회적 부분에서 분명히 민주화를 위한 개혁을 했음에도 왜 노태우 정권이 불완전한 민주화 정권인지, 완벽한 민주화 정권이라 볼 수 없는지를 확연하게 보여준다.

단순히 사건 사고가 일어났기 때문이 아니라 앞선 정부의 군사정권, 독재적 장치들이 그대로 활동하는 측면이 명백히 있기 때문이다.

분명히 말해서 이것은 대한민국의 뿌리 깊은 병폐다. 차라리 안기부가 정권이나 정치권을 위한 공작을 하는 것이 더 논리적이다. 안기부가 있는데도 군 내부의 정보수집과 국가안보를 책임질 군 정보 수사기관이 항상 표면에 등장하는가? 뿌리 깊게 군 정보사령부가 그러한 역할을 해왔기 때문이 아니겠는가? 국군 기무사령부는 이 과거의 일 말고도 2008년 조선대 교수 이메일 해킹 사건, 촛불시위 사찰, 2009년 쌍용차 관련자 사찰, 2012년 대선개입 혐의를 받은 바 있고 박근혜 전 대통령 탄핵정국 당시에도 계엄령 문건을 작성했다는 사실이 드러났다. 또 세월호 사건에서 기무사가 유족들을 불법 사찰하도록 지시한 혐의로 수사를 받던 육사 37기의 선두주자 이재수 기무사령관이 자살하는 사건이 일어나기도 했다.

명칭이 보안사에서 기무사로 바뀌었다고 그 본질이 바뀐 것은 아니다. 중요한 것은 국민의 신뢰와 믿음을 되찾는 것이다.

노태우 정권은 박정희 18년, 전두환 8년의 군사정권의 후임 정권으로 아무리 민주화를 기본가치로 삼고 국민의 기본권을 보장하는 데 힘쓴다고 하여도 앞선 병폐들을 모두 없앨 수는 없었다. 역사라는 것이 이렇다. 밝은 빛이 오랜 기다림 끝에 비춘다고 하여도 반드시 그늘이 남아 있는 법이다.

최소한 앞선 정권처럼 대놓고가 아니라 알게 모르게 탄압을 하고 불법을 저질렀다는 게 그래도 달라진 점이라고 봐야 할까?

민주화 정권의 요소와 군사정권의 요소가 모두 남아 있는 정권, 그러하기에 우리는 노태우 정권을 '전환기의 정권'이라고 부른다.

김영삼이라는 거물, 그리고 역사의 뒤안길로

3당 합당으로 이제는 같은 배를 타게 된 김영삼이지만 그 역시 나름의 견제를 받고 있었다. 노태우의 후임자로 민자당에서 누구를 지지할 것인가가 정해지지 않았기 때문이다.

여기서 노태우 정권의 핵심 인물 박철언과의 일화가 있다. 3당 합당의 통합 조건에 내각제 개헌이 포함되어 있었다. 그러나 김영삼은 박철언과의 개인적인 자리에서 내각제 합의를 없었던 것으로 하자고 속마음을 드러냈다.

그러나 내각제는 이미 합의가 되었던 부분이고 노태우, 김영삼 양측 간에만 한 약속도 아니었기 때문에 박철언은 원래 했던 약속을 지키라 말했다.

그러자 김영삼은 "박 장관은 되지도 않을 일을 하자면 어떻게 하자는 거요?"라고 맞받아쳤고 박철언은 "그렇다면 되지도 않을 일을 왜 약속했습니까?"라며 응수했다고 회고록에서 밝혔다. 김영삼은 자신의 당 차원에서도 내각제를 반대한다고 말했지만 다음 정권에 대한 야심을 가지고 3당 합당에 응했다고 보는 시각이 지배적이다.

김영삼은 내각제에 대한 합의가 있었다는 사실을 줄곧 부인해왔고 그 사실을 숨겨왔다. 그런데 1990년 10월에는 내각제 합의 각서 사본이 〈중앙일보〉에 공개되는 사건이 있었다.

김영삼이 내내 내각제 합의 같은 사실은 전혀 없었다고 한 발언이 거짓이었음이 드러나는 문건이었다.

김영삼은 빠르게 이는 자신을 음해하기 위해 고의로 유출한 것이라 말했고 상도동에서 기자회견을 열어 "내각제는 국민 여론과 야당이 반대함으로 추진할 수 없다"라고 못 박고 경남 마산으로 내려갔다. 안 그래도 합의점을 찾지 못하던 내각제는 김영삼이 이렇게 대놓고 강경하게 나오니 더더욱 힘들어졌다.

그리고 노태우는 어렵게 만들어 놓은 3당 합당이 분열될 것을 우려했다. 김종필은 원래 유신 때부터 내각제를 원하던 사람이었는데 모든 것이 무산된 것이다.

내각제가 진행되었다면 대한민국의 정치권은 엄청난 반발에 휘말렸을 것이다. 김영삼과 김대중이라는 두 거물은 절대 대통령에 대한 꿈을 접지 않을 사람들이기 때문이다. 내각제는 단순히 여당이 그렇게 하자고 할 수 있는 것이 아니라 야당과의 협력도 필요했다. 또한 김영삼은 큰 그림을 그리며 3당 합당에 합의했고 내각제는 애당초 진행할 생각이 없었을 것이다. 김영삼의 취임사 첫 부분을 한번 확인해 보자.

> "오늘 우리는 그렇게도 애타게 바라던 문민 민주주의의 시대를 열기 위하여 이 자리에 모였습니다. 오늘을 맞이하기 위해 30년의 세월을 기다려야 했습니다. 마침내 국민에 의한, 국민의 정부를 이 땅에 세웠습니다. 오늘 탄생하는 정부는 민주주의에 대한 국민의 불타는 열망과 거룩한 희생으로 이루어졌습니다."

김영삼은 기다렸다는 듯이 30년의 세월, 즉 군사정권을 비판하고 노태우 정권을 그 안에 포함하고 있다. 이는 문민, 민주화를 기반으로 하는 노태우 정권의 정통성을 분명하게 군사정권의 연장선으로 분류하고 있음을 알 수 있다.

사실 노태우와의 협력으로 대통령이 될 수 있었던 김영삼의 입장에서는 피할 수도 있는 표현이었지만 그는 무엇보다 자신이 첫 번째 문민 민주화 정권을 연 장본인이라는 것을 강조했다. 김영삼은 회고록에서 후술했듯 "호랑이를 잡기 위해 호랑이굴로 들어간다는 심정"으로 노태우, 김종필과 잠시 손을 잡은 것뿐이었다. 즉 정치적 이해관계가 우연히 일치했을 뿐이었다. 자신이 주도하는 정권을 열고자 했던 사람이 현재의 대통령제를 바꿔 국회의원 중심으로 권력이 움직이는 내각제를 찬성할 리가 없지 않겠는가? 결과적으로 내각제 합의 각서 유출 사건은 김영삼에게는 오히려 유리한 정국으로 흘러갔다.

노태우라는 사람이 통합을 위한 지도자로서는 유약한 모습을 가지고 있다는 것도 확인할 수 있는 부분이다. 박철언은 강경하게 원래의 약속을 지키라고 말했지만 노태우는 김영삼을 달래기에 급급했다. 김영삼은 3당 합당이 '구국의 결단'이라 말하며 후에는 군사정권을 종식시키기 위해서 어쩔 수 없었다고 말했다. 하지만 이는 방법이 올바르지 못했다는 걸 알지만 큰 목적을 위해서 어쩔 수 없었다는 뜻으로 해석되며 권력을 차지하기 위한 야합이라는 비판을 피할 수 없었다.

이러한 발언에는 새로운 시대는 내가 아니면 안 된다는 전제조건이 깔려 있기 때문이다. 정치인, 권력자에게 가장 위험한 생각이 바로 그와 같은 생각이다. 내가 아니면 안 된다는 생각은 모든 과정을 정당화한다. 결국 끝에 있는 목적은 정당하다고 생각하기 때문이다.

노태우가 마산으로 내려간 김영삼을 달래 서울로 다시 돌아왔지만 당 내부에서 마찰을 일으켜도 오히려 김영삼의 위치는 단단해져 있었다. 노태우 정권에서 북방정책 당시 소련을 방문하기도 하고 여러 가지 활동을 해오던 김영삼은 본격적으로 후계 구도를 잡아가기 시작했다. 1992년으로 넘어오자 사람들의 관심은 다음 대선으로 몰리게 됐다.

야권에선 당연히 김대중이 나올 것이기에 민자당 후보와의 일대일 대결이 될 것 같았지만 변수가 생겼다.

현대그룹의 정주영 명예회장이 대권에 도전하겠다는 뜻을 밝히며 파장을 일으켰기 때문이다.

정주영은 대한민국 현대사의 대표적인 입지전적 인물로 그가 키워낸 현대그룹은 당시 대한민국 1위의 기업이었고 산업화의 상징적인 기업이며 그는 현대라는 기업뿐 아니라 모든 경제인을 대표하는 인물이었다. 그는 1992년 초에 모든 그룹 경영에서 손을 떼겠다고 말했고 신당 창당과 정치 활동을 시작할 뜻을 천명했다. 결국 1992년 1월 통일국민당(가칭)이 창당 발기인대회를 했고 2월에 창당대회를 열어 정주영이 대표위원이 되었다. 박철언의 주장에 따르면 노태우는 1991년 말부터 이미 김영삼을 차기 대선후보로 밀어주고 있었다.

물론 박철언은 내각제 개헌 합의를 이행하지 않는다면 김영삼을 대선후보로 밀어서는 안 된다고 주장했다.

그러나 노태우는 김영삼을 지지해 달라고 부탁했고 그를 여당의 대선 후보로 선택했다. 1992년 3월 대선의 방향을 판가름할 14대 총선이 시작되었다. 민자당은 전체 299석 중 149석을 얻어 과반수 확보에 실패했다. 이 수치는 사실상 과반수를 얻은 것이라 하겠지만 김대중의 민주당이 97석을 얻으며 만만치 않은 의석을 확보했고 정주영의 국민당이 31석을 얻었고 무소속 21석, 신정당 1석을 기록했다.

큰 문제는 없었지만 과반수 의석 확보 실패는 분명히 민자당이 민심을 잃었음을 말해주는 부분이었고 김종필은 선거 결과에 책임을 지고 사의를 표했다.

또한 총선의 결과는 내각제 개헌의 마지막 희망이 끝났음을 말해주는 증거였다.

노태우는 민자당 차기 대통령 후보 선출을 위한 전당대회를 당헌에 입각해 5월에 갖기로 합의했다.

김영삼은 일찌감치 대선 주자로 나갈 것을 발표했다. 총선에 대한 책임론이 그를 피해간 것은 대통령이 김영삼을 지지한다는 것을 당 내부에서 알고 있었기 때문이다.

또한 김종필이 물러난 마당에 김영삼 말고는 딱히 대안이 될 만한 인물도 존재하지 않았다.

당시 노태우는 분명 김영삼을 지지하여 당선시킴으로써 퇴임 후의 안전을 보장하려던 것으로 보인다.

그는 이때까지만 해도 김영삼을 당선시키는 것이 본인을 위한 길이라고 생각했지만 아이러니하게도 1995년 김영삼에 의해 구속됐다. 5공화국 말기 전두환도 노태우를 당선시키는 것만이 자신이 살길이라 믿고 전폭적인 지원을 해주었지만 퇴임 후 그는 사실상 유배를 떠나야 했고 초라한 모습의 권력자가 되었다. 굳이 따지자면 노태우는 전두환을 어떻게든 지켜주긴 했었다. 김영삼을 밀어줄 때까진 노태우 역시 생각하지 못했을 것이다. 김영삼을 지지한 일이 자신과 전두환, 5공 인사들까지 한꺼번에 처벌을 받는 계기가 되었던 것을 말이다. 5월 19일 민자당 전당대회가 열렸고 김영삼은 66.3%를 얻어 민자당의 대선후보로 선출됐다.

1992년 12월 18일 대한민국 제14대 대통령 선거가 시행되었고 김영삼은 997만 표, 득표율 42%를 얻으며 14대 대통령으로 당선됐다. 김대중은 패배를 인정하고 정계 은퇴를 선언했으며 다음 해 1월 영국으로 떠났다.

정주영 역시 2월에 정계를 은퇴했다. 김영삼은 2월 말에 정식으로 대통령직에 취임하고 노태우는 집권자에서 물러나 연희동 자택으로 거주를 옮겼다.

이렇게 한동안 평탄한 삶을 즐기는가 싶었지만 김영삼은 과감한 결단력으로 우선 집권에 가장 큰 문제가 될 수 있는 하나회를 제거했다. 김진영 육군참모총장을 경질하고 주축 하나회 인사들을 빠르게 경질함으로써 군 내부를 장악했다.

김영삼의 칼날은 전직 대통령들을 향했다. 1995년 노태우는 검찰에 구속되어 재판을 받게 되었다. 이 사건의 파문은 굉장했다. 전직 대통령이 구속되는 일은 많은 국민에게 충격을 주었다. 노태우는 12.12쿠데타에 대한 죄를 물어 반란, 상관살해미수, 계엄지역 수소이탈 등의 혐의를 받았다.

또한, 1996년에는 5.18 유혈 진압 및 학살에 대해서도 혐의가 인정되어 1심에서 징역 22년 6개월을 선고받았으나 항소심에서 17년형, 대법원에서 징역 17년과 추징금 2,628억 원이 확정되었다.

그렇게 수감되었지만 15대 대통령 선거에서 김대중 후보가 당선된 후 그가 사면을 건의했고 12월 20일 김영삼 정부에 의해서 사면복권 됐다. 함께 혐의가 입증된 전두환처럼 경호를 제외한 모든 전직 대통령에 대한 예우가 박탈되었다.

노태우는 대법원판결 이후 2013년까지 추징금을 완납하였다.

전두환, 노태우는 헌정사상 처음으로 전직 대통령이 구속되어 재판을 받아 형이 확정되었고 김영삼의 지지자들은 이를 군부정권의 종식이며 정의의 실현이라 자찬했다.

권력 관계는 이렇게 비정한 것이다. 노태우는 자신이 밀어주었던 김영삼에게 철저하게 당했고 전두환 역시 이를 피해갈 수 없었다. 전두환과 노태우는 친구였다. 그러나 그들의 관계는 상하 관계로 바뀌었다가 시간이 지나자 다시 역전됐다.

전두환과 노태우가 법정에서 손을 잡은 사진은 많은 국민들에게 화제를 모았다.

친구이자 정치적 동반자였으며 정치적 걸림돌이 되었던 이 두 사람이 모든 걸 잃은 상황에서 나온 극적인 장면이었으며 한시대를 끝내는 순간이 담긴 장면이었다.

사면을 받아 풀려난 노태우는 그의 성격처럼 별다른 대외활동 없이 조용하게 지냈다.

노태우는 회고록에서 김영삼을 지지하면서 어마어마한 정치자금을 지원했다고 밝혔는데 금액이 무려 3,000억 원대라고 기록했다. 물론 김영삼 측은 반발했고 많은 논란이 있었다.

김영삼은 어찌 보면 이용할 것은 적절히 이용하고 원하는 것을 손에 넣은 뒤에는 과감하게 손을 끊었다.

대한민국이 이후로도 대통령 중심제의 국가로 남을 수 있었던 것은 김영삼 때문이다. 물론 내각제의 합의를 지키고자 했어도 김대중이나 야당의 강력한 반발에 휩싸였겠지만 국회에서 다수를 차지하고 있는 것은 분명 여당이었기에 임기 중 내각제 개헌을 한다는 계획은 충분히 가능했었다.

그러나 역사의 흐름은 대한민국 최고의 정치 거물 3김의 야심을 넘을 수 없었다. 김영삼은 반드시 대통령이 되고자 했으며 그의 입장에서 볼 때 그가 결국 집권하지 못했더라면 3당 합당을 한 이유가 사라졌을 것이다.

김영삼의 3당 합당 합류는 구국의 결단이라는 거창한 명분보다는 다음 집권을 위한 힘이 목적이기 때문이다.

김영삼은 민자당을 창당하고 본인에게 필요했던 정치적 힘과 지역적 기반, 자금적 부분을 모두 얻었다. 왜 그를 정치 10단이라고 부르는지 알 수 있는 대목이다.

또한 대통령에 오른 후 하나회를 해체하고 민자당 내 김종필 세력도 정리했으며 노태우와 전두환을 구속하면서 모든 것을 정리했다. 김영삼이라는 인물을 파악하면 정치와 인생은 뚝심만으로는 해결되지 않는다는 교훈을 얻을 수 있다.

노태우와 김영삼. 노태우는 차기 대통령 후보로 김영삼을 밀어주었지만 김영삼은 만만한 인물이 아니었다. 그는 5공화국과 노태우 정권을 철저하게 청산하였다.

3당 합당을 야합이라 비난하고 독자노선을 걷던 김대중은 또다시 패배하고 정치권을 떠났다. 물론 그는 기어이 대통령이 되지만 다시 돌아왔을 때 그는 많은 부분에서 달라져 있었다. 정치에서 뚝심은 꼭 미덕이 아니라는 것을 깨달은 것이다. 그는 절대로 화합할 수 없을 것 같았던 박정희 정권과 유신의 본당을 자처하는 김종필과 손을 잡아 일명 DJP연합을 이룬다.

이것은 김대중에게는 놀라운 변화다. 김영삼이 대통령에 오르는 것을 보고 그는 아마 많은 것을 느꼈을 것이다.

15대 대선은 김대중에게 마지막 승부라 할 수 있었다.

김대중도 이전과는 달리 그가 평생을 싸워왔던 군부 정권의 중심인물과 손을 잡았다. 김영삼이 그러했듯 권력을 잡기 위해 일종의 타협을 한 것이다. 김영삼은 여유 있는 승리를 거두었지만, 김대중은 거의 차이가 나지 않는 승리를 거두었고 그나마도 당시 이인제 의원이 경선에 불복하고 따로 출마함으로써 여권의 표가 분산된 이점도 있었다.

노태우는 6.29선언으로 김대중의 연금을 풀었고 6공 전반에 걸쳐 탄압받던 재야인사들과 정치 인사들의 자유로운 정치 활동을 보장했다. 이후의 대한민국 정치권의 판도를 열어준 사람은 어찌 보면 노태우라 할 수 있다. 물론 6.29선언은 국민의 힘과 투쟁으로 얻어낸 결과였지만 6.29선언이 대한민국에 끼친 영향력은 엄청났다.

김영삼은 6공의 정당성을 인정하지 않는 발언으로 노태우의 심기를 상하게 했지만 그가 당선될 수 있었던 것, 그리고 김대중이나 김종필 등을 비롯한 정치 인사들이 이후 자유로운 영향력을 발휘할 수 있었던 것은 6공화국의 기본 방침이 5공화국과 전혀 달랐기 때문이며 기본적으로 노태우라는 인물이 6.29선언에서의 약속을 지키고자 했기 때문이다.

노태우는 김영삼이 집권한 후 쓸쓸히 역사의 뒤안길로 퇴장했다. 노태우가 김영삼이라는 인물을 고른 것은 단순히 자신의 안위를 걱정해서라고 보기는 어렵다.

노태우가 차기 대선 후보를 신중하게 고려하면서 못 박은 것은 군 출신의 인사는 안 된다는 것이었다. 그는 국민의 바람을 파악하고 있었다. 정주영이 대선에 나섰을 때 나름대로 호응을 얻어낸 것은 양 김 씨에 대한 국민의 실망과 새로운 바람을 원하는 측면도 있었다. 김영삼, 김대중, 김종필은 박정희 정권부터 내내 권력의 중심부에 있거나 나름대로 정치권의 거물로 군림해 온 인물들이었다. 노태우도 비슷한 생각을 했다. 국민이 원하는 것은 군부정권의 종식이며 자신 이후 그 뜻을 역행하는 행위를 피하고자 했다.

6공화국 노태우의 집권 기간은 세계사의 전환기였다. 공산권의 붕괴로 세계정세의 격변이 일어났던 시기였다. 대한민국 현대사는 세계사의 전환과 더불어 같은 시기에 일대 전환을 맞이했다. 민주화를 이행하겠다고 약속을 했던 대통령, 민주화라는 요구를 받아들인 대통령 노태우가 있었기 때문에 첫 번째 문민 대통령 김영삼이라는 집권자가 탄생할 수 있었던 게 아닐까? 세계사 어디를 봐도 권위와 힘을 내세우는 정권이 민주 정부로 넘어가는 과정에 험난하고 가장 큰 혼란이 필연적으로 발생한다. 우리의 전환기에도 정치적, 사회적으로 수없이 많은 문제가 발생했지만 이렇게 큰 탈 없이 문민정부가 들어선 예가 세계적으로도 얼마나 있을까? 필자가 말하고 싶은 것은 민주화를 요구하던 시대에서 민주화를 실천하는 시대로 바뀐 시점이 바로 6공화국이며 그것이 노태우의 가장 큰 업적이라고 생각한다. 외교적 업적, 복지정책 모든 것이 세세하게 따질 것이 많지만 이를 간단하게 축약한다면 대한민국 민주화의 기본 틀이 완성된 정권이며 시대의 요구를 받아들이고 실천한 정권이 바로 노태우 정권이라고 생각한다.

노태우는 자신을 전환기의 지도자라 소개했다. 그런데도 대중은 사건 사고가 많은 박정희 정권, 혹은 5공화국과 이후의 민주화 정권에만 관심을 쏟고 우리의 이 중요한 전환기의 역사에는 별다른 관심을 두지 않는 것이 너무나도 안타까운 일이다.

발목을 잡은 비자금

1995년은 노태우에겐 최악의 해로 기억될 시기였다. 언론은 전직 대통령 중 한 사람의 수천억 가명 계좌 보유설을 터트렸다. 소문으로만 떠돌면 일종의 '썰'이 표면으로 등장한 것이다. 전국적인 관심이 집중되었는데 문제는 이 주장의 발원지가 김영삼 정부의 실제였던 서석재 총무처 장관이었기 때문이다. 서석재 장관은 기자들과의 술자리에서 4,000억 원대의 가명계좌를 가진 사람이 있음을 흘렸는데 세부적인 내용은 그중 절반을 정부에 기증하고 출처를 조사받지 않은 채 실명으로 전환할 수 있는지를 타진했다는 내용이었다.

일종의 딜을 제시받았다는 이야기다. 서 장관은 기자들의 누구냐는 질문에 과거의 실력자라고 대답했고 기자들이 다시 "전두환, 노태우 전 대통령 중 한 사람이 아닌가?"라고 묻자 "두 사람 가운데 한 사람인 것으로 알고 있다"라고 대답했다. 서 장관은 기자들에게 오프더레코드라며 기사화를 하지 말아 달라고 부탁하고 한 말이었지만 조선일보는 곧장 1면에 이 사건을 터트렸다.

　서 장관은 긴급 기자회견을 열고 사석에서 술을 먹다가 가볍게 한 말이라 해명했지만 이미 진화시킬 수 없는 단계였다.

　야당은 검찰 수사를 요구했고 사태는 이미 정권 차원의 문제로 확대됐다. 문민정부는 서 장관을 해임하는 방법을 택했다. 서 장관 개인의 잘못으로 돌려 문책성 인사를 단행한 것이다. 이 사건의 당사자로 지목된 노태우는 분노했다. 그는 참을 만큼 참았기에 더는 가만히 있지 않겠다며 응수했다.

　결국 여론에 떠밀려 정부의 지시로 검찰은 수사에 나섰다.

　그러나 검찰은 중간발표에서 "슬롯머신 자금 1,000억 원이 단계를 거쳐 4,000억 원으로 과장되었고 전직 대통령의 돈으로 둔갑했다"라고 발표했고 노태우를 옹호하면서 사태를 진정시키려 했다. 결국 검찰이 제대로 밝혀내지 못한 것이다.

　검찰이 몰라서 이런 발표를 했다기보단 김영삼이 당선될 당시 노태우의 비자금을 받아 사용했다는 의혹에서 벗어나지 못했기 때문에 이런 엉터리 발표를 했다는 이야기가 나왔다.

　결국 1995년 10월 민주당 박계동 의원은 국회에서 128억 2,700만 원이 예치된 신한은행 계좌를 공개했는데 노태우 퇴임 직전인 1993년 1월 말까지 상업은행에 예치되어 있던 비자금 4,000억 원을 시중은행 40개 계좌에 100억 원씩 분산시킨 것 중 일부라고 주장했다. 서 장관의 발언은 단순한 폭로일 뿐이었지만 박계동 의원의 주장은 구체적인 근거와 증거가 있었다. 노태우 측은 처음엔 이를 사실무근이라며 철저한 수사를 요구했지만 이내 자신들의 자금이 맞음을 인정했다.

　노태우는 뒤늦게 10월 27일 연희동 자택에서 대국민 사과를 진행했다. 이것이 사과문 전문이다.

　"못난 노태우 외람되게 국민 여러분 앞에 섰습니다. 이 자리에 서 있는 것조차 말로는 다할 수 없이 부끄럽고 참담한 심정입니다. 국민 여러분의 기대와 뜻을 무참히 저버린 이 사람이 무슨 말씀을 드릴 수 있겠습니까.

국민 여러분, 지난 며칠 동안 얼마나 많은 허탈과 분노를 느끼셨습니까. 저를 향한 국민 여러분의 솟구치는 분노와 질책은 당연한 것입니다. 오늘 국민 여러분 앞에 선 것은 저의 잘못에 대한 용서를 구하기 위한 것은 결코 아닙니다. 오로지 국민 여러분에게 엄청난 충격을 준 작금의 통치자금 문제에 대한 저의 솔직한 심정을 말씀드리고 사죄를 드리기 위해 이 자리에 섰습니다.

구차한 변명처럼 들릴지는 모르겠습니다만 통치자금은 잘못된 것이기는 하지만 우리 정치의 오랜 관행이었습니다. 저의 재임 당시 우리의 정치문화와 선거풍토에서 불가피한 면도 없지 않았던 것입니다. 물론 관행이라고 해서, 또 어쩔 수 없는 상황이라고 해서 그것이 용납될 수 있다는 뜻은 결코 아닙니다. 이를 과감히 떨쳐버리지 못한 것은 전적으로 저의 책임입니다.

대통령으로 재임하던 5년 동안 약 5천억 원의 통치자금이 조성되었습니다. 주로 기업인들로부터 성금으로 받아 조성된 이 자금은 저의 책임 아래 대부분 정당 운영비 등 정치 활동에 사용되었습니다. 또 일부는 그늘진 곳을 보살피거나 국가를 위해 헌신하는 분들을 격려하는 데 보태기도 하였습니다. 집권당의 총재로서 또 국정의 구석구석을 살펴야 할 대통령으로서 그것을 외면할 수가 없었던 것입니다. 어려운 처지에 있는 기업인의 성의를 생각해서라도 한 푼도 헛됨 없이 써야겠다는 굳은 마음을 가졌습니다.

이렇게 쓰고 남은 통치자금은 저의 퇴임 당시 1천7백억 원가량 됐습니다. 이처럼 엄청난 액수가 남게 된 것은 주로 대선으로 인한 중립내각의 출범 등 당시 정치 상황의 변화 때문이었습니다. 평범한 시민의 한 사람으로 돌아갈 사람이 그 많은 돈이 무슨 필요가 있었겠습니까. 단 한 푼이 남더라도 이를 나라와 사회에 되돌려주어 유용하게 쓰도록 하는 것이 당연한 일일 것입니다.

그러나 그렇게 해야겠다는 생각을 가졌으면서도 여러 가지 상황으로 기회를 놓치고 만 것입니다. 지금 생각하면 참으로 어처구니없는 잘못이었습니다. 통치자금을 조성한 것도 비난받아 마땅할 터인데 이를 국가와 국민을 위해 유용하게 처리하지 못한 것은 더더욱 큰 잘못이었습니다. 이 모든 책임은 전적으로 저에게 있습니다. 국민 여러분께서 내리시는 어떠한 심판도 달게 받겠습니다. 어떠한 처벌도 어떠한 돌팔매도 기꺼이 감수하겠습니다. 필요하다면 당국에 출석하여 조사도 받겠습니다.

다만 바람이 있다면 저의 씻을 수 없는 과오로 인해 저 이외의 어느 누구도 상처받는 일만은 없었으면 하는 것입니다. 특히 치열한 국제경쟁에서 이기기 위해 밤낮없이 눈물겹도록 뛰어다니는 우리 기업인들의 의욕을 꺾는 일만은 없었으면 하는 것이 저의 간절한 마지막 소망입니다.

국민 여러분, 우리 대한민국과 국민 여러분의 자존심에 깊은 상처를 남긴 제가 더이상 무슨 말씀을 드릴 수 있겠습니까. 지금 이 순간 전직 대통령이었던 것이 한없이 부끄러울 뿐입니다. 국민 여러분의 상처받은 마음을 조금이라도 달래 드릴 수만 있다면, 또 그것이 속죄의 길이라면 무슨 일이라도 하겠습니다. 재삼 국민 여러분 앞에 무릎 꿇어 깊이 사죄

드립니다."

노태우는 모든 혐의를 인정하고 어떠한 수사와 벌도 달게 받을 것을 언급했다. 국민의 분노는 걷잡을 수 없이 퍼졌다.

노태우는 야권에도 자금을 댄 사실을 인정했는데 14대 대선 당시 김대중에게도 20억 원을 지급했다는 사실이 밝혀졌고 김대중 본인도 이를 인정하면서 정치권 전반을 뒤흔들게 되었다. 특히 김대중 같은 경우는 지지기반인 광주의 원수라 할 수 있는 신군부 출신 노태우에게 돈을 받은 경우라 날 선 비판을 받았다. 이런 것을 보면 여당이든 야당이든 민주화 인사든 정치자금에서 벗어날 수는 없었다는 걸 알 수 있다. 다른 사람도 아니고 김대중이 노태우의 돈을 받았을 거라고 누가 생각했겠는가?

이 사건은 일파만파 커져 야권에도 20억 원이 들어갔는데 대선 자금으로 민자당 후보 김영삼에게는 얼마가 들어갔겠냐는 의문이 확산하였다. 실제로 노태우가 회고록에서 밝힌 지원금액은 3,000억 원대로 1990년대에 상상할 수 없는 금액이 김영삼 후보의 대선 자금으로 지급되었다고 언급했다.

김영삼은 계속해서 오리발을 내밀었고 당시 민자당의 14대 대선자금이 정확히 얼마가 쓰였는지는 알 수 없다. 하지만 천문학적인 금액이 사용되었을 것이라 보는 것이 지배적이다.

노태우는 11월에 구속되었고 전직 대통령 최초로 검찰에 자진 출두해 조사를 받았으나 이내 배임 수뢰 혐의로 구속되어 서울구치소에 수감되었다.

노태우는 포괄적 뇌물죄가 인정되어 유죄를 선고받고 1997년 대법원에서 징역 17년 및 추징금 2,628억 원이 부과되었다.

노태우에게 정치자금을 헌납한 기업은 당시 이름만 대면 모두 다 알고 있는 대기업들이었다.

이 사건은 노태우의 도덕성 문제에 심각한 타격을 주었으며 김대중과 김영삼도, 여당도 야당도 비난을 피해갈 수 없는 정치권 전체에 국민의 불신을 안겨준 사건이었고 정경 유착이 사회 표면에 적나라하게 드러난 대표적인 케이스였다.

이런 사건을 보며 느끼는 국민의 허탈감은 이루 말할 수 없었다. 이 사건은 "그놈이 그놈이다"라는 인식을 낳았고 정치권 전체에 대한 국민의 불신을 만들었으며 군사정권의 인물들과 민주화 인사들 모두가 엮여 있었다. 안성탕면 하나가 200~300원 하던 시절에 20억, 3,000억이 왔다 갔다 하는 걸 보고 누가 흥분을 하지 않을 수 있을까?

저 돈이 다 어디서 나왔겠는가? 그나마 믿음을 주었던 김영삼, 김대중 같은 인물들까지 모두 다 돈을 받았다 하니 오늘날 많은 사람들이 투표를 해서 뭐하냐는 말이 나오는 것도 무리는 아니다.

진보적인 성향과 정권의 인식

이쯤에서 노태우 정권의 모순적인 부분을 짚고 넘어갈 필요가 있다. 현시점 대한민국 사회는 정치적 혼란과 갈등이 심화하고 있다. 어떤 사람은 보수 우파이고 어떤 사람은 진보 좌파, 극단적인 경우는 '빨갱이'와 '토착 왜구'라며 서로를 비방하고 갈등을 유발한다. 정치적 성향이라는 것은 오늘날 매우 민감한 문제로 친밀한 사이끼리도 정치적 이야기는 일부러 안 한다는 말이 있을 정도다. 노태우는 분명히 12.12 군사 쿠데타의 핵심 인물이었고 5공화국에서도 중요한 위치를 차지했던 사람이었다. 또한 본인이 회고록에 밝혔듯 김영삼, 김종필과의 3당 합당을 '보수 대연합 정신'이라 칭하며 스스로 높게 평가했고 좌파세력의 도전을 견제하면서 나라를 운영했다고 평하며 철저하게 자신의 기반이 보수임을 확인했다.

그러나 정권의 많은 부분에서 우리는 노태우 정권의 진보적인 면모를 볼 수 있다. 3당 합당은 분명히 현시점 보수정당의 뿌리를 만들었지만 그는 이에 참여하지 않은 김대중을 탄압하거나 정치적 공세를 하지 않았다.

외교적 부분을 다시 한번 살펴보자. 북방정책은 사실 그 당시에는 많은 비판과 공격을 받았다. 소위 말하는 보수 우파들은 어째서 빨갱이들과 손을 잡으려 하는가? 라는 논리를 내세웠다. 또한 남북기본합의서와 한반도 비핵화 선언 등 그들이 생각할 때는 납득할 수 없는 부분도 분명 있었을 것이다.

하지만 현시점 노태우 정권을 비난하는 사람들도 북방정책 자체를 부정하는 사람들은 그렇게 많지 않다. 보수 정권인 노태우 정권이 보수 우파가 말하는 빨갱이 국가들과 손을 잡고 북괴와의 관계 개선을 위해 노력하는 아이러니한 상황이 벌어졌다.

그러나 앞서 설명했듯 공산권 국가들과의 관계 개선은 그것이 바로 북한을 압박하는 최선의 선택지였고 국가 외교의 지평을 넓힘과 동시에 우리 눈앞의 위협까지도 견제할 수 있는 방책이었다. 그렇다고 극단적인 진보주의자들이 가지고 있는 반미적 성향이나 우리 민족끼리를 외치며 국제외교를 등한시하지도 않았다. 어디까지나 미국과의 연대를 우선시하면서도 자신 있게 대한민국이 주도하는 외교 관계와 대북 관계를 만들고자 했다.

노동자들의 인식과 권리가 상승한 측면도 진보주의자들이 가장 주력하는 부분이다. 수많은 복지정책도 맥락을 같이 한다. 사실 '소득과 분배'라는 개념은 모든 진보주의자의 핵심 포인트가 아니겠는가?

보수주의자들이 가장 밀어붙이는 가치관이 바로 '애국'과 '자유'라면 진보주의자들은 사회적인 불평등과 차별에 저항하는 것이 가장 중요한 가치관이다.

80년대와 90년대 초 수많은 명문대 학생들이 학업을 중단하고 공장에 위장 취업해 노동자들과 함께 생활하고 그들을 위한 운동을 전개했던 것을 보면 알 수 있다.

노태우 정권은 보수 정권이면서도 지금의 보수 우파라는 사람들이 싫어할 만한 일들을 정책적으로 진행했다.

재벌의 비업무용 토지를 강제 매각한 일도 굉장히 진보적인 정책이라 볼 수을 것이다. 또한 중산층의 성장에 주력했던 점, 노동자들의 기본임금이 크게 상승해 마이카 시대가 본격적으로 시작되었던 점, 모든 것이 진보주의자들이 좋아할 만한 성과가 아닐까?

정치적, 경제적으로 민주화를 중시하고 진행한 점 역시 진보주의에게 좋은 평가를 받을 부분이 아닐까 싶다. 보수 정권에서 이렇게 진보적인 색채를 가진 정권이 있었을까? 보수 정권 중에 이렇게 남북관계에 심혈을 기울인 정권이 있었을까? 필자는 아무리 찾아봐도 찾을 수 없었다.

자 그런데 이러한 모순적인 성향은 노태우라는 대통령을 외롭게 만들었다. 전직 대통령 중 노태우라는 인물의 호감도와 선호도는 진심으로 최악이라 하지 않을 수 없다.

필자가 시사IN 2019년도 역대 대통령 선호도 기사를 보고 큰 충격을 받았던 기억이 있는데 노태우는 당당하게 꼴찌를 차지했고 무려 선호도 0.2%로 전두환보다도 훨씬 낮고 심지어 아주 잠시 대통령직을 맡았던 최규하 내각 책임하에서 사실상 허수아비 대통령이나 마찬가지였던 윤보선 같이 주도적으로 국정을 운영해보지 못한 사람들보다도 더 낮았다. 이렇게까지 처절한 인기를 자랑할 줄은 필자도 예상치 못했다.

어린 독자들은 노태우라는 사람이 존재하는지 모르는 게 아닐까 하는 생각까지 들 정도다.

필자는 역사·시사 유튜브를 운영하고 있다. 물론 전문적인 지식을 갖춘 학자나 기자 이런 분들에게는 부끄럽지만, 개인적으로 유튜브를 운영하며 얻는 수많은 장점 중 하나는 매우 많은 사람들의 자유로운 의견을 경청할 수 있다는 점이다.

그러나 대부분의 경우 노태우 정권에 대한 깊이 있는 이야기를 진행할 수는 없었다. 반면 박정희나 전두환에 대해서는 전문적인 지식을 갖추지 않은 사람들이라도 상당히 깊이 있는 이야기를 할 수 있었다. 필자가 내린 결론은 노태우라는 인물이 그 인물과 정권에 대한 평가를 이야기하기 이전에 많은 사람들이 아무런 관심을 가지지 않는다는 것이다.

그 이유는 뭘까? 첫 번째로 노태우 정권을 단순히 5공화국의 연장선으로 생각한다는 것이다. 이것도 모순이 아닌가? 모순투성이다. 시작부터 5공을 청산하면서 진행된 정권이 바로 6공화국이 아니었던가? 5공화국의 그림자를 털어버리려 노력했던 그 정권이지만 필자가 겪어본 대다수의 사람은 전혀 그렇게 생각하지 않았다.

심지어는 노태우는 대통령이 아니라 전두환의 친구 정도로 인식하고 있는 사람도 많았다. 극단적으로 5공화국이 끝나고 김영삼의 문민 정권이 들어서기 전까지의 단순한 전두환의 끄나풀 정도로 생각하고 있는 사람들도 상당히 많았다.

두 번째로는 그의 성향이다. 노태우는 최소한 한 가지는 분명하게 알고 있었다. 더는 국민들을 속이거나 힘으로 통제하는 시대는 이미 지났음을 분명하게 인식하고 있었다.

언론의 자유화를 추진하고 출판과 다양한 사상의 자유를 허가하고 권력자의 권위주의를 타파하고자 했던 것 역시 그러한 맥락이며 굉장히 진보적인 사례가 아닌가?

그런데 희한하게도 그 시대를 겪지 않은 젊은이들보다 그 시대를 겪었던 나이대의 지지자 중 상당수가 노태우를 '물태우', 권위가 없던 지도자, 나약한 지도자였다고 평가하는 경우가 허다하다. 김영삼처럼 약삭빠른 지도자는 분명 아니었지만 아무리 봐도 물이라 칭할 사람은 아닌데 개인적으로는 안타까운 부분이 아닐 수 없다.

전두환의 인기에 큰 비중을 차지하는 부분 중 하나가 삼청교육대나 정치인 탄압 등의 강경책이라는 것도 굉장히 모순적이다. 그런 뒤가 없는 성격이 그의 인기 요인이라니 쉽게 이해하기 어렵다. 오죽하면 젊은이들이 자신을 싫어한다는 얘길 듣고 "나한테 당해보지도 않고선…" 이런 말을 할 수가 있겠는가. 아무리 상남자가 시대의 유행이지만 너무 하지 않은가? 집권자의 권위주의를 타파하려는 노력이 오히려 그를 나약한 지도자로 만들었으니 어찌 보면 황당한 일이다. 노태우를 평가하면서 가장 중요한 키워드는 '민주화'라고 할 수 있다. 필자가 언급했듯 노태우 정권은 민주화의 물결을 정치나 사회뿐만이 아니라 경제까지도 심혈을 기울였는데 노태우 정권을 민주화 정권이라 분류하는 사람은 거의 없으며 그렇다고 그가 민주화를 위해 노력했다는 사람도 필자가 겪어본 바로는 거의 찾아보기 어렵다.

기존의 패러다임을 전부 바꿨고 분배와 복지를 위해 노력했는데도 노태우 정권의 모든 평가와 인식은 말 그대로 바닥을 치고 있다. 같은 군인 출신이고 똑같이 5.18 민주화운동, 12.12쿠데타, 수천억 원의 비리가 발각됐던 전두환에 비교해서도 이런 평가를 받는다는 것은 선뜻 납득하기 어렵다.

필자는 이 책을 통해 노태우의 명예를 회복하거나 그를 옹호하는 것이 아니다. 그러나 진심으로 안타까운 생각이 든다. 그가 이뤄놓은 것이 정당한 평가를 받지 못한다는 것뿐만 아니라 애당초 관심 자체가 없는 이러한 현실이 안타까운 것이다. 전두환이 야간 통행 금지를 철폐하고 프로야구를 출범하고 컬러TV 방송시대를 열었고 하늘을 찌르는 경제성장을 이뤄냈다는 것은 그 시대를 살았던 많은 이들이 기억하고 있다. 하지만 노태우 정권이 경부고속철도, 영종도신공항, 서해안 고속도로, 연봉제 도입, 노동인권 상승, 북방정책의 성공 등의 업적이라 할 수 있는 부분을 그 시대를 겪지 않은 사람들뿐 아니라 그 시대를 겪었던 사람들까지도 잘 모른다는 것이다.

필자는 이러한 부분이 안타깝다. 상대적으로 많은 이야깃거리를 가진 5공화국과 인간적인 카리스마를 가진 전두환은 많은 사람들에게 좋든 싫든 기억되는 반면 정말로 많은 분야에서 개혁과 변화를 이끌었던 노태우와 노태우 정권에 대해서는 이러한 상황이라는 것이 안타까울 수밖에 없지 않겠는가?

개인적으로 노태우 정권이야말로 우리가 정말로 관심 있게 다시 한번 되짚어 봐야 하는 정권이라고 생각한다. 필자가 이 책을 시작하며 쓴 글에서도 말했지만 대한민국의 민주주의는 하루아침에 이루어진 것이 아니다.

수많은 사람들이 독재와 맞서 싸웠고 때로는 피를 흘렸다. 30대 중반인 필자가 중·고등학교 시절만 해도 역사 수업에서 이러이러한 인물들이 민주주의를 망치고 독재를 한 인간들이며 이런 인간들 때문에 대한민국이 퇴보했다는 교육을 주로 들었다. 민주주의가 성장할 수 없었을 때 대신 무엇이 성장했고 또 그것이 성장함에 따라 민주주의가 자리 잡을 수 있었던 부분을 가르쳐주는 사람은 없었다. 경제가 어느 정도 자리를 잡았기 때문에 노태우 정권이라는 전환기적 성격의 정부가 들어선 것으로 생각한다. 그리고 노태우 본인은 최소한 시대가 달라졌음을 인정하고 완벽하다고 할 수는 없지만 대한민국에 민주화를 정착시키고자 했다. 바로 앞선 정권만 해도 서슬 퍼런 철권통치 정권이었다는 것을 분명히 알아야 한다. 필자는 유튜브 채널을 운영하며 노태우 정권에 관한 이야기에 심혈을 기울였다. 전문적인 지식을 전하려 한 것이 아닌 순전히 6공의 시작에 관한 관심을 조금이라도 불러일으키기 위한 것이었다. 진정한 문민 정권의 시작이라 평가받는 김영삼 정권이 탄생할 수 있었던 것도 앞선 노태우 정권에서 마련된 여러 가지 장치의 영향을 받았다는 것은 부정할 수 없는 사실이다.

노태우 정권은 대한민국의 군사정권을 끝내는 마지막 정권인 동시에 현시점의 문민 민주화 정권이 들어서고 유지되는 데 거대한 영향을 주었다.

분명히 군사정권의 요소들이 남아있었고 완전한 의미의 민주화 정권이라 보기는 어렵지만, 민주화 시대라는 새로운 바람을 국민과 정치권이 처음으로 맛보게 된 것은 분명히 말해서 노태우 정권이라는 것이다.

노태우는 어떤 분야에 총명하다고도 그렇다고 카리스마적인 지도자라고도 할 수 없었다. 그러나 그런 사람이기에 민주화 시대의 문을 열었던 것이 아닐까? 전두환 같은 성격의 인물이 다시 권력을 잡았다면 어떻게 되었을까? 또한 노태우 같이 친화적이고 인내하는 인물이 아니었다면 오랜 독재, 군사정권에 탄압받던 이들이 물고 온 거대한 민주화의 폭풍으로 인한 혼란을 과연 감내할 수 있었을

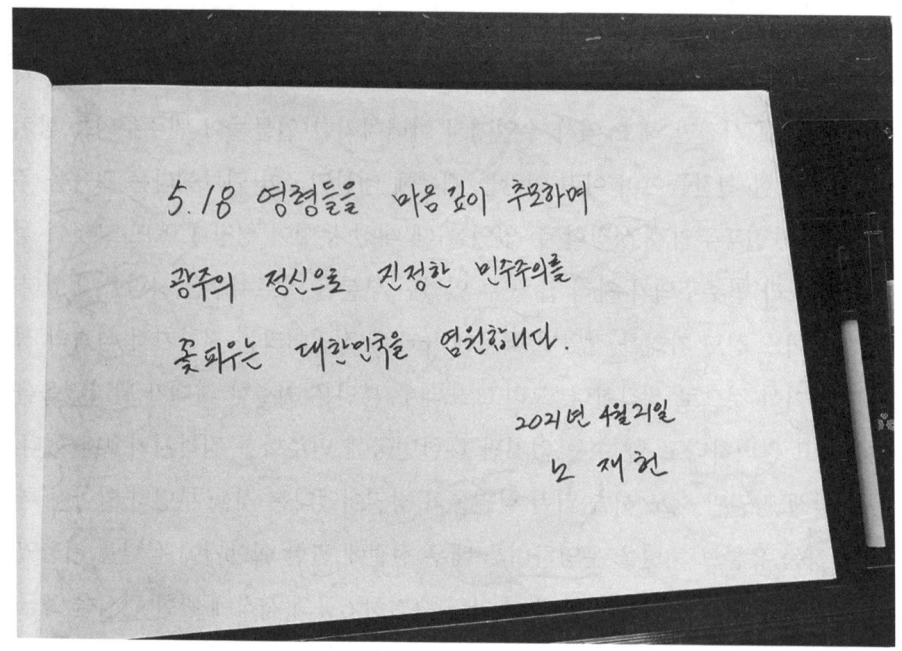

광주 5.18유공자 묘역에서 노태우 대통령의 장남 노재헌 동아시아문화센터 원장이 쓴 방명록. 진정한 국민통합과 자유민주주의 국가를 위해서는 지나간 역사에 대한 반성과 성찰이 필요하다. 노태우 측은 유일하게 신군부 인사들 중 광주항쟁의 유공자들에게 사과의 뜻을 전했다.

까?

노태우가 표면적으로 '물대통령', '우유부단 대통령'이었다는 것은 민주화의 기틀을 이뤄낼 가장 적합한 인물이었다는 게 아니었을까 하는 개인적인 생각을 해본다.

노태우의 정치적, 경제적 실패 사례들도 우리에게 정말 중요한 부분이라고 생각한다. 힘으로 모든 걸 자기 마음대로 하던 전직 두 대통령과 전혀 다른 상황에서 6공이 겪어야 했던 풍파와 혼란은 지극히 당연한 일이다. 그런 혼란과 실패 역시도 민주화를 이루기 위해 발생한 일이었기 때문에 우리는 관심을 기울여야 한다고 생각한다.

누군가가 첫 번째 민주화 대통령이 누구냐고 묻는다면 필자도 다른 이들과 마찬가지로 김영삼 정권이라고 답하겠다.

하지만 문민, 민주화 정권의 기틀을 만들어준 정권이 노태우 정권이었음을 분명하게 설명할 것이다. 군사정권이면서도 민주화 정권이었던 이상한 정권, 그 때문에 그 깊이에 다양한 해석과 의미를 부여할 수 있는 정권이 바로 노태우 정권임을 말하고 싶다. 또한 역사에 사죄한 유일한 군인임을 강조하고 싶다. 이러한 정권과 집권자에게 아무런 관심 자체가 없다는 것, 필자는 이것을 바꿔보고 싶은 것이다.

| 핵심 포인트 | 노태우의 공로 |

- 신군부 인사 중 유일하게 광주 항쟁의 피해자들에게 사과의 말을 전했다. (또한 개인 비리로 인한 거액의 추징금을 전두환과는 다르게 모두 완납하며 최소한 국민에 대한 예의를 지켰다.)
- 처음으로 공산권 국가와 수교를 맺고 북방정책을 통해 대한민국의 외교적 지평을 넓혔다.
- 스스로 주도하는 외교적 정책을 펼쳐 북한을 대화의 장으로 나오게 했고 일시적으로 남북관계가 개선되는 성과를 냈으며 그때 나온 '남북기본합의서' 이후 남북관계의 기본 가이드가 되었다.
- 범죄와의 전쟁을 정부가 직접 주도해 강력범죄율을 낮추고 다수의 폭력 집단을 무력화시켰다.
- 언론의 기본권을 신장하고 집권자의 권위주의를 타파함으로 진정한 민주국가로 가는 초석을 닦았다.
- 앞선 군사정권과는 다르게 정치 인사들에 대해 탄압을 하지 않고 정치참여를 보장했다.

| 공&과 | **노태우의 과실** |

- 민주화 정부를 표방했지만 군사정권의 요소가 남아있었다.(하나회, 강기훈 유서 대필 사건)
- 12.12쿠데타에 참여했고 당시 전방의 병력을 서울로 직접 출동시켰다.
- 신군부의 일원으로 광주항쟁에 대한 책임을 피할 수 없다.
- 노태우 역시 전두환과 마찬가지로 수천억대의 비자금을 조성했다.

// 맺는말 //

43년, 투쟁과 성장의 역사를 끝내며

우리 사회는 '역사전쟁'에 휘말려 있다.

친일과 반일의 역사전쟁, 산업화와 민주화 세력의 역사, 이념의 전쟁이다. 두 개의 전쟁은 이미 법제상으로는 타협과 청산을 하기 어려운 상황이다. 그 때문에 각각의 세력이 말하는 올바른 '역사'에 대한 다툼이 끝없이 펼쳐지고 있다.

그러나 대부분의 사람들이 말하는 '정의'의 관념을 자라나는 아이들과 청년들에게 주입하는 지금의 교육에서 이해하기 어려운 충격을 받았다. 이미 학계에서 사장된 '남침 유도설'을 마치 사실인 양 교육하는 강사를 유튜브에서 보았고 그것이 다 큰 어른들도 아니고 이제 대학에 들어가는 수험생들을 위한 강의였다는 것을 알았을 때 참담하다 못해 분노가 차올랐다.

역사는 있는 그대로의 사실을 우선 추구해야 하지만 그것을 가르치는 강사는 당연히 듣는 이에게 '해석'을 해주어야 한다. 이 과정에서 좋든 싫든 개인의 정치적인 입장이나 사상이 어느 정도는 들어갈 수밖에 없다.

역사를 가르치는 사람은 역사적 사실이 기록된 '연표'를 좔좔 읽어주는 사람이 아니기 때문이다.

필자는 절대 독자분들께 사상적 주입을 하고 싶지 않다. 그렇지만 최소한 진짜 역사를 말씀드리고 싶었다.

　인터넷상에서 흔히 일어나는 다툼을 보면 그들은 끝없는 싸움을 하고 있다.

　한쪽은 "이 빨갱이 자식아" 한쪽은 "친일매국노 자식아"를 먼저 표출하며 이쪽 아니면 저쪽으로 감정싸움을 하는 것이다. 어느 순간 온 나라 안에 보통 말하는 '빨갱이' 아니면 '토착 왜구'밖에는 존재하지 않는 것처럼 느껴졌다.

　이것은 마치 눈이 안 보이는 사람과 귀가 안 들리는 사람이 서로 대화를 하는 것과 같다. 눈이 안 보이는 사람은 말로 주절주절하고 귀가 안 들리는 사람은 수화로 의사 표현을 하니 대화가 될 수가 없다. 서로 자기 하고 싶은 말밖에 하지 않는 것이다.

　이승만 정권과 이후의 군사정권은 우리 대한민국의 역사다. 필자는 최소한 필자가 어릴 때 받았던 조건 없는 군사정권의 비하와 비난을 우리의 아들이 배우는 것을 원치 않는다. 또 그보다 앞선 세대가 받았던 독재정권에 대한 찬양과 절대적인 반공 사관을 배우는 것도 물론 원치 않는다.

　그러하기에 집권자, 정권의 공과 과를 모두 파악하고 우리가 걸어온 길을 되짚어 보는 것은 가장 확실하게 합리적인 역사관을 정립할 수 있는 길이라 생각한다.

　필자는 좌경화된 한 역사 강사가 '성숙한 반미의식'을 가지라며 고등학생들을 선동하는 일을 유튜브에서 강력하게 비난한 적이 있었다. 반미의식이라는 것은 그것 자체가 문제가 되는 것은 아니다. 자유 대한민국에서 어떠한 국가를 싫어한다고 해서 그에게 책임을 물을 수는 없다. 중국에 반감을 품던 일본에 반감을 품던 그건 그 사람의 자유다.

　그러나 이제 역사를 배우고 있는, 아직 성인도 되지 않은 학생들에게 너희들도 반미 사상을 가지라는 것은 이미 역사를 교육하는 것이라 할 수 없다.

　이것은 학생들을 상대로 '정치'를 하고 있다고 봐야 한다.

유명 강사의 강의에 온 학생이나 온라인으로 학습 받는 이들은 기본적으로 그 강사에 대한 존중과 존경심을 가지고 있는 사람들이다. 그 강사는 그들이 대가를 지급하면서까지 선택을 한 경우이기 때문이다.

강사 개인이 반미의식을 가질 수는 있다. 그러나 그것을 아직 정치적, 역사적 가치관이 정립되지 않은 학생들과 청년들에게 세뇌한다는 것은 어떤 의미로 보면 굉장히 심각한 행위다. 역사관이란 그 사회 구성원들의 정체성과 자부심, 앞으로의 미래에 거대한 영향을 주기 때문이다. 우리가 태어나고 자라면서 수많은 역사적 사실과 공동체의 유대감을 갖는 이유는 어떠한 식으로든 같은 역사적 사실을 접하고 같은 국가적 자부심을 가지는 영향이 굉장히 크다.

예를 들어 한 개인은 5.18 광주항쟁이 북한 공산당에 배후가 있고 시민들이 선동되어 일어난 폭동이라 개인적으로 생각할 수는 있다. 그러나 그것이 분명한 사실이라 아이들에게 교육한다면 어떻게 되겠는가? 그것을 우리가 두고만 봐야 하겠는가?
아이들에게 성숙한 반미의식을 가지라는 것과 남침 유도설 같은 음모론을 분명한 사실이라며 가르치는 것은 필자가 예를 든 것과 전혀 다를 게 없다.

필자가 많은 사람들을 접하며 느낀 바로는 지금의 역사 강사나 역사교육은 굉장히 편향적이다. 과거 우경화된 반공 역사관과 독재를 찬양하던 세뇌 교육을 대체 무엇을 근거로 비난할 수가 있는지 안타까운 생각이 들었다.

필자는 우리 대한민국의 절반을 차지하는 43년간의 역사를 통해 그 기간 동안 무엇이 만들어졌는지, 권력자에 대해 어떠한 민중적 저항이 있었는지를 여러분과 함께하고 싶었다. 그 과정에서 교과서와 무조건 '빨갱이', '토착 왜구'를 외치는 자들이 말해주지 않는 이야기를 하고자 했다.

역사적 인물과 사실에 대해 누가 감히 '완성된 평가'를 할 수 있을까? 사람이 걸어온 길을 감히 신이 아닌 사람이 단정하고 정의할 수 있는 것이 아니다. 그 유명한 노랫말에도 있지 않은가? 누구나 처음 서보는 것, 아무도 가르쳐주지 않는 것이 바로 사람의 인생이고 역사는 그러한 불완전한 인간이 걷는 길이다.

그렇기에 인생과 마찬가지로 역사는 그 의미가 있다.
다만 역사를 통해 우리는 과거를 반성할 수 있고 미래를 준비할 수 있다.
필자가 대한민국의 현대사 중에서도 정부수립 시기와 군사정권 시기를 좋아하는 것은 그 시기가 좋은 시대, 위대한 사람들이 이끌었던 시대라고 생각하기 때문이 아니라 모든 것이 완전하지 않았던 시대이기 때문이다. 인간으로 예를 들자면 처음 인생의 출발을 하고 갈팡질팡하며 성숙한 인간으로 성장하는 시대였기 때문이다.
우리는 현시점 세계적인 첨단국가이며 스스로 지킬 충분한 힘이 있고 문화적으로도 선진국의 뒤를 따라가는 국가가 아닌 추월의 시대를 맞이하고 있다.

20대의 최고로 빛나는 아름다운 청년이라고 봐도 무방하다.
자랑스러운 우리의 역사를 설명하면서 지금의 대한민국이라는 아름다운 청년이 태어나 가장 많은 것을 배우고 겪고 쓰러지고 다시 일어나는 시기인 이승만 정권과 군사정권이 얼마나 중요한 시기인지를 강조할 수밖에 없지 않은가?

앞으로 대한민국의 뼈와 살이 되어줄 이들이 우리의 역사에서 필자와 같은 자부심을 느끼고 그 시기에 있었던 업적과 죄악에서 익히고 배워 우리가 이뤄낸 산업화와 민주화의 업적을 계승, 발전하였으면 하는 마음이다.

그것을 가능케 하는 첫걸음은 올바른 역사관이다. 누가 이렇게 가르쳐 줬다가 아닌 스스로 판단하고 합리적으로 생각하는 역사교육이 우선되어야 한다고 생각한다.

　필자는 많은 것을 바라지 않는다. 이 책을 통해 독자분들이 단 하나라도 분명하게 무엇인가를 얻어가는 것이 있다고 말해준다면 그것만으로도 너무나 행복할 것 같다.
　필자와 독자분들은 모두가 대한민국 역사의 산증인이며 앞으로도 함께 해나갈 동료라고 생각한다. 우리의 자랑스러운 역사를 함께 해주신 분들께 진심으로 감사의 말을 전하고 싶다.

　부족한 저를 믿어 주시고 용기를 주신 더배움 출판사의 최진만 대표님과 백진주 편집자님께 진심으로 감사의 말을 전하고 싶고 언제나 든든한 나의 가족, 어머님과 형님께 진심으로 감사드리고 사랑합니다. 그리고 역TV와 출판에 힘을 실어준 저의 또 다른 형제이자 친구인 김희범 군에게도 진심으로 감사합니다.
　저와 함께해주신 독자분들께 다시 한번 감사드리며 저는 다음 책에서 인사드리겠습니다!

발행일	2021년 8월 30일
발행인	조순자
편저자	Dr.J
편집·표지디자인	백진주
발행처	인성재단
주 소	경기도 파주시 산남로 11-11, 가동(산남동)
전 화	070-7445-4351
팩 스	031-942-1152

※ 낙장이나 파본은 교환해 드립니다.
※ 이 책의 무단 전제 또는 복제행위는 저작권법 제136조에 의거하여 처벌을 받게 됩니다.

정 가 20,000원   **ISBN** 979-11-91292-17-6